权威·前沿·原创

皮书系列为

“十二五”“十三五”国家重点图书出版规划项目

中国人力资源发展报告（2016）

ANNUAL REPORT ON THE DEVELOPMENT OF CHINA'S HUMAN RESOURCES (2016)

主　编／余兴安
副主编／李维平

社会科学文献出版社
SOCIAL SCIENCES ACADEMIC PRESS (CHINA)

图书在版编目（CIP）数据

中国人力资源发展报告. 2016 / 余兴安主编. --北京：社会科学文献出版社，2016.11
（人力资源蓝皮书）
ISBN 978-7-5097-9931-4

Ⅰ.①中… Ⅱ.①余… Ⅲ.①人力资源管理-研究报告-中国-2016 Ⅳ.①F249.23

中国版本图书馆 CIP 数据核字（2016）第 261202 号

人力资源蓝皮书
中国人力资源发展报告（2016）

主　　编 / 余兴安
副 主 编 / 李维平

出 版 人 / 谢寿光
项目统筹 / 邓泳红
责任编辑 / 宋　静

出　　版 / 社会科学文献出版社 · 皮书出版分社（010）59367127
地址：北京市北三环中路甲 29 号院华龙大厦　邮编：100029
网址：www.ssap.com.cn
发　　行 / 市场营销中心（010）59367081　59367018
印　　装 / 北京季蜂印刷有限公司

规　　格 / 开 本：787mm×1092mm　1/16
印 张：23.5　字 数：393 千字
版　　次 / 2016 年 11 月第 1 版　2016 年 11 月第 1 次印刷
书　　号 / ISBN 978-7-5097-9931-4
定　　价 / 89.00 元

皮书序列号 / B-2012-260

《中国人力资源发展报告(2016)》
编　委　会

主要编撰者简介

余兴安 中国人事科学研究院院长，研究员。历任中国人事科学研究院研究室主任、人事部人才流动开发司副司长、人力资源和社会保障部人力资源市场司副司长、山东省日照市副市长，兼任国际行政科学学会副主席、中国人才研究会常务副会长等。主要从事行政管理体制改革、人事制度改革与人才资源开发等研究。

李维平 中国人事科学研究院首席专家，研究员，国务院特殊津贴专家。曾任人事部人事与人才研究所人才资源开发理论研究室主任、中国人事科学研究院人才战略与规划研究室主任，兼任中国人才研究会常务理事、中国太平洋经济合作全国委员会人力资源开发工作委员会委员。长期从事人才战略及规划理论与技术研究。

中国人事科学研究院简介

中国人事科学研究院（简称“人科院”）是隶属于中华人民共和国人力资源和社会保障部的一家从事人事制度改革、人才资源开发及公共行政等研究的国家级科研机构，为中央人才工作协调小组办公室命名的“人才理论研究基地”。

人科院肇端于1982年6月劳动人事部成立的人才资源研究所和1984年11月成立的行政管理科学研究所，经多次机构改革与职能调整后，于1994年7月正式成立。历经三十余年的发展，人科院积累了丰富的科研资源，培养了一支素质优良的科研队伍，形成了较完备的学术研究体系，取得了一大批具有较大影响的科研成果，发挥了应有的参谋智囊作用，同时也成为全国人才与人事科学研究的合作交流中心。王通讯、吴江等知名学者曾先后担任院长之职，现任院长为余兴安研究员。

多年来，人科院围绕大局，服务中心，研究领域涉及行政管理体制改革、人才队伍建设、公务员管理、事业单位人事制度改革、企业人力资源管理、收入分配制度改革、就业与创业、人才流动与人力资源服务业发展等多方面。曾参与《公务员法》《事业单位人事管理条例》《国家中长期人才发展规划纲要》等重大政策法规的调研与起草，推动了相关领域诸多重大、关键性改革事业的发展。人科院每年承担中央单位和各省市下达或委托的数十项课题研究任务，出版十余部著作，发表百余篇学术论文，并编辑出版《中国人事科学》（月刊）、《国际行政科学评论》（季刊）、《第一资源》（集刊）、《中国人力资源发展报告》（年刊）、《中国人事科学研究报告》（年度出版）等学术刊物。

人科院是我国在国际行政科学学术交流与科研合作领域的重要组织与牵头单位，是国际行政科学学会（IIAS）和东部地区行政组织（EROPA）的中国秘书处所在地，也是亚洲公共行政网络（AGPA）的主席国秘书处。通过多年努力，人科院在国际行政科学研究领域的作用与地位不断提升，2016年承办了国际行政科学学会联合大会，余兴安院长当选为国际行政科学学会副主席。

人科院注重与国家部委、地方政府、高等院校和科研院所的交流与合作，积极搭建学术交流平台，成立了“全国人事人才科研合作网”，每年举办科研年会，组织科研协作攻关。还与中国人民大学、首都经济贸易大学等院校联合招收硕士、博士研究生，设有公共管理学科博士后工作站。

摘　要

2015年是“十二五”规划的收官之年，也是统筹谋划“十三五”规划、承上启下的重要一年。在党中央、国务院坚强领导下，人力资源和社会保障事业发展坚持“民生为本，人才优先”原则，克难攻坚，积极作为，稳中求进，收官之战成效显著，各项目标任务圆满完成，一些重要指标好于预期，为经济社会发展做出了积极贡献。

“十三五”时期是全面建成小康社会的决定性阶段，按照“五位一体”总体布局的要求，以创新、协调、绿色、开放、共享的五大发展理念为引领，以创新为战略驱动，我国人力资源和社会保障领域的改革与发展呈现新特点和新趋势。

人力资源蓝皮书《中国人力资源发展报告（2016）》以2015年为主要研究时段，但重要政策与事件可能回溯至整个“十二五”时期。全书凝结了国内三十余位专家学者的心血，展现了一年多来中国人力资源和社会保障事业改革与发展的总体情况和最新研究成果。全书由总报告和八个专题组成。总报告从整体上介绍了2015年我国人力资源基本状况、人才工作推进情况、公共部门人事制度改革、就业创业发展、收入分配制度改革、社会保险基本状况、劳动关系状况、人力资源服务业发展等方面的新进展和新举措，分析了当前我国人力资源和社会保障事业面临的新形势和新任务。八个专题包括人力资源状况篇、人才工作篇、公共部门人事制度篇、就业创业篇、收入分配篇、社会保障篇、人力资源服务业篇、综合篇，分别从基本情况、面临的挑战、未来趋势等方面阐述了人力资源和社会保障各领域改革发展的新情况、新变化、新动态。

人力资源状况篇主要呈现了我国人力资源总体状况，科技、卫生以及旅游人才发展状况。人才工作篇作为本年度新增的一个专题，从“十三五”规划纲要人才优先发展的战略布局、人才政策创新和人才工程实施三个不同角度，着重分析了当前人才工作的新成效、新政策和新走向。公共部门人事制度篇重点介绍了公务员管理的新进展、新形势、新趋势，以及事业单位人事制度改革面临的挑战。就业创业篇对 2015 年我国就业发展总体情况及发展策略、近期国家创业政策、发展态势和典型特征做了梳理分析；就大学生社会实践、就业能力和就业质量提供了最新调查研究成果。收入分配篇主要回顾了 2015 ~ 2016 年我国收入分配改革的重要政策与事件，以及国有企业薪酬制度改革的情况。社会保障篇全面透视了 2015 年我国社会保险状况、我国基本养老保险制度现状与发展，分析了我国医疗保险制度的成就、问题，并提出了改革建议。人力资源服务业篇系统展现了我国人力资源服务业发展状况与趋势，并依据对 2015 年人力资源服务企业经营状况的调查，对当前人力资源服务业存在的问题和发展趋势进行了分析与展望。综合篇主要介绍了我国 2015 年劳动关系发展状况、人力资源和社会保障法制建设状况以及有关单位开展的 2015 年度企业人才管理与人力资源管理现状调研，探讨了目前我国企业人力资源管理与人才管理中的困惑和解决途径。

本书以深化改革、创新发展为基调，从社会科学的视角，以年度报告的形式，从人力资源和社会保障事业发展任务分析框架出发，围绕经济新常态，采用全新数据，以标志性事件和代表性政策文件为分析节点，从发展现状、发展需求、发展策略、未来趋势等视角，对当前中国人力资源和社会保障事业发展状况进行了较全面、系统、深入的分析，从而比较清晰地将中国人力资源和社会保障事业发展全貌展示在读者面前，为相关研究提供借鉴，为政府决策提供参考。

目录

Ⅰ 总报告

Ⅱ 人力资源状况篇

Ⅲ 人才工作篇

Ⅳ 公共部门人事制度篇

Ⅴ 就业创业篇

Ⅵ 收入分配篇

Ⅶ 社会保障篇

Ⅷ 人力资源服务业篇

Ⅸ 综合篇

皮书数据库阅读使用指南

总报告

General Report

B.1

2015年中国人力资源状况与事业发展

余兴安　李维平　刘 洋　王 梅*

摘　要： 2015年，中国人力资源和社会保障领域的改革与发展取得新进展。人力资源总量基本保持稳定，人才发展体制机制进一步创新，人力资源受教育水平持续提高，就业形势保持总体稳定，人力资源产业分布结构继续优化，社会保障水平有所提高，人力资源服务业获得新发展。本报告从人力资源基本状况、人才工作情况、人事制度改革、就业创业、收入分配、社会保障、劳动关系、人力资源服务业发展等方面介绍了我国人力资源和社会保障事业的新进展和新举措，立足于当前我国人力资源和社会保障事业面临的新形势和国家对“十三五”期间深化改革的战略谋划，对未来人力资源和社会保障

* 余兴安，中国人事科学研究院院长，研究员；李维平，中国人事科学研究院首席专家，研究员；刘洋，中国人事科学研究院人才战略与政策研究室助理研究员；王梅，中国人事科学研究院工资福利研究室助理研究员。

事业的发展趋势做了简要分析。

关键词： 2015 年 人力资源 社会保障

2015 年是“十二五”规划的收官之年，也是统筹谋划“十三五”规划、承上启下的重要一年。按照“五位一体”总体布局的要求，以创新、协调、绿色、开放、共享五大发展理念为引领，以创新为战略驱动，我国人力资源和社会保障领域的改革与发展呈现新特点和新趋势。

一 人力资源基本状况

2015 年，我国人口总量保持低速平稳增长，劳动年龄人口数四年连续下降；人口老龄化形势严峻，抚养比继续上升；人口性别比平稳，女性人口数量略有增加；全国人口受教育水平明显提升，劳动年龄人口受教育年限增加；二孩政策全面放开，短期内对中国劳动力市场影响很小；就业人员产业分布结构优化，服务业就业人员占比最大；流动人口增速放缓，居留稳定性增强。

（一）人口总量稳定低增长，劳动年龄人口四连降

根据《2015 年国民经济和社会发展统计公报》[①]，截至 2015 年末，全国大陆总人口为 137462 万人，比上年末增加 680 万人，人口自然增长率为 4.96‰，低于 2014 年的人口自然增长率 5.21‰。2015 年，全国 16 周岁及以上的人口数量为 113296 万人，比上年末增加 471 万人。根据国家统计局最近发布的数据，截至 2015 年末，16 周岁以上 60 岁以下（不含 60 岁）的劳动年龄人口为 91096 万人，比 2014 年末减少 487 万人，占总人口的 66.3%，较上年占比下降了 0.7 个百分点，劳动年龄人口绝对量出现了四年连降的局面。

（二）人口老龄化形势严峻，抚养比继续上升

根据国家统计局公布的 2015 年数据，劳动力绝对量下降凸显了我国老龄

---

① 国家统计局：《2015 年国民经济和社会发展统计公报》，2016。

化的严峻形势。2015年末，60周岁及以上人口为22200万人，比上年末增加了958万人，占总人口的比例从2014年末的15.5%上升为16.1%；65岁及以上人口为14386万人，比上年末增加了631万人，占总人口的比例为10.5%，较上年末增加了0.4个百分点。劳动力绝对量下降、老龄人口的增多凸显了我国老龄化的严峻形势。老龄化的加剧，意味着老年抚养比继续上升，据国家统计局估算，2015年我国老年抚养比达到6.8∶1。2011～2015年，我国社会总抚养比分别为34.4%、34.9%、35.3%、36.1%、36.9%。2015年总抚养比较上年增长了0.8个百分点，增幅与2014年持平。

（三）人口性别比平稳，女性人口数量略微增加

根据《2015年国民经济和社会发展统计公报》及《2014年国民经济和社会发展统计公报》发布的数据，2015年末，全国总人口中男性人口数量为70414万人，占总人口的51.2%，较上年末增加了335万人；全国总人口中女性人口数量为67048万人，占总人口的48.8%，较上年末增加了345万人，增长量略高于男性人口增长量；总人口性别比为105.2（以女性为100）。

（四）全国人口受教育水平明显提升，劳动年龄人口受教育年限增加

根据《2015年全国1%人口抽样调查主要数据公报》，经抽样调查的人口受教育水平与第六次全国人口普查（以2010年11月1日零点为标准时点）情况相比，具有大学教育程度和高中教育程度的人口明显增多。抽样数据显示①，与第六次全国人口普查相比，每十万人中具有小学教育程度的人口由2010年的26779人下降为24356人；具有初中教育程度的人口由2010年的38788人下降为35633人；具有高中教育程度的人口由2010年的14032人上升为15350人；具有大学教育程度的人口由2010年的8930人上升为12455人。2015年末，研究生毕业人数、本专科毕业人数均有所增加。“十二五”时期，我国劳动年龄人口平均受教育年限从9.70年提高到10.23年，累计增加约0.50年。根据《中华人民共和国国民经济和社会发展第十三个五年规划纲要》

① 国家统计局：《2015年国民经济和社会发展统计公报》，2016。

（以下简称《“十三五”规划》）制定的约束性指标，到2020年，我国劳动年龄人口平均受教育年限将增至10.8年。

（五）二孩政策全面放开，短期内对中国劳动力市场影响很小

根据《2015年国民经济和社会发展统计公报》，2015年全年出生1655万人，出生率为12.07‰，较上年末减少了32万人，出生率也降低了0.3个千分点。2015年10月26～29日，中共十八届五中全会审议通过了《中共中央关于制定国民经济和社会发展第十三个五年规划的建议》，会议提出“全面实施一对夫妻可生育两个孩子政策”。同年12月，全国人大常委会审议了《人口与计划生育法案修正案（草案）》，该修正案（草案）自2016年1月1日起实行，至此，独生子女政策宣告终结。根据中国社会科学院人口学专家预测①，2015年全国15～49岁全面二孩政策新增目标人群在9000万以内，2016～2020年可能每年新增的出生人口数量为230万～430万人，五年累计的“全面二孩”政策新增出生人口在1800万人以内。从劳动力供给来看，“全面二孩”政策对劳动力市场的影响应在20年后。国务院参事马力在接受中新网采访时指出，全面放开二孩后，近期（2016～2017年）可能会出现生育小高潮，但长期来看不会出现大的生育高峰，也不会造成中国人口的大幅增长。②

（六）人均预期寿命提高，东西省份差异较大

根据《2015年国民经济和社会发展统计公报》，2015年人均预期寿命达到76.34岁，较2010年人均预期寿命提高了1.51岁。《“十三五”规划》明确提出实施“健康中国”行动计划，提高人民的健康水平，人均预期寿命在“十三五”期间要提高一岁。据世界卫生组织统计，2015年，日本仍是世界上人口预期寿命最长的国家，人口预期寿命达到84岁，除日本外的世界上人口预期寿命排名前十的国家，依次为安道尔、澳大利亚、瑞士、意大利、新加坡、圣马力诺、摩纳哥、法国、西班牙。2015年，上海市民平均期望寿命达到82.75岁，西藏自治区人均预期寿命为68.20岁，相差近15岁。东西省份的人均预期寿命差距较大。

---

① http：//www.51chati.com/chatie1x51112n426229107.html.

② http：//www.51chati.com/chatie1x51030n424639788.html.

（七）就业人员产业分布结构优化，服务业就业人员占比最大

根据《2015 年度人力资源和社会保障事业发展统计公报》[①]，2015 年末，全国就业人员为 77451 万人，比上年末增加 198 万人，同比增长 0.25%。其中，第一产业就业人员约有 21919 万人，比上年末减少 871 万人，同比降低 3.8%，占全国就业人员的 28.3%；第二产业就业人员约 22693 万人，比上年末减少 406 万人，同比降低 1.8%，占全国就业人员的 29.3%；第三产业就业人员约 32839 万人，比上年末增加 1475 万人，同比增长 4.7%，占全国就业人员的 42.4%。

（八）流动人口增速放缓，居留稳定性增强

根据《2015 年国民经济和社会发展统计公报》，2015 年，全国人户分离的人口达到 2.94 亿人，较上年末减少了 0.04 亿人，其中，流动人口 2.47 亿人，较上年末减少了 0.06 亿人。根据国家卫生和计划生育委员会发布的《中国人口流动发展报告（2015）》，"十二五" 末，流动人口增速放缓，城镇之间人口流动日趋活跃。[②] 随着区域经济一体化的推进和国家区域战略的实施，"十三五" 期间，人口将继续向沿江、沿海、铁路沿线地区聚集，超大城市和特大城市的人口将继续增加。2014 年末，15 ~ 59 岁劳动年龄人口约占流动人口总量的 78%，流动人口在现居住地居住的平均时间为 3 年以上的占 55%，表明流动人口的居留稳定性增强。

（九）留学回国人员持续增加，留学生创业园数量增加

根据《2015 年度人力资源和社会保障事业发展统计公报》，2015 年回国留学人员达到 40.91 万人，比上年增长 12.1%。1978 ~ 2015 年，我国留学回国人员累计总数达到 221.86 万人。2015 年，我国出国留学人员总数为 52.37 万人，年度出国和回国人数比例从 2006 年的 3.15∶1 下降到 2015 年的1.28∶1，出国留学及留学回国人员的数量差距逐渐缩小。截至 2015 年末，全国建成各

① 人力资源和社会保障部：《2015 年度人力资源和社会保障事业发展统计公报》，2016。

② 国家卫生和计划生育委员会：《中国人口流动发展报告（2015）》，2015。

级各类留学人员创业园321家，比上年末增加16家，6.7万名留学人员入园创业；入园企业总共2.4万家，2015年实现技工贸总收入2800多亿元。留创园已成为留学回国人员创新创业的重要载体和平台。

二　人才工作推进情况

2015～2016年，人才工作适应经济发展新常态，在加快构建中国特色人才治理体系、深化人才体制机制改革和政策创新、全面落实人才优先发展战略布局、大力促进人才队伍建设方面取得重要进展。

（一）加强宏观决策，为新形势下的人才工作提供重要遵循

1. 国家《“十三五”规划》布局人才优先发展

2016年3月发布的国家《“十三五”规划》明确提出，深入实施人才优先发展战略，这是对新时期我国人才发展做出的宏观性、全局性构想与安排。规划着眼于建设规模宏大的人才队伍，要求推动人才结构战略性调整，突出“高精尖缺”导向，实施重大人才工程，着力发现、培养和集聚战略科学家、科技领军人才、社科人才、企业家人才和高技能人才队伍。规划着眼于促进人才优化配置，强调建立健全人才流动机制，提高社会横向和纵向流动性，促进人才在不同性质单位和不同地域间有序自由流动。规划着眼于营造良好的人才发展环境，提出完善人才评价激励机制和服务保障体系，营造有利于人人皆可成才和青年人才脱颖而出的社会环境。人才优先发展战略成为“十三五”时期人才工作的总方针和总要求。

2. 中央发文部署深化人才体制机制改革

2016年3月，中共中央印发《关于深化人才发展体制机制改革的意见》（中发〔2016〕9号，以下简称《意见》）。《意见》着眼于冲破思想观念障碍，突破利益固化藩篱，扫除束缚人才脱颖而出和充分发挥作用的体制机制障碍，打造具有国际竞争力的人才制度优势，最大限度地激发人才创新创造创业活力，确立了深化改革、建立集聚人才的体制机制的指导思想、基本原则和主要目标，提出了改革管理体制、工作机制和组织领导等方面的重大举措，是当前和今后一个时期全国人才工作的重要指导性文件。《意见》共九个部分30条，对推进人才管理

体制改革、改进人才培养支持机制、创新人才评价机制、健全人才顺畅流动机制、强化人才创新创业激励机制、构建具有国际竞争力的引才用才机制、建立人才优先发展保障机制、加强对人才工作的领导做了全面部署。《意见》的颁布实施，对全面贯彻党的十八大和十八届三中、四中、五中全会精神和习近平总书记系列重要讲话精神，加快推进人才强国建设，为实现“两个一百年”奋斗目标提供强有力人才支撑，具有十分重要的战略意义和现实意义。

3. 人力资源和社会保障事业“十三五”规划细化了发展策略

为贯彻落实党的十八届五中全会和十二届全国人大四次会议精神，人力资源和社会保障部依据《中共中央关于制定国民经济和社会发展第十三个五年规划的建议》和《中华人民共和国国民经济和社会发展第十三个五年规划纲要》，组织制定的《人力资源和社会保障事业发展“十三五”规划纲要》（简称《人社“十三五”规划》），提出了“十三五”时期人力资源和社会保障事业发展的总体思路、发展目标、主要任务和重大政策措施，是“十三五”时期人力资源和社会保障事业发展的综合性、基础性、指导性文件。

（二）加强队伍建设，为国家重大战略实施提供人才支撑

党的十八大以来，“走出去”、创新驱动、“一带一路”、《中国制造2025》等重大国家发展战略先后启动，人才资源作为重要战略性资源的作用空前提升，一系列有利于激发人才创新活力的政策陆续出台，我国人才队伍建设坚持服务发展，改革机制，突出重点，多措并举，在专业技术人才队伍建设、高层次创新人才培养引进、高技能人才培养开发、公务员队伍和社会工作人才队伍建设等方面取得了新进展。

1. 专业技术人才队伍建设迈上新台阶

“十二五”期间，我国专业技术人才队伍建设取得重要进展。高层次人才总量稳定增长。截至2015年底，全国共有两院院士1600多人，比上年增加100多人；享受政府特殊津贴专家已达17.2万人，比上年增加0.5万人；入选国家百千万人才工程计划者5300多人①，比上年增加800多人。2015年，国家“万人计划”工作稳步推进，新增354名青年拔尖人才，全国获得“万人

① 人力资源和社会保障部：《2015年度人力资源和社会保障事业发展统计公报》，2016。

计划”特殊支持的人才近1200人[①]。2015年，我国博士后制度创建30年，累计招收、培养博士后人员15万多人。2015年新设650个博士后科研工作站。博士后科研工作站总数达到3383个。

科技人才队伍建设蓬勃发展。截至2015年初，我国科技人力资源总量达到8114万人[②]，研发人员超过535万人。其中，企业研发人员398万人，我国就业人员的研究与试验发展（R&D）人员数，从2010年的33.6人年/万人上升到2015年的48.5人年/万人。2015年全年R&D经费支出14220亿元，比上年增长9.2%，全社会R&D人员总量为380万人年，比“十二五”初期增加了92万人年。[③]

专业技术人才知识更新工程持续推进。2015年，全国举办高级研修班300期，培训2.1万名高层次专业技术人才，开展急需紧缺人才培养培训和岗位培训117万人次，建设国家级专业技术人员继续教育基地20家，累计达到100家。截至2015年末，全国共有1160多万人报名参加专业技术人员资格考试，比上年增加332万人，218万人取得资格证书。截至2015年底，全国累计1797万人取得各类专业技术人员资格证书。

2. 高技能人才队伍建设取得长足进步

2015年，高技能人才队伍建设开创了新局面。到2015年末，全国技能人才总量达到1.65亿人，比上年增加了0.08亿人，高技能人才达到4501万人，超过“十二五”规划目标1101万人，这两项比2010年底分别提高了47%和57%。2015年全年新增高技能人才365万人，高技能人才占技能人才的比例达到27.3%。“十二五”期间，共表彰60名“中华技能大奖”获得者和600名“全国技术能手”，983名高技能人才获得国务院政府特殊津贴，国家层面新建400个高技能人才培训基地、500个技能大师工作室。

到2015年末，全国共有职业技能鉴定机构12156个，职业技能鉴定考评人员26.42万人。全年共有1894万人参加了职业技能鉴定，比上年增加了40万人，同比增长2.16%。1539万人取得不同等级职业资格证书。其中，取得

---

① http://rencai.people.com.cn/n1/2016/0112/c355107-28042247.html.

② 数据来源于科技部人才中心。

③ 科技部：《2014年我国科技人力资源发展状况分析》，http://www.most.gov.cn/kjtj/201603/P020160318359930786703.doc。

技师、高级技师职业资格的有55.31万人。①

到2015年末，全国共有技工院校2545所，比上年减少了273所，在校生322万人，比上年减少17万人；全国共有就业训练中心2636所，比上年增加183所，民办培训机构18887所。全年技工院校面向社会开展培训477万人次，全年共组织各类职业培训1908万人次。其中，就业技能培训1023万人次，岗位技能提升培训620万人次，创业培训211万人次，其他培训54万人次。全年各类职业培训中农民工培训967万人次，城镇登记失业人员培训357万人次，城乡未继续升学的应届初高中毕业生培训80万人次。

3. 公务员队伍建设平稳有序

截至2015年底，全国共有公务员716.7万人，当年录用公务员19.4万人②，其中，中央机关及其直属机构录用公务员2.1万人，较上年增加0.26万人；地方录用公务员17.3万人，较上年减少了1.1万人。中央机关公开遴选232名公务员，较上年增加14人；省级机关公开遴选1726名公务员，较上年减少了近1000名。

4. 社会工作人才队伍快速发展

随着经济和社会快速发展，人口老龄化的加剧，以及公共服务精细化要求的提高，在社会治理背景下，社会工作人才队伍在社会治理中发挥了重要作用。根据《2015年社会服务发展统计公报》，截至2015年底，全国持证社会工作者共计20.6万人，比上年增加28.8%，其中社会工作师5.2万人，助理工作师15.4万人。③ 2015年，参加全国社会工作者职业水平考试的人数为27.7万人，比上年增加7万人，增幅为33.8%。

（三）着力政策创新，为人才工作提供法制保障

1. 创新专业技术人才相关政策

2015年8月，中华人民共和国人力资源和社会保障部公布了《专业技术人员继续教育规定》（人力资源和社会保障部令第25号）。该规定的出台是落实《国家中长期人才发展规划纲要（2010～2020年）》要求的具体体现，保障

---

① 人力资源和社会保障部：《2015年度人力资源和社会保障事业发展统计公报》，2016。

② 人力资源和社会保障部：《2015年度人力资源和社会保障事业发展统计公报》，2016。

③ 民政部：《2015年社会服务发展统计公报》，2016。

和推动了专业技术人员继续教育发展，强调了专业技术人员继续教育的地位和作用。该规定明确了专业技术人员继续教育的内容和方式、组织管理和公共服务以及法律责任，把完善保障政策作为法制建设的重要内容，要求落实好足额提取企业职工教育经费的规定，加快建立以政府投入为引导、以用人单位为主体、社会力量和个人共同投入的经费保障机制等。

2016 年 7 月，人力资源和社会保障部发布《关于加强基层专业技术人才队伍建设的意见》，旨在深入贯彻落实中共中央《关于深化人才发展体制机制改革的意见》（中发〔2016〕9 号），加强基层专业技术人才队伍建设，更好地发挥专业技术人才在基层的重要作用。意见明确要求，改革基层专业技术人才评价机制；完善基层事业单位公开招聘和岗位管理制度；加大基层专业技术人才激励力度；着力提升基层专业技术人才能力素质；积极引导各类人才向基层一线流动；提高基层专业技术人才服务保障水平。

2. 创新技能人才相关政策

技能人才工作的推进与技工院校改革分不开。2016 年 1 月，为贯彻落实《人力资源和社会保障部关于推进技工院校改革创新的若干意见》（人社部发〔2014〕96 号）精神，人力资源和社会保障部办公厅发布《关于印发 15 种技工院校教学计划和教学大纲的通知》（人社厅发〔2016〕4 号），统一规范技工院校教学计划和教学大纲，组织开发技工院校主体专业国家技能人才培养标准和一体化课程规范，构建国家技能人才培养标准体系框架。2015 年，技工院校高技能人才培养联盟成立，百余所院校加入该联盟。

2015 年，国家广泛开展职业技能鉴定和企业职工职业技能等级评价工作，分 5 批取消 135 项国务院相关部门、行业协会设置的技能人员职业资格，指导各地取消自行设置的各类职业资格。全国累计有 9163 万人次参加职业技能鉴定，7661 万人取得职业资格证书。

2016 年 5 月，人力资源和社会保障部办公厅与中国残疾人联合会办公厅联合发布《关于实施〈残疾人职业技能提升计划（2016 ~ 2020）〉的通知》，针对残疾人实施就业技能培训、岗位技能提升培训和创业培训等，加大政策的落实力度，充分发挥残疾人就业保障金等资金在残疾人职业培训中的重要作用。

国家《“十三五”规划》及《人社“十三五”规划》都明确要求，加大高技能人才培养力度，通过大力实施国家高技能人才振兴计划，推进高技能人才培训基地、技能大师工作室和技能培训项目建设，实施高技能人才培养工程和新成长劳动力技能提升、在岗职工技能提升、企业新型学徒制培训、战略性新兴产业紧缺劳动力技能提升等计划，加快培养技能人才，锻造大国工匠。

3. 改革博士后管理制度

2015 年，国务院办公厅发布《关于改革完善博士后制度的意见》（国办发〔2015〕87 号），要求更好地发挥博士后制度在高层次创新型青年人才培养以及在推动“大众创业、万众创新”中的重要作用。改革博士后管理制度，改进设站和培养方式、全面推开分级管理，完善博士后管理办法，健全培养及评价办法，提高培养质量，支持创新创业。

2016 年 4 月，人力资源和社会保障部、全国博士后管理委员会发布《博士后创新人才支持计划》，瞄准国家重大战略、战略性高新技术和基础科学前沿，提供每人每年 30 万元、两年 60 万元的资助，用来培养一批国际一流的创新型人才。

4. 改进海外人才管理制度

随着我国全球影响力的提升，越来越多的外国人选择到中国就业，出台关于外国人的管理办法显得尤为重要。2016 年 2 月，中共中央办公厅、国务院办公厅印发了《关于加强外国人永久居留服务管理的意见》，进一步加强和改进了外国人永久居留服务管理。

2015 年 7 月，上海针对外国人的管理也出台了《关于深化人才工作体制机制改革促进人才创新创业的实施意见》，意见提到扩大外籍高层次人才在口岸和境内申请办理 R 字签证的范围，为其提供入境和停居留便利。2016 年 3 月，北京出台《中关村外籍高层次人才认定标准》《中关村创业团队外籍成员和中关村企业选聘的外籍技术人才认定标准》《中关村创新创业外籍华人服务工作规范》《北京市外籍高层次人才认定标准和北京科技创新主管部门认可企业标准》等规定，使海外人才管理更加规范和科学。

三　公共部门人事制度改革与发展

2015 年是稳步推进人事制度改革之年，通过深化公务员管理制度、事业单位管理制度、国企人事管理制度改革，推动人事管理走向科学化、规范化，各项工作取得了新成效。

（一）公务员管理制度改革的主要举措

2015年，公务员管理制度改革在原有基础上继续推进，2015年下半年至2016年上半年，国家公务员主管部门制定出台了一系列制度文件，专业技术类和行政执法类公务员管理规定的出台、人民警察职务序列制度的建立、人民警察招录工作意见的出台、公务员职业能力建设工程的推进、公务员考录过程中面试办法的出台等都表明公务员管理朝着科学化、制度化的方向发展。

1. 公务员分类管理制度初步建立

2016年7月，中共中央办公厅、国务院办公厅印发《专业技术类公务员管理规定（试行）》和《行政执法类公务员管理规定（试行）》，使300多万名专业技术和行政执法类公务员的管理逐步走向制度化。这两个文件对职位设置、职务与级别、职务任免与升降、管理与监督做出了规定。下一步，还将出台相应的专业技术类公务员和行政执法类公务员职务、职数的具体办法和任职资格的相关办法，以及相应的工资制度；还将科学划分专业技术类公务员、行政执法类公务员标准及职位范围，完善相对应的不同类别的公务员考录制度、考核制度、培训制度、激励制度等，通过分类招录、分类考核、分类培训逐步完善公务员队伍管理。

2. 人民警察管理制度改革加快推进

2015年12月，中央全面深化改革领导小组第十九次会议通过了《公安机关执法勤务警员职务序列改革试点方案》《公安机关警备技术职务序列改革试点方案》。会议同意于2016年在北京、天津等13个省（区、市）及新疆生产建设兵团，开展公安机关执法勤务警员职务序列和警务技术职务序列改革试点，推进人民警察管理制度改革。改革主要根据基层一线的实际情况，建立警务技术职务序列，完善执法勤务警员制度，拓展人民警察职业发展空间，完善激励保障机制，激发公安队伍活力。人民警察人事管理制度改革的方向是从公务员管理制度中剥离，建立适合警察职业特点的人事管理制度。

3. 公务员招录工作更加科学

2015年11月19日，人力资源和社会保障部、公安部、国家公务员局联合发文《关于加强公安机关人民警察招录工作的意见》（人社部发〔2015〕97号），公安机关警察招录按照职位类别和工作特点，分类组织实施。招录中还体现了特殊性，对涉密要害职位、人才紧缺职位、公安英烈子女做出了特殊规定。该文件的出台，体现了公安机关人民警察招录工作更趋科学化，公安队伍建设进一步走向正规化、专业化、职业化。2015 年 12 月 8 日，人力资源和社会保障部等六部门《关于公安院校公安专业人才招录培养制度改革的意见》（人社部发〔2015〕106 号）出台，形成了公安院校专业招生、人才培养和毕业生公务员招录协调机制，将教育改革、人才培养模式、人才队伍建设有机结合，明确了人才培养定位；将公安专业招生规模与公安机关招警需求相衔接，有利于公安专业人才的培养和队伍建设。

4. 公务员职业道德建设进一步强化

2016 年 6 月 21 日，中共中央组织部、人力资源和社会保障部、国家公务员局联合印发《关于推进公务员职业道德建设工程的意见》，针对公务员职业道德建设提出了坚持职业道德建设与集中性和经常性学习教育相结合，坚持教育引导、行为规范、实践养成相统一，坚持整体推进与分类指导相衔接，坚持推进工作与完善制度相配套等原则；强调中国特色公务员职业道德的主要内容是“坚定信念、忠于国家、服务人民、恪尽职守、依法办事、公正廉洁”。这一意见的出台，将对公务员职业能力道德建设产生深远影响。

5. 公务员面试管理有章可循

2015 年 11 月，中共中央组织部、人力资源和社会保障部及国家公务员局联合印发了《公务员录用面试组织管理办法（试行）》，该办法共 10 章 46 条，从面试试题命制与管理、面试考场管理、面试考官管理、面试工作人员管理、面试考生管理、面试实施、安全与保密、纪律与监督等环节，填补了面试工作制度规范的空白，对于加强面试组织管理，从制度上对公务员考录过程中的面试环节进行规范，具有重要意义。

（二）事业单位人事制度改革的主要举措

2015 年，事业单位人事制度改革主要集中在事业单位领导人员管理、去编制化管理的全员聘任制、基层事业单位人员招聘、基层事业单位岗位管理、事业单位人员离岗创业等方面。

1. 健全事业单位领导人员管理制度

2015 年 6 月，《事业单位领导人员管理暂行规定》出台。该文件的出台体

现了深化干部人事制度改革的新精神、新要求，对事业单位领导人员应具备的任职条件和基本资格做出了规定，在选拔任用上体现了方式的多元化。该规定还明确了根据行业特点和岗位要求，可以采取组织选拔、竞争（聘）上岗、公开选拔（聘）等方式，也可以探索委托相关机构遴选，从而加大推行聘任制的力度。此外，该规定还从选拔任用、任期管理、考核评价、激励保障、监督约束、职业发展和退出机制方面，进行了具有事业单位特色的制度设计，构建了事业单位领导人员管理的制度框架，为建立分业分类的事业单位领导人员管理制度奠定了基础。

2. 完善事业单位聘用制度

截至2015年底，全国事业单位聘用制度推行基本实现全覆盖，工作人员聘用合同签订率超过93%。[①] 全国事业单位岗位设置基本实现制度入轨，岗位设置完成率超过95%。事业单位公开招聘制度推行率达到91%。

2016年6月，广州市人力资源和社会保障局、中共广州市委组织部印发《关于全面深化事业单位人事制度改革的指导意见（2016~2020年）》，意见明确提出将制定广州市事业单位领导人员管理办法及事业单位竞聘上岗办法，逐步推行事业单位自主设岗，研究制定事业单位工作人员绩效考核办法，加大主管部门调控绩效工资的力度，支持广州大学、广州医科大学自主设岗、自主招聘、自主评聘职称、自主分配薪酬、自主引进高层次人才，鼓励南沙自贸试验区先行先试。

2016年7月，人力资源和社会保障部发言人李忠在第二季度新闻发布会上通报，政府将研究制定高校、公立医院不纳入编制管理后的人事管理衔接办法，未来高校和公立医院将会实行全员合同聘任制，对全国233万余名在编教师职工进行实名统计，并在其退休离职后收回编制。下一步，将建立健全以合同管理为基础的用人制度，继续扩大聘用制度推行面，研究解决编外用人问题。目前，香港大学深圳医院成为深圳全面取消编制的首家医院，以岗定薪、同岗同酬。

3. 改进基层事业单位公开招聘方式

2016年7月，人力资源和社会保障部出台《关于加强基层专业技术人才

---

① 人力资源和社会保障部：《2015年度人力资源和社会保障事业发展统计公报》，2016。

队伍建设的意见》（人社部发〔2016〕57号），意见强调，完善基层事业单位公开招聘的办法，强化对艰苦边远地区倾斜政策，解决基层和边远地区“招人难”的问题。对高层次和急需紧缺专业技术人才有需求的事业单位，可以采取直接考察的方式进行招聘。要求省、市级所属事业单位公开招聘时，拿出一定数量的岗位招聘有基层专业技术岗位工作经历的人员。

4. 优化基层事业单位岗位管理制度

2016年7月，人力资源和社会保障部出台《关于加强基层专业技术人才队伍建设的意见》（人社部发〔2016〕57号），意见要求，要建立事业单位岗位结构比例动态调整机制，适当提高基层事业单位中、高级专业技术岗位结构比例。对于基层事业单位高级专业技术岗位的管理实行总量控制、比例单列，定向评价、定向使用，不占各地专业技术高级结构比例。乡镇事业单位通过特设岗位引进的急需高层次人才，其所聘岗位等级可放宽至专业技术八级，不受单位岗位总量、结构比例限制。扩大农村教师、农技推广特设岗位计划实施范围和规模，完善全科医生特设岗位政策，重点支持中西部老少边穷等地区补充专业技术人才。建立县乡事业单位管理岗位职员等级晋升制度。

5. 鼓励事业单位科研人员离岗创业

2015年以来，国家和地方层面都相继出台相关政策、意见、方案，鼓励事业单位人员离岗创业。中共中央、国务院等陆续下发《关于深化体制机制改革加快实施创新驱动发展战略的若干意见》《关于进一步做好新形势下就业创业工作的意见》《关于大力推进大众创业万众创新若干政策措施的意见》《深化科技体制改革实施方案》《关于深化人才发展体制机制改革的意见》等政策文件，从不同角度鼓励科研人员离岗创业，并明确在待遇上，经原单位同意，可在3年内保留人事关系，享有参加职称评聘、岗位等级晋升和社会保险等方面的各项权利，建立健全科研人员双向流动机制，允许高校和科研院所的科研人员到企业开展创新工作等。地方层面上，各地也相继出台相关政策，鼓励事业单位人员离岗创业，如《北京市高等学校、科研机构设立科技成果转化岗位实施细则》、《市人力资源社会保障局关于完善本市科研人员双向流动的实施意见》（上海）、《关于支持国有企事业单位科研人员保留人事（劳动）关系离岗创业的实施意见》（福建）、《关于鼓励高校、科研院所专业技术人员创新创业有关人事管理的意见》（江苏）、《关于高校科研院所等事业单位专业

技术人员离岗创业有关问题的通知》（宁夏）、《关于做好事业单位专业技术人员离岗创业有关工作的通知》（河北）等。

（三）国有企业人事制度改革的主要举措

2015 年 8 月 24 日，中共中央、国务院《关于深化国有企业改革的指导意见》（以下简称《指导意见》）指出，应分类推进国有企业改革，完善现代企业制度。通过建立国有企业领导人员分类分层管理制度、深化企业内部用人制度改革、实行与社会主义市场经济相适应的企业薪酬分配制度来推进现代企业制度的完善。

1. 建立国有企业领导人员分类分层管理制度

《指导意见》指出，国有企业应根据企业的类型和层级，采用多种选人用人方式，例如选任制、委任制、聘任制等。推行职业经理人制度，实行内部培养和外部引进相结合的方式，打通现有的经营管理者与职业经理人的身份通道，按照市场化的运作方式来选聘和管理职业经理人，推行企业经理层成员任期制和契约化管理，国有企业领导人员受上级党组织和国有资产监管机构管理。

2. 深化企业内部用人制度改革

《指导意见》指出，应建立健全各类管理人员公开招聘和竞争上岗等制度，拓宽用人渠道，对于特殊人才特殊对待。建立健全以合同管理为核心、以岗位管理为基础的企业市场化用工制度，依法规范各类人员的管理，形成能上能下、能进能出的合理流动机制。

在 2016 年 7 月召开的全国国有企业改革座谈会上，习近平总书记强调，要坚定不移深化国企改革，加快建立现代企业制度，发挥国有企业各类人才的积极性、主动性、创造性，着力创新体制机制。

3. 建立与市场经济相适应的企业薪酬分配制度

《指导意见》指出，应建立符合国有企业特点的薪酬分配制度、能够与企业经济效益和劳动生产率挂钩的工资决定和正常增长机制。对员工的评价，采用全员绩效考核的办法，拉开收入差距，做到奖惩分明，调动员工的工作积极性和能动性。对于由政府任命的国有企业领导者，确定合理的基本年薪、绩效年薪和任期激励的收入标准；对于通过市场化选聘的职业经理人采用市场化的薪酬分配机制。

四　就业创业基本情况及工作进展

就业是民生之本。保障劳动者的就业权利，不断提高人民的生活水平，是中国共产党始终不变的执政理念。2015 年，党中央坚持“民生为本”，出台了一系列促进就业创业的政策，年度就业任务顺利完成，“十二五”就业工作圆满收官。“十三五”时期，我国每年新增 1000 多万就业人口，就业压力依然存在，就业结构性矛盾凸显，为此，《“十三五”规划》明确提出实施就业优先战略。落实就业优先，必须实施更加积极的就业政策，鼓励以创新创业带动就业，实现比较充分和高质量的就业，形成经济发展和扩大就业的联动效应。

（一）就业创业总体呈现良性发展态势

1. 就业规模持续扩大，增速有所下降

2015 年，我国就业形势良性发展，就业规模持续扩大，结构进一步优化，质量显著提升，第三产业吸纳就业能力持续增强；以创业带动就业的效果显著。截至 2015 年底，我国就业人员总数达到 77451 万人。[①] 从就业规模来看，呈现持续扩大态势，比 2011 年的就业人员总数增加 1031 万人，年均增加 257.75 万人。从就业增速来看，就业总量增长率从 2011 年的 0.42% 下降到 2015 年的 0.26%，处于低位区间且呈现下降趋势。其中，城镇就业人员达到 40410 万人[②]，2015 年新增就业 1312 万人，近三年新增就业人员均超过 1300 万人。2015 年，城镇失业人员再就业人数为 966 万人，就业困难人员就业人数为 173 万人。[③] 2015 年末，城镇登记失业人数为 966 万人，城镇登记失业率为 4.05%。

2015 年，全国农民工总量达到 27747 万人，比 2011 年增加了 2469 万人，平均年增加 617.25 万人。其中外出农民工 16884 万人，比 2011 年增加了 1021 万人，平均年增加 255.25 万人。尽管农民工总量呈逐年增加的态势，但是，增长率呈现逐年下降的趋势，从 2011 年的 4.36% 下降到 2015 年的 1.28%。

---

① 国家统计局：《2015 年国民经济和社会发展统计公报》，2016。

② 国家统计局：《2015 年国民经济和社会发展统计公报》，2016。

③ 人力资源和社会保障部：《2015 年度人力资源和社会保障事业发展统计公报》，2016。

2. 就业结构的产业布局优化，就业分布趋于合理

经济结构调整和产业转型升级对就业结构产生新的要求。随着三大产业结构的优化，就业人员结构分布也随之变化。2015 年末，第一产业就业人员为 21919 万人，比 2011 年减少了 4675 万人；第二产业就业人员为 22693 万人，比 2011 年增加了 149 万人；第三产业就业人员为 32839 万人，比 2011 年增加了 5557 万人。“十二五”期间，第三产业的就业人员增加值最大，年均增加 1389.25 万人，三大产业就业人员的比例也从 2011 年末的 34.8∶29.5∶35.7 变为 2015 年末的 28.3∶29.3∶42.4。

随着城镇化进程的推进，城乡就业结构也得到改善。2015 年末，我国城镇就业人员达到 40410 万人，比“十二五”初增加了 4496 万人，年均增加 1124 万人。在城镇就业人员增加的同时，乡村就业人员数量减少，从“十二五”初的 40506 万人减少到 2015 年末的 37041 万人，减少了 3465 万人，年均减少 866.25 万人。城镇吸纳就业能力的增强，导致城乡就业结构改变，从 48.37∶51.63 调整为 52.17∶47.83。

3. 经济增长与就业增长联动，第三产业吸纳就业能力较强

2015 年末，国内生产总值达到 676708 亿元，经济发展进入新常态，增长率为 6.9%。“十二五”时期，就业增长率进入平稳发展阶段，2011～2015 年分别为 0.4%、0.4%、0.4%、0.4%、0.3%。经济对于就业的拉动仍保持平稳状态，成为保障就业的第一稳定器。

经济结构调整对就业结构产生了显著影响。“十二五”期间，三大产业平均产值增长率分别为 4.80%、7.96%、8.34%，三大产业对应的就业增长率分别是：第一产业平均就业降低 4.72%，第二产业平均就业提高 0.8%，第三产业平均就业提高 4.52%。从三次产业的平均就业弹性来看，“十二五”时期，第一产业的平均就业弹性为 -1.05，第二产业为 0.07，第三产业为 0.54。可见，第三产业就业弹性最大，吸纳能力最强。

4. 创业带动就业，就业规模扩大

在“大众创业、万众创新”的战略部署下，2015 年，新登记企业达 443.9 万家，同比增长 21.6%；全国新登记市场主体达 1400 万家，同比增长 14% 以上。①

① 国家发展和改革委员会：《2015 年中国大众创业万众创新发展报告》，人民出版社，2016。

2015 年，创业企业以微小企业为主，目前微小企业就业人数约占就业总人数的 20%，人数达到 1.5 亿左右。

创业战略不仅带动了就业规模的扩大，同时也推动了就业结构的改变。第三产业对就业人员的需求不断扩大，就业结构从传统服务业向新兴战略性产业和现代服务业转型。2015 年，信息传输、软件和信息技术服务业新登记企业 24 万家，文化、体育和娱乐业 10.4 万家，金融业 7.3 万家，卫生和社会工作 0.9 万家，教育 1.4 万家，比 2014 年分别增长 63.9%、58.5%、60.7%、100%、100%。截至 2015 年末，全国个体私营经济从业人员实有 2.81 亿人①，比 2014 年增加 3100 多万人。

（二）就业创业工作取得显著成效

2015 年，在党中央、国务院领导下，全国实施积极的就业创业政策，形成更加完善的就业创业政策体系，全力推进高校毕业生就业工作，大力推进农民工返乡创业工作，就业服务质量有所提升，创业活力得到释放，创业能力得到增强。

1. 形成了更加完善的就业创业政策体系

2015 年 4 月，国务院印发《关于进一步做好新形势下就业创业工作的意见》（国发〔2015〕23 号），通过实施就业优先战略，积极推进创业带动就业，统筹推进高校毕业生等重点群体就业，加强就业创业服务和职业培训。6 月，国务院出台《关于大力推进大众创业万众创新若干政策的意见》（国发〔2015〕32 号），通过体制机制创新，实现创业便利化；通过优化财税政策，强化创业扶持；通过搞活金融市场，实现便捷融资；通过扩大创业投资，支持创业初期成长；通过发展创业服务，构建创业生态。12 月，财政部、人力资源和社会保障部出台《就业补助资金管理暂行办法》，对资金支出范围、资金分配、资金使用、资金管理做出了具体规定；对职业培训补贴、职业技能鉴定补贴、社会保险补贴、公益性岗位补贴、就业见习补贴、求职创业补贴、就业创业服务补贴、高技能人才培养补助的发放范围、标准等做了明确规范。

---

① 国家工商总局：《中国个体私营经济与就业关系研究报告》，2016。

2. 全力推进高校毕业生就业创业工作

2015 年 2 月，人力资源和社会保障部发布关于做好 2015 年全国高校毕业生就业创业工作的通知，要求切实抓好就业创业政策的落实，各地要会同相关部门统筹实施“三支一扶”“大学生志愿服务西部”等基层服务项目，探索政府购买社会服务岗位吸纳高校毕业生就业等办法。该通知强调，要通过高校毕业生就业促进计划，帮扶离校未就业的高校毕业生，加强实名登记工作，扎实开展就业见习工作；通过创业孵化基地、创业辅导制度、市场主体合作机制等用好市场资源，促进大学生创业引领计划的实施。5 月，国务院办公厅印发《关于深化高等学校创新创业教育改革的实施意见》；7 月，人力资源和社会保障部印发《关于加强离校未就业高校毕业生实名制就业服务工作的通知》，高校毕业生就业与创业工作推进力度不断加大。

3. 大力推进农民工返乡创业工作

党中央一直高度重视农民工就业问题，为进一步促进农民工多渠道实现转移就业创业，2015 年 4 月，国务院印发《关于进一步做好新形势下就业创业工作的意见》；6 月，国务院办公厅印发《关于支持农民工等人员返乡创业的意见》；10 月，国务院办公厅印发《关于促进农村电子商务加快发展的指导意见》；11 月，国家发改委、人社部等十部门联合下发《关于结合新型城镇化开展支持农民工等人员返乡创业试点工作的通知》，探索完善城镇化建设进程中的农民工返乡创业体制机制。这一系列文件的出台，提供了鼓励和支持农民工转移就业创业以及创业融资和培训的重大政策利好，有力地推动了农民工转移就业创业。

4. 就业服务和就业管理进一步加强

由人力资源和社会保障部新修订的《就业服务与就业管理规定》于 2015 年 2 月 1 日施行。新规定允许城镇常住人员可以在常住地办理失业登记，同时对失业人员登记范围和注销失业登记条件进行了修订，从而方便了人才流动和就业，扩大了公共就业服务的覆盖面，促进了公共就业服务的均等化。为了方便创业创新，2015 年 6 月，国家工商总局等六部门发布了《关于贯彻落实〈国务院办公厅关于加快推进“三证合一”登记制度改革的意见〉的通知》（工商企注字〔2015〕121 号），提出全面实行“三证合一、一照一码”登记模式。通过“一窗受理、互联互通、信息共享”，将由工商行政管理、质量技术监督、税务三个部门分别核发不同证照，改为由工商行政管理部门核发加载法人和其他组织统一社会信用代码的营业执照。这项改革通过简化就业服务流程，提高了服务质量和服务效率。

5. 释放创业机会，提升创业能力

2015 年 3 月，财政部、国家税务总局发布《关于小型微利企业所得税优惠政策的通知》（财税〔2015〕34 号），从政策角度释放创业机会，给予优惠政策。同时，国务院办公厅出台《关于发展众创空间推进大众创新创业的指导意见》（国办发〔2015〕9 号），为发展众创空间、推进创新创业提供指导。5 月，《国务院办公厅关于深化高等学校创新创业教育改革的实施意见》（国办发〔2015〕36 号）出台，全面部署深化高校创新创业教育改革，以培养学生的创新意识、创业精神，提升创新创业能力。2015 年 12 月，人力资源和社会保障部出台《关于进一步推进创业培训工作的指导意见》（人社厅发〔2015〕197 号），从健全创业培训制度、加强创业培训课程开发、加强创业培训师资队伍建设、规范创业培训机构发展、创新创业培训模式、强化创业服务等方面提出了工作要求和政策措施，以满足经济新常态下推进“大众创业、万众创新”的需要。

五　工资收入分配状况及工作进展

2015 年，全国居民可支配收入呈现上涨趋势，全国城镇非私营单位就业人员年平均工资仍高于全国城镇私营单位就业人员平均工资，东部、西部、东北、中部地区水平仍有差异。各地进一步调整最低工资收入标准，下调工资指导线，乡镇机关事业单位人员增加补贴，国有企业差异化薪酬制度逐步建立。

（一）工资收入分配的基本情况

2015 年，全国居民人均可支配收入为 21966 元，比上年增加 1799 元，名义上增长了 8.9%，扣除价格因素，实际增长 7.4%；城镇居民人均可支配收入为 31195 元，比上年增长了 8.2%，扣除价格因素，实际增长 6.6%；农村居民人均可支配收入为 11422 元，比上年增长 8.9%，扣除价格因素，实际增长 7.5%。城乡居民人均收入倍差为 2.73，较上一年缩小 0.02。

2015 年，全国城镇非私营单位就业人员年平均工资为 62029 元，比 2014

年增加了5669元，同比名义增长10.1%，增速加快了0.6个百分点。其中，在岗职工年平均工资为63241元，同比名义上增长了10.3%，增速加快了0.8个百分点。扣除物价因素，2015年全国城镇非私营单位就业人员平均工资实际增长8.5%。此外，2015年城镇非私营单位就业人员平均工资从东部、西部、东北、中部来看呈现由高到低的态势，东部、西部、东北、中部年平均工资分别为70611元、57319元、51064元和50842元，同比名义增长率依次为9.9%、11.9%、9.8%、8.6%。从行业来看，2015年年均工资最高的三个行业依次为金融业，信息传输、软件和信息技术服务业，科学研究和技术服务业，工资水平分别为114777元、112042元、89410元；年平均工资最低的三个行业为农、林、牧、渔业，住宿和餐饮业，水利、环境和公共设施管理业，工资水平分别为31947元、40806元、43528元。最高与最低行业平均工资比为3.59，2014年最高与最低行业平均工资比为3.82，因此，2015年比2014年差距有所缩小。

2015年，全国城镇私营单位就业人员年平均工资为39589元，比2014年增加了3199元，同比名义上增长了8.8%，增速回落了2.5个百分点；扣除物价因素，2015年全国城镇私营单位就业人员年平均工资实际增长7.2%。从区域分布来看，城镇私营单位就业人员年平均工资由高到低依次为东部43439元、西部36478元、中部32773元、东北32176元，同比名义增长率依次为9.0%、8.1%、8.2%、5.3%。从行业角度来看，2015年年平均工资最高的三个行业分别是信息传输、软件和信息技术服务业，科学研究和技术服务业，金融业，工资水平依次为57719元、50441元、44898元；年平均工资最低的三个行业分别是农、林、牧、渔业，住宿和餐饮业，电力、热力、燃气及水生产和供应业，工资水平为28869元、31889元、34631元。

（二）工资收入分配制度改革的进展

1. 调整最低工资标准

截至2015年底，全国先后有上海、深圳、北京等28个地区宣布上调最低工资标准。调整之后，深圳和上海两地的月最低标准均超过2000元，分别达到2030元和2020元，北京每小时最低工资标准最高，达到每小时18.7元。最低工资标准最高的深圳与最低工资标准最低的海南之间的差距为750元，差异较大。

2. 下调工资指导线

截至2015年11月24日，全国共有21个省份公布了工资指导线。在经济下行压力加大的情况下，企业工资指导线多有下滑，其中，新疆、河南和江西的基准线最高，为12%。在工资增长上线上，天津、山西、山东、河北、河南的上线均为18%，处于首位；陕西、江西和甘肃工资增长的下线最高，为5%。大部分地区2015年工资指导线下降，以北京为例，2015年北京工资增长基准线由2014年的12%降为10.5%，下线由4.5%降为3.5%，上线为16%，与上年持平。在经济下行压力较大的情况下，政府为了促就业、稳增长而下调工资指导线，个别地方为了增强工资指导线的约束力，明确将工资指导线与企业评奖挂钩，未落实指导线的企业不能参与评奖。

3. 实行乡镇机关事业单位工作人员补贴

2015年3月，人力资源和社会保障部、财政部印发《关于乡镇机关事业单位工作人员实行乡镇工作补贴的通知》（人社部发〔2015〕7号），该通知明确了乡镇工作的补贴范围、补贴水平和补贴标准。乡镇可根据自身情况制定符合实际的人员补贴，该政策的出台面向乡镇基层机关事业单位的工作人员，提高了乡镇机关事业单位工作人员的收入，有利于稳定乡镇干部队伍，促进人才向基层流动。

4. 推进国有企业负责人薪酬制度改革

遵循《关于深化中央管理企业负责人薪酬制度改革的意见》（中发〔2014〕12号），2015年中央管理企业高管薪酬水平增幅放缓，结构趋于合理。2016年7月22日，人力资源和社会保障部召开第二季度新闻发布会通报，下一步将加快推进国有企业负责人薪酬制度改革的有关工作，开展国有企业负责人差异化薪酬分配制度改革试点。

六　社会保险基本状况和改革进展

2015年，我国社会保险制度各项改革有序推进，取得了显著成效。制度覆盖面继续扩大，基金规模持续增加，待遇水平持续提升，多项改革措施稳步推出，社会保险制度的公平性和可持续性得到进一步体现。

（一）社会保险制度总体状况

1. 制度覆盖面继续扩大

2015 年末，全国参加基本养老保险的总人数为 85833 万人，比上年末增加 1.9%；参加城镇基本医疗保险的人数为 66582 万人，比上年末增加 11.44%；全国失业保险的参保人数为 17326 万人，比上年末增加 1.66%；全国参加工伤保险的人数为 21432 万人，比上年末增加 3.84%；全国参加生育保险的人数为 17771 万人，比上年末增加 4.3%。

2. 基金规模持续增加

2015 年，全年五项社会保险基金总收入和总支出均呈现上涨趋势，总支出的增长速度高于总收入将近 3 个百分点。其中，基金总收入合计 46012 亿元，比上年增加 6184 亿元，增长 15.5%；基金总支出合计 38988 亿元，比上年增加 5985 亿元，增长 18.1%。

基本养老保险基金总收入为 32195 亿元，总支出为 27929 亿元，分别比上年增加了 16.6% 和 19.7%。年末全国基本养老保险基金累计结存 39937 亿元。企业年金基金累计结存 9526 亿元。

城镇基本医疗保险基金总收入为 11193 亿元，总支出为 9312 亿元，分别比上年增长了 15.5% 和 14.5%。年末全国城镇基本医疗保险统筹基金累计结存 8114 亿元（包括城镇居民基本医疗保险基金累计结存 1546 亿元），个人账户积累金额为 4429 亿元。

失业保险基金收入为 1368 亿元，比上年下降 0.9%；支出 736 亿元，比上年增长 19.8%。年末全国失业保险基金累计结存 5083 亿元。

工伤保险基金收入为 754 亿元，支出为 599 亿元，分别比上年增长了 8.6% 和 6.8%。年末全国工伤保险基金累计结存 1285 亿元（包括储备金 209 亿元）。

生育保险基金收入为 502 亿元，基金支出为 411 亿元，分别比上年增长了 12.5% 和 11.8%。年末全国生育保险基金累计结存 684 亿元。

3. 社会保障卡普及率提高

2015 年底，全国社会保障卡持卡人数达到 8.84 亿人，全年新增 1.7 亿人，普及率达到 64.6%。

（二）社会保险制度改革进展

1. 基本养老保险基金投资管理办法出台

2015 年 8 月，国务院正式发布《基本养老保险基金投资管理办法》。该办法提出，养老基金投资应当秉持市场化、多元化、专业化的原则进行投资运营，以加强养老保险基金的投资管理和监督，确保资产安全，实现基金保值增值。

该办法规定，养老基金限于境内投资，但投资渠道大大拓宽，投资范围包括不同风险等级和收益率的多种产品，同时为了兼顾安全性、流动性和收益性，对各类产品的投资比例进行了一定限制。

在管理模式上，建立委托人、受托人、托管人和投资管理人相互制衡的机制，要求管理机构建立健全养老基金投资管理内部控制制度，加强风险管控，维护委托人利益。

2. 改革完善军人退役养老保险制度

2015 年 10 月，人力资源和社会保障部、财政部、总参谋部、总政治部、总后勤部联合印发了《关于军人退役基本养老保险关系转移接续有关问题的通知》《关于军人职业年金转移接续有关问题的通知》，规定了军人退役养老保险制度改革后的管理模式、制度覆盖范围、待遇标准、转移接续办法、经费来源等。自 2014 年 10 月 1 日起，军人退役参加基本养老保险的，在退役离开部队时，由军人所在单位财务部门一次性计算军人退役基本养老保险补助和军人职业年金补助，所需经费由中央财政承担。军人退役基本养老保险补助和职业年金补助，按本人服役期间相应年度月缴费工资和相关标准计算。

3. 提高基本养老金标准

按照党中央和国务院部署，从 2015 年 1 月 1 日起，我国企业退休人员基本养老金提高 10%，全国 7974 万名企业退休人员在本次调整中受益。至此，我国企业退休人员基本养老金从 2004 年开始实现“11 连涨”，调整后基本养老金月人均超过 2200 元，与 2004 年的月人均 647 元相比，增长了 2 倍多。

2015 年 1 月 14 日，人力资源和社会保障部、财政部发布《关于提高全国城乡居民基本养老保险基础养老金最低标准的通知》，从 2014 年 7 月 1 日起，全国城乡居民基本养老保险基础养老金最低标准在原每人每月 55 元的基础上提高至每人每月 70 元，调整后，城乡居民基本养老金月人均超过 110 元。

4. 全面实施城乡居民大病保险

2015年8月，国务院办公厅发布《关于全面实施城乡居民大病保险的意见》，部署加快推进城乡居民大病保险制度建设。文件规定，从城乡居民基本医疗保险基金中划拨一定额度作为大病保险的资金来源，不需要参保人额外缴费。2015年大病保险支付比例达到50%以上。原则上大病保险实行市（地）级统筹，鼓励省级统筹或全省（区、市）统一政策、统一组织实施。

5. 把进城落户农民纳入城镇基本医疗保险制度体系

2015年9月，人力资源和社会保障部、国家发展和改革委员会、财政部、国家卫生和计划生育委员会联合印发《关于做好进城落户农民参加基本医疗保险和关系转移接续工作的办法》，要求把进城落户农民纳入城镇基本医疗保险制度体系的覆盖范围，在农村参加的基本医疗保险并入城镇基本医疗保险，确保进城落户农民连续享受基本医保待遇。

6. 下调失业保险缴费费率

自2015年3月1日起，失业保险缴费费率暂由3%降至2%，单位和个人缴费的具体比例由各省（区、市）人民政府根据“以支定收、收支基本平衡”的原则，在综合考虑提高失业保险待遇标准、促进失业人员再就业、落实失业保险稳岗补贴政策等因素对基金支付能力的影响的基础上自行确定。初步预计，每年将减轻企业和员工负担400多亿元。同时，全国失业保险金月人均发放水平由2014年的852元提高到2015年的960元。

7. 下调工伤保险缴费费率

自2015年10月1日起，调整工伤保险费率政策，根据不同行业的工伤风险程度，由低到高，依次将行业工伤风险类别划分为一类至八类，相应的基准费率最低为0.2%，最高为1.9%。具体来说，一类行业分为三个档次，在基准费率的基础上，可上浮至120%、150%，其他行业分为五个档次，在基准费率的基础上，可上浮至120%、150%或下浮至80%、50%。各统筹地区人力资源和社会保障部门要会同财政部门，按照“以支定收、收支平衡”的原则，合理确定本地区工伤保险行业基准费率具体标准。

8. 下调生育保险缴费费率

2015年7月，人力资源和社会保障部、财政部下发《关于适当降低生育保险费率的通知》。自2015年10月1日起，在生育保险基金结余超过合理结存的地区降低生育保险费率。各地应当把生育保险基金结存量控制在6~9个月待遇支付额范围内。生育保险基金累计结余超过9个月的统筹地区，应将生育保险基金费率调整到用人单位职工工资总额的0.5%以内。基金累计结余低于3个月支付额度的，要向统筹地区政府和省级人力资源和社会保障部门、财政部门报告，并制定预警方案。

9. 社会保障卡推广取得明显成效

2015年末，全国社会保障卡持卡人数达到8.84亿人，提前完成“十二五”规划的发行量任务。全国除西藏外，各省（区、市）已全面发行社会保障卡，实际发卡地市（含省本级）达到369个，全国80%以上的社会保障卡已加载金融功能。预计到2017年底，持卡人数将超过10亿，最终实现城乡居民人手一卡。

七　劳动关系状况与工作进展

2015年，我国劳动关系总体稳定，无论是政府构建和谐劳动关系的工作，还是中国整体劳动关系状况均保持平稳发展态势。由于我国正处于经济社会转型期，劳动关系的主体及其利益诉求日益多元化，劳动关系矛盾处于凸显期和多发期，劳动争议案件增幅较大，因此，“十三五”期间，构建和谐劳动关系的任务依然十分艰巨。

（一）劳动关系基本情况

1. 劳动合同和集体合同签订率均有所提升

2015年末，全国企业劳动合同签订率达到90%①，比上年提升2个百分点。2015年，在政府和各方的努力下，全国经人力资源和社会保障部门审查的当期有效集体合同176万份，比上年增加6万份，同比增加3.5%，覆盖企业356万家，职工1.7亿人。②

2. 劳动争议案件增幅较大，涉及人数范围更广

2015年，各地劳动人事争议调解组织和仲裁机构共处理争议案件172.1万

① 人力资源和社会保障部：《2015年度人力资源和社会保障事业发展统计公报》，2016。

② 人力资源和社会保障部：《2015年度人力资源和社会保障事业发展统计公报》，2016。

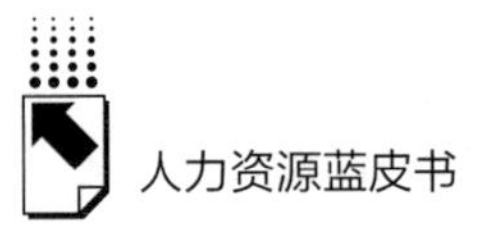

件，办结案件161.0万件，同比增加10.4%，仲裁结案率为95.2%。仲裁机构期末未结案件数达到4.1万件，同比增加14.1%。[①] 从人力资源和社会保障部公布的2015年和2014年快报数据来看，2015年立案受理案件涉及劳动者人数首次突破百万，达到116万，较2014年增加了16.2%，年增长率比2013～2014年的增长率高出近4个百分点，也是近6年来涉案人数增长最快的一年。

3. 劳动争议主体多元化，劳动者利益诉求复杂化

2015年，劳动争议的主体呈现多元化，一方面，代表劳动争议资方的范围进一步扩大，以往劳动争议的资方主要以民营企业为主，现在劳动争议的资方涉及国有企业、事业单位的有所增加；另一方面，代表劳动争议的劳动者主体更为多元，比如，原来认为是资方代表的企业高管、经理等都成为劳动争议的劳方主体。"十二五"时期，劳动争议诉求呈现复杂化，由原有单一的劳动报酬向多样化转变。其中社会保险类和解除、终止劳动合同的诉求呈上升趋势。根据《中国统计年鉴2015》数据整理，劳动报酬的争议案件为258716件，社会保险争议案件为160961件，解除、终止劳动合同争议案件155870件。2015年，地方劳动争议纠纷呈现新的特点。例如，江苏省2014年1月1日至2015年11月30日的劳动人事争议判决书中，除了传统的劳动报酬、经济补偿金、工伤保险等方面的纠纷外，竞业禁止、同工同酬、服务期、人事争议等新类型案件数量也明显增加，而且审理的难度也明显加大。[②]

4. 农民工权益保障有所改善，但欠薪情况不容忽视

2015年，农民工日均从业时间超过8小时的比例比上年下降1.7个百分点，周从业时间超过44小时的农民工比例比上年下降0.4个百分点。虽然农民工日均从业时间和周从业时间有所改善，但被拖欠工资的农民工比重有所上升，2015年被拖欠工资的农民工比例上升为1%，比上年度提高0.2个百分点。从人均被拖欠工资额度来看，2015年农民工人均被拖欠工资9788元，比2014年增加277元，增长幅度为2.9%。[③]

---

① 人力资源和社会保障部：《2015年度人力资源和社会保障事业发展统计公报》，2016。

② 聂彩莲、奚冬冬：《2015年江苏省劳动争议案件情况概述》，http://www.aiweibang.com/yuedu/72020786.html。

③ 国家统计局：《2015年农民工监测调查报告》，http://www.stats.gov.cn/tjsj/zxfb/201604/t20160428_1349713.html。

（二）劳动关系工作进展

1. 劳动关系相关法律政策出台

2015 年 3 月 21 日，中共中央、国务院出台《关于构建和谐劳动关系的意见》，该意见肯定了构建和谐劳动关系的重要性，并系统地提出了构建和谐劳动关系的目标、原则和推进和谐劳动关系建设的制度、机制建设。

2015 年 6 月 3 日，人力资源和社会保障部、中央综治办颁发《关于加强专业性劳动争议调解工作的意见》（人社部发〔2015〕53 号）。该意见的出台主要是为了更好地贯彻落实《关于构建和谐劳动关系的意见》的要求，着眼于提升专业性劳动争议调解工作能力。

2016 年 1 月，国务院印发《关于全面治理拖欠农民工工资问题的意见》。意见指出，要全面规范企业工资支付行为，健全工资支付监控和保障制度，推进企业工资支付诚信体系建设，完善市场主体自律、政府依法监管、社会协同监督、司法联动惩处的工作体系。

2016 年 3 月 28 日，人力资源和社会保障部出台《关于执行〈工伤保险条例〉若干问题的意见（二）》。这项政策明确了退休人员返聘期间受到事故伤害时，用人单位仍然担负工伤保险责任。

2. 劳动保障监察执法更有效力

2015 年，全国各级劳动保障监察机构共主动检查用人单位 192.5 万家次，涉及劳动者 9569.1 万人次。通过加强劳动保障监察执法，共为 481.4 万名劳动者追讨工资等待遇 421.2 亿元，比上年增加 19.7 万人，追讨金额增加 75.7 亿元。其中为 385.9 万名农民工追讨工资等待遇 331.6 亿元，比上年增加 50 万名农民工，金额增加 66.2 亿元。2015 年，共督促用人单位为劳动者补签劳动合同 307.1 万份；督促 3.9 万家用人单位办理社保登记；督促 4.6 万家用人单位为 100.3 万名劳动者补缴社会保险费 21.3 亿元。

八　人力资源服务业状况与工作进展

2015 年，人力资源服务业高速发展。人力资源服务机构规模不断扩大，人力资源配置效能不断提升，人力资源服务业态发展良好，人力资源服务产业园建设逐步规模化，人力资源服务日益标准化，人力资源服务市场监管逐步规范化。

（一）人力资源服务业基本状况

1. 人力资源服务机构规模不断扩大

截至2015年底，全国各类人力资源服务机构达2.71万家，全行业营业总收入从2011年的2303亿元提高到2015年的9680亿元。根据人力资源和社会保障部数据统计，2015年，全国各类人力资源服务机构共服务各类人员6.02亿人次，比2014年增长23.1%；登记求职和要求提供流动服务的人员达2.93亿人次，比2014年增长19.3%；为2432万家次用人单位提供了人力资源服务，比2014年增长10.0%。2015年，全国各类人力资源服务机构共帮助1.5亿人次实现就业和流动，比2014年增长28.8%。

2. 人力资源服务业态发展良好

根据人力资源和社会保障部的数据，2015年，全国各类人力资源服务机构共举办现场招聘会22.5万场次，比2014年减少1.1万场次，下降4.7%。其中，高校毕业生专场交流会为6.7万场次，农民工专场交流会为6.2万场次，分别比2014年下降1.5%与3.1%。参会求职人员1.13亿人次，比2014年减少6.3%；参会单位705万家次，比2014年减少2.4%；提供招聘岗位信息1.04亿条，比2014年减少6.4%。虽然现场招聘会的数量有所减少，但其他途径尤其是网络化的招聘方式因其便捷性而备受青睐。2015年，全国各类人力资源服务机构通过网络发布岗位招聘信息2.46亿条，比2014年增加19.6%；发布求职信息4.9亿条，比2014年增加18.0%。

随着劳务派遣用工的转型，人力资源外包服务出现了一定程度的增加。根据人力资源和社会保障部统计数据，2015年，全国各类人力资源服务机构为28.3万家用人单位提供了劳务派遣服务，比2014年减少4.3万家，下降13.0%；派遣人员868万人，比2014年减少65万人，下降7.0%；登记要求派遣人员547万人，比2014年减少67万人，下降11.0%。而2015年全国各类人力资源服务机构为51万家用人单位提供了人力资源外包服务，比2014年增长4.6%。

随着经济发展和产业转型，企业对人力资源管理咨询方面的需求有所增加。根据人力资源和社会保障部统计数据，2015 年，全国各类人力资源服务机构为 212 万家用人单位提供了人力资源管理咨询服务，比 2014 年增长 13.8%；举办培训班 26 万次，比 2014 年增加 2.6%；培训人员 1112 万人，比 2014 年增长 6.0%。高级人才寻访（猎头）服务成功推荐选聘各类高级人才 103 万人，比 2014 年增长 18.0%。

3. 人力资源服务产业园规模化发展

截至 2016 年 6 月，已建和在建的人力资源服务产业园区有 36 家，其中，国家级人力资源服务产业园 8 家（分别为上海、河南、重庆、苏州、福建、杭州、烟台和成都），省级人力资源产业园 15 家。一些省（区、市）依托本地产业基础，发布了人力资源服务业发展的意见或者产业园区的规划，来推动本地人力资源服务产业园区建设，如北京、广州、西安、昆明等地。人力资源服务产业园在营业收入、税收收入、租金收入、物业收入和个人收入等方面直接创造着经济效益。根据相关调查，2014 年全年，仅上海人力资源服务产业园的营业收入总额就为约 200 亿元，税收达 6.66 亿元，分别比 2011 年增长了 400% 和 260%①。

（二）人力资源服务业工作进展

1. 人力资源服务业相关规范出台

2015 年初，国家质检总局、国家标准化管理委员会批准发布了《现场招聘会服务规范》和《人才测评服务业务规范》两项国家标准，自 2015 年 7 月 1 日起实施。这两项标准的推行将有利于规范招聘会服务和人才测评服务，提高服务质量，促进服务业务的发展。2016 年 5 月，《人力资源和社会保障部关于“先照后证”改革后加强人力资源市场事中事后监管的意见》（人社部发〔2016〕49 号）出台，要求依法规范实施人力资源市场行政许可，创新事中事后监管方式，强化日常监督检查，加强市场监管的基础建设，积极推进人力资源服务业的社会协同共治。

2016 年 6 月，人力资源和社会保障部出台《关于简化优化流动人员人事

① 莫荣、杨洋：《对上海人力资源产业园建设发展的初步评估》，中国劳动保障网，2016 年 3 月 2 日，http://www.clssn.com/html/node/148621-1.htm。

档案管理服务的通知》，进一步简化优化了服务流程，为流动人员人事档案管理提供了更加优化的服务。该通知要求，转递档案时不再开具行政介绍信，并对初次就业的流动人员取消转正定级手续，取消档案收费和人才集体户口管理服务费。

2. 开展系列活动，促进人力资源服务业发展

2015 年，全国各地区、各类机构就人力资源服务业发展的政策、载体建设、业务发展创新等议题举办了一系列活动，以促进人力资源服务业发展。

2015 年 2 月，中国人事科学研究院与中国上海人力资源服务产业园区联席会议办公室、博尔捷人力资源集团，合作举办了“中国人力资源服务产业园建设发展研讨会”，这是一次以人力资源服务产业园建设发展为主题的高端研讨会，来自全国十几个省市的人力资源和社会保障部门、人力资源服务产业园、知名企业、行业协会以及专家学者代表对当前人力资源服务产业园的发展现状、产业园的建设和管理经验、人力资源服务业未来的发展、人力资源服务机构建设情况等方面做了深入研讨。

2015 年 4 月，“2015 亚太人力资源开发与服务博览会”首次进入“第十三届中国国际人才交流大会”，海内外 400 余家知名人力资源服务机构和 2000 余名人力资源服务业人士参加了博览会。展会设有 5 个主题展示区，分别是中国人力资源服务产业园、亚太知名人力资源服务机构、亚太人力资源培训与咨询机构、人力资源信息技术、人力资源福利与健康产品，并以“创新商业模式、促进产业发展”为主题举办了“第十一届中国人力资源服务业高峰论坛”。

2015 年 5 月，全国人力资源市场建设工作座谈会在杭州召开。这次会议提出，加快人力资源市场整合，进一步理顺政府与市场的关系，规范行政审批，加强事中事后监管，推进诚信体系建设，加快人力资源市场立法进程，提升市场管理水平，实现人力资源市场管理法治化。

2015 年 10 月，“2015 中国（浙江）人力资源服务博览会”在杭州举办，近 200 家企业参加会议，博览会着眼于搭建综合型、高规格、经验和智慧互动分享平台，设置了人力资源服务及相关衍生产品展示、人力资源服务产业园形象展示和服务洽谈、高等院校人才服务展示、人力资源高峰论坛等活动板块。

“2015HRoot 中国人力资源服务展”在北京、深圳、上海、成都、广州等地举办，超过 400 家国内外知名人力资源服务企业和 3 万余名企业人力资源经

理人、专家及采购者参加了会展。本届展会由现场展示、产品发布、演讲、研讨、现场折扣店等形式组成，为了解行业最新动态和未来趋势、人力资源服务供需对接、行业专家交流研讨等提供了平台。

2016 年 6 月，全国人力资源市场建设工作座谈会在山东烟台召开，会议总结了“十二五”期间的经验做法，部署了 2016 年工作重点。会议强调了建设功能完善、机制健全、运行有序、服务规范的人力资源市场体系的重要性，明确提出深入推进人力资源市场改革，提高法治化水平，为就业优先战略和人才强国战略提供优质高效的人力资源服务。

九 当前面临的新形势和新任务

进入“十三五”时期，我国面临的国内外环境复杂多变，世界政治经济格局变化趋势的不确定性增强，全面深化改革进入决定性的关键时期，实现全面建成小康社会宏伟目标进入决胜阶段。

面对国家实施创新驱动发展战略的新要求，面对由市场导向的经济体制改革进一步深化，面对联系更加紧密的世界经济格局，面对经济发展新常态下的趋势变化和特点，中国人力资源发展任重而道远，面临的形势依然严峻。一是“高精尖”人才短缺与人才队伍创新能力不足，与建设创新型国家、实现经济创新发展的要求不相适应的矛盾依然突出；二是我国人才国际化水平不高，与国家实施“一带一路”战略、企业进行全球经济布局要求不相适应的矛盾依然突出；三是人力资源发展相关的制度机制建设，与完善我国市场经济体制、实现国家治理能力现代化、构建和谐劳动关系的要求不相适应的矛盾依然突出；四是人力资源和社会保障能力建设，与人口老龄化加快、供给侧结构性改革不断推进、经济增速放缓、就业人口持续增长的形势不相适应的矛盾依然突出。着力解决这些发展过程中存在的矛盾和问题，是“十三五”时期我国人力资源和社会保障事业发展的重要任务。

（一）加快建设结构合理、创新能力突出的人才队伍仍将是人力资源开发的核心目标

“加快转变经济发展方式，加快建设创新型国家，推动经济更有效率、

更加公平、更可持续发展”，是党的十八届三中全会明确提出的战略目标，实现这一目标，靠的是人才。因此，建立一支结构合理、创新能力突出的人才队伍是“十三五”乃至更长时期内人才队伍建设的重中之重，更是政府规划人才发展的核心目标。为实现此目标，必须做到以下几点。

一是要继续突出领军人才队伍建设这个重点，搞好领军人才的引进培养和创新团队建设。今后一段时间，人才工作的主要任务仍是吸引和培养高层次人才，充分发挥“千人计划”和“万人计划”等高层次人才的智慧，增强国家重大项目的攻坚克难能力。

二是要提高青年人才在科研一、二梯队的比例，加大对青年创业和创新的政策支持，放手使用青年人才，使他们在改革创新实践中经受锻炼，从而激发整个科技人才队伍的创新能力。

三是要加快发展现代职业技术教育，加大政府对技能人才培养的投入，深化产教融合、校企合作，大力培养高素质劳动者和技能型人才，增强工匠精神，为《中国制造 2025》做出贡献，支撑产业转型升级。

四是要发挥社会需求对人才创新能力发展的牵引作用，充分利用经济、政治、文化、科技、管理创新去激发人才的创造力，以市场为媒介聚集社会各方面的力量和资金，推动人才创新能力发展。

五是要加强对创新成果的保护，加强创新体系建设和相关制度机制建设，推动创新活动持续发展。

（二）着力提高人力资源国际化水平，仍将是人才优先发展的重要抓手

伴随着经济的快速发展，中国业已成为世界重要的对外投资国家，我国企业“走出去”已经成为常态。为适应国际经济格局的新变化，习近平总书记提出了建设海上丝绸之路和建立陆上丝绸之路经济带即“一带一路”的战略构想，不仅明确了对外开放的新路径，同时“一带一路”战略将成为中国经济新的增长点。“十三五”期间将是这一战略构想全面铺开、我国企业和投资走向世界的大幅增长期。保障这一战略的实施，关键在于建设一支能够适应目标任务要求的宏大的国际化、复合型人才队伍。这就需要大力培养国家层面、企业层面的战略投资人才；需要大力培养了解相关国家法律法规、社情文化的

法律人才、金融服务人才、社会科学人才、企业管理人才和国际贸易人才；就要加强企业领导人才的复合能力培养，使他们正确理解国家战略，在维护国家利益的同时，提高他们带领企业融入当地文化、体恤当地民情、实现利益兼顾与合作共赢目的的能力。

（三）全面深化人才发展体制机制改革，仍将是推进国家治理体系与治理能力现代化的重要内容

2016 年 3 月，中共中央印发《关于深化人才发展体制机制改革的意见》，明确要求，推进人才管理体制改革，改进人才培养支持机制，创新人才评价机制，健全人才顺畅流动机制，强化人才创新创业激励机制，构建具有国际竞争力的引才用才机制，建立人才优先发展保障机制，形成系统完善、科学规范、运行有效的制度体系。“十三五”期间，要完成中央提出的各项改革任务，我国人才发展体制机制改革和政策创新的任务十分艰巨。

一是要坚持人才管理制度改革的市场导向。十八届三中全会明确指出，在全面深化改革的各项任务中，经济改革是改革的重中之重，在整个改革中起牵引作用。改革的核心是处理好政府和市场的关系，使市场在资源配置中起决定性作用，要把对人才的培养、使用、评价、激励等交由市场决定，把培养权、用人权、评价权、流动权、成果转化权真正放到市场主体手中，政府则要强化人才宏观管理、政策法规制定、公共服务等职能。要努力解决市场体系不完善的问题，把完善人力资源市场法规制度和监管体系作为“十三五”人才发展的重要目标，努力形成人才资源市场配置合理、公平竞争、自由流动、劳动成果平等交换的良好局面。

二是要高度重视人才管理制度改革的系统性、整体性、协同性，加强对我国高级专家制度创新的整体性谋划、体系化设计，解决点点分离、互不关联，机制老化、作用削减的问题，形成高层次人才选拔培养制度体系，着力提高财政经费的投入产出比；加强对我国人才培养体制机制创新的整体性谋划、系统化设计，解决教育结构不合理、供需错位、产学研协同育人机制不完善、教育与职业衔接不紧密等问题，着力提高有质量的人才资源增量；加强对我国人才招募引进、评价发现、选拔使用、创新创业、激励保障等政策创新的整体性谋划、体系化设计，解决人才政策与产业、科技、教育、商贸、财政、社会管理

等相关政策各自为政、缺乏契合等问题，形成人才政策与相关政策相互促进、协调统一的治理体系，着力提升人才政策的整体效能。

三是要深化公共部门人事制度改革。深化公共部门人事制度改革是促进人才发展制度体系建设、提高人才发展治理能力的重要一环。

“十三五”期间，公共部门人事制度改革将主要集中在以下几个方面：①建立健全具有中国特色的公务员职位分类和管理制度。逐步推行地市以上机关公务员职务与职级并行制度，完善公务员聘任制度、公开选调制度、与专业技术类和行政执法类相配套的公务员招录制度和管理制度、奖励制度等。②建立健全事业单位人事管理法规体系。完善聘用制度、公开招聘制度、岗位管理制度；创新体制机制，鼓励事业单位人员创新创业；探索高校、公立医院等不纳入编制管理后的事业单位人事管理办法。③建立符合现代企业制度的国有企业用人制度。逐步推进国有企业领导人分类分层管理制度，推行职业经理人制度，健全企业内部各类选人用人制度，完善合同管理制度，高质量地实现在2020年之前完成十八届三中全会提出的人才发展各项制度机制改革的目标任务。

（四）解决结构性就业矛盾，实现充分就业，仍将是人力资源结构调整的紧迫任务

李克强总理在2016年政府工作报告及就业工作座谈会上，多次强调：“就业是民生之本，就业是经济的晴雨表，是社会的稳定器。”近年来，我国经济发展进入新常态，经济增速放缓，结构性改革力度加大，新增就业人口递增，就业形势依然严峻。[①] 2016年，高校毕业生人数达到765万，中职毕业生达到500多万；军人转业退伍安置，化解产能过剩过程中的职工安置；农民工就业等都需要就业空间。根据现有数据统计，未来几年，每年需要在城镇就业的人员大约有2500万人，除去自然减员的数量外，保持城镇失业水平稳定，每年城镇新增就业规模不能低于1000万人。除了就业本身形势严峻外，经济增速换挡和结构调整也将对就业产生影响，总量的压力将长期存在，结构性矛盾会更加凸显。从前期政策走向来看，政府将从以下几个方面来完成就业转型。

① http：//www. gov. cn/guowuyuan/2016 -07/16/content_ 5091912. htm.

1. 推动以传统就业为主向以服务业为主的就业转型

随着产业转型，第三产业的比重上升至50.5%，成为就业的最大“容纳器”，为此，应加大对服务业的支持力度，推动就业以传统产业为主向以服务业就业为主的转型，提高服务业的就业容量。

2. 推动以就业为主向就业与创业相结合的转型

随着创业环境的优化，以及“双创”战略的实施，就业逐步向就业与创业结合转型。政府将进一步推动商事制度改革，推进“证照分离”改革，完成简政放权、优化创业服务。

3. 推动以体力劳动就业为主向以智力和技能型就业为主转型

改革开放30多年来，低成本的劳动力优势为我国经济做出了巨大贡献，随着现代人力资源的发展和传统产业转型升级，智力与技能型劳动力的需求将不断增加，信息技术、自动化、现代制造业所需的高素质技能型劳动力将受到青睐。因此，提高劳动者的素质将成为各级政府推进就业的优先选择。“十三五”规划明确提出，坚持就业优先战略，实施更加积极的就业政策，创造更多就业岗位，着力解决结构性就业矛盾。“十三五”期间，解决结构性就业矛盾成为就业工作的重点、难点。

（五）构建和谐稳定的劳动关系和公平可持续的社会保障制度，仍将是各级政府部门的工作重点

“十三五”时期是我国全面深化改革进入决定性阶段的关键时期。在此期间，收入分配失序、劳动关系失谐、保障制度失灵的任何风吹草动，都会给经济社会稳步发展带来很大的影响，造成经济失速、社会失控的严重后果，因此，收入分配、劳动关系、保障制度将成为各级政府关注的重点。政府将进一步加强对工资收入分配的宏观调控，规范工资收入分配秩序，缩小工资收入分配差距。

一是深化企业工资收入分配制度改革。构建国有企业负责人薪酬制度，加强对国有企业工资的分类监管，完善企业最低工资增长机制，完善工资指导线制度。二是完善机关事业单位工资制度。实行与公务员分类管理相适应的工资制度，落实机关事业单位工资增长以及基本工资调整机制，体现事业单位高层次人才的收入分配激励机制，推动形成合理有序的工资收入分配格局。

在此期间，政府将从完善法律规章和工作机制入手构建和谐稳定的劳动关系。一是完善劳动关系相关法律规章的修订。随着人力资源和社会保障事业的发展，《劳动法》已实施20周年，与现有的实际需求仍存在差距，因此，修订完善《劳动法》《劳动合同法》《劳动争议调解仲裁法》成为构建和谐劳动关系的法律保障。二是通过制度建设推进和谐劳动关系的建立。通过健全劳动关系协调机制、劳动人事争议处理机制、劳动保障监察执法体制机制，推进和谐劳动关系的建立。三是保障农民工合法权益。通过实施各类拖欠农民工工资行动计划，全面规范企业工资支付制度，健全工资支付监控和保障制度，同时推进工资支付诚信体系的建设。

随着人口老龄化的加速以及实现全面建成小康社会的百年奋斗目标进入最后时限，“十三五”时期，政府将在建立更加公平、更可持续的社会保障制度方面做出更大努力。一是通过实行全民参保计划，使法定人员全覆盖。开展全民参保登记，并做好农民工、灵活就业人员等重点群体的参保工作。二是完善社会保险制度体系。健全城乡居民养老保险制度；推进《失业保险条例》出台，完善失业保险制度；整合新农合和城镇居民医保，推进基本医保异地就医结算，全面实行医保付费总额控制，建立复合式医保付费方式。三是确保社会保险基金安全运行。完善企业年金、职业年金市场化运营法规政策和监管机制，探索拓宽社会保险基金投资渠道，加强风险管理。

人力资源状况篇

Reports on Human Resources

B.2

中国人力资源基本状况

李学明*

摘　要：2015 年，我国人力资源发展态势良好，资源总量保持稳定，就业规模持续扩大，产业分布结构继续优化，人力资源受教育水平和参保水平持续提高。人力资源管理与开发成效明显，服务水平得到进一步提升，人事制度改革深入推进，人才队伍建设不断加强，海外高层次人才引进力度不断加大，人力资源法制建设成果凸显。

关键词：人力资源　管理与开发　人事制度

一　人力资源发展状况

随着社会主义市场经济的发展，我国人力资源总量保持稳定，就业规模持

* 李学明，博士，中国人事科学研究院助理研究员，研究方向为政府公共管理与服务、公共政策、公务员管理、人事人才开发等。

续扩大，城镇新增就业人数保持平稳，城镇登记失业率稳中有降，农村劳动力转移就业平稳增长。人力资源产业分布结构继续优化，人力资源受教育水平持续提高，人力资源参保水平稳步提升。

（一）人力资源总量及就业状况

1. 人力资源总量保持稳定

截至2015年底，我国大陆总人口约137462万人，同比上年末增加680万人，其中城镇常住人口为77116万人①，占总人口比重（常住人口城镇化率）为56.1%，比上年提高1.33个百分点。全国人户分离的人口②为2.94亿人，其中流动人口③为2.47亿人，比上年下降2.37%。16～59岁的人力资源总量达到91096万人，占全国总人口比重为66.3%，同比上年基本持平。

表1　2015年末人口数及其构成

单位：万人，%

指　标	年末数	比重
全国总人口	137462	100.0
其中:城镇	77116	56.1
乡村	60346	43.9
其中:男性	70414	51.2
女性	67048	48.8
其中:0～15岁(含不满16周岁)	24166	17.6
16～59岁(含不满60周岁)	91096	66.3
60周岁及以上	22200	16.1
其中:65周岁及以上	14386	10.5

资料来源：参见国家统计局《中华人民共和国2015年国民经济和社会发展统计公报》，2016年2月29日。

2. 就业规模持续扩大

2015年，国家继续实施就业优先战略和更加积极的就业政策，面对经济

① 国家统计局：《中华人民共和国2015年国民经济和社会发展统计公报》，2016年2月29日。

② 人户分离的人口是指居住地与户口登记地所在的乡镇街道不一致且离开户口登记地半年以上的人口。

③ 流动人口是指人户分离人口中扣除市辖区内人户分离的人口。市辖区内人户分离的人口是指一个直辖市或地级市所辖区内和区与区之间，居住地和户口登记地不在同一乡镇街道的人口。

新常态采取了一系列稳定和扩大就业的措施，就业规模持续扩大。截至2015年底，全国共有就业人员77451万人，同比增加198万人，同比增长约0.3%；其中城镇就业人员达到40410万人，同比增加1100万人，同比增长约2.8%。2015年末，高校毕业生就业率总体保持稳定，全年共组织2.6万名高校毕业生到农村基层从事“三支一扶”服务。城镇新增就业人数保持平稳。2015年，全国城镇新增就业人数1312万人，超额完成了1000万人的就业目标（见图1）。全年城镇失业人员再就业人数达到567万人，同比增加16万人，其中就业困难人员就业人数为173万人①，与2014年基本持平（见图2）。

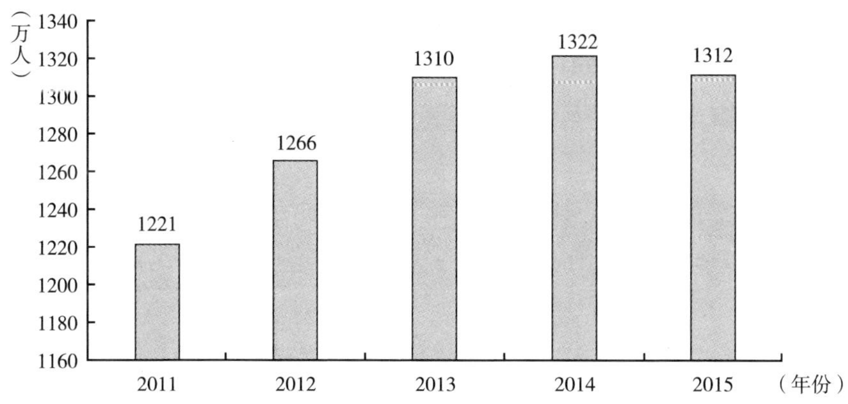

图1　2011～2015年城镇新增就业人数

资料来源：参见人力资源和社会保障部《2015年度人力资源和社会保障事业发展统计公报》，2016。

3. 城镇登记失业率稳中有降

2015年末，全国城镇登记失业人数为966万人，同比增加14万人（见图3）②，城镇登记失业率为4.05%，同比下降0.04个百分点。③ 到2015年底，全国共帮助5.7万户零就业家庭实现每户至少1人就业，家庭失业率水平显著降低。

4. 农村劳动力转移就业稳中有增

2015年，全国农民工总量再创新高，达到27747万人，同比增加352万

---

① 人力资源和社会保障部：《2015年度人力资源和社会保障事业发展统计公报》，2016。

② 人力资源和社会保障部：《2015年度人力资源和社会保障事业发展统计公报》，2016。

③ 人力资源和社会保障部：《2015年度人力资源和社会保障事业发展统计公报》，2016。

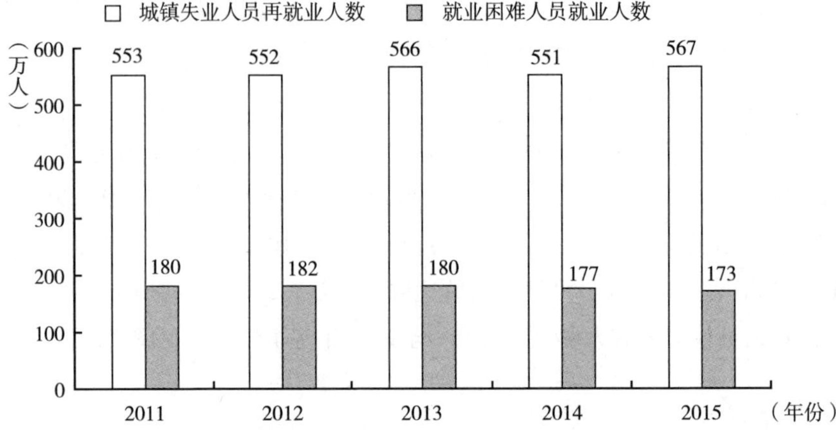

图2　2011～2015年城镇失业人员再就业人数

资料来源：参见人力资源和社会保障部《2015年度人力资源和社会保障事业发展统计公报》，2016。

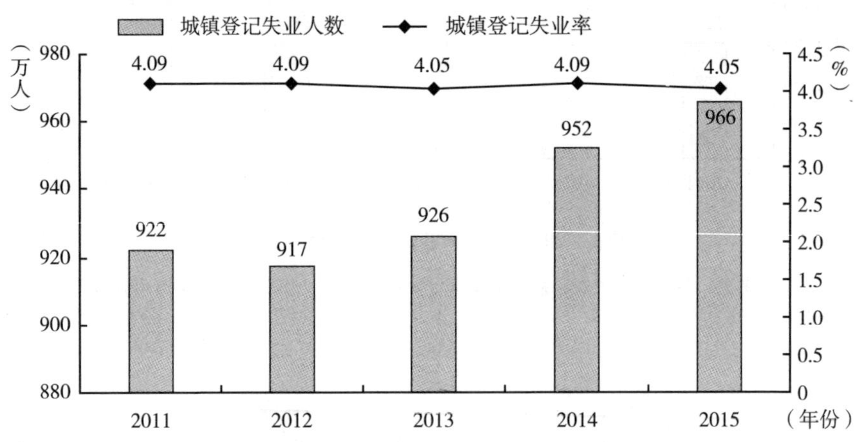

图3　近五年城镇登记失业人数及登记失业率

资料来源：参见人力资源和社会保障部《2015年度人力资源和社会保障事业发展统计公报》，2016。

人，同比增长约1.3%。[①] 其中，外出农民工达到16884万人，同比增加63万人，同比增长约0.4%；本地农民工10863万人，同比增长约2.7%。

① 人力资源和社会保障部：《2015年度人力资源和社会保障事业发展统计公报》，2016。

（二）人力资源产业分布结构继续优化

第三产业就业人员占比逐年递增。截至2015年底，全国就业人员中，第一产业就业人员约有21919万人，占比为28.3%；第二产业就业人员约22693万人，占比29.3%；第三产业就业人员约32839万人，占比42.4%。[①] 通过统计2011~2015年我国就业人员产业分布状况（见图4），可以发现，我国就业人员中第一产业与第二产业就业人员所占比重大致呈现逐年稳步下降态势，而第三产业就业人员所占比重则逐年稳步提高。我国人力资源的产业分布结构随着经济社会的发展逐步得到优化调整。

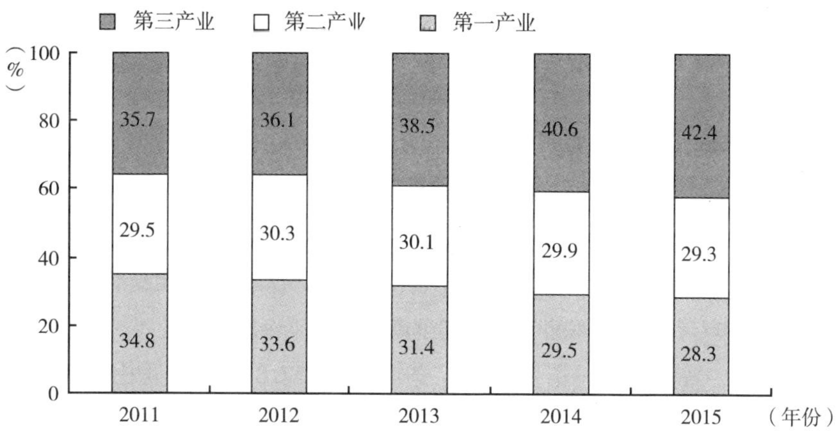

图4　2011~2015年我国就业人员产业分布构成情况

资料来源：参见人力资源和社会保障部《2015年度人力资源和社会保障事业发展统计公报》，2016。

（三）人力资源受教育水平持续提高

2015年，我国教育事业继续较快发展，研究生、普通本专科、中等职业教育、普通高中的教育规模持续扩大（见图5），人力资源受教育水平逐年稳步提高。

① 人力资源和社会保障部：《2015年度人力资源和社会保障事业发展统计公报》，2016。

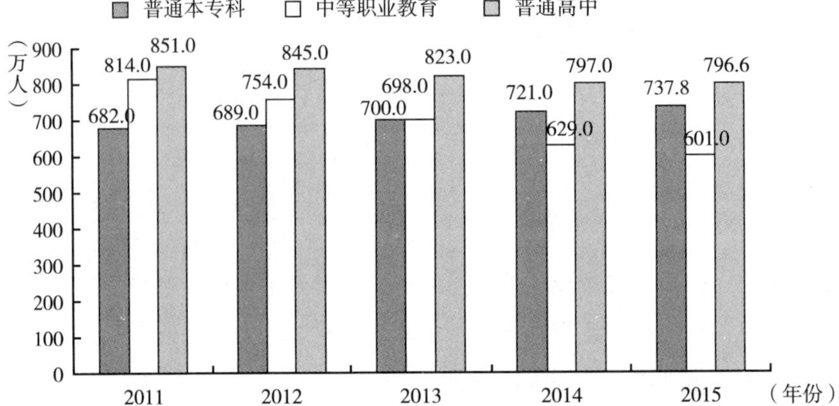

图5　2011～2015年我国普通本专科、中等职业教育、普通高中受教育状况

资料来源：参见国家统计局《中华人民共和国2015年国民经济和社会发展统计公报》。

1. 研究生招生规模持续扩大

2015年，研究生招生方面，全年共招生64.5万人，同比增加2.4万人，同比增长约3.9%。在学研究生达到191.1万人，同比增加6.3万人，同比增长约3.4%。毕业生为55.2万人，同比增加1.6万人，同比增长约3.0%。①

2. 普通本专科、中等职业教育、普通高中招生平稳增长

2015年，普通本专科招生方面，全年招生737.8万人，同比增加约16.4万人，同比增长约2.3%；在校生达到2625.3万人，同比增加77.6万人，同比增长约3.0%；毕业生为680.9万人，同比增加21.5万人，同比增长约3.3%。在中等职业教育②招生方面，全年招生601.2万人，在校生为1656.7万人，毕业生为567.9万人，同比保持平稳。对于普通高中，招生人数为796.6万人，在校生为2374.4万，毕业生为797.6万，与上年基本持平。③

3. 义务教育发展水平提升较快

2015年，初中招生人数为1411万人，在校生人数为4312万人，毕业生人数为1417.6万人，比2014年增加4.1万人，同比增长约0.3%。普通小学招

① 国家统计局：《中华人民共和国2015年国民经济和社会发展统计公报》，2016。

② 中等职业教育包括普通中专、成人中专、职业高中和技工学校。

③ 国家统计局：《中华人民共和国2015年国民经济和社会发展统计公报》，2016。

生 1729 万人，同比增加 70.6 万人，同比增长约 4.2%；在校生 9692.2 万人，同比增加 241.1 万人，同比增长约 2.6%；毕业生 1437.2 万人，同比略微下降。特殊教育招生人数为 8.3 万人，同比增加 1.2 万人，同比增长约 16.9%；在校生 44.2 万人，同比增加 4.7 万人，同比增长约 11.9%；毕业生 5.3 万人，同比增加 0.4 万人，同比增长约 8.2%。①

（四）人力资源参保水平稳步提升

2015 年，我国社会保障制度运行平稳。随着我国人力资源社会保险工作深入开展，社会保障建设取得重大进展，人力资源和社会保障水平得到进一步提高（见图 6）。

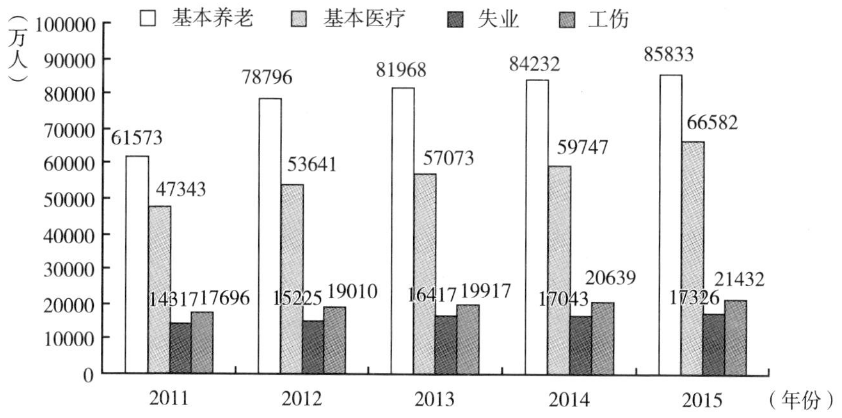

图 6　2011～2015 年我国社会保险参保人数状况

资料来源：参见人力资源和社会保障部《2015 年度人力资源和社会保障事业发展统计公报》，2016。

1. 基本养老保险参保人数快速增长

截至 2015 年底，全国有 85833 万人参加基本养老保险，同比增加 1601 万人，同比增长约 1.9%。② 其中，35361 万人参加城镇职工基本养老保险，同比增加 1237 万人，其包括参保职工 26219 万人，参保离退休人员 9142 万人，同

① 国家统计局：《中华人民共和国 2015 年国民经济和社会发展统计公报》，2016。

② 人力资源和社会保障部：《2015 年度人力资源和社会保障事业发展统计公报》，2016。

比分别增加688万人和549万人[1]，同比分别增长约2.7%和6.4%。年末5585万农民工参加城镇职工基本养老保险，同比增加113万人，同比增长约2.1%。33123万企业职工参加城镇职工基本养老保险，同比增加1177万人，同比增长约3.7%。50472万人参加城乡居民基本养老保险，同比增加365万人，同比增长约0.7%，其中实际领取待遇人数14800万人。[2]

2. 基本医疗保险参保人数大幅增长

2015年，全国有66582万人参加城镇基本医疗保险，同比增加6835万人，同比增长约11.4%。其中，28893万人参加城镇职工基本医疗保险，同比增加597万人（职工21362万人，退休人员7531万人，同比分别增加321万人和276万人）[3]，同比增长约2.1%。37689万人参加城镇居民基本医疗保险，同比增加6238万人，同比增长约19.8%，其包括农民工5166万人，与上年基本持平。[4]

3. 失业、工伤保险参保人数平稳增长

2015年，全国有17326万人参加失业保险，同比增加283万人，同比增长约1.7%，其中，农民工为4219万人，同比增加148万人，同比增长约3.6%。21432万人参加工伤保险，同比增加793万人[5]，同比增长约3.8%，其中，7489万农民工参加工伤保险，同比增加127万人，同比增长约1.7%。[6]

二　人力资源管理与开发状况

2015年，我国大力加强人力资源管理服务，不断深化公共部门人事制度改革，持续加强人才队伍建设，进一步加大海外高层次人才引进力度，深入推进人力资源法制建设。

---

① 人力资源和社会保障部：《2015年度人力资源和社会保障事业发展统计公报》，2016。

② 人力资源和社会保障部：《2015年度人力资源和社会保障事业发展统计公报》，2016。

③ 人力资源和社会保障部：《2015年度人力资源和社会保障事业发展统计公报》，2016。

④ 人力资源和社会保障部：《2015年度人力资源和社会保障事业发展统计公报》，2016。

⑤ 人力资源和社会保障部：《2015年度人力资源和社会保障事业发展统计公报》，2016。

⑥ 人力资源和社会保障部：《2015年度人力资源和社会保障事业发展统计公报》，2016。

（一）人力资源管理服务成效明显

1. 人力资源市场实现统筹管理

2015 年，我国人力资源市场管理进一步加强，市场管理工作的规范化程度进一步提高。到 2015 年底，全国已经建立了部、省、市和县四级上下贯通、职责清晰的市场管理工作体系，实现了对人力资源市场的统筹管理。

2. 人才服务机构整合基本到位

2015 年，我国公共就业和人才服务机构整合基本到位，省、市两级因地制宜，设立了综合性服务机构或专门性服务机构，区县一级 85.4% 的机构已经整合并设立了综合性服务机构。人力资源服务机构发展迅速，截至 2015 年底，全国各类人力资源服务机构达到 2.71 万家。①

3. 人力资源服务水平得到提升

2015 年，我国人力资源服务业发展迅速，人力资源市场主体活力得到进一步释放，人力资源服务体系进一步完善，人力资源服务标准化建设工作大力推进。以市场需求为导向，各类人力资源服务机构全年为用人单位提供各类服务共 2432 万家次②，人力资源服务领域不断拓展，服务内容不断丰富，服务水平得到进一步提升。

（二）公共部门人事制度改革不断深化

2015 年，我国积极适应国际发展趋势和国内经济社会发展需要，深入推进公共部门人事制度改革，人事制度改革不断深化。

1. 健全具有中国特色的公务员制度

逐步加大各级机关公务员竞争性选拔力度，公开选拔和竞争上岗制度继续完善，积极深入探索竞争性选拔干部办法，坚持标准条件，突出岗位特点。同时，积极推进公务员养老保险制度改革。2015 年，国务院正式发布《关于机关事业单位工作人员养老保险制度改革的决定》，标志着公务员社会保险制度改革启动。除了要改变基本养老保险制度模式以及待遇确定与调整机制，2015

① 人力资源和社会保障部：《2015 年度人力资源和社会保障事业发展统计公报》，2016。

② 人力资源和社会保障部：《2015 年度人力资源和社会保障事业发展统计公报》，2016。

年4月6日，《国务院办公厅关于印发机关事业单位职业年金办法的通知》正式发布，在多层次的养老保险体系方面做出了建立职业年金的重要改革举措。

2. 深化事业单位人事制度改革

在全面深化改革的背景下，深化事业单位人事制度改革是经济社会发展的必然要求。到2015年底，全国基本实现了事业单位聘用制度全覆盖，已有超过93%的工作人员签订了聘用合同。我国基本实现了事业单位岗位设置制度入轨，事业单位岗位设置完成率超过95%[①]。事业单位公开招聘制度推行率达到91%。同时，组织开展了全国整治事业单位公开招聘突出问题专项行动，清查认定违纪违规行为421例，核实处理应聘人员495人，严肃追究37名领导干部和工作人员责任。[②] 同时，推动出台了《国有林场岗位设置管理指导意见》《关于鼓励种业骨干科技人员到种子企业开展技术服务的指导意见》。以2015年发布的《关于机关事业单位工作人员养老保险制度改革的决定》为标志，我国事业单位社会保险制度改革正式启动，事业单位人事制度改革取得重大进展。

3. 推进国有企业薪酬制度改革

深化国有企业人事制度改革是适应经济体制改革深化发展的需要。健全符合现代国有企业制度要求的国有企业人事制度，重点改革和完善企业领导人员管理制度，积极推进国有企业薪酬制度改革。2015年，由人力资源和社会保障部等部门制定的《中央部门管理企业负责人薪酬制度改革方案》正式实施，薪酬制度改革的重点是规范组织任命的国有企业负责人薪酬分配，对不合理的偏高、过高收入进行调整。

（三）人才队伍建设不断加强

我国紧紧围绕经济社会发展需求，聚焦国家重大战略，逐步破除束缚人才发展的思想观念和体制机制障碍，遵循社会主义市场经济规律和人才发展规律，不断强化各支人才队伍建设，不断促进人才规模、质量和结构适应经济社会协同发展需要，进一步解放人才生产力、增强人才活力。

---

① 人力资源和社会保障部：《2015年度人力资源和社会保障事业发展统计公报》，2016。

② 人力资源和社会保障部：《2015年度人力资源和社会保障事业发展统计公报》，2016。

1. 专业技术人才队伍建设取得新进展

2015 年，我国专业技术人才队伍建设取得较大进展。一是高层次人才总量平稳增长。截至 2015 年底，全国两院院士已达到 1600 多人，约 17.2 万名专家享受政府特殊津贴，5300 多人入选国家百千万人才工程计划①，均比上年有较大增长。

二是专业技术资格获得者再创新高。全国有 1160 多万人报名参加专业技术人员资格考试，取得资格证书的人数已达 218 万。截至 2015 年末，全国累计取得各类专业技术人员资格证书的人数为 1797 万。②

三是博士后科研工作站建设取得成效。2015 年，新设博士后科研工作站 650 个，共有博士后科研工作站 3383 个，共有博士后科研流动站 3011 个，累计招收培养博士后 15 万余人。③

四是专业技术人才知识更新工程继续推进。全年已举办 300 期高级研修班，高层次专业技术人才培训达到 2.1 万人次，开展了 117 万人次的急需紧缺人才培养培训和岗位培训。④ 新建国家级专业技术人员继续教育基地 20 家，总数已达 100 家。

五是推进实施万名专家服务基层行动计划。遴选实施 102 项专家服务基层示范项目，遴选设立首批 20 个国家级专家服务基地。通过示范项目带动，深入基层一线的专家达到 9100 多名，开展 7000 多场次各类服务活动，与基层单位签订的合作协议达 990 多项，培训指导了基层专业技术人员达 9.8 万余名。⑤

2. 技能人才队伍建设力度继续加大

2015 年，我国继续加大技能人才队伍建设力度。一是技师职业资格获得者增量保持稳定。1539 万人已取得不同等级职业资格证书，其中有 55.31 万人取得技师、高级技师职业资格⑥，相比上年略有下降。

二是技能人才培养体系进一步完善。截至 2015 年底，全国共有 2545 所技

① 人力资源和社会保障部：《2015 年度人力资源和社会保障事业发展统计公报》，2016。

② 人力资源和社会保障部：《2015 年度人力资源和社会保障事业发展统计公报》，2016。

③ 人力资源和社会保障部：《2015 年度人力资源和社会保障事业发展统计公报》，2016。

④ 人力资源和社会保障部：《2015 年度人力资源和社会保障事业发展统计公报》，2016。

⑤ 人力资源和社会保障部：《2015 年度人力资源和社会保障事业发展统计公报》，2016。

⑥ 人力资源和社会保障部：《2015 年度人力资源和社会保障事业发展统计公报》，2016。

工院校，322万名在校学生。截至2015年末，全国共有2636所就业训练中心，18887所民办培训机构。[①] 全年共组织1908万人次参加各类职业培训，其中，岗位技能提升培训达到620万人次，就业技能培训达1023万人次。[②]

三是职业技能鉴定工作进一步强化。截至2015年底，全国已有12156个职业技能鉴定机构与26.42万名职业技能鉴定考评人员。全年参加职业技能鉴定的人数达1894万，同比上年增长约2.16%。[③]

3. 党政人才队伍建设稳步加强

我国稳步推进公务员制度改革，进一步完善公务员招录工作，切实加强党政人才队伍建设。截至2015年底，全国共有公务员716.7万人，比2013年减少108.1万人，下降约13.1%，与2008年基本持平。2015年，各级公务员录用考试任务已圆满完成，全国共录用公务员19.4万人，其中，中央机关及其直属机构共录用2.1万人，地方录用17.3万人[④]，总体与2014年相比略有降低。全年中央机关公开遴选公务员232名，省级机关公开遴选公务员1726名。[⑤]

4. 科技人才队伍建设不断强化

科技人才是人才资源最重要的组成部分。我国积极加强科技人才队伍建设，取得了较大成就。一是科技人力资源和研究与试验发展（R&D）人才队伍总量稳定增长。2014年我国科技人力资源总量为7512万人，比上年增长5.7%。[⑥] 其中大学本科及以上学历的科技人力资源总量为3170万人，比上年增长7.7%。R&D人员总量上升至371.1万人年，R&D研究人员总量达到152.4万人年，居世界首位。[⑦]

二是科研项目经费投入增长显著。2015年全年R&D经费支出14220亿元（见图7），比上年增长约6.8%（《中华人民共和国2015年国民经济和社会发展

---

① 人力资源和社会保障部：《2015年度人力资源和社会保障事业发展统计公报》，2016。
② 人力资源和社会保障部：《2015年度人力资源和社会保障事业发展统计公报》，2016。
③ 人力资源和社会保障部：《2015年度人力资源和社会保障事业发展统计公报》，2016。
④ 人力资源和社会保障部：《2015年度人力资源和社会保障事业发展统计公报》，2016。
⑤ 人力资源和社会保障部：《2015年度人力资源和社会保障事业发展统计公报》，2016。
⑥ 科技部：《2014年我国科技人力资源发展状况分析》，http：//www.most.gov.cn/kjtj/201603/P020160318359930786703.doc。
⑦ 科技部：《2014年我国科技人力资源发展状况分析》，http：//www.most.gov.cn/kjtj/201603/P020160318359930786703.doc。

统计公报》修正数据为9.2%，图7中数据为修正后数据），经费支出占国内生产总值的2.1%，其中，基础研究经费投入达到671亿元，同比增长45亿元。[①] 2015年，国家安排了科技支撑计划课题3574项，“863”计划课题2561项[②]。

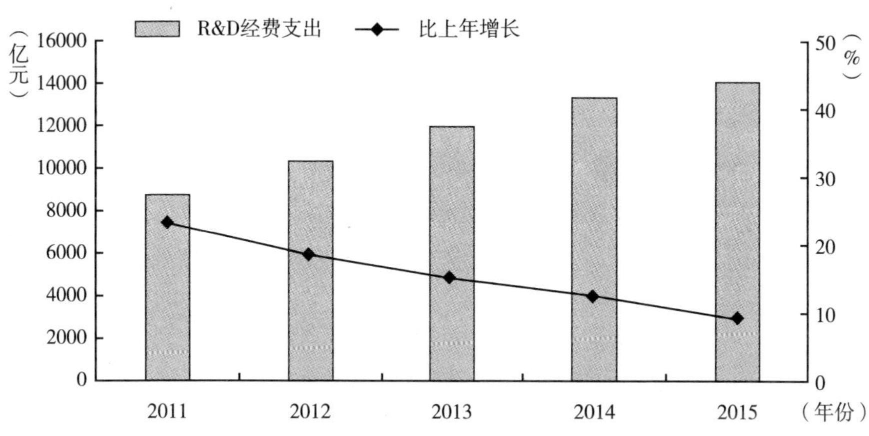

图7　2011～2015年R&D经费支出情况

资料来源：国家统计局《中华人民共和国2015年国民经济和社会发展统计公报》。

三是科研平台建设进一步完善。截至2015年底，我国累计建设132个国家工程研究中心，158个国家工程实验室，1187个国家认定企业技术中心。[③]

四是境内外专利申请和授予稳步增长。2015年全年受理境内外专利申请279.9万件，授予专利权171.8万件。截至2015年底，共获得547.8万件有效专利，其中境内获得87.2万件有效发明专利，每万人口发明专利拥有量6.3件。全年共签订30.7万份技术合同，技术合同共成交9835亿元，比上年增长14.7%。[④]

（四）海外高层次人才引进力度加大

海外高层次人才是我国人才资源的重要组成部分。采取有效政策积极引进

① 国家统计局：《中华人民共和国2015年国民经济和社会发展统计公报》，2016。

② 国家统计局：《中华人民共和国2015年国民经济和社会发展统计公报》，2016。

③ 国家统计局：《中华人民共和国2015年国民经济和社会发展统计公报》，2016。

④ 国家统计局：《中华人民共和国2015年国民经济和社会发展统计公报》，2016。

海外高层次人才，有利于增强我国人才国际竞争力，提高我国自主创新能力。2015 年，我国继续加大海外高层次人才引进力度，海外招才引智工作取得较大成效。

1. 人才开放环境更为良好

国家综合实力增强，国际人才竞争加剧，迫切需要创造更为良好的对外开放环境。2016 年 2 月，《关于加强外国人永久居留服务管理的意见》提出要在新形势下进一步加强与改进外国人永久居留管理服务工作，以更好地为落实人才强国战略、促进经济社会发展服务，优化人才发展的国际环境。

2. 人才引进条件更加放宽

2016 年出台的《关于加强外国人永久居留服务管理的意见》重点突出"高精尖缺"人才，以服务重点引才计划为目标，放宽外国人才申请永久居留的条件，吸引和集聚更多优秀人才。同时，建立人才签证与永久居留衔接机制，为外国高层次人才申请永久居留开辟绿色通道，优先办理国家"千人计划"等纳入重点引才计划备案项目的人选永久居留申请。

3. 留学归国人才数再创历史新高

截至 2015 年底，我国留学回国人员总数达 221.86 万人，比上年增加 40.9 万人，同比增长 22.6%。其中 2015 年回国 40.91 万人，比上年增加 4.43 万人，同比增长 12.1%。留学归国人才发展平台建设成效显著，全国建成各级各类留学人员创业园 321 家，比上年增加 16 家，其中省部共建创业园 46 家，入园企业总数 2.4 万家，6.7 万名留学人才在园创业。截至 2015 年底，共有 24 万名外国人员持外国人就业证在国内工作，8.4 万名台港澳同胞持台港澳人员就业证在内地工作，与上年基本持平。①

（五）人力资源法制建设稳步推进

我国人力资源立法工作稳步推进。2015 年 12 月，第十二届全国人民代表大会常务委员会第十八次会议通过了《中华人民共和国国家勋章和国家荣誉称号法》（中华人民共和国主席令第三十八号），已于 2016 年 1 月开始施行。部门规章立、改、废同步推进。2015 年 4 月人社部发布了《关于修改部分规

---

① 人力资源和社会保障部：《2015 年度人力资源和社会保障事业发展统计公报》，2016。

章的决定》，对《人才市场管理规定》《就业服务与就业管理规定》等7部规章的部分条款予以修改。同时，制定了《专业技术人员继续教育规定》，已于2015年10月开始施行，并废止了《招用技术工种从业人员规定》。2016年2月，《关于加强外国人永久居留服务管理的意见》要求加快完善外国人永久居留服务管理制度体系及其相关法律法规和配套规定，不断提高服务水平。2016年3月，中共中央印发了《关于深化人才发展体制机制改革的意见》，提出大力深化人才发展体制机制改革，以最大限度地激发人才创新创造创业活力，集聚各方面优秀人才到党和国家事业中来。

三 人力资源管理与开发发展趋势

（一）深入推进人力资源市场改革

在经济发展新常态下，人力资源市场会进行相应变革，市场管理水平要求不断提高，人力资源服务业亟须加快发展，人才流动公共服务亟待切实改进，建设功能完善、机制健全、运行有序、服务规范的人力资源市场体系势在必行，进而为实施就业优先战略和人才强国战略提供优质高效的人力资源服务。深入推进人力资源市场改革，需要紧紧把握经济发展新常态对人力资源市场变革的要求，以经济发展促进就业，加快实施《中国制造2025》、“互联网+”行动，改造提升传统动能，促进新产业、新业态、新商业模式加快成长，创造更多高质量就业岗位。要进一步实施大学生就业创业促进计划，加强就业市场供需衔接和精准帮扶，多方拓宽就业渠道。要进一步深入推进简政放权和商事制度改革，为广大毕业生投身创新创业清障减负，以创业带动就业。要进一步加快发展新经济，不断催生新技术、新产业、新业态、新模式，创造更多就业岗位。要强化服务促就业，为高校毕业生提供高水平、更优质的服务。

（二）不断强化人才创新创业激励机制

当今社会的人才竞争日益激烈，吸引和集聚大批高层次人才，必须根据经济社会与高层次人才发展的需要，着力营造优良的创新创业环境，不断强化人才创新创业激励机制，更好地吸引、聚集与留住人才。《关于深化人才发展体

制机制改革的意见》明确提出，要强化人才创新创业激励机制。加大创新成果知识产权保护力度，进一步健全知识产权质押融资等金融服务机制，逐步完善人才奖励制度，更好地为人才创新创业提供支持服务，鼓励和支持人才创新创业。在政策许可范围内，允许高校、科研院所设立一定流动岗位，吸引企业家和科技人才兼职，同时，积极鼓励和引导优秀科研人才不断向企业集聚，打造各式各样的创新创业孵化模式。

（三）大力培育技能人才的工匠精神

高技能人才是推动技术创新和实现科技成果转化不可缺少的重要力量。“工匠精神”的内涵在于精益求精、严谨、耐心、专注、坚持、专业、敬业，其目标是打造本行业最优质的产品。实施《中国制造2025》，加快制造业转型升级，实现制造大国向制造强国转变，需要培养大批拥有工匠精神的技能人才。培育精益求精的工匠精神，是适应经济发展新常态的必然要求。弘扬精益求精的工匠精神，并使其成为全社会、全民族的价值导向和时代精神，对于技能人才队伍建设和促进我国经济社会发展具有重要意义。没有一流技工就难有一流精品，弘扬工匠精神需要配套的良好人才发展机制。要营造重视技能人才、支持专精制造的社会氛围，切实提高优秀技工待遇，开辟优秀技工的上升通道，完善技能人才的评价机制与优秀技能人才奖励制度。

（四）推动人力资源外包服务发展

中国作为世界上人口最多的国家，拥有丰富的人力资源。改革开放30多年来，人力资源伴随着我国经济社会的蓬勃发展，已经成为经济建设的第一资源和核心要素，人力资源服务业的发展前景十分广阔，并将朝着专业化、产业化和国际化的方向发展。人力资源业务外包是为了更好地开展人力资源管理活动，把部分业务外包出去，借助于外界优秀的专业化技能加以整合，以达到降低成本、提高服务质量和更专注于人力资源核心业务的目的。随着知识经济和人力资本时代的到来，经济社会发展对人力资源部门的要求将越来越高，人力资源部门将很难应对这一新要求的挑战，因而，需要更多地强调人力资源部门对智慧资本的战略支撑作用，更应关注招、用、育、留等关键内容。推动人力资源外包服务行业发展，需要建立健全专业化、信息化、产业化、国际化的人力资源服务体系，完善相关法律法规体系，扩大人力资源服务业对外开放和交流。

参考文献

国家统计局：《中华人民共和国2015年国民经济和社会发展统计公报》，2016。

人力资源和社会保障部：《2015年度人力资源和社会保障事业发展统计公报》，2016。

中共中央：《关于深化人才发展体制机制改革的意见》，2016。

《中共中央关于全面深化改革若干重大问题的决定》，2013。

《中共中央关于制定国民经济和社会发展第十三个五年规划的建议》，2015。

国务院：《中华人民共和国国民经济和社会发展第十三个五年（2016~2020年）规划纲要》，2016。

中央人才工作协调小组：《国家中长期人才发展规划纲要（2010~2020年）》，2010。

中共中央国务院：《关于构建开放型经济新体制的若干意见》，2016。

中共中央办公厅、国务院办公厅：《深化科技体制改革实施方案》，2015。

中共中央办公厅、国务院办公厅：《关于加强外国人永久居留服务管理的意见》，2016。

中共北京市委：《关于深化首都人才发展体制机制改革的实施意见》，2016。

科技部：《2014年我国科技人力资源发展状况分析》，2016，http://www.most.gov.cn/kjtj/201603/P020160318359930786703.doc。

国家统计局、科技部：《中国科技统计年鉴2015》，2016。

科技部：《2014年我国高等学校R&D活动分析》，2016，http://www.most.gov.cn/kjtj/。

中国科协：《2015年度事业发展统计公报》，2016。

B.3

我国科技人才发展状况

——“十二五”情况综述

李 普 郭丽峰*

摘 要： “十二五”期间，我国科技人才发展系统布局，人才体制机制改革不断推进，科技人才发展环境日益优化；重大人才工程统筹推进；科技人才队伍建设蓬勃发展。研究与试验发展（R&D）人员总量高速增长。进入“十三五”时期，随着中央《关于深化人才发展体制机制改革的意见》的全面贯彻落实，科技人才发展将开启新的征程。

关键词： 科技人才 人才队伍 发展环境

“十二五”期间，按照“四个全面”战略布局总要求，着眼于走中国特色自主创新道路，实施创新驱动发展战略，构建中国特色国家创新体系，党中央、国务院不断强化对科技人才队伍建设的顶层设计。同时，伴随着国家经济、科技和教育体制改革的不断深入，我国科技人才发展环境日益优化，重大人才工程统筹推进，科技人才队伍蓬勃发展，科技人才工作取得重要进展。

一 科技人才发展系统布局

国家“十二五”规划提出，要大力实施人才强国战略。2010 年，党中央、

* 李普，科技部人才中心主任；郭丽峰，科技部人才中心政策与调研部研究员。

国务院发布实施《国家中长期人才发展规划纲要（2010～2020年）》，这部纲要是“十二五”至“十三五”期间人才工作的重要纲领性文件，纲要明确提出“突出培养造就创新型科技人才”，在国家人才发展的顶层设计中首次将科技人才培养置于各支人才队伍建设之首。① 2011年，科技部、教育部、人力资源和社会保障部、中国科学院、中国工程院、国家自然科学基金会、中国科协7个部门共同发布《国家中长期科技人才发展规划（2010～2020年）》。该规划主要着眼于创新体制机制，优化科技人才结构和发展环境；以人才计划和人才项目为工作抓手，以人才、基地、项目相结合的方式，大力提升科技人才创新能力，充分发挥科技人才作用，对科技人才发展目标任务和重大举措进行了系统安排。②“十二五”期间，党中央、国务院又先后出台了《深化科技体制改革实施方案》等一系列指导意见，进一步明确了人才优先发展的战略要求，为新时期科技人才发展注入了新的活力。

二　科技人才发展环境日益优化

党的十八大以来，中央人才工作协调小组以全面深化改革为契机，加强宏观管理，积极推进人才发展体制机制改革和政策创新，着力破除制约人才发展的思想障碍和制度藩篱，大力营造充满活力、富有效率、更加开放的人才政策环境，创造具有国际竞争力的人才制度优势。

（一）人才体制机制改革取得新进展

“十二五”时期，创新驱动发展战略深入实施，全面深化改革各项任务有序推进，科技体制改革取得积极成效，人才发展体制机制改革稳步开展。

1. 加强改革顶层设计与系统部署

2015年3月，中共中央、国务院出台《关于深化体制机制改革加快实施创新驱动发展战略的若干意见》，9月，中办、国办印发《深化科技体制改革实施方案》，围绕人才培养引进、评价激励、流动及服务保障等提出20多项有

① 《国家中长期人才发展规划纲要（2010～2020年）》，2010。

② 《国家中长期科技人才发展规划（2010～2020年）》，2010。

针对性的改革措施。同年，中央组织部、科技部等部门开展人才体制机制改革意见的研究，加强重点、难点问题的协调与突破。

2. 完善科技计划管理改革

2014 年，国务院发布《关于改进加强中央财政科研项目和资金管理的若干意见》、《关于深化中央财政科技计划（专项、基金等）管理改革方案》和《关于国家重大科研基础设施和大型科研仪器向社会开放的意见》，同年，国办转发科技部《关于加快建立国家科技报告制度指导意见》，切实转变政府职能，加强科技计划项目整合和科技资源共享，更好地服务于科研活动，充分激发科研人员的积极性和创造性。

3. 深入推进科研事业单位改革

“十二五”期间，围绕事业单位分类、编制管理、收入分配以及职业年金等，出台了近 10 项改革意见和办法。2011 年，中共中央、国务院出台《关于分类推进事业单位改革的指导意见》，加大财政对公益事业发展的支持力度。2014 年，《事业单位人事管理条例》正式实施，规范事业单位的人事管理，建设高素质的人员队伍，同年，中央编办、科技部发布《关于进一步完善科研事业单位机构设置审批的通知》《科研事业单位设置评估办法（试行）》，完善和规范科研事业单位设置审批审核机制。

4. 深化人才特区管理改革

2015 年 10 月，中央组织部、发改委、教育部、科技部等 10 部门联合北京市印发《关于深化中关村人才管理改革的若干措施》，提出简化外籍高层次人才永久居留证办理、签证及居留办理程序，为外籍人才创业就业提供便利，扩大人力资源服务业对外开放，完善人才评价机制，开发国外高端智力要素，完善新型科研机制，以及强化人才培养与使用衔接等 8 项改革措施，深化人才特区管理改革，加大外籍高层次人才引智力度。

（二）着力培养创新型人才，引进高层次人才

“十二五”期间，通过建立健全政府宏观管理、市场有效配置、单位自主用人的体制机制，促进优秀人才脱颖而出的制度环境初步形成。

1. 推进专业化人才培养

探索“双导师制”和国际化培养。2013 年，国务院学位委员会、教育部、

国家卫生计生委、人力资源和社会保障部、国家中医药管理局发布《关于做好临床医学（全科）硕士专业学位授予和人才培养工作的意见（试行）》，改革招生录取、培养和学位授予办法，探索产学研联合培养“双导师制”，11月，教育部与人力资源和社会保障部联合发布《关于深入推进专业学位研究生培养模式改革的意见》，推广“双导师制”培养模式，促进创新型科技人才成长。2014年，教育部印发《国际合作联合实验室计划的通知》，通过联合培养，联合授予学位，探索创新型人才培养国际化道路。

2. 加强卓越工程师教育培养

强化培养学生的工程能力和创新能力。2011年，教育部发布《关于实施卓越工程师教育培养计划的若干意见》，2013年7月，教育部和总参谋部、总政治部、总后勤部、总装备部联合印发《关于实施国防生卓越工程师教育培养计划的通知》，实施“3+1”衔接融合培养模式，推进高技能人才军地联合培养，11月，教育部、中国工程院联合印发《卓越工程师教育培养计划通用标准》，提出工程型人才培养的基本要求。

3. 加大对青年科技人才支持力度

国家科技计划加大对青年科技人才的支持，2012年，“973计划”首次设立青年科学家专题，培养青年学术和技术带头人，项目负责人和参加人员年龄不超过35岁，2013年，“863计划”生物医药领域首次设立青年科学家专题，储备生物医药领域青年人才后备力量。设立青年人才计划（专项、基金），加大对青年人才培养引进的支持力度。2013年，中科院实施外籍青年科学家计划，2011年、2014年，国家自然科学基金启动青年科学基金和优秀青年科学基金项目，对有5~10年科研经历优秀青年人才基础研究提供3年100万元资助。科技部、国家外专局组织实施青年领军人才境外研修项目，每年组织30名左右领军人才赴国外知名大学、科研机构研修。

4. 加大外籍高层次人才和智力引进

2013年，中央组织部、人力资源和社会保障部等发布《关于为外籍高层次人才办理签证及居留手续有关事项的通知》，进一步促进居留便利化。2014年，国家外专局出台《关于外国文教专家在华工作工资发放有关问题的指导意见》，对于重点引进急需紧缺国外高层次人才，单位可按市场化薪金支付，促进薪酬市场化。继续开展外籍院士推选，“十二五”期间增选中科院院士

165人、工程院院士175人，其中外籍院士共50人，占增选院士的15%。

5. 完善留学人员回国创新创业服务体系

2011年2月，中央组织部等发布《关于支持留学人员回国创业的意见》，从创业启动支持、投资引导、贷款与税收优惠等方面给予留学人员回国创业政策优惠，从户口、社保、子女入学、配偶就业等方面积极提供支持和帮助。4月，人力资源和社会保障部发布《关于加强留学人员回国服务体系建设的意见》，推进服务网络建设，加强信息平台建设，并成立中国留学人员回国创业专家指导委员会等，完善留学回国服务体系。

6. 加大科技人才国际交流与合作

放宽科研人员国际交流任务管理，2014年，科技部、外交部、财政部出台《关于对部分科研人员因公临时出国实行分类管理的意见》，规定科研人员因公临时出国执行科研任务不纳入单位和个人年度出国批次限量管理。中科院出台《"十二五"引进国外杰出人才和聘任海外知名学者管理办法》，计划引进750名左右的杰出人才开展长期工作，实施"创新团队国际合作伙伴计划"，计划聘任200名左右的知名学者从事短期研究。

（三）着力完善分类评价和科技成果转化激励

评价是风向标、指挥棒。"十二五"时期，国家率先在高校推进分类评价改革试点，改进完善科技奖励制度，鼓励社会力量设奖，完善院士制度，使院士称号回归荣誉性，推进股权激励和科技成果处置、收益权改革，保护职务发明，促进科技成果转化。

1. 开展科技人才分类评价试点

高校探索科研人员分类评价，2013年11月，教育部发布《关于深化高等学校科技评价改革的意见》，对从事创新性研究、技术转移、科技服务、科学普及、技术支撑和服务的科技活动人员分类评价做出安排，2014年发布《高等学校科技分类评价指标体系及评价要点》，开展高校科技评价改革试点。深化国家科技奖励制度改革，2013年发布修订《国家科学技术奖励条例》，更加注重科研成果的首创性、独创性以及学术界的认可度和行业影响力，首次试点开展创新团队奖励。

2. 改进完善院士制度

2014年，科技部会同中科院、工程院等制定《关于完善院士制度的方案》，在院士遴选机制、优化学科布局和年龄结构、规范兼职和待遇等方面提出改革措施，使院士称号回归学术性、荣誉性，2014 年两院院士大会通过修订后的《中国科学院院士章程》和《中国工程院章程》，相关部门制定、修订了相关实施办法。2015 年 2 月，国务院办公厅印发《关于院士等杰出高级专家退休年龄问题的通知》，进一步完善院士退休相关制度。

3. 推进科技成果收益权分配改革

2013 年，科技成果收益分配权改革试点实施范围由中关村国家自主创新示范区扩大到武汉东湖、上海张江和安徽合芜蚌国家自主创新示范区和综合试验区，允许试点单位采取转让、许可、作价入股等方式转移、转化科技成果，收入留归单位，更多地激励做出重要贡献的机构和人员。2014 年，财政部、科技部、国家知识产权局出台《关于开展深化中央级事业单位科技成果使用、处置和收益管理改革试点的通知》，在中央事业单位开展转化激励试点。

4. 鼓励科技成果出资入股确认股权

2011 年，中关村国家自主创新示范区进一步促进企业股权和分红激励办法实施。2012 年 11 月，证监会、科技部出台《关于支持科技成果出资入股确认股权的指导意见》，该意见指出，应采用多种方式鼓励企业明确科技人员在科技成果中享有的权益，并进一步深化发行审核机制改革，对科技成果形成的股权予以审核确认。2014 年，财政部、国家税务总局、科技部发布《关于中关村国家自主创新示范区有关股权奖励个人所得税试点政策的通知》，在中关村试点股权所得税政策。

5. 保护职务发明人合法权益

2012 年 11 月，国家知识产权局、教育部、科技部等 13 部门印发《关于进一步加强职务发明人合法权益保护 促进知识产权运用实施的若干意见》，建立健全发明创造报告制度、职务发明管理制度、职务发明奖励和报酬制度，鼓励职务发明人参与职务发明及其知识产权的运用与实施，依法保护职务发明人的合法权益。

6. 修订出台《促进科技成果转化法》

2015 年，新修订的《促进科技成果转化法》正式施行，突出企业在转化中的主体作用，加强转化市场建设，加强国家和地方财政支持科研成果的信息发布，赋予科研机构成果使用权、处置权，建立利益机制，充分释放高校和科研机构的创新创业热忱，并先期通过改革试点，增强政策落实的可操作性。

（四）着力引导科技创新创业和科技人才服务基层

2013 年 5 月以来，国务院出台了 20 多项政策推进“大众创业、万众创新”，积极发展众创、众包、众扶、众筹等新模式，加强“双创”支撑平台建设，为科技创新创业创造良好的政策生态。积极引导科技人才服务基层、服务一线、服务“三区”，提升西部创新发展能力。

1. 引导和服务科技创新创业

加强孵化器、众创空间等创业创新支撑平台与服务体系建设。2015 年，国务院出台《关于大力推进大众创业万众创新若干政策措施的意见》《关于加快构建大众创业万众创新支撑平台的指导意见》《关于发展众创空间推进大众创新创业的指导意见》《关于深化高等学校创新创业教育改革的实施意见》等，加大政策引导，深化教育改革，促进创新创业人才培养。科技部印发《发展众创空间工作指引》，加强对众创空间建设的指导。发改委出台《关于促进东北老工业基地创新创业发展打造竞争新优势的实施意见》，为老工业基地注入新活力、打造新优势。科技部人才中心联合地方科技管理部门、金融机构等举办科技创业人才投融资集训营、科技创新 CEO 特训营，搭建创业辅导和投融资对接平台，自 2013 年以来，已在北京、天津、上海等 10 余省市辅导 4000 余名科技创业人才，获得银行授信 30 多亿元，部分企业已上新三板和创业板。

2. 引导和支持科技人才服务基层

引导科技人才服务企业。创新政府科技资源配置方式，支持企业研发机构建设，推进企业博士后工作站和院士专家工作站建设，在重点产业技术领域的骨干企业设立国家重点实验室、国家工程技术研究中心和科技人才培训基地，促进科技人才向企业流动和集聚，引导科技人才服务地方。2014 年，科技部人才中心启动建设科技领军人才创新驱动中心，引导科技人才服务经济社会发展，转化科研成果，已在河北、江苏、江西、云南等 10 余地建设人才驱动中心，组织百名专家有效对接地方需求。

3. 引导和鼓励科技人才服务“三区”

2013 年 2 月，教育部、发展改革委、财政部印发《中西部高等教育振兴计划（2012~2020年）》，实施“西部之光”等访问学者项目，支持中西部高校骨干教师到东部高水平大学研修访学。加大国家公派留学政策对中西部地区的倾斜力度，实施“千名中西部大学校长海外研修计划”。2014年，科技部、中央组织部、财政部、人力资源和社会保障部、国务院扶贫办研究制定《边远贫困地区、边疆民族地区和革命老区人才支持计划科技人员专项计划实施方案》，引导科技人员服务老区，推进科技特派员服务“三区”。

（五）地方人才政策取得重要突破

各地近年来陆续在科技人才培养引进、评价激励、流动服务等方面出台了一系列具有突破性的人才政策措施。例如，上海人才20条，缩短居住证转办户籍年限；成果转化收益70%以上归研发团队；鼓励高校、科研院所采用年薪工资、协议工资、项目工资等分配制度，相关经费不纳入绩效工资总额；离岗创业可保留原单位基本待遇和评聘晋升资格。南京科技9条，离岗创业3年内保留身份和职称；成果转化收益按60%~95%的比例划归研发团队，暂不征收个人所得税；无形资产可按50%~70%的比例折算为技术股份；高校、科研院所科技人员可在职创业，收入归个人所有。武汉10条，成果转化收益70%以上归研发团队；用于奖励的支出部分不受当年工资总额限制；允许“双肩挑”人员持股创办企业；成果转化贡献突出者可破格评定职称；创业上缴税收等同于纵向项目经费，纳入职称评定和绩效考核内容。

中关村人才政策先行先试取得积极进展。2011年3月，国家在中关村建设国家级人才特区暨人才管理改革试验区，在一系列先行先试的人才政策上获得了重要经验。一是在成果转化方面。改革科技成果使用权、处置权、收益权，成果转化收入全部留归单位，取消对科技人员的奖励比例限定；获得股权奖励的，可在5年内分期缴纳个人所得税；“京校十条”“京科九条”，鼓励高校科技人员和在校学生实施成果转化。二是在人员兼职方面。科技人员到园区内企业兼职，在项目转化周期内，允许在个人身份和职称保持不变的情况下，享受股权激励政策；支持企业科技人员到高校兼职。三是在落户政策方面。对具有中国国籍的海外高层次人才落户北京，不受其户籍所在地的限制；为符合认定标准的外籍高层次人才设立申请永久居留“直通车”；对中关村市场化外籍人才申请永久居留实施积分评估制度。截至2015年底，中关村“千人计划”人才占全国20%以上，“海聚”人才占北京市的70%，在中关村工作的外籍人员近万名，其中外籍专家近2500名。

三　重大人才工程统筹推进

“十二五”期间，面向国内、国际两种人才资源，以高层次人才、高技能人才为重点，形成了以“千人计划”“万人计划”为主体，以创新人才推进计划、青年英才开发计划等为主要内容，中央、部门和地方上下联动的人才工程体系。该人才工程体系成为人才工作的重要抓手。

（一）“千人计划”引进了一批海外高层次人才

“千人计划”围绕国家发展战略目标需求，在国家重点创新项目、重点学科和重点实验室、中央企业和金融机构、以高新技术产业开发区为主的各类园区等，有重点、分层次地引进、支持一批海外高层次人才回国（来华）创新创业。根据引才工作需要，“千人计划”由多个平台组织实施，形成了包括8个子项目的引才体系，建立了服务引进人才的支持政策体系和国家特聘专家制度，为引进人才提供和国外基本相当的工作条件，中央财政针对不同类别人才给予一次性生活补助50万元或100万元、科研经费补助100万~500万元，设立国家“千人计划”服务窗口及专家联谊会等，帮助回国（来华）人员尽快融入国内发展环境。

2008年“千人计划”实施以来，累计引进各类人才6000余人，包括多位发达国家的科学院院士等世界顶尖科技领军人才。“十二五”期间，共引进4071名海外高层次人才，在生命科学等前沿方向、新能源等应用技术层面、生物医药等民生领域取得一批重大创新成果，在新技术、新产品研发上填补不少国内空白，在推动原始创新、突破关键技术、带动新兴学科、培养创新人才、发展高新产业以及提升高校国际化水平等方面发挥了不可替代的作用。

（二）“万人计划”进展顺利

“万人计划”围绕建设创新型国家的战略部署，计划用10年左右时间，有重点地遴选、支持一批自然科学、工程技术和哲学社会科学领域的杰出人才、领军人才和青年拔尖人才，形成与国家“千人计划”相互衔接的高层次创新创业人才队伍建设体系，并给予特殊支持。为杰出人才、科技创新领军人才、哲学社会科学领军人才、百千万工程领军人才、教学名师安排每人不高于100万元特殊支持经费。为自然科学领域青年拔尖人才安排120万~240万元科研经费，为哲学社会科学领域青年拔尖人才安排30万~60万元科研经费。

“万人计划”实施以来，培养造就了一批国内高层次人才，已遴选支持1173名，其中，杰出人才6名，科技创新领军人才272名，科技创业领军人才52名，青年拔尖人才553名。在基础研究、重大关键技术攻关、民生科技发展等领域取得重要突破。在国家“万人计划”示范带动下，各地实施了各具特色的人才支持计划。

（三）“创新人才推进计划”稳步实施

“创新人才推进计划”计划用10年左右的时间，培养一批具有世界水平的科学家、高水平科技领军人才等。该计划主要立足于国内人才的培养，通过体制机制的创新、政策环境的优化、稳妥的保障措施推进创新人才的涌现。

“十二五”期间，创新人才推进计划突出以用为本和需求导向，坚持向科研一线倾斜，不断扩大选才、荐才范围，提高覆盖面，已启动实施的相关任务中，共选拔各类创新创业人才2069人，培养了一批急需紧缺人才，为国家战略性新兴产业提供有力支撑。

（四）部门、行业和地方人才工程有序推进

目前，中央财政支持的人才计划（工程、项目）中，与科技人才相关的有37项，主要由中央组织部、科技部、教育部、人力资源和社会保障部、中国科学院、自然科学基金等16个部门和单位组织实施，给予人才科研项目、项目经费以及奖励等，支持和引导各类科技人才创新发展。

百千万人才工程自1995年启动实施，瞄准世界科技前沿，重点选拔培养能引领和支撑国家重大科技、关键领域实现跨越式发展的高层次中青年学术技术带头人，“十二五”期间共选拔国家级人选1206人，工程人选入选“万人计划”96人，当选中国科学院、中国工程院院士174人，在国家重大科研项目攻关和重点工程建设等方面发挥了重要作用，对推动国家高层次专业技术人

才队伍建设起到重要的引领作用。

长江学者奖励计划坚持“育引并举”，面向海内外延揽中青年学界精英，加强高等学校高层次人才队伍建设。“十二五”期间，支持高校聘任长江学者829人，其中特聘教授644人、讲座教授185人，先后有86名长江学者当选中国科学院、中国工程院院士。通过计划实施，培养集聚了一批具有国际影响力的学科领军人才，取得了一批重要教学科研成果，促进了东中西部地区人才的合理流动，优化了人才布局结构，极大地推动了高校高层次人才队伍建设。特聘教授聘期为5年，每人每年20万元；讲座教授聘期为3年，每人每月3万元。长江学者奖励计划在设岗、选人、激励等方面突破了传统模式，成为培养高层次人才的“试验田”。

国家杰出青年科学基金（简称“杰青基金”），支持在基础研究方面已取得突出成绩的青年学者，培养造就进入世界科技前沿的优秀学术带头人。“十二五”期间，“杰青基金”资助额度由200万元/4年提高到400万元/5年，助力基础学科带头人成长、激励科学突破等作用更为显著。“十二五”期间，共有992名申请人获得资助，占申请总人次的9.80%。

“百人计划”于1994年启动，旨在引进海外高层次人才，强调各类人才的协同发展。2015年，为贯彻落实习近平总书记提出的“四个率先”要求，调整实施率先行动“百人计划”，设置学术帅才、技术英才和青年俊才三个项目。“十二五”期间，引进海内外优秀青年人才907人，引进时平均年龄不足37岁，取得了量子通信、干细胞等一批重大原创成果和关键技术突破。

中国青年科技奖面向全国广大青年科技工作者设立。自1987年设立以来，共有1297人获奖，其中115人当选两院院士，80%的相继成为各学科领域的学术和技术带头人。中国青年女科学家奖是“世界杰出女科学家奖”在中国的延伸与发展，2004年设立以来，共有108人获奖。

按照地方经济社会发展需求，各地也相继实施了人才引进、使用、培养、激励、服务等各具特色的区域性人才计划，形成了条块结合、梯次衔接、上下互动的人才计划体系。据科技部人才中心初步统计，“十二五”期间，各地省级层面组织实施了300余项科技人才工程和计划，重点从加强海外人才引进和扶持领军人才和团队、青年人才、创业人才、高技能人才等方面，努力培养造就高水平创新型科技人才队伍。

四　科技人才队伍建设取得新进展

《国家中长期科技人才发展规划（2010～2020年）》提出：科技人才是具有一定的专业知识或专门技能，从事创造性科学技术活动，并对科学技术事业及经济社会发展做出贡献的劳动者。[①] 近年来，我国科技人才队伍蓬勃发展，为提升我国自主创新能力、促进产业技术进步、改善民生等做出了重要贡献。

（一）科技人力资源规模不断壮大

改革开放以来，除少数年份外，我国科技人力资源一直保持稳定增长态势。2015年我国科技人力资源总量达到8114万人，比上年增长14.2%，是2005年的2.3倍，年均增长超过10%，“十二五”时期，大学本科及以上学历的科技人力资源总量占比超过50%。2015年，中科院院士为769人，工程院院士为845人。

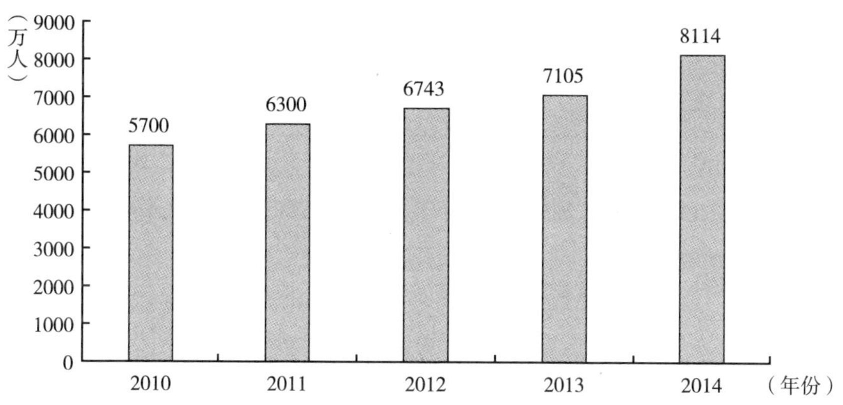

图1　近年我国科技人力资源总量变化

资料来源：中国科学技术协会《中国科技人力资源发展研究报告》。

（二）研究与试验发展（R&D）人员总量高速增长

R&D人员队伍是科研能力和水平的重要保障，万名就业人员中R&D人员

① 《国家中长期科技人才发展规划（2010～2020年）》，2010。

数量是测度 R&D 人力资源投入强度的重要指标，反映科技人力资源的总体水平。我国 R&D 人员总量保持高速增长趋势，数量和质量大幅提升。

2015 年全社会 R&D 人员总量为 380 万人年，比“十二五”初期增加了 92 万人年，提前实现了国家科技人才发展 2020 年规划目标。每万名就业人员中 R&D 人员为 49 人年，超出 2020 年规划发展目标 6 人年。其中，企业 R&D 人员占到 78%（见图 2），企业高层次创新型科技人才的数量及国家重点产业领域的人才数量均有较大的提高，为创新型国家建设提供了有力的人才支撑。

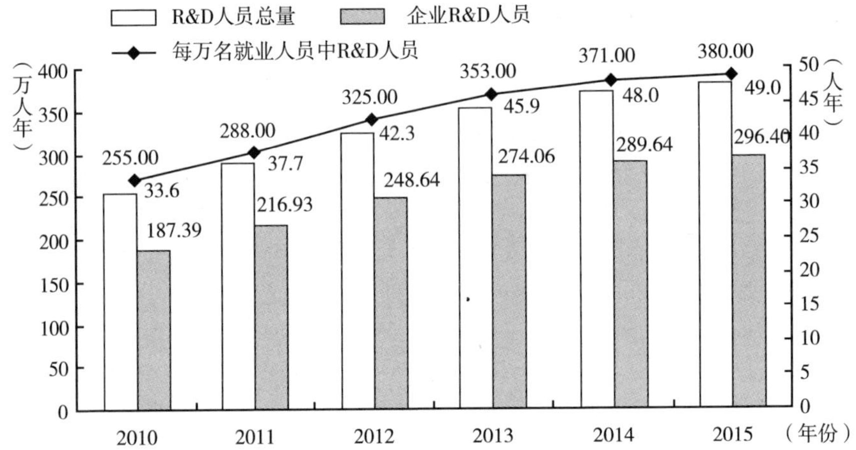

图 2 近年来我国 R&D 人员总量、企业 R&D 人员与每万名就业人员中 R&D 人员

注：2015 年为预测数据。

资料来源：国家统计局、科技部《中国科技统计年鉴》。

我国 R&D 人员主要集中在东部地区。据 2015 年预测数，东部地区 R&D 人员数量为 254.6 万人年，占全国总量的 63.4%，该比例在“十二五”期间逐年提高，2015 年比 2012 年增加了 44.1 万人年，R&D 人员向东部集聚的态势明显；中部、西部和东北地区 R&D 人员数量占全国的比重分别为 18.9%、12.3% 和 5.3%。中、西部占比基本稳定，东北地区增长略为缓慢（见图 3）。

（三）科技人才后备力量稳步提升

留学回国人才是我国高层次科技人力资源的重要组成部分。2015 年，我国出国留学人员总数为 52.37 万人，近年来，随着我国社会经济的快速发展、

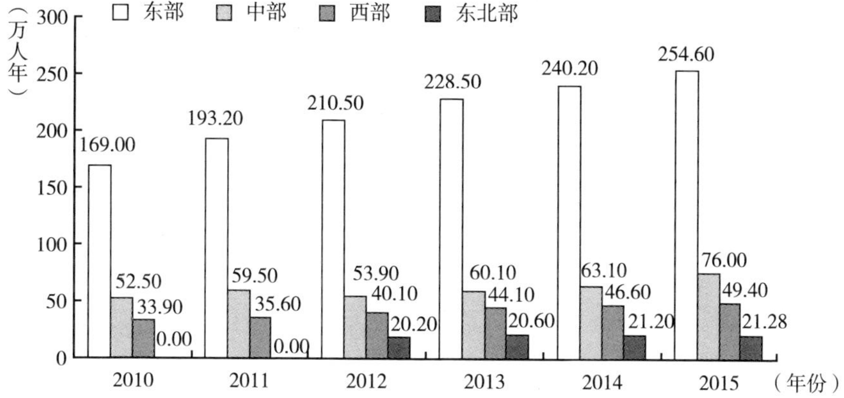

图3　近年来我国R&D人员区域分布

注：2015年为预测数。

资料来源：国家统计局、科技部《中国科技统计年鉴》。

创新就业环境的不断改善以及留学人才回国工作鼓励与资助政策的推动，留学回国人员数量也在快速增加，2015年留学归国人员达到为40.91万人。1978～2015年，出国留学人员总数为404.21万人，回国人员总数为221.87万人。

博士后及研究生是青年科技人才重要力量，2014年，我国博士后研究人员出站人数为8518人，研究生毕业数量为53.59万人，呈现稳定增长态势。①

（四）一线实用技术人才长足发展

2015年，全国技能人才总量为1.65亿人，高技能人才为4501万人，比2010年分别提高了47%和57%。“十二五”期间产生了“中华技能大奖”获得者60名、“全国技术能手”600名、国务院政府特殊津贴高技能人才983名。

“十二五”期间，农村科技特派员达到73.9万名，覆盖了全国90%的县（区、市），直接服务农户1250万户，辐射带动农民6000多万人。

五　“十三五”科技人才发展开启新征程

2016年，中共中央、国务院印发《国家创新驱动发展战略纲要》，提出到

① 2015年数据暂未公开。

2020年进入创新型国家行列、2030年跻身创新型国家前列、2050年建成世界科技创新强国"三步走"目标。中央《关于深化人才发展体制机制改革的意见》就人才体制机制重点改革任务做出明确部署。"十三五"时期是创新型国家建设的决胜阶段，科技人才发展举措将重点在以下方面推进落实。

（一）建设高水平科技人才队伍方面

一是加快建设科技创新领军人才和高技能人才队伍。围绕重要学科领域和创新方向造就一批具有世界水平的科学家、科技领军人才、工程师和高水平创新团队，注重培养一线创新人才和青年科技人才，对青年人才开辟特殊支持渠道，支持高校、科研院所、企业面向全球招聘人才。倡导崇尚技能、精益求精的职业精神，在各行各业大规模培养高级技师、技术工人等高技能人才。

二是优化人才成长环境。实施更加积极的创新创业人才激励和吸引政策，推行科技成果处置收益和股权期权激励制度，让各类主体、不同岗位的创新人才能在科技成果产业化过程中得到合理回报。

三是发挥企业家在创新创业中的重要作用，大力倡导企业家精神，树立创新光荣、创新致富的社会导向，依法保护企业家的创新收益和财产权，培养造就一大批勇于创新、敢于冒险的创新型企业家，建设专业化、市场化、国际化的职业经理人队伍。

（二）改革人才管理体制方面

一是建立政府人才管理服务权力清单和责任清单，推动人才管理部门简政放权，消除对用人主体的过度干预。

二是全面落实国有企业、高校、科研院所等企事业单位和社会组织的用人自主权。创新事业单位编制管理方式，对符合条件的公益二类事业单位逐步实行备案制管理。改进事业单位岗位管理模式，建立动态调整机制。探索高层次人才协议工资制等分配办法。保障和落实用人主体自主权。

三是健全市场化、社会化的人才管理服务体系，积极培育各类专业社会组织和人才中介服务机构，有序承接政府转移的人才培养、评价、流动、激励等职能。

四是加强人才管理法制建设，完善人才政策法规体系。

（三）创新人才评价机制方面

一是制定分类推进人才评价机制改革的指导意见，突出品德、能力和业绩评价。坚持德才兼备，注重根据能力、实绩和贡献评价人才，杜绝唯学历、唯职称、唯论文等倾向。

二是发挥政府、市场、专业组织、用人单位等多元评价主体作用，改进人才评价考核方式，加快建立科学化、社会化、市场化的人才评价制度。

三是制定深化职称制度改革意见，突出用人主体在职称评审中的主导作用，合理界定和下放职称评审权限，推动高校、科研院所和国有企业自主评审。

（四）强化人才创新创业激励机制方面

一是加强创新成果知识产权保护，通过完善知识产权保护制度，加快出台职务发明条例，研究制定创新成果保护办法。完善知识产权质押融资等金融服务机制，为人才创新创业提供支持。

二是允许科技成果通过协议定价、在技术市场挂牌交易、拍卖等方式转让转化，加大创新人才激励力度。完善科研人员收入分配政策，依法赋予创新领军人才更大的人财物支配权、技术路线决定权，实行以增加知识价值为导向的激励机制。

三是鼓励和支持人才创新创业，高校、科研院所科研人员经所在单位同意，可在科技型企业兼职并按规定获得报酬。允许高校、科研院所设立一定比例的流动岗位，吸引具有创新实践经验的企业家、科技人才兼职，鼓励和引导优秀人才向企业集聚。

参考文献

科技部：《中国科技人才发展报告（2014）》，科技文献出版社，2015。

国家统计局、科技部：《中国科技统计年鉴（2011～2015）》。

科技部：《中国科技统计数据》，2015。

中共中央国务院：《国家创新驱动发展战略纲要》。

《关于深化人才发展体制机制改革的意见》。

B.4
中国卫生人才队伍建设与发展报告

李国勤　李晓燕　陈哲娟*

摘　要：　本报告在对卫生人才发展现状和问题全面分析基础上，介绍了卫生系统从中央到地方在人才队伍建设和人才制度创新、机制建设上的探索，并结合新形势、新需求，对当前和今后一个时期卫生人才发展策略提出了相关政策建议，为国家加强卫生人才队伍建设、推进卫生人才工作的科学化提供了重要依据。

关键词：　卫生人才　队伍建设　发展策略

卫生人才是我国人才队伍的重要组成部分，在保护人民身体健康、维护社会稳定、促进经济发展等方面起到关键性的支撑作用，是贯彻落实医药卫生体制改革、保障医药卫生体系有效规范运转的主体。准确把握我国卫生人才现状与需求，并在此基础上制定相关卫生人才发展政策，对加快卫生人才发展的步伐、满足我国医药卫生体制改革对人才的需求具有十分重要的战略意义。

党的十八届三中全会明确提出“全面深化改革，需要有力的组织保证和人才支撑”；要“建立聚集人才体制机制，择天下英才而用之”，将人才定位为全面深化改革事业的决定性因素，从这样一个新的定位去把握今后人才工作的新思想、新思路、新方法至关重要。如何充分调动和发挥人才的积极性，如

* 李国勤，研究员，中国医学科学院北京协和医学院院校党委书记、副院长，曾任国家卫生计生委人才交流服务中心主任，长期从事卫生人事人才管理工作；李晓燕，国家卫生计生委人才交流服务中心助理研究员，主要研究方向为卫生人力资源管理、卫生事业管理等；陈哲娟，国家卫生计生委人才交流服务中心副研究员，主要研究方向为卫生政策、卫生人力资源管理。

何集聚和培养大批优秀人才使之成为卫生事业改革发展的中流砥柱，是卫生人才工作者必须面对的重大而又紧迫的研究课题。

一　卫生人才队伍现状

本报告中的卫生人才是指在医院、基层医疗卫生机构、专业公共卫生机构及其他医疗卫生机构工作的职工，包括卫生技术人员、乡村医生和卫生员、其他技术人员、管理人员和工勤技能人员。一律按支付年底工资的在岗职工统计，包括各类聘任人员（含合同工）及返聘本单位半年以上的人员，不包括临时工、退职人员、离开本单位仍保留劳动关系的人员、本单位返聘和临时聘用不足半年的人员。

“十二五”期间，我国卫生人才资源总量继续增长。《2015 中国卫生和计划生育统计年鉴》显示，我国现有卫生人员总数达 1023.4 万人，是 1949 年卫生人员数（54.1 万人）的 19 倍（见图 1）。

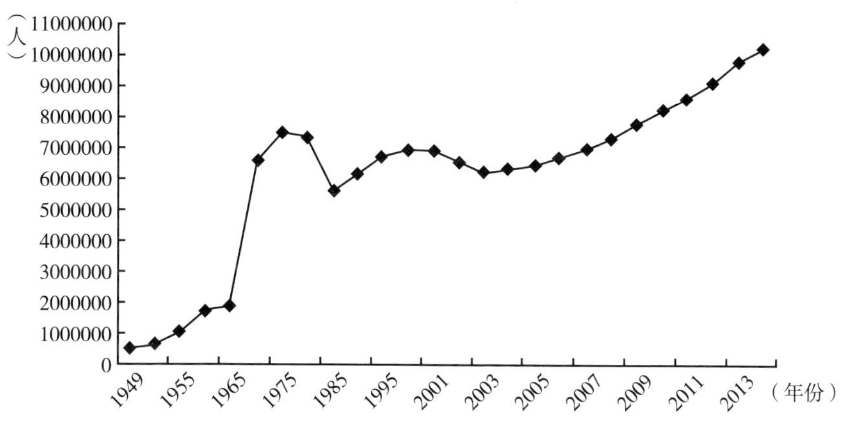

图 1　1949 ~ 2014 年我国卫生人员总量

在卫生人才中，卫生技术人员规模最大，约为 759.0 万人，乡村医生和卫生员约 105.8 万人，其他技术人员约 38.0 万人，管理人员约 45.1 万人，工勤技能人员约 75.5 万人。在卫生技术人员中，执业（助理）医师约 289.3 万人，注册护士约 300.4 万人，药师（士）约 41.0 万人，技师（士）约 40.7 万人（见表 1）。

表 1　2014 年我国各类卫生人员数及占比

单位：人，%

人员类别	人数	占比
卫生人员	10234213	100
卫生技术人员	7589790	74.2
执业(助理)医师	2892518	38.1
注册护士	3004144	39.6
药师(士)	409595	5.4
技师(士)	407296	5.4
其他卫生技术人员	876237	11.5
乡村医生和卫生员	1058182	10.3
其他技术人员	379740	3.7
管理人员	451250	4.4
工勤技能人员	755251	7.4

从人员机构分布来看，卫生技术人员主要分布在医院，2014 年医院卫生技术人员占卫生技术人员总量的 62.5%（见图 2）。“十二五”期间，医院卫

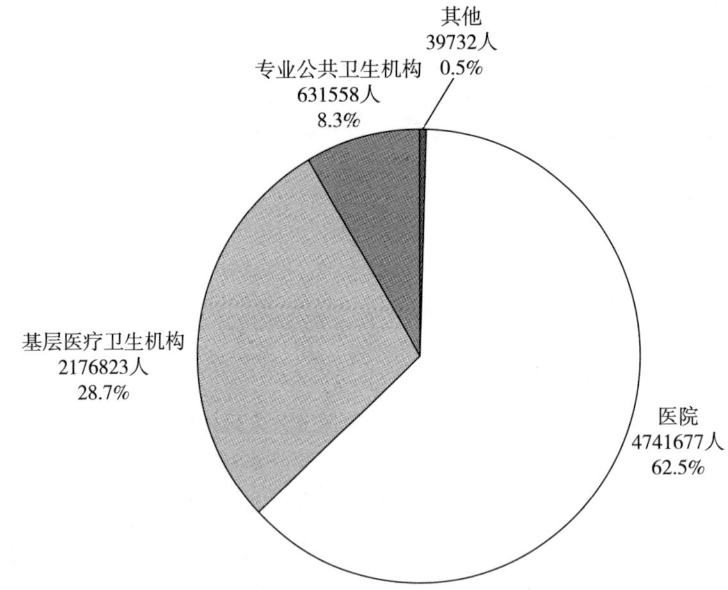

图 2　2014 年我国卫生技术人员在不同机构的分布情况

生技术人员所占比例有所提高，由2010年的58.5%上升至2014年的62.5%。专业公共卫生机构卫生技术人员所占比例维持在8.3%，而基层医疗卫生机构卫生技术人员所占比例则由2010年的32.6%下降至2014年的28.7%。

从人员性别结构来看，全国卫生技术人员中，男性占30.8%，女性占69.2%，卫生技术人员性别比超过1∶2。“十二五”期间，女性所占比例提高了3.4个百分点，其中女性执业（助理）医师比例提高了2.6个百分点。

从人员年龄结构来看，全国卫生技术人员依然以中青年为主（45岁以下占73.6%）。“十二五”期间，人员年龄结构略有变动，卫生技术人员中35岁以下的所占比例提高了2.8个百分点，55岁以上的所占比例提高了0.7个百分点。

从人员学历水平来看，全国卫生技术人员以大专学历为主，占38.8%。“十二五”期间，学历水平有所提升，其中本科及以上学历所占比例由2010年的24.9%提高到2014年的29.2%。

从聘任技术职务来看，全国卫生技术人员职称以初级为主，2014年占60.7%，具有高、中、初级专业技术职称资格的比例大致为1∶3∶8，聘任的高、中、初级比例略低于同级技术资格评定比例，存在一定的高职低聘和待聘现象。“十二五”期间，具有高、中、初级专业技术职称资格的比例变动不大。

表2　2010年和2014年我国卫生技术人员学历及职称情况

单位：%

年份	2010	2014
按学历分		
研究生	3.2	4.4
大学本科	21.7	24.8
大专	36.3	38.8
中专	34.5	29.5
高中及以下	4.2	2.6
按聘任技术职务分		
高级	7.7	7.4
中级	25.5	21.8
初级	60.4	60.7
待聘	6.5	10.1

从卫生人员城乡分布来看，农村卫生人员绝对量高于城市，但从千人口配置情况来看，城市和农村每千人口卫生技术人员数分别为9.70人和3.77人，城市是农村的2.6倍。在区域分布上，卫生人才资源主要集中在东部地区，2014年，东部、中部和西部地区千人口卫生技术人员数分别是5.92人、5.17人和5.48人。其中，西藏最低，仅有4.05人；北京、内蒙古、上海、浙江、山东、陕西、宁夏、新疆较高，千人口卫生技术人员数均大于6人。

从卫生人才供给来看，我国医学教育培养规模显著扩大，培养层次不断提高。“十二五”期间，我国普通高等院校和中等职业学校医学专业累计招生分别为303万人和263万人。高等院校医学专业招生数占招生总数的比例也由2011年的52.8%提高至2015年的58.2%。医学毕业生中，本科以上的高层次毕业生所占比例呈现逐年上升趋势。博士毕业生由2011年的0.7%上升到2013年的0.8%，硕士毕业生由2011年的4.2%上升到2013年的4.8%，本科毕业生由2011年的16.9%上升到2013年的18.2%。

二 卫生人才队伍建设存在的问题

总体来看，“十二五”期间，我国卫生人才工作和人才队伍建设取得了显著成效，人才数量快速增长，人才素质逐步提升。但同时，我国医疗卫生人才总量仍不能满足人民群众日益增长的健康服务需求，人才结构和分布尚不合理，素质和能力仍有待提高；卫生人才发展的制度机制和政策环境亟待完善。。

（一）卫生人才总量仍不足，素质和能力有待提高

据《2015世界卫生统计》，全球平均每万人口拥有医师13.9名、护上28.6名。与此相比，我国护士数量低于世界平均水平，医师数量也低于高收入国家平均水平。与OECD国家平均水平相比，我国千人口执业（助理）医师数、注册护士数以及医护比显著偏低。OECD国家（2011年或2012年）千人口医师数、注册护士数和医护比分别达到3.20名、8.70名和2.74，而我国（2014年）分别为2.21名、2.36名和1.07。

在总量不足的同时，我国卫生人员素质和能力仍有待提高。2014年，在执业（助理）医师中，大学本科及以上学历者占比仅为47.5%；在注册护士

中，大学本科及以上学历者占比仅为13.2%。尤其是基层卫生人才学历水平相对较低，乡镇卫生院和社区卫生服务中心卫生技术人员中的本科及以上学历者占比分别为7.8%和19.0%，并且分别有5.5%和5.2%的人员无专业学历。乡村医生中大专及以上学历者占比仅为5.0%，还有27.7%的无专业学历人员。

（二）卫生人才队伍结构性问题严重

目前，我国卫生人才资源结构与健康服务需求之间的匹配性有待进一步增强。卫生人才专业结构不能很好地适应人民群众多层次、多样性、个性化的健康服务需求，公共卫生、老年医学、健康服务等专业人才缺乏。同时，卫生人才资源结构与卫生工作重点和卫生事业发展的需求不一致，高层次人才短缺，基层卫生人员总量不足、增长过慢，人才的城乡和区域分布配置公平性差。

1. 公共卫生、老年医学、健康服务等专业人才缺乏

每万人口疾病预防控制人员和卫生计生监督人才与国家相关的配备标准存在较大差距。每千名儿童仅有0.45名儿科医师，发达国家如美国则为1.46名。平均每十万人口精神科医师1.90名。我国约两万人才有1名老年医学科医生，而在美国，每3000位老年人配备1名老年医学科医生。我国持证护理员约有30万人，而按照国际经验，需要护理的老人与护理员配备比应为3∶1，据此标准，还需要1700多万护理员，缺口巨大。健康服务人才严重匮乏。以健康管理师为例，按照每千人配备一名健康管理师计算，全国需要130万名健康管理师，而目前全国经过正式培训、取得健康管理师职业资格证书的从业人员数量不足2000人。

2. 基层卫生人才短缺

“十二五”期间，我国基层卫生人员所占比重较小且呈逐年下降趋势，由2010年的40.0%下降到2015年的34.6%，基层卫生人员年均增长率（1.9%）远低于同期我国卫生人员总量的增长（5.7%）。同时，全科医生数量缺口较大，每万人口全科医生仅有1.27名，这与“到2015年使每万名城市居民拥有2名以上全科医生，每个乡镇卫生院都有全科医生”的发展目标差距较大。全科医生占执业（助理）医师的比重仅为6.0%，远低于国际上30%~60%的平均水平。

3. 高层次人才短缺

目前，创新型、复合型人才，尤其是“将帅型”的领军人才严重匮乏，临床医疗、公共卫生领域的部分学科和前沿医学研究高层次人才短缺。

4. 卫生人才资源地域分布不均

一方面，城市每千人口拥有的卫生技术人员数远高于农村，且农村卫生人员素质仍然较低，卫生人员素质城乡间差距明显。另一方面，卫生人才资源地区之间配置不平衡，东部地区配置高于中西部，呈现东强西弱态势。而且高层次人才主要集中于东部地区。

（三）卫生人才管理制度机制矛盾较突出

近年来，我国在卫生人才培养开发、评价使用、激励保障、流动配置等方面做了一些政策创新，卫生人才管理制度机制有所完善，但影响人才管理的制度性障碍仍然存在，体制机制仍须理顺，政策环境亟须优化。

1. 医疗卫生机构人才开发主体作用不突出

目前，政府对医疗卫生机构编制、岗位总量、岗位设置、公开招聘、人员调配权等统得过严过死，用人单位自主权尚未落实，能进能出的灵活用人机制尚未形成。“编制”的存在人为造成了同岗不同酬，造成了医务人员对所在单位的“人身依附关系”；医疗卫生机构尤其是基层医疗卫生机构人员的公开招聘一般由当地人力资源和社会保障部门、组织部门主导实施，往往强调公开招聘的统一性而忽视医疗卫生的专业性；在岗位设置上，事业单位岗位设置工作由人力资源和社会保障部门负责，卫生部门和医疗卫生机构不能根据行业特性和单位人员的特点自行设置岗位，制约了卫生人才队伍的建设。

2. 卫生人才激励保障机制亟待完善

近年来，我国医疗服务量大幅度增加，医务人员超负荷工作现象普遍，医务人员平均每周工作时间为 53.4 小时，远远超过每周 40 小时的法定劳动时间，平均每月要值 7 个夜班。但是，医务人员的薪酬水平与其他行业相比，并不具有市场竞争力，其薪酬水平、结构等与其职业特点不符，不能充分体现其技术劳动价值。

3. 卫生人才职业环境堪忧，影响人才长远发展

医务卫生工作具有特殊性，是高人力资本投入、高技术要求、高负荷工

作、高压力、高风险性等多“高”职业。因此，培养优秀的医务卫生人才非常不易。但随着医患关系的紧张，医疗职业环境的恶化，越来越多的优秀毕业生不愿意报考医学院校，越来越多的医学毕业生离开行业，医学人才未来将面临储备不足、人才匮乏的艰难局面，这将为未来我国医学事业发展带来长期负面影响。

三　我国在卫生人才队伍建设中的努力和探索

近年来，国家大力推进卫生人才制度建设和机制创新，不断提高卫生人才工作科学化水平。一直以来，为加强卫生人才队伍建设，从中央到各地方，在人才规划、人才培养、人才吸引等多个方面都进行了积极的探索。

（一）制订卫生人才发展规划，明确人才工作目标

依据《国家中长期科学和技术发展规划纲要（2006～2020年）》《国家中长期人才发展规划纲要（2010～2020年）》《国家中长期教育改革和发展规划纲要（2010～2020年）》，2010年，卫生部门制定了《医药卫生中长期人才发展规划（2011～2020年）》，对今后10年的医药卫生人才工作做出了总体部署，确立了未来医药卫生人才发展的指导思想和基本原则，提出“到2020年，造就一支数量规模适宜、素质能力优良、结构分布合理的医药卫生人才队伍，营造人才发展的良好环境，为加快我国医疗卫生事业改革发展，实现人人享有基本医疗卫生服务提供强有力的人才保障”的发展目标。之后，很多地方积极响应，编制了当地的卫生人才发展规划。

（二）建立人才培养制度，实施重点人才培养项目

1. 建立符合行业特点的继续教育制度

根据国外医学人才培养经验，住院医生规范化培训是毕业后医学教育的重要内容，是造就临床医学人才、提高医疗服务质量和水平的重要途径。目前，我国已建立住院医师规范化培训制度，并正在试点进行专科医师规范化培训制度，基本形成“5+3+X”（5年临床医学本科教育+3年住院医师规范化培训或3年临床医学硕士专业学位研究生教育+X年专科医师培训）的人才培养新

模式，逐步与国际接轨。同时，为建立一支以全科医生为骨干的高素质的基层卫生服务队伍，通过规范化培养、转岗培训、农村订单定向免费医学生培养、师资培养等方式来培养合格的全科医生，不断完善我国临床医学人才培养体系。

2. 继续医学教育制度化

为了适应日新月异的技术挑战和社会发展需要，我国从 1988 年起继续医学教育制度化建设，规定继续医学教育对象是完成毕业后医学教育培训或具有中级及以上专业技术职务从事卫生技术工作的人员。继续医学教育实行学分制，继续医学教育对象每年都应参加与本专业相关的继续医学教育活动，学分不得少于 25 分。

3. 针对基层卫生人才开展了一些重点项目

如农村订单定向免费培养重点项目，在高校举办农村医学班，免费定向培养医学生，免费医学生入学前与学校和生源所在地县级卫生行政部门签订协议，承诺毕业后在农村基层从事卫生工作 6 年以上。同时，设立西部卫生人才培养项目，这一项目将西部地区县级医疗卫生机构专业技术骨干送至一些三级医院进行半年至一年的进修，希望通过项目实施为西部地区培养一批卫生专业技术骨干，着力提高西部农村的医疗技术水平。

（三）强化政策导向，引导人才向基层艰苦地区流动

第一，在基层卫生人才吸引和保留上面，国家出台了一些倾斜政策，例如，规定城市医生在晋升主治医师或副主任医师职称前到农村累计服务一年；到边远地区工作的毕业生可提前定级，定级工资标准可高于同类人员 1～2 档；对长期在乡以下工作的卫生专业技术人员工资待遇、职称晋升等给予政策倾斜。

第二，为贯彻落实上述政策规定，国家和地方有关部门组织实施了一批卫生人才建设项目，积极引导卫生人才向农村、社区、西部地区和艰苦边远地区流动。如城市对口支援农村卫生工程、乡镇卫生院招聘执业医师项目、“三支一扶”等。

第三，在人才流动机制创新上，探索采用人才一体化、医联体、柔性引进、县管乡用等方式，实施全科医生特设岗位计划等，引导人才向基层和欠发达地区流动，充实基层和欠发达地区的实力。全面推进和规范医师多点执业，

对医师多点执业的资格条件、注册管理、人事（劳动）管理、医疗责任等事项进行规范，促进优质医疗资源有序流动和科学配置。

（四）推进卫生人才评价工作，探索完善激励机制

在卫生人才评价中实行卫生专业技术资格评审和考试制度。目前，对卫生专业技术人员，我国实行的是政府宏观管理、个人自主申请、社会合理评价、单位自主聘任的管理体制。卫生系列医、药、护、技各专业的中、初级专业技术资格逐步试行以考代评和与执业准入制度并轨的考试制度，大多数省份的高级专业技术资格采取考试和评审相结合的办法取得。2001 年全国卫生专业技术资格考试正式开始实施，每年进行一次，实行全国统一组织、统一考试时间、统一考试大纲、统一考试命题，由国家卫生专业技术考试资格委员会统一确定资格标准。2016 年，全国卫生专业技术资格考试报名人数达到 136 万人，护士执业资格考试报考人数达 72 万人，开考专业达到 118 个。

在人才考核激励上，我国坚持公益导向、维护健康，加强对公立医疗机构和人员的绩效评价；鼓励各地积极开展探索，建立与岗位职责、工作业绩、实际贡献紧密联系的分配激励机制，提升医务人员薪酬水平，完善薪酬结构，合理体现医务人员技术劳动价值。

“十二五”期间，卫生人才队伍建设方面开展了一系列实践探索，也获得了一些经验，然而，面对医疗卫生事业发展的新形势、新要求，特别是深化医药卫生体制改革的新目标、新任务，我国医疗卫生人才队伍建设和人才工作任重道远。

四　加强卫生人才队伍建设的策略

（一）突出重点，协调推进，进一步加强和完善各类卫生人才队伍建设

1. 聚焦突出问题和明显短板，重点加强基层、公共卫生等人才队伍建设

以人人享有基本医疗卫生服务为出发点，以提高基层医疗卫生人员的专业素质和技术水平为重点，加强基层医疗卫生人才队伍建设。按照逐步实现公共

卫生服务均等化的需要，以培养疾病预防控制、卫生监督、健康教育、精神卫生、妇幼保健、应急救治、采供血等方面的专业人员为重点，科学配置人员，加强岗位管理，大力加强公共卫生人才队伍建设。

2. 坚持需求导向，着力加强全科、儿科、精神科等紧缺专业和健康服务人才队伍建设

根据我国医药卫生体制改革和医疗卫生事业发展的迫切需求，有重点地分步培养全科、儿科、精神科、康复等医药卫生急需紧缺专门人才。按照健康服务业发展需求，完善老年医学、健康管理等适应健康服务业发展和养老服务需要的各类人才培养工作。

3. 推动医药科技创新，加强创新型医药卫生人才队伍建设

以提升医学创新能力和医疗卫生技术水平为核心，造就一批具有国际竞争力的医学杰出人才，培养一批高技能专业技术骨干人才，打造一批高水平创新团队，注重培养一线创新人才和青年科技人才。

4. 协调发展，统筹推进其他各支卫生人才队伍建设

适应新时期经济社会发展和医学模式转变的需求，统筹兼顾，推进卫生管理队伍、计生服务与管理队伍、中医药队伍等其他各类医药卫生人才队伍协调发展。

（二）创新机制，完善政策，建立健全有利于人才培养使用的制度和政策

1. 以完善聘用制度和岗位管理制度为切入点，探索建立与公立医院职责职能、服务规模相适应的新的编制管理模式

优化公立医院内部结构，建立灵活的用人机制，调动医务人员积极性，推进公立医院人事制度改革。目前，部分地区在公立医院创新编制管理方面进行了一些探索，包括编制备案制、人员编制动态管理、落实医院用人自主权，实行卫生技术人员自主招聘等。

2. 深化医学教育改革，努力形成有利于卫生人才成长的育人环境

在相关部门之间、中央和地方之间，建立有效的卫生人才总量与专业结构的需求与培养协调机制，按需培养，使卫生人才培养能适应卫生事业发展的实际需要。加强医教协同，推进建立院校教育、毕业后教育、继续教育三阶段有

机衔接的具有中国特色的标准化、规范化临床医学人才培养体系。深化医学教育改革，完善医学教育协调工作机制，创新教育方法，提高人才培养质量。实施医师规范化培训，推进建立专科医师规范化培训制度。建立健全继续医学教育制度，以岗位需求为导向，以胜任能力为核心，强化对培训项目的统筹管理。

3. 采用多种形式，灵活使用卫生人才

吸引招募人才、“为我所有”固然好，但在面对稀缺人才，尤其是卫生高层次人才时，要树立“不求所有，但求所用”的理念，打破户籍、地域、身份、人事关系等刚性制约，通过柔性引进方式来使用人才，包括返聘离退休专家、医师多点执业、担任顾问或提供咨询、进行科研技术合作开发、委托承担项目等多种途径和形式。

4. 健全符合卫生行业人才特点的科学化、社会化评价机制

根据医疗行业的特点和卫生人才成长规律对评价标准和条件进行不断改进。以岗位职责要求为基础，以品德、能力、业绩为导向，分层分类建立和完善各类卫生专业技术人才评价标准，对从事临床工作的专业技术人才，淡化论文要求，注重实践能力；对从事科研工作的专业技术人才，强化创新能力，鼓励潜心研究；对基层卫生专业技术人员职称评审制定符合实际的倾斜政策，稳步推进基层卫生职称改革工作。

5. 建立适应行业特点的医务人员薪酬制度，合理体现医务人员技术劳动价值，调动医务人员积极性

只有提供能反映其人力资本投资和职业价值的合理报酬，才可能长期吸引和稳定优秀人才从事医务工作。从当前的政策环境来看，政府应当给医院松绑，允许适当提高人工成本在医院总成本中的比例，扩大卫生人员的可分配薪酬资源总量。从长远来看，要使卫生人才的薪酬水平接近其实际劳动价值，就需要鼓励和扩大医疗卫生服务的市场化，从而为卫生人才薪酬市场化奠定必要的市场基础。在单位内部分配时，要建立岗位绩效考核机制，将绩效考核结果与人员薪酬挂钩，提高卫生服务质量和效率。

（三）强化政府人才工作职能，以市场带动人才资本价值实现

1. 树立强烈的人才意识，加大对人才队伍建设的投入力度

按照医药卫生工作的公益性质，建立以政府投入为主的投入机制，为人才

的稳定发展提供强有力的经费保障。在具体实施中，要“突出重点，兼顾一般”，即重点培养急需紧缺、基层和高层次等医药卫生人才，兼顾其他各类卫生专业人才。

2. 加大人才配置的政策引导力度

基层人才的合理流动更多地依赖政策，如无政府政策干预，卫生人才资源的自发流动总是趋向经济发达的地区。落实中央关于“引导人才向基层流动、向艰苦地区和岗位流动”的工作任务，还需要政府进一步创新体制机制，完善激励政策，在待遇、职称、选拔任用等方面进一步向基层、向中西部地区和艰苦岗位人才倾斜，切实解决他们在工作、学习、生活等方面的实际困难。

3. 完善医药卫生人才市场体系建设和社会化服务

人才资本价值的实现，必须选择正确的路径，而市场化是人才资本价值实现的最佳路径选择。卫生人才在市场竞争中双向选择，哪里有需要，哪里能发挥作用，哪里效率高，就往哪里流。因此，打通人才流动通道，使人才“能进能出、能上能下、非胜即走、优胜劣汰”，可以更好地实现人才资本的合理配置和深度开发，使人才资本的价值得以最大限度地增值，这就要求完善人才市场体系建设和社会化服务，积极培育各类专业社会组织和人才中介服务机构。当然，人才合理流动要想取得预期效果，还有赖于我国人事制度改革和事业单位改革的整体推进。

4. 积极吸引社会资金，投入人才培养

在卫生人才培养上，除了以政府投入为主外，还应鼓励建立社会支持的多元经费投入机制，增强人才项目的财力基础。为吸引社会资助，需要面向社会，为有意资助者建立资助平台；也可与企业加强合作进行定向人才培养；针对卫生高层次人才，可设立高层次人才专项基金，也可设立相应的专项经费用于科研成果奖励；还可考虑利用社会资金用于民营医院人才的培养和发展。

参考文献

国家卫生和计划生育委员会：《2015 中国卫生和计划生育统计年鉴》，中国协和医科大学出版社，2015。

蔡秀萍、吴江：《吹响人才体制机制改革冲锋号》，《中国人才》2014 年第 1 期。

张光鹏：《卫生人才队伍建设与实践》，党建读物出版社，2016。

世界卫生组织：《2006 年世界卫生报告：通力合作　增进健康》。

B.5

我国旅游人才工作及人才队伍建设现状、问题与对策*

孙 锐　孙彦玲**

摘　要：　旅游业作为我国经济发展新常态下新的增长点之一，在国民经济与社会发展中的重要战略地位日益凸显。随着"互联网+"和"旅游+"时代的到来，培养造就一支推动我国旅游业转型升级、快速发展的高素质旅游人才队伍成为当务之急。本报告基于对7省20地市旅游人才发展状况的相关调研，分析了当前旅游人才队伍建设和人才工作中存在的主要问题，总结了地方旅游人才队伍建设的实践探索和先进经验，并在此基础上，着眼于"十三五"时期建设世界旅游强国的目标任务，提出了加强我国旅游人才队伍建设的对策建议。

关键词：　人才强国　旅游人才　旅游业

引　言

人才资源是推动旅游业创新发展的第一资源。当前，旅游业作为正在成为我国经济发展新常态下新的增长点，在国民经济与社会发展中的重要战略地位

---

* 本文为基金项目"国家旅游局青年专家培养计划"成果。

** 孙锐，博士，中国人事科学研究院研究室副主任，研究员，硕士生导师，研究方向为人才规划与人才战略；孙彦玲，博士，中国人事科学研究院助理研究员，研究方向为人力资源管理。

日益凸显。随着“互联网+”和“旅游+”时代的到来，旅游业对创新型、复合型、专业化、多样化的旅游人才需求更加迫切，培养造就一支推动我国旅游业转型升级、快速发展的高素质旅游人才队伍成为当务之急。为研究编制旅游业“十三五”人才发展规划，中国人事科学研究院课题组重点围绕旅游人才队伍状况，旅游人才培养开发、旅游人才工作推动中存在的主要问题和体制机制障碍，旅游人才队伍建设和人才工作的经验探索，以及“十三五”期间旅游人才发展需求等对全国7省20地市进行了走访座谈。在以上调研基础上，课题组对各类调研材料进行总结分析，形成本报告。

一 “十二五”期间旅游人才队伍建设现状①

（一）旅游人才总量进一步增加

根据《中国旅游业“十二五”人才发展规划》，2005年，我国旅游业全部从业人员规模为4449万人。到2010年，全国旅游业从业人员规模达到7590万人，其中，直接从业人员1350万人，间接从业人员6240万人。据相关测算，2015年旅游直接从业人员达到1700万人，间接从业人员达到8300万人，分别比2009年增长26.0%和33.0%，旅游业从业人员占全国从业人员比例为13.0%。其中，导游人才呈现快速增长趋势，2015年持证导游人数达到80万人，与2009年的52.87万人相比，增加51.31%。

（二）旅游人才素质进一步提升

根据2005年全国抽样调查数据，饭店业中大专及以上学历人才占到20.0%，旅行社人才接受高等教育的比例达到62.8%，旅游景区及旅游车船公司中大专及以上学历人数分别占22.4%、12.2%，旅游行政管理人才中大专及以上学历人数接近九成②。“十二五”期间，旅游业受过高等教育的从业人

① 下述未注明出处的数据均由国家旅游局提供。

② 刘住：《走旅游人才强国之路——中国旅游人才状况及规划方向》，《旅游学刊》2006年第S1期。

员比例达到43.7%，其中，行业管理、专业技术、企业中高级管理等人才队伍中受过高等教育的比例均在60%以上。具体而言，行业管理部门工作人员中具有大专及以上学历的达到80%；专业技术人员中具有大专及以上学历的达到60%；旅游企业中高级管理人员中具有大专及以上学历的达到70%；旅游服务人员中具有大专及以上学历的达到30%；导游人员中具有大专及以上学历的达到80%。“十二五”期间，具有旅游类专业背景的人才所占比例不断提高。其中，企业中高级管理人员中具有旅游类专业背景的达到30%，旅游服务人员中具有旅游类专业背景的达到25%，导游中具有旅游类专业背景的达到75%。

（三）旅游人才结构进一步改善

“十二五”时期，旅游专业技术人员中具有初、中、高级专业技术职务人员的比例为54∶35∶11，比2009年的62∶27∶11的比例结构更趋合理。导游人才结构不断优化，初、中、高级导游的比例达到60∶34∶6，其中，初级导游数量为8.4万人，中级导游为4.8万人，高级导游为0.8万人。

（四）旅游教育培训规模进一步扩大

2014年，全国招收旅游管理类专业的院校达到2419所，旅游专业在校生超过85万人，其中，研究生在校生4742人、本科在校生20.12万人、高职高专在校生32.54万人、中职在校生31.87万人；旅游专业毕业生达到30万人，其中，研究生毕业生1317人、本科生45353人、高职高专毕业生14.45万人、中职毕业生10.88万人。根据国家旅游局人事司最新的统计数据，2015年，全国招收旅游管理类专业的院校上升为2447所，旅游专业在校生中，研究生在校生4029人、本科在校生21万人、中职在校生22.6万人；从招生情况来看，研究生招生1876人、本科招生55611人、高职高专招生110935人、中职招生9.3万人。2015年全国旅游行业人才培训达到475.4万人次，其中，岗位培训441.5万人次、成人学历教育34万人次，培训总人次比2009年的397万人次增长19.75%[①]。2015年，针对中高级导游的“云课堂”研修项目全面启

① 国家旅游局人事司：《2015年全国旅游教育培训统计》，国家旅游局网站，2016年6月7日，http://www.cnta.gov.cn/zdgz/lyrc/201606/t20160607_773436.shtml。

动，组织开展了第四批“名导进课堂”师资选拔工作，共有120名导游和专业教师入选。

（五）旅游人才工作制度化、规范化水平显著提高

《中国旅游业“十二五”人才发展规划》颁布后，先后20个省（区、市）出台了本地旅游人才“十二五”规划或中长期旅游人才发展规划，其他省份也都制定了专项人才规划、培训规划或旅游人才队伍建设政策性文件，将旅游人才工作纳入政府人才工作统筹。针对省级旅游行政管理部门的调查问卷显示，56%的被调研部门认为，《中国旅游业“十二五”人才发展规划》颁布后旅游人才工作力度显著加大，近90%的被调研部门认为，《中国旅游业“十二五”人才发展规划》实施总体成效显著。为提升旅游人才工作制度化、规范化水平，绝大多数省级旅游行政主管部门均设置了旅游人才工作有关职能处室，以规划为指导，有计划地、系统地组织开展行业人才工作。据统计，60%以上的省份建立了全省旅游人才工作网络体系，对下级旅游部门分级、分层、分类开展人才工作业务指导；30%以上的省份每年专门出台有关培训的计划指导性文件，普遍利用网络组织开展远程培训和在线学习，开展培训基地、师资队伍建设。此外，旅游人才工作经费投入不断加大，2013年启动了“旅游业青年专家培养计划”，迄今共有三批次174人入选；2015年启动了“国家万名旅游英才计划”，计划在三年内分批遴选、培养1万余名旅游相关专业的教师、学生以及旅游企业拔尖骨干管理人才和高级技术技能人才，多元化的旅游人才投入机制正逐步建立。

二　当前我国旅游人才工作及人才队伍建设存在的主要问题

（一）旅游人才队伍建设相对滞后

1. 人才数量方面

当前我国旅游行业从业人员的递增速度滞后于旅游行业的发展速度，总体供需矛盾日益加重。高端应用型旅游人才、复合型旅游人才、国际化旅游人

才、新兴旅游人才供小于求，一些地区的旅游人才甚至呈现两极短缺现象，一线服务人员长期供给不足。目前，急需紧缺人才包括产业领军型人才、高层次创新型人才、应用技能型人才、新兴旅游业态专业人才等。

2. 人才结构方面

从参与职称和技能评级的人员来看，高职称、高技能的人才所占比例仍偏低。据国家旅游局组织开展的全国旅游人才资源抽样调查数据，截至 2014 年底，约 70% 的旅游服务人员的技能等级为初级，其中，导游队伍中约 80% 的为初级，旅游团队领队中约 85% 的为初级。旅游从业人员总体年龄结构偏年轻，实践经验不足。据国家旅游局组织开展的全国旅游人才资源抽样调查数据，截至 2014 年底，旅游服务人员中 35 岁以下的占 70%，30 岁以下的占 50% 以上，年轻化特点十分明显。其中，导游队伍中 35 岁以下的占 82%，30 岁以下的超过 60%；旅游团队领队中 35 岁以下的占 75%；旅行社计调人员中 35 岁以下的占 93%；讲解员中 35 岁以下的占 87%①。调研同时发现，年轻人不愿意进入外语导游队伍，导致外语导游老龄化严重，外语导游和小语种导游人才严重匮乏。旅游人才集中在宾馆饭店和旅行社，占全行业人才总数的近九成。

3. 人才素质方面

旅游行业从业人员的职业化和专业化水平整体偏低。

一是旅游行业从业人员大多专业不对口，旅游行政管理部门中专业人才较少，大部分管理人员是“半路出家”，不具备旅游专业相关知识，军转干部所占比例较高。据国家旅游局组织开展的全国旅游人才资源抽样调查数据，截至 2014 年底，单位负责人和旅游服务人员中具有旅游类专业背景的人员仅占 25%，行政办公/办事人员中具有旅游类专业背景的人员不足 20%，旅游企业董事长、总经理和部门经理中具有旅游类专业背景的不足 30%，旅游饭店相关职业和旅游景区（点）服务人员中具有旅游类专业背景的不足 20%，讲解员和旅游咨询员中具有旅游类专业背景的约占 40%，导游队伍中具有旅游类专业背景的比例最高，达到 65% 以上。②

---

① 数据由国家旅游局提供。

② 数据由国家旅游局提供。

二是从业人员接受专业教育培训少。旅游业行业准入门槛较低，从业人员学历水平偏低，旅游专业人员占比低，特别是乡村旅游的从业人员，多数为农村居民就近转化而来。据国家旅游局组织开展的全国旅游人才资源抽样调查数据，截至2014年底，旅游服务人员中，初中及以下学历的约占30%，高中学历的约占40%，大专学历的约占25%，本科以上学历的仅占5%左右。导游队伍中本科学历的约占20%；领队中本科学历的约占30%；讲解员中大专学历的约占60%。相对而言，国家旅游行政管理职能部门及其工作机构负责人整体学历水平最高，本科以上学历的约占60%。但在旅游企业董事长和部门经理中，高中及以下学历的仍超过20%。①

4. 人才流动方面

旅游业的工资待遇低，社会保障制度不完善，普遍存在工作时间长、工作强度大等现象，加之旅游行业从业人员在人们心目中的社会地位不高，大量的旅游业人才跳槽寻求更好的发展。其中，导游、讲解员、酒店服务人员流动率非常高。据国家旅游局组织开展的全国旅游人才资源抽样调查数据，截至2014年底，70%以上的旅游服务人员在目前所在单位工作年限不足5年，约40%的人员在现单位工作年限不足2年，在现单位工作达到10年以上的人员不足10%；导游和旅游团队领队中，在目前所在单位工作2年以下的人员约占25%，工作3~5年的人员约占40%，工作6~10年的人员略高于20%②。旅游人才的高流动性增加了组织管理的成本和难度，制约了旅游人才队伍的建设和发展。

（二）旅游人才管理体制机制障碍尚存

1. 旅游行业人才管理体制机制改革尚未全部到位

第一，部分事业型景区、国有企业管理体制僵化，灵活的企业运营机制尚未建立，人才进入和退出渠道受限，人才选拔、使用、评价和激励制度落后，这些都严重影响了旅游人才的发展。第二，旅游人才管理手段不足。旅游产业是综合性产业，涉及林业（园林）、文物、文化等多个管理部门，在当前部门管理体制下，旅游管理部门的行业管理和行政约束能力都比较弱，没有形成有

① 数据由国家旅游局提供。

② 数据由国家旅游局提供。

力的人才工作抓手，不利于对旅游人才的宏观调控管理。第三，导游管理体制不合理。导游与旅行社之间有业务依存关系，但又存在利益冲突。旅游管理部门只控制导游进入，但对用人单位的导游管理监管不足，导致导游管理问题突出。第四，兼职导游和自由职业导游的日常管理与服务问题尚未清晰，目前的导游服务管理中心和导游协会，尚未真正发挥行业管理角色的作用。

2. 旅游人才培训开发机制不完善

第一，国家、省、市和县多级培训中心、各旅游院校、企业、协会以及培训机构，各自为政，培训工作体系缺乏联动整合。第二，管理部门对培训投入不重视，用人单位不舍得投入，“重使用、轻培养”的情况普遍存在。第三，人才培训与使用、考核、选拔的衔接较差，培训的激励效果甚微。第四，培训设计不合理，从参与调研各方反映的情况来看，旅游培训工作仍落后于旅游业发展需求。

3. 旅游人才评价机制不合理

旅游行业职业资格制度和职称体系不完善，人才职业发展的通道缺少，参与职业资格评定的积极性不高。旅游行业人才职业声誉不佳，社会公众对服务行业仍有一定的歧视，严重影响旅游行业的人才流入。

4. 人才激励机制不健全

导游薪酬体系构成不合理，非专职导游享受不到基本工资和“五险一金”，“回佣”和小费等隐性收入则名不正言不顺，缺少稳定的生活保障。旅游从业人员的整体薪酬水平偏低，且职业资格和各类大赛的成绩与薪酬关联度低，激励效果不佳。

（三）旅游人才工作基础相对薄弱

1. 旅游人力资源市场不健全

国家尚未形成统一的旅游人力资源市场管理标准，相关的政策法规也不完善，人力资源配置和保障的市场化机制不成熟，综合化、智慧化的人力资源管理平台和市场配置平台缺乏，人事代理、择业咨询、就业指导、执业资质认证等方面的社会服务功能弱。

2. 职业化管理水平较低

旅游职业分类体系还不完善，旅游业人才的职业标准不够规范，职业技能鉴定的监管体系不健全，职业资格证书公信力有待提高。

（四）旅游院校人才培养问题突出

1. 旅游院校人才培养不接地气

旅游学科、专业和课程设置不合理，旅游教材内容陈旧，不能满足旅游业转型升级、旅游新业态发展对于高素质、高技能的精英人才的需求。本科人才培养定位不明确，导致旅游专业本科生边缘化的倾向。

2. 旅游专业学生源头流失和中途流失率较高

旅游专业属于弱势学科，且第一志愿报考率偏低，招生后转专业的较多。旅游院校学生初次就业率低，稳定就业率低，二次就业现象普遍，且行业内就业少，尤其是本科生层次进入者不足。

3. 旅游师资队伍建设滞后

旅游研究领域缺乏领军人物和顶尖人才，旅游类专业在人才引进、培养等方面缺少话语权，难以从国外引进优秀人才，严重缺乏“双师型”高层次旅游专业人才，对教师评价重理论、轻实践，做应用型研究的教师地位不高。

4. 校企合作培养机制不健全

学校人才培养与企业内部培养之间尚未形成完整的培养链，仍然以传统的实践模式为主。实习管理滞后，现行顶岗实习方式使很多学生在实习期间产生逃离本行业的想法。

三　地方旅游人才工作与人才队伍建设的先行探索

针对当前旅游人才管理中存在的问题，各地旅游管理部门、企业、学校、社会组织等开展了一系列的积极探索，为推动旅游人才发展提供了经验借鉴。

（一）旅游行业主管部门在人才工作中的实践探索

四川省旅游局在人才培养方面建立起分级、分类的旅游人才培养机制；制订三年国际化旅游人才培养计划和全省高端管理人才的境外培训计划；同时联合省委组织部开展全省旅游副职选拔工作，组织高级人才到景区顶岗学习。眉山市旅游委则鼓励旅游主管部门和企事业单位刚柔并举引进急需高层次人才和智力，对引进旅游体制内单位的人才给予一定的资金奖励；同时每年以市委、

市政府的名义，评选、表彰、奖励一批对旅游发展有重要贡献的单位和人员。

杭州市旅游委首先将旅游人才队伍建设工作的范围扩大、层次提升，将城市休闲主要的十大特色潜力行业一并纳入旅游行业人才队伍建设和发展的范围；制订旅游专项人才发展规划，同时努力将旅游行业人才队伍建设纳入上级的人才发展规划。其次，强化政策激励，将旅游行业“高级导游员”“杭州市金牌导游员”“杭州市金牌讲解员”纳入《杭州市高层次人才分类目录》。再次，打造全国旅游培训机构协作联盟，整合培训资源，创新培训管理方式，注重抓好两头，即把培养“国际化高端旅游人才”和“基于国际标准的一线服务人才”作为培训的重点。实行分类培训，强化网络培训，加强服务企业。又次，成立了“杭州市旅游行业教育培训指导委员会”，作为“政企产学”复合组织推进人才建设。最后，打造杭州市“金牌导游大赛”和“金牌讲解员大赛”等赛事，对成绩优秀的选手授予“杭州市技术能手”和“杭州市青年岗位能手”称号。

湖州市旅游委针对旅游企业总经理、乡村旅游总经理、“金牌导游”、优秀营销员、服务明星实施了“五个一百”领军后备人才培养工程。改革导游年审考核制度，加强专业技能和诚信服务考核，建立导游退出机制。建立导游访查制度，实施导游星级管理，实行导游服务费与星级等级挂钩的激励机制，并将导游星级管理制度推行情况作为旅行社复评及评优创品依据。落实导游人员社会保险制度和旅游客运车辆“导游专座”，实行导游人才特殊津贴制度，并开展导游劳动权益保障专项检查。

广州市旅游局设立旅游行业培训指导处，用财政经费保障旅游人才培训投入。同时将文化旅游类人才需求纳入全市战略性主导产业紧缺人才开发项目实施办法，享受相应政策优惠和财政资金扶持。此外，探索实施名导进课堂、金牌导游与中高级导游志愿讲解服务机制，并且在一些政府活动中，优推金牌导游与中高级导游。

（二）旅游业行业企业在人才开发中的实践探索

1. 人才培养方面

成都芭富丽酒店与银杏酒店管理学院（省旅游局旅游饭店研究基地）实行战略合作，模拟瑞士洛桑旅游酒店管理学院“前店后校”教学模式，与学校共同实施翻转式教学，承担“第二课堂”教学责任，全面提高学生的酒店专业技能。杭州宋城集团建立全国首批旅游人才培养示范基地，进行内部员工培养和华东地区旅游行业人才的培养，以减少企业人才外招的压力。

2. 校企合作方面

南沙大酒店与学校合作开发专业课程教材，与广东省旅游职业技术学校以及中山大学新华学院策划共建实训平台。实习管理方面，探索对顶岗实习过程进行控制，将培训内容要点化，与专业课程无缝对接；同时为实习生建立电子培训档案，并建立实习生见习主管选拔机制。教师培养方面，开设旅游专业骨干教师的培训班，采用“双渗透”模式共育“双师型”教师。创新创业方面，探索“创业型实训室”模式，将实习平台变为创业平台模式；针对本科生独创“研究型实习”模式，为实习生提供研究型课题。

3. 人才评价激励方面

广之旅国际旅行社制定导游分级管理制度，导游被分为见习导游、初级导游、中级导游、高级导游、金牌导游、鼎级金牌导游六级，同时将导游级别与工资挂钩。在导游评价方面，对金牌导游和鼎级金牌导游的评选，除考察带团质量和培训任务外，增加传帮带方面的考察。杭州宋城集团实施有竞争力的薪酬福利政策，对核心技术人员、管理骨干实施股权激励，内部成立华路基金，关爱需要帮助的员工，凝聚人心。

（三）旅游高等院校在人才培养中的实践探索

吉林大学珠海学院旅游管理系根据省市区域旅游产业发展与人才需求设置专业，在旅游管理专业本科类院校中实施“2+1+1”三段式人才培养模式。采取校企合作方式共建师资队伍，通过“教学+实习+就业”实现理论教学与实践教学相融合。

浙江国际海运职业技术学院旅游管理专业采用“订单式”人才培养模式，与酒店共同制定人才培养方案，签订学生培养订单，双方在课程设置、师资、实训、教学设备等办学条件方面进行深度校企合作，共同参与人才培养全过程的管理。

上海师范大学旅游学院通过建设校园智慧旅游体验示范区、建设校内接待综合实训中心、实施校区（海湾旅游度假区）深度合作三种方式，带动校企合作育人机制的创新。

上海工程技术大学管理学院旅游管理（邮轮经济）本科专业人才的培养，主动对接邮轮产业发展，制订“厚基础、六模块、双教学、双实习”的培养方案，积极开展政、产、学、研、用“五位一体”的教学实践，加快培养国际邮轮紧缺人才。

郑州大学旅游学院创新合作模式，与省旅游局合作组建了郑州大学河南旅游发展研究院，促进双方在人才培养、科学研究和决策咨询等方面开展务实性合作。

其他一些院校的做法，如中州大学自己成立旅行社，让学生负责旅行社的管理；陕西师范大学旅游与环境学院开展自主招生，招收有潜质的学生；黄河水利职业技术学院严格推行“教师下企业”锻炼制度，重视教师实践技能的培养和更新。

四　加强我国旅游人才工作和人才队伍建设的对策建议

（一）完善旅游行政部门人才管理工作

1. 完善旅游人才工作机制

转变旅游人才工作方式，建立与产业融合相适应的协同行政的旅游人才工作体制。明确国家局、省局（委）、市县等管理部门的责任，下放、转移人才培训工作权限，形成高级人才国家抓、中级人才省级抓、初级人才市县抓的人才工作分工。建议国家局每年召开全国旅游人才工作会议，将旅游人才队伍建设工作常态化、规范化、制度化，逐步形成“统一领导、分级管理、统筹协调”的旅游人才工作机制。

2. 统筹协调相关人才政策

新的政策出台前，与相关部门进行沟通协调可以提高不同政策之间的衔接性和操作性。旅游行政部门要积极与人力资源和社会保障部合作，探索导游的社会化评价，推进新的旅游职业鉴定标准。完善旅游法的相关实施细则和配套制度措施，加大法律执行和监督力度，有效保障导游的合法权益。进一步完善旅游法中对“有必要的经营管理人员和导游”的界定，积极推动“旅游服务费”的指导定价。建议允许优秀社会导游（兼职导游和自由职业导游）取得领队证。

3. 强化旅游行政管理人才队伍建设

完善从旅游企事业单位和社会组织公开选拔人才的制度，建立多元化人才进入渠道。拓宽旅游行政管理人才交流和培养渠道，探索推出旅游行政管理人才横向、纵向挂职锻炼和跨地区、跨部门挂职锻炼的制度。规范旅游行政管理人才的在职教育，建立旅游执法人员的学习机制。加强重点旅游城镇、乡村基层领导的能力培养，着力提高其旅游服务质量监管能力和公共服务能力。

（二）完善旅游人才队伍建设基础工作

1. 积极推动旅游人才科学分类

合理界定旅游相关的人才概念，规范各类人才统一口径，探索对新业态领域人才的划分。建议细分旅游职业岗位，围绕新增的旅游团队领队、旅行社计调、旅游咨询员、休闲农业服务业等职业，建立旅游职业标准。

2. 推进旅游人才信息化建设

建立旅游人才网，建设旅游人才工作网络平台，将旅游人力资源统计、培训和职业教育统计常态化。按照区域、层次、专业等设立分类人才数据库，对重点群体开展深入研究。强化旅游人才动态监测与需求预警，建立全国统一的人才供需信息平台和旅游人才资源预测体系，定期对旅游业人才开展实地调研，国家组织牵头定期发布旅游人才发展报告和旅游人才供求报告。

3. 健全完善旅游人力资源市场

在国家层面，推动出台统一的旅游人力资源市场管理标准、市场规范；在省市层面设立专业化的旅游人才市场。完善旅游人才派遣、测评、薪酬设计、管理咨询、执业资质认证等方面的社会服务功能。积极推动旅游人才职业标准不断完善，加强对职业技能鉴定的监管。加大对旅游企业的监管力度，维护就业人员合法权益。

（三）提升行业协会人才管理水平

1. 加强行业协会自我监管

扶持导游协会、旅行社职业经理人协会、景区协会等行业/专业组织的组建和发展。建立对旅行社的量化审核标准，设立导游信用档案，探索引入第三方监管评价体系。建立失信惩戒机制，制定旅游企业、导游黑名单公布制度，不定期开展旅游市场检查。加强对旅游企业教育培训的监督检查和考核机制，督促落实旅游法、劳动法、劳动合同法，保护导游的基本权益。鼓励开展“最美导游”“感动游客人物”“低碳绿色旅游大使”等评选活动，并加大旅游人才的评选与宣传力度，弘扬行业正气。

2. 建立行业互惠用工同盟

加强同行业人力资源部门的专业交流学习，定期开展行业薪酬信息调查和分享。通过建立人力资源网络服务平台、地区同行业从业人员库、员工诚信查询系统、雇主推荐信制度等办法，促进同行业间人才信息共享。建议取消挂靠在其他旅行社的领队不能为本旅行社所用的政策，建立同地区人才共用机制，合理调配领队人员。

3. 提高旅游行业人才准入门槛

适当提高导游、领队的准入门槛，完善行业职业资格认证和岗位持证上岗制度，加强岗前培训。推动在景区、酒店及旅行社的评星评级、检查评比、成立条件中设置一定的人才标准，督促用人单位重视旅游人才的培养开发。2015年的《加快发展现代旅游职业教育的指导意见》提出，将旅游企业内部培训和参与职业教育情况也纳入旅游企业等级、星级评价指标体系，并作为行业内各级各类评选表彰的重要参考条件。

4. 推动导游管理体制改革

第一，探索导游管理模式。充分发挥行业组织作用，转移行政管理部门相关职能。继续开展导游管理创新试点，探索在导游准入、退出、评价、保障与激励、行业组织建设、培训制度建设等方面的改革经验。鼓励大型旅游企业开展旅游、领队管理体制改革试点。第二，改革导游年审制度，建议调整为3年换证培训及考核，对参加全省或全国导游大赛并获得名次的优秀导游实行终身免检。换证培训可由各地级市旅游行政管理部门组织实施，可采用路考形式、现场授课与网络学习相结合等多种培训方式。第三，探索导游证分类分级管理，将从业人员与非从业人员分离，解决现有导游管理中无退出机制的问题。

（四）加大旅游引才引智工作力度

努力营造宽松和谐的国际化人才环境。完善海外旅游人才来华服务的

“绿色通道”，鼓励旅游企业、院校引进具有国际视野的高层次旅游人才。大力发展旅游智库，鼓励各地、各级管理部门灵活采取多种措施，柔性集聚旅游高端管理人才，为地方旅游发展出谋划策。鼓励有实力的旅游企业与高校进行合作或独自建立研究所、博士站，组建旅游企业的外脑、专家库。推动实行柔性引才政策，鼓励退休老专家、老教授进入导游、讲解员等队伍，建立相对稳定的兼职旅游人才队伍和志愿者队伍。探索出台措施，鼓励通过导游业务培训和考核的专业人才以兼职导游形式进入导游队伍。

（五）加强旅游人才培训工作

1. 健全旅游人才培训体制机制

树立大旅游教育的观念，整合各类资源，建立层次分明、定位清晰、各有分工、互有补充的分级分类培训体系。由国家局、省局抓培训向国家、省、市、县联动转变，由旅游部门抓培训向与其他行业合作开展培训转变，由专题培训向系统培训转变。总结“全国旅游培训机构协作联盟”的运作经验，创新培训管理方式，真正形成市场化、职业化的培训体系。建立由政府、院校、企业、协会共同参与的人才培养机制，探索实现旅游企业中高级管理人员岗位培训的市场化。

2. 加大旅游人才培训投入

探索从旅游发展资金中提取一定额度作为旅游人才发展专项基金。鼓励大型旅游集团、旅游院校、社会团队等建立旅游人才创业创新专项基金，形成多元化、多层次的旅游人才投入体系。鼓励旅游企业开设专门账户，设立旅游人才教育基金。通过税收减免，按照企业所得税、员工个人所得税的一定比例设立教育基金。

3. 分类建设旅游人才培训基地

根据每个区域旅游业的优势和经验，分类指导，建立专业化基地，国家旅游局据此拨付相关培训费用。加大与境外教育培训机构、旅游组织的合作力度，积极争取国际旅游组织在境内设立旅游教育培训基地。

4. 创新旅游人才培训方式

探索利用互联网和新技术开展培训，鼓励政府、企业、高校、研究机构进行在线教育合作，完善网络教育平台。推进国家局和区域培训基地之间在线教

育课程的共享。拓展创新人才培养工作抓手，鼓励开展范围更广、层次多元、形式多样的比赛和评选活动。加大各级各类大赛创新要素比重，探索引入旅游创业类比赛项目。

（六）健全高校旅游人才培养机制

1. 完善旅游职业教育学历体系

第一，完善旅游职业教育层次、类型，构建开放融通的现代旅游职业教育学历体系。大力发展旅游管理硕士（MTA）和旅游相关专业学位教育。支持将职业教育延伸到本科、硕士层次，完善高端旅游人才学历教育体系，允许有条件的高职院校先行先试。鼓励旅游本科和专业硕士点布局向地方院校倾斜。集中建设一批以中职“七金联合体”、高职“五星联盟”、旅游本科优质“十校”为代表的旅游院校，推动旅游人才培养的创新。

第二，完善旅游专业学科设置。积极向国家学位办申请在“管理学”大类下设立“旅游管理”一级学科门类。根据旅游业动态发展，改革、完善旅游院校专业课程体系和教学内容。支持有条件的院校开办新专业、创设有特色的专业。积极促进旅游学科与管理学科及其他学科的沟通交流，增进学科间的相互借鉴与融合。

第三，改革人才培养模式。改革教学管理体制和组织模式，支持探索弹性学制、学分制和选修制。大力推广以“订单班”为代表的旅游职业教育新模式，开展“现代学徒制”培养试点和“多学期、分段式”“淡旺季工学交替”等实习模式。实践性较强的专业课可采用混合型教学模式，即由学校专业教师与企业管理人员共同完成。深化校企合作培养模式，与行业协会进行深度合作，建立以行业为主导、以就业为导向、以用人单位满意度为主要依据的旅游职业教育评价制度和人才培养质量评估体系。

2. 加强旅游师资队伍培养

加大国家旅游业青年专家培养项目的规模和力度，并在评价体系中提高对应用型研究人员的关注。打造“双师型”人才队伍，建立旅游专业教师到旅游管理部门、旅游类企业挂职锻炼和交流的制度。拓宽旅游职业教育师资来源渠道，实行开放式教师培养体制。研究企业兼职教师保障政策和职业发展政策，研究探索企业兼职教师职称制度，贯通校企职业发展通道。支持旅游职业院校师生到国外交流、进修、留学，加强国际教育交流与合作。建立、完善“师资库”，继续开展“专家进课堂”等活动。

（七）完善旅游人才评价机制

1. 推动旅游职业标准的建立

加快出台旅游行业的职业技术标准，并根据旅游新业态、新发展，更新职业标准。建立以职业和市场为导向的旅游人才分级分类评定标准，构建人才发展通道。研究出台导游星级评定管理办法，推动导游服务标准化建设。

2. 建立专业化人才评价机制

逐步在旅游行业推行职业资格认证制度，完善旅游从业资格考试和准入制度。健全职业技能鉴定体系，并将鉴定职能逐步向行业协会转移。建立以职业能力和工作业绩为导向，注重职业道德和职业知识水平的社会化旅游人才评价新体系。改进旅游人才评价方式，积极开发适应不同类型旅游人才的测评技术。引进国际旅游行业认证体系，促进旅游人才开发与国际接轨。

3. 创新导游评价管理模式

基于“互联网＋”建立集导游信息制作、发布、评价于一体的导游管理平台，建立导游监督管理机制，鼓励与支持行业协会、游客参与监督导游服务质量，形成良好互动机制。

（八）加强旅游人才激励保障机制

1. 建立符合行业特点的薪酬制度

根据旅游行业特点完善薪酬结构，形成多样化、个性化的激励模式。建议全国出台统一的、相对有指导性的导游价格机制，规范落实导游人员的社会保险。建立健全以职业技能、专业素质、游客评价、从业贡献为主要测评内容的导游绩效奖励制度。探索建立基于游客自愿支付的、对导游优质服务的奖励机制，探索推行小费和佣金制度。

2. 建立旅游人才奖励制度

加大旅游人才奖励力度，公开表彰奖励对旅游业发展做出突出贡献的个体和组织。鼓励组织旅游行业各级各类职业技能大赛、交流评选活动，对其中表现优异的人才给予一定的补贴和荣誉性奖励。将表现好的旅游业人才吸纳到党团组织和政协中去，邀请优秀旅游人才参与行业内重要会议和政策意见征询，提高旅游从业者的社会地位。

参考文献

国家旅游局、教育部：《加快发展现代旅游职业教育的指导意见》（旅发〔2015〕241 号）。

李金早：《开辟新常态下中国旅游业发展的新天地——2015 年全国旅游工作会议工作报告》，国家旅游局官网，2015 年 1 月 26 日，http：//www. cnta. gov. cn/jgjj/jldjs/ljz/ljz_ zyjh/201506/t20150611_ 29021. shtml。

石培华、李成军：《我国旅游人才队伍建设的问题与对策思考》，《旅游科学》2011 年第 1 期。

魏洪涛：《优化体制机制加强人才队伍建设》，《中国旅游报》2014 年 9 月 5 日。

杨勇、马紫蕊：《“互联网 +”下我国导游体制创新与政策保障刍议》，《旅游学刊》2015 年第 8 期。

《导游职业生存现状调查：钱少人累受气挨骂》，中国新闻网，http：//www. chinanews. com/life/2015/10 – 04/7554728. shtml。

人才工作篇

Reports on Talent Management

B.6
“十三五”规划关于人才优先发展战略布局的情况分析

刘洋 刘霞*

摘　要：　进入“十三五”时期，《中华人民共和国国民经济和社会发展第十三个五年规划纲要》（简称“十三五”规划）确立了人才优先发展的战略布局，人力资源和社会保障事业发展“十三五”规划纲要（简称人社“十三五”规划）明确了深入实施人才优先发展战略的具体任务，各地以人才优先发展战略为统领，以“十三五”规划和人社“十三五”规划为载体，以推进人才发展体制改革和政策创新、形成具有国际竞争力的人才制度优势为重点，进行了人才发展的战略谋划。本报告旨在以国家和地方“十三五”规划、人社“十三五”规划为文本，阐释“十三五”时期国家及地方层面实施人才

* 刘洋，中国人事科学研究院人才战略与政策研究室助理研究员；刘霞，中国人事科学研究院人才战略与政策研究室主任，研究员。

优先发展战略的重要举措，分析国家及地方规划“十三五”人才优先发展的趋势和方向。

关键词：“十三五”规划　人才发展　战略布局

一　引言

2010年，《国家中长期人才发展规划纲要（2010～2020年）》明确指出：人才在当今世界大发展、大变革、大调整时期发挥着重要作用，只有加快人才发展，才能在激烈的国际竞争中赢得重大战略选择的主动权；只有加快形成我国人才竞争比较优势，才能逐步实现我国由人力资源大国向人力资源强国的转变。党的十八大报告要求加快确立人才优先发展战略布局。“十三五”规划明确提出深入实施人才优先发展战略①，确立了新时期人才工作的总方针和总要求。

“十二五”开局之时，从中央到地方基本上都制定和发布了2010～2020年中长期人才发展规划，因此，进入“十三五”时期，有关人才发展的新要求、新举措基本上体现在国家及地方“十三五”规划和人社“十三五”规划中，而不是通过人才发展专项规划的形式出台。因此，本报告是以国家和地方“十三五”规划及人社“十三五”规划为文本进行分析。

二　“十三五”规划中人才优先发展的战略举措

（一）国家“十三五”规划中人才优先发展的重要举措

国家“十三五”规划提出实施人才优先发展战略，推进人才发展体制改革和政策创新，形成具有国际竞争力的人才制度优势。具体从三个方面部署了人才优先发展工作：一是建设规模庞大的人才队伍；二是促进人才优化配置；三是营造良好的人才发展环境。规划强调，应推动人才结构优化发展，突出“高精尖

① 《中华人民共和国国民经济和社会发展第十三个五年规划纲要》，2016。

缺”导向，发现、培养、集聚战略科学家、科技领军人才、企业家人才、高技能人才队伍；优化人力资本配置，清除人才流动障碍，提高社会横向和纵向流动性。规划确定，“十三五”时期，国家将实施六大人才工程，即创新人才推进计划、青年英才开发计划、企业经营管理人才素质提升工程、“千人计划”和“万人计划”提升工程、专业技术人才知识更新工程和国家高技能人才振兴计划。

（二）地方“十三五”规划中人才优先发展的重要举措

地方层面的“十三五”规划主要以人才工程和人才计划为抓手，以人才管理改革试验区为试点推进人才优先发展战略的实施。

1. 人才工程和人才计划

从全国来看，31个省（区、市）在“十三五”规划中，都对人才优先发展做了战略部署；通过实施人才工程和人才计划，对创新人才培养模式，创新人才吸引、激励、评价、服务机制等做了任务安排。

（1）华北地区人才工程和人才计划

华北2省、2市、1区的人才工程和人才计划主要集中在高层次人才层面。北京主要依托中关村人才改革示范区，实施“海聚工程”和“高创计划”；天津的高层次人才工程和人才计划，主要依托“131”创新型人才培养工程；河北的高层次人才工程和人才计划，主要依托“三三三人才工程”；山西除依托国家层面的“千人计划”“万人计划”“百人计划”外，充分发挥“三晋学者计划”和“科技创新团队建设”对高层次人才培养的重要作用；内蒙古自治区主要依托“千百人计划”“草原英才”“高技能人才振兴计划”等。华北地区五省（区、市）“十三五”规划谋划的人才工程和人才计划如表1所示。

表1　华北地区人才工程和人才计划一览

省(区、市)	人才工程和人才计划
北　京	“海聚工程”“高创计划”
天　津	“千人计划”,“长江学者”,“千企万人”,“131”创新型人才培养工程,博士后创新人才培养计划,百万技能人才培训福利计划
河　北	“巨人计划”“科技英才‘双百双千’推进工程”“燕赵学者计划”“三三三人才工程”“百人计划”“青年人才拔尖计划”“杰出青年科学基金计划”
山　西	“千人计划”“万人计划”“百人计划”“三晋学者计划”“科技创新团队建设”
内蒙古	“千百人计划”“草原英才”“高技能人才振兴计划”

(2) 东北地区人才工程和人才计划

辽宁"十三五"规划主要按照人才类别，设计人才工程和人才计划，包括高端人才引进工程、产业振兴人才集聚工程、留学人员回辽支持计划等。吉林的"十三五"规划着重强调实施"长白山学者""长白山技能名师""高层次人才创业基地支持计划"。黑龙江"十三五"规划则强调继续实施"龙江英才"计划。东北三省"十三五"规划提出的人才工程和人才计划如表2所示。

表2　东北地区人才工程和人才计划一览

省(区、市)	人才工程和人才计划
辽　宁	百千万人才工程，博士后集聚工程，专业技术人才知识更新工程，高端人才引进工程，产业振兴人才集聚工程，企业经营管理人才创新素质提升工程，留学人员回辽支持计划，万名专家服务基层行动计划，大中专学生和复员转业军人创业创新百千万工程，技能人才培养模式创新工程，引进海外研发团队工程，实施国家外专千人计划，实施省外专百人计划，推进重点项目专家引进计划
吉　林	"千人计划""长白山学者""长白山技能名师""长白山中小学教学名师""高层次人才创业基地支持计划"
黑龙江	"龙江英才"计划

(3) 华东地区人才工程和人才计划

在华东地区的"十三五"规划中，实施的人才工程和人才计划，除了体现吸引、培养高层次人才外，还关注了各个领域的人才培养工程以及产业发展所需的人才。例如，江苏的苏北科技与人才支撑工程，浙江的"151"各领域高层次人才培养工程，安徽的江淮英才工程和"115"产业创新团队建设工程，福建的闽台人才交流合作工程，江西的"赣鄱英才555工程"和山东的泰山产业领军人才工程等。华东地区6省、1市"十三五"规划提出的人才工程和计划如表3所示。

表3　华东地区人才工程和人才计划一览

省(区、市)	人才工程和人才计划
上　海	加强全市重大人才计划设计*
江　苏	苏北科技与人才支撑工程，"十项海内外引才行动计划"，实施重点人才工程计划

续表

省(区、市)	人才工程和人才计划
浙　江	“千人计划”“院士智力集聚工程”,推进“151”各领域高层次人才培育工程,名企、名家、名品“三名”工程和企业经营管理人才素质提升计划,“百校千企”和“千企千师”培养工程,“325”卫生高层次人才工程,“百千万”医学人才服务基层计划和住院医师规范化培训示范提升计划,“五个一批”人才工程和文化名家造就计划
安　徽	“百人计划”,“外专百人计划”,创新创业领军人才特殊支持计划,江淮英才工程和卓越人才培养工程,“115”产业创新团队建设工程,高层次科技人才团队项目,省属企业538英才选拔培养项目,优秀企业家培育项目(分类制订“领军型企业家”、“成长型知名企业家”和“创业型企业家”等专项培养计划)
福　建	高端人才聚集工程,人才兴企工程,闽台人才交流合作工程,自贸试验区人才建设工程
江　西	“赣鄱英才555工程”,院士后备人才培养计划,百千万人才工程,科学家工作室计划,院士后备人才培养计划,主要学科学术和技术带头人培养计划,青年科学家培养计划和优势科技创新团队等各类创新人才计划,卫生人才“125”工程,科技创新领军人才队伍建设工程,优秀企业家队伍建设工程,优秀高层次人才培养引进工程,高技能人才队伍建设工程
山　东	泰山学者工程,攀登计划,特聘专家计划和青年专家计划,泰山学者优势特色学科人才团队支持计划,泰山产业领军人才工程

注：＊上海“十三五”规划中未提到人才工程与人才计划的具体名称，但目前上海仍在推进的人才计划有：中央和本市“千人计划”、“海外高层次人才集聚工程”、“雏鹰归巢”计划、“外专千人计划”、“浦江人才计划”等。

(4) 华中地区人才工程和人才计划

华中地区三个省的“十三五”规划体现了对技术类人才和技能型人才的高度重视。例如，河南的全民技能振兴工程；湖北的“123”企业家培育计划和“金蓝领”开发工程；湖南则除了科学家和科技领军人才培养工程、海外高层次人才百人计划外，还有专业技术人才培养工程、青年人才培养计划和湖湘青年英才支持计划等。华中地区三省的“十三五”规划提出的人才工程和人才计划如表4所示。

表4　华中地区人才工程和人才计划一览

省(区、市)	人才工程和人才计划
河　南	全民技能振兴工程,高层次领军人才队伍建设工程,海外高层次人才引智工程
湖　北	千名创新人才计划,万名创业人才计划,引进海外高层次人才百人计划,“123”企业家培育计划,“金蓝领”开发工程,服务业“五个一百”工程,文化人才培养工程“七个一百”项目

续表

省(区、市)	人才工程和人才计划
湖　南	科学家和科技领军人才培养工程,海外高层次人才百人计划,海外高层次创新创业人才及其团队工程,企业家培养工程,专业技术人才培养工程,党政人才培养工程,基层人才培养工程,青年人才培养计划,湖湘青年英才支持计划

(5) 华南地区人才工程和人才计划

华南地区三省区的“十三五”规划对人才工程和人才计划的设置主要体现了华南的地域特色，强调了区域人才的重要性，例如，广东的“珠江人才计划”、广西的“八桂学者”、海南的“515 人才工程”等。华南地区三省区“十三五”规划中提出的人才工程和人才计划如表 5 所示。

表 5　华南地区人才工程和人才计划一览

省(区、市)	人才工程和人才计划
广　东	“珠江人才计划”,“杨帆计划”,广东“特支计划”
广　西	院士后备人选培养,人才小高地提升,博士后培养,八桂学者,特聘专家,北部湾重大人才,高端外国专家,住院医师规范化培训和紧缺卫生专业人才培养工程
海　南	“特贴专家”,“省优专家”,“百千万人才工程”,“515 人才工程”,文化体育领军人才工程

(6) 西南地区人才工程和人才计划

在西南地区 3 省、1 区、1 市的“十三五”规划中，关于人才工程和人才计划的设置主要体现了西部的倾斜政策。例如，重庆的“五大功能区域人才发展”等人才计划；四川的“天府高端引智计划”；贵州的高层次创新人才培养工程；云南的“十百千万”高层次人才培养工程、“云岭产业技术领军人才”计划；西藏的“雪域英才工程”和“西部之光”等。西南地区 3 省、1 区、1 市“十三五”规划中提出的人才工程和人才计划如表 6 所示。

表6　西南地区人才工程和人才计划一览

省(区、市)	人才工程和人才计划
重　庆	“百人计划”“特支计划”“两江学者”“五大功能区域人才发展”等人才计划,“人才强卫”工程
四　川	“千人计划”,“天府高端引智计划”,巴蜀文化名家培养工程
贵　州	高层次创新人才培养工程,实施企业家培养工程,实施党政人才素质提升工程
云　南	“十百千万”高层次人才培养工程,云岭学者,云岭产业技术领军人才,云岭教学名师,云岭名医和云岭文化名家,高层次创新人才培养工程,产业建设人才培养工程,社会事业人才培养工程,青年人才培养工程,人力资源服务产业工程,海外高层次人才引进工程
西　藏	雪域英才工程,“西部之光”,“西藏特培”计划,高校毕业生基层培养计划,专业技术人才知识更新工程,现代农业人才支撑计划,高素质教育人才培养工程,全民健康卫生人才保障工程,干部科学发展主题培训行动计划,文化名家暨“五个一批”人才培养工程,企业经营管理人才素质提升工程,“三区人才”计划,国家高技能人才振兴计划,博士服务团计划,高层次人才引进计划

(7) 西北地区人才工程和人才计划

西北地区3省、2区的“十三五”规划重点关注创新人才的培养及对地域特色人才的支持。例如,陕西的创新人才培养示范基地,甘肃的创新创业青年人才及精准扶贫人才等重大支撑工程及领军人才遴选计划,青海的高端创新人才千人计划及人才“小高地”建设工程,宁夏的青年拔尖人才培养工程及急需紧缺人才引进工程,新疆的“321”科技创新人才工程及现代农业人才支撑计划等。西北地区3省、2区“十三五”规划提出的人才工程和人才计划如表7所示。

表7　西北地区人才工程和人才计划一览

省(区、市)	人才工程和人才计划
陕　西	创新人才培养示范基地*
甘　肃	实施领军人才、高层次人才、创新创业青年人才、精准扶贫人才等重大支撑工程及领军人才遴选计划,高层次人才引领工程,创新创业青年人才培养行动,精准扶贫人才支持计划
青　海	高端创新人才千人计划,人才“小高地”建设工程,党政人才能力提升工程,专业技术人才知识更新工程,技能人才培养创新工程,社会工作人才培养计划

续表

省(区、市)	人才工程和人才计划
宁　夏	领军人才培养工程,急需紧缺人才引进工程,青年拔尖人才培养工程
新　疆	"321"科技创新人才工程,"双五千"人才储备、对口支援兵团人才培养等重大人才工程,以及技能人才振兴、现代农业人才支撑等人才计划

注：＊陕西省"十三五"规划中未提到具体的人才工程和人才计划，但提到推行"带项目引人才"方式，建设一批创新人才培养示范基地，目前，陕西省仍在推进的人才计划有中央"千人计划"和省"百人计划"等。

2. 人才管理改革试验区及人才合作示范区

《国家中长期人才发展规划纲要（2010～2020年）》实施以来，全国各地相继建立人才管理改革试验区作为改革试点，尝试通过人才管理改革试验区集聚高层次创新创业人才。截至"十二五"末，各地人才管理改革试验区建设取得初步成效。因此，在国家"十三五"人才优先发展战略统领下，为了加快推进人才发展体制改革和政策创新，构建有国际竞争力的人才制度优势，吸引和集聚高层次创新创业人才，加快建设人才强国，天津、山西、上海、江苏、安徽、福建、河南、广东、云南、宁夏10省（区、市）"十三五"规划均提出通过建设或推进人才管理改革试验区、人才合作示范区，形成高层次人才引领产业发展的人才集聚效应（见表8）。人才管埋改革试验区、人才合作示范区、人才高地、人才特区等主要从人才管理体制机制创新、人才引进培养、人才服务体系、人才激励模式和人才发展制度等方面开展先行先试，探索建立以市场为导向的创新型人才管理体制机制，形成可复制、可推广的做法和模式，吸引和集聚高层次人才创业创新，促进创新主体、创新要素和创新人才的充分活跃，通过人才引领产业转型发展。

表8　10省（区、市）"十三五"规划中人才管理改革试验区建设任务一览

省(区、市)	人才管理改革试验区
天　津	鼓励"双创特区"建设人才改革试验区
山　西	建立山西科技创新城人才管理改革试验区
上　海	推进"双自"联动建设人才改革试验区
江　苏	加快苏南人才改革试验区建设
安　徽	建设"合芜蚌引进国外人才和智力试验区"

续表

省(区、市)	人才管理改革试验区
福　建	建设闽台人才交流合作示范区
河　南	郑州航空港引智试验区和郑州高新区国家级高层次人才创新创业基地建设
广　东	加快建设全国人才管理综合改革试验区,建设粤港澳人才合作示范区
云　南	探索建立云南"人才特区"、"人才高地"和人才创新实验区
宁　夏	推进银川人才管理改革试验区建设

三　人社"十三五"规划中人才优先发展的重大举措

遵循国家"十三五"规划实施人才优先战略及创新战略的布局，人社部编制出台了人社"十三五"规划。人社"十三五"规划中的人才队伍建设的主要以高层次专业技术人才和高技能人才为重点。

（一）国家人社"十三五"规划中人才优先发展的重大举措

国家人社"十三五"规划明确指出，到"十三五"末，专业技术人才总量将达到7500万人，高、中、初级专业技术人才比例为10∶40∶50。

1. 人才优先发展行动计划

人社"十三五"规划提出了人才优先发展行动计划，通过实施专业技术人才知识更新工程、国家高技能人才振兴计划、万名专家服务基层行动计划、职业培训基础能力提升工程等措施，建立大规模的高素质人才队伍。

2. 人才发展体制机制改革

人社"十三五"规划把深化人才发展体制机制改革作为深入实施人才优先发展战略的首要任务，从创新人才培养模式、创新人才评价机制、职称制度改革、完善高技能人才技术等级认定、修订出台职业技能鉴定规定、健全人才顺畅流动机制、强化人才创新创业激励机制、完善科研人员收入分配政策、建立人才优先发展保障机制等方面提出了深化改革的具体要求，力求从体制机制上破除阻碍人才成长成才的不利因素。

3. 加强专业技术人才队伍建设

着眼于加强专业技术人才队伍建设，人社“十三五”规划强调要以更大的力度推进国家“万人计划”实施，更好地实施国务院政府特殊津贴专家、国家百千万人才工程、万名专家服务基层行动计划等项目，加强高层次创新型人才的培养；要通过完善博士后制度、博士后创新人才支持计划，发现、支持、培养青年人才；要通过加强专业技术人才的继续教育提升人才素质；同时要鼓励区域人才流动和对口支援。

4. 加强技能人才队伍建设

人社“十三五”规划明确提出，通过实施国家高技能人才振兴计划，培养和造就一批高技能领军人才；通过技工院校改革，构建技能型人才培养体系；通过轮训技工院校校长和骨干教师，提升技能型人才培养质量；通过完善职业资格与职业教育学历“双证书”制度，加强技能型人才队伍建设；营造崇尚技能的社会氛围，大力弘扬新时期工匠精神。

（二）地方人社“十三五”规划中人才优先发展的重大举措

1. 北京市人社“十三五”规划

北京市人社“十三五”规划强调，“十三五”时期，高精尖人才发展应更具活力，应从完善人才培养选拔机制、创新人才吸引汇聚机制、改革人才评价发现机制、健全人才激励服务保障机制、推进人才资源共享五个方面，推动人才工作与经济社会发展高度对接和深度融合。具体举措包括以下几点。

在完善人才培养选拔机制方面，深入实施各类人才计划和人才工程。以“两院院士”“北京学者”“特贴专家”“千人计划”“海聚工程”等为重点，加快培育能够突破关键技术、引领学科发展、带动产业转型的高层次、高技能人才队伍。

在创新人才吸引汇聚机制方面，深入实施“千人计划”“海聚工程”“融智北京计划”等引进项目，探索建立重点领域人才需求指数体系及发布机制，强化人才引进岗位申报及第三方论证机制，完善人才引进评价指标体系，研究创新创业人才评价标准。

在改革人才评价发现机制方面，分类推进职称制度改革，构建社会化的人才评价体系，创新完善高端领军人才的职称评价晋升机制。

在健全人才激励服务保障机制方面，完善与人才贡献相适应的激励机制。通过股权、收益分配、政策等多种方式激励人才，为人才提供市场化、社会化的服务。

在推进人才资源共享方面，实施“院市人才服务与合作计划”，深入推进“院士北京行”、重大项目咨询论证等品牌活动、京郊人才扶持开发计划等，协调发展城乡人才，大力推进京津冀人才协同发展机制，优化区域人才配置。

2. 福建省人社“十三五”规划

福建省人社“十三五”规划在实施人才强省战略一章中，从六个方面阐释了建设高素质的人才队伍，这六个方面分别是实施更加开放的人才智力引进政策，加快培养高层次专业技术人才队伍，加强高技能人才队伍建设，创新人才工作体制机制，深化区域人才交流合作，发挥企业用人主体作用。

在实施更加开放的人才智力引进政策方面，福建主要依托自贸试验区创新各类人才政策，以高层次创业创新“百人计划”、留学人员来闽创业启动支持计划、互联网经济人才支持计划等为人才工作的抓手，配以人才居住证制度和留学人员回国服务体系。

在加快培养高层次专业技术人才队伍方面，通过推行省特殊支持高层次人才管理办法，重点支持领军人才、拔尖人才、杰出专业技术人才，加快高层次人才的培养。此外，还通过高层次人才信息共享平台的建设，推动产业技术研究院、留学人员创业园等进行合作。

在加强高技能人才队伍建设方面，创新高技能人才评价机制，完善高技能人才带头制度，建立职业技能等级（岗位）与薪酬紧密挂钩的激励机制。

在创新人才工作体制机制方面，要求充分发挥政府、市场、专业组织、用人单位等多元评价主体作用，健全专业技术人才和技能人才的评价机制。深化职业资格制度改革，完善人才配置机制。

在深化区域人才交流合作方面，以自贸试验区、台商投资区、台湾人才创业园等为载体，加强闽港澳人才的交流与合作。围绕“海丝”核心区建设，加强与“海丝”沿线国家（地区）人才的交流与合作。

在发挥企业用人主体作用方面，强调实施福建省人才兴企促进计划的重要作用，充分发挥企业在人才培养、吸引、使用、投入方面的主体作用。

四 “十三五”规划关于人才优先发展的特点与趋势分析

（一）强化人才支撑，夯实人才优先发展战略

综观国家和各省（区、市）“十三五”规划和人社“十三五”规划的内容，不难看出，在这两个规划中，人才作为战略性资源对经济社会发展的重要支撑作用，均体现在实施人才优先发展的战略布局和路径选择中。从中央到地方，无不强调通过建立人才支撑体系，增强人才支撑能力。而在人才支撑体系构建中，以深化人才体制机制改革为核心，打造具有国际竞争力的人才制度优势；以各类人才计划和人才工程为抓手，努力造就规模宏大、结构合理、素质优良、富有“双创”精神的高素质人才队伍，加快推进人才强国战略，支撑经济转型发展，显然已成为上下共识和行动方向。

（二）深化人才体制机制改革，保障人才优先发展

中共中央于2016年3月印发《关于深化人才发展体制机制改革的意见》，在该意见的指导下，人社“十三五”规划及各省（区、市）的“十三五”规划，都对人才体制机制创新做出了战略部署。人社“十三五”规划强调，需要从人才培养机制、评价机制、职称制度、技能人才认定制度、创新创业人才激励机制、人才优先发展保障等方面，突破影响人才优先发展的体制机制障碍，创新人才政策，为人才更好地服务。地方“十三五”规划同样把人才体制机制创新提到了重要的位置，强调人才优先发展，重在人才体制机制创新、人才吸引政策创新、人才管理制度改革创新、人才培养模式和人才评价制度创新。当前及今后一段时间，人才体制机制创新仍将是人才工作的重中之重，各地研制人才相关政策及在人才制度改革过程中，仍会将此作为人才优先发展的着力点。

（三）突出“高精尖缺”导向，培养开发高层次创新型人才

国家“十三五”规划指出，应突出“高精尖缺”导向，推动人才结构战

略性调整。各省（区、市）"十三五"规划，从不同角度突出了高层次人才的引领作用，一是强调应在加大高层次创新人才的培养、依托重大人才工程和项目引进海外高层次人才的同时，关注国内"高精尖缺"人才的培养。二是在人才评价方面，强调发挥市场主体在人才评价中的基础作用和主导作用，突破政府作为人才评价主体的原有模式。三是在平台建设方面，强调引导人才链与产业链、创新链相衔接，依托重大科技专项和创新平台，实施重大人才工程，加快引进和培养高层次人才，在集聚科研领军人才、拔尖创新人才方面实现新突破。当前及今后一段时间，我国对于"高精尖缺"人才的需求仍在增加，各省（区、市）的"十三五"规划均指出，尽管人才总量呈现递增的趋势，但高层次人才仍然缺乏，因此，加大高层次人才的培养与开发依然是人才工作的重中之重。

（四）全面推进融合发展，提高人才资源效能

各省（区、市）的"十三五"规划均有人才与科技、人才与教育、人才与产业、人才与社会等方面融合发展的举措。可以预见，人才发展将实现全方位、多领域、各层次上与经济社会发展的深度融合，解决二者不相适应的问题。为实现人才发展与经济社会发展的深度融合，人才工作将坚持服务经济社会发展，做到人才发展与实施国家重大战略、调整产业布局的同步谋划、同步推进、同频共振，充分激活市场主体，发挥市场配置资源的决定性作用，促进创新要素自由流动、资源高效配置、市场深度融合；坚持人才创新项目同现实生产力对接，引才与引资同步谋划、同步推进、同频共振，不断创新"人才+项目+资本"的引才引资模式，促进高层次创新人才与优质项目、优势产业高度融合；进一步加强党管人才工作，完善人才工作统筹机制，实现战略统筹、政策统筹、项目统筹、资源统筹，融合各方力量，形成参与和推动人才工作的整体合力。

（五）以人才管理改革试验区为平台，推动制度创新

人才管理改革试验区，不仅关注人才的发展，更多的是利用试验区的平台，构建更加完善的产业链、人才链，促进人才生态系统的良性发展和人才制度创新。人才工作涉及方方面面，涵盖人才引进培养、评价使用、激励保障等

各个环节，关系到人才管理制度建设、体制机制改革、知识产权、成果转化、出入境管理、税收政策、科技项目等各种问题，因此，“十三五”期间，人才管理改革试验区将是各地破冰试水、攻坚克难、深化人才发展体制机制改革、探索创建具有国际竞争力的人才制度、充分发挥制度优势、促进人才发展、引领产业升级的桥头堡。

（六）与教育改革同步，谋划技能型人才培养

“十三五”期间，大力培养适应社会需要的技能型人才，将技能型人才的培养与产业发展对接，成为技能型人才培养的关键内容。随着高校的转型发展，应用型、复合型人才培养被提上日程。对技术技能型人才的培养，需要与“双师型”队伍建设、“双一流”高校建设同步考虑，统一谋划。构建现代职业教育制度，更应从整体上加强顶层设计，包括技能人才培养的模式和路径等，以保证技能人才队伍规模不断壮大，高质量的技能人才不断涌现。

（七）营造良好的人才环境，聚天下英才而用之

国家及各省（区、市）均在“十三五”规划中提到，应营造良好的人才环境，打造具有国际竞争优势的人才制度，使人才在良好的环境中发挥最大的潜能。随着全球人才争夺战的加剧，人才发展环境竞争更加激烈，包括人才管理体制、机制、制度和政策等。宏观上只有深化人才体制机制改革，才能打破人才发展的障碍，使人才作为第一资源在市场优化配置的背景下，发挥最大效能。除了人才发展的宏观环境外，还应关注人才发展的微观环境，只有为人才营造良好的工作和生活环境，为人才提供更加便利的出入境政策、更加合理的税收优惠政策、更加人性化的子女入学政策、家属安置政策和住房及社会保障政策等，才能去除人才工作、生活之忧，使人才在良好的环境中愉快健康稳定地工作、生活。

参考文献

李维平：《关于编制“十三五”人才发展规划的几点思考》，《中国科技人才》2016年第7期。

《中共中央关于制定国民经济和社会发展第十三个五年规划的建议》。
《北京市国民经济和社会发展第十三个五年规划纲要》。
《天津市国民经济和社会发展第十三个五年规划纲要》。
《河北省国民经济和社会发展第十三个五年规划纲要》。
《山西省国民经济和社会发展第十三个五年规划纲要》。
《内蒙古自治区国民经济和社会发展第十三个五年规划纲要》。
《辽宁省国民经济和社会发展第十三个五年规划纲要》。
《吉林省国民经济和社会发展第十三个五年规划纲要》。
《黑龙江省国民经济和社会发展第十三个五年规划纲要》。
《上海市国民经济和社会发展第十三个五年规划纲要》。
《江苏省国民经济和社会发展第十三个五年规划纲要》。
《浙江省国民经济和社会发展第十三个五年规划纲要》。
《安徽省国民经济和社会发展第十三个五年规划纲要》。
《福建省国民经济和社会发展第十三个五年规划纲要》。
《江西省国民经济和社会发展第十三个五年规划纲要》。
《山东省国民经济和社会发展第十三个五年规划纲要》。
《河南省国民经济和社会发展第十三个五年规划纲要》。
《湖北省国民经济和社会发展第十三个五年规划纲要》。
《湖南省国民经济和社会发展第十三个五年规划纲要》。
《广东省国民经济和社会发展第十三个五年规划纲要》。
《广西壮族自治区国民经济和社会发展第十三个五年规划纲要》。
《重庆市国民经济和社会发展第十三个五年规划纲要》。
《四川省国民经济和社会发展第十三个五年规划纲要》。
《贵州省国民经济和社会发展第十三个五年规划纲要》。
《云南省国民经济和社会发展第十三个五年规划纲要》。
《西藏自治区国民经济和社会发展第十三个五年规划纲要》。
《陕西省国民经济和社会发展第十三个五年规划纲要》。
《甘肃省国民经济和社会发展第十三个五年规划纲要》。
《宁夏回族自治区国民经济和社会发展第十三个五年规划纲要》。
《新疆生产建设兵团国民经济和社会发展第十三个五年规划纲要》。
《人力资源和社会保障事业发展“十三五”规划》。
《北京市“十三五”时期人力资源和社会保障发展规划》。

B.7

我国人才政策创新与发展

苗月霞*

摘　要：　党的十八大以来，我国人才政策创新持续推进，鼓励人才创新创业政策支持力度加大，人才政策开放度不断提升，深化人才发展体制机制的改革提上议事日程，人才政策创新促进人才工作取得明显成效。同时，我国人才政策制定和实施过程中还存在政策价值的效率与公平、政策协同和整合、政府主导与市场作用发挥等方面的问题。“十三五”时期，我国应进一步完善人才创新创业政策，并尝试构建现代化的人才发展治理体系，加强人才管理法制建设，为更好地开展人才工作提供制度保障。

关键词：　政策创新　人才创新创业　人才发展体制机制改革

党的十八大以来，习近平总书记先后多次对人才工作发表重要讲话、做出重要指示。在中央的大力推动和各地的探索实践中，鼓励人才创新创业、提升人才政策开放度、深化人才发展体制机制改革等，成为新时期人才政策创新发展的重要内容。“十三五”时期，国际人才竞争更趋激烈，国际、国内形势对我国人才工作提出了新要求，也带来了人才政策创新发展的新机遇。加大鼓励人才创新创业政策的普惠性、努力构建现代化的人才发展治理体系、建立人才工作的法制体系将是我国人才政策创新的发展趋势。

---

* 苗月霞，博士，研究员，中国人事科学研究院公共管理与人事制度研究室主任，主要研究方向为公共管理与人事制度。

一　人才政策创新的现状

2015 年和 2016 年分别是国家“十二五”规划的收官之年和“十三五”规划的开篇之年，因此，近期，中央和地方出台的人才政策，既有落实“十二五”时期国家总体发展战略的内容，也有中央对“十三五”时期人才工作总体谋划的考量，涵盖了人才培养、引进、评价、激励等各环节，可以将其归结为以下三个主要方面。

（一）鼓励人才创新创业

党的十八大报告提出，要“实施创新驱动发展战略”。党的十八大以来，习近平总书记多次在讲话中强调实施创新驱动发展战略的重要性，并明确指出，“创新驱动实质上是人才驱动”。2015 年 3 月 5 日，李克强总理在政府工作报告中指出，要通过推进“大众创业、万众创新”等措施推动中国经济提质增效升级。为了落实国家发展战略，国务院于 2015 年 6 月发布了《关于大力推进大众创业万众创新若干政策措施的意见》（国发〔2015〕32 号），强调要“充分认识推进大众创业、万众创新的重要意义”，并提出“创新体制机制”“优化财税政策”“激发创造活力，发展创新型创业”等政策措施。国务院又于 2015 年 9 月出台了《关于加快构建大众创业万众创新支撑平台的指导意见》（国发〔2015〕53 号），对创新创业需要的技术、区域等平台建设提出了具体要求。为了推动各类人才创新创业环境优化，国务院还下发了一系列政策，例如，2015 年 12 月，国务院发布《关于新形势下加快知识产权强国建设的若干意见》（国发〔2015〕71 号）；2016 年 1 月，国务院办公厅发布《关于优化学术环境的指导意见》（国办发〔2015〕94 号）；等等。

为了响应国家号召和落实中央政策，各地纷纷出台吸引集聚创新创业人才的政策，加大对各类人才创新创业的扶持激励力度。例如，2015 年 1 月，杭州市出台了《杭州市高层次人才、创新创业人才及团队引进培养工作的若干意见》（简称“人才新政 27 条”），并开始建设梦想小镇等众创空间。为吸引高层次人才创新创业，“人才新政 27 条”不仅在信贷、税收等方面给予人才极大的便利和优惠，而且资助资金额度相当大，其中对顶尖人才和团队重大项

目的资助额度最高可达1亿元。

又如，2015年3月，北京制定实施了《“创业中国”中关村引领工程（2015~2020年）》，提出了中关村到2020年的创业发展目标。该政策还提出要实施“高校院所育苗工程”“领军企业摇篮工程”“创客组织筑梦工程”“创业人才集聚工程”“创业金融升级工程”“创业服务提升工程”“创业文化示范工程”七大工程，着力将创新创业活动落到实处。

再如，2016年3月，广州出台了《羊城创新创业领军人才支持计划实施办法》，将创新创业人才分为创业领军团队、创新领军团队、创新领军人才、创新创业服务领军人才四个专项，给予力度很大的激励支持。其中，创业领军团队可获得的支持包括：人才经费资助，300万元，主要用于团队成员的工薪补助、安家补贴和生活补贴；项目经费资助，可采用“股权资助（跟投）+无偿资助”方式，不超过3000万元，或“股权资助（直投）+无偿资助”方式，不超过1500万元，或无偿资助方式，不超过500万元；工作方面，包括工作场所房租补贴、贷款贴息、融资、首购首用风险补偿等。

此外，各地纷纷通过多种方式鼓励各类人才创新创业。2016年2月，四川省自贡市贡井区发布了《关于改革完善体制机制大力促进大学生创新创业的实施意见》，为大学生创业提供了前所未有的优惠条件；2016年3月，广东省中山市“中山人才节”专门举办了“人才创新创业生态”高峰论坛等10项招才引智活动，重点吸引具有深度意向在中山创新创业、与中山市产业发展需求高度契合的各类人才，充分体现了人才智慧共聚、创新创业并举、人才产业融合等特色；2016年8月，徐州市启动“高层次创新创业人才引进资助计划”申报工作，资助对象为自主创业类人才、企业创新人才（含金融创新人才）、事业单位创新人才、高技能创新类人才四种类型。

（二）提升人才政策开放度

2015年3月5日，习近平总书记参加第十二届全国人大四次会议上海代表团审议时提出，“人才政策，手脚还要放开一些”。上海、北京和苏州等一些人才工作基础较好的地方在人才政策进一步开放方面进行了大胆探索。

2015年7月，上海市为认真贯彻落实市委、市政府《关于加快建设具有全球影响力的科技创新中心的意见》，发布了《关于深化人才工作体制机制改革促进人才创新创业的实施意见》。意见在提升人才政策开放度方面创新突破，其中，关于外国人在华永久居留的申办条件和程序方面的改革以及关于在华外国留学生毕业后直接在沪创业就业的政策，均属全国首创，引起社会广泛关注。2016 年 9 月，上海市人民政府又发布了《关于进一步深化人才发展体制机制改革加快推进具有全球影响力的科技创新中心建设的实施意见》，进一步加大了对海内外优秀人才的吸引力度。

北京市为深入贯彻落实习近平总书记提出的深化创新驱动发展战略、中关村要加快向具有全球影响力的科技创新中心进军和李克强总理关于鼓励引进海外高层次人才、研究推动在中关村开展新政策试点的重要指示精神，争取公安部推出支持北京创新发展的 20 项出入境政策措施，涉及外国人签证、入境出境、停留居留等方面，于 2016 年 3 月 1 日正式实施。北京市委、市政府立足首都“四个中心”战略定位，组织市公安局、中关村管委会、市科委、市侨办、市人社局等相关单位，按照“条件明、材料少、程序简、效率高”的要求，逐条制定了每一项政策措施的办理须知。同时，中关村管委会制定了《中关村外籍高层次人才认定标准》《中关村创业团队外籍成员和中关村企业选聘的外籍技术人才认定标准》，市侨办制定了《中关村创新创业外籍华人服务工作规范》，市科委制定了《北京市外籍高层次人才认定标准和北京科技创新主管部门认可企业标准》等配套规定。

同时，国家鼓励地方开展开放创新综合试验。2015 年 5 月，国务院做出了《关于北京市服务业扩大开放综合试点总体方案的批复》（国函〔2015〕81 号）；2015 年 10 月，《国务院关于苏州工业园区开展开放创新综合试验总体方案的批复》（国函〔2015〕151 号）提出，苏州工业园区要注重人才发展环境建设，集聚国际化创新人才。其中，在五项主要任务中就有两项是和开放创新相关的，一是建设更高水平的开放合作示范平台，二是建设国际化创新驱动示范平台。苏州工业园区为此提出建设中新合作国际人才发展示范区，在人才政策开放方面进行了系统探索和大胆创新。

（三）深化人才发展体制机制改革

随着我国人才工作的深入推进，人才工作体制机制改革提上议事日程。2016 年 3 月，中央发布了《关于深化人才发展体制机制改革的意见》，前所未有地从国家发展改革和党的建设制度的高度，强调指出了人才发展体制机制改革的重要战略意义，并对人才管理、培养、评价、流动和创新创业激励机制，构建具有国际竞争力的引才用才机制和建立人才优先发展保障机制等人才发展体制机制改革提出了创新要求。2016 年 5 月 6 日，贯彻《关于深化人才发展体制机制改革的意见》座谈会在京召开，习近平总书记做出重要批示，指出“要着力破除体制机制障碍，向用人主体放权，为人才松绑，让人才创新创造活力充分迸发，使各方面人才各得其所、尽展其长”。同时，我国深化科技管理体制改革与科技人才政策创新深入推进。在 2016 年 5 月 30 日召开的全国科技创新大会、两院院士大会、中国科协第九次全国代表大会上，习近平总书记也发表了重要讲话，对深化科技管理和运行机制改革，培育符合创新发展要求的人才队伍提出了明确要求。

为了贯彻落实中央《关于深化人才发展体制机制改革的意见》，各地结合实际纷纷出台重点突破的人才体制机制改革政策。2016 年 6 月，北京市委发布了《关于深化首都人才发展体制机制改革的实施意见》，意见根据中央改革精神要求，结合北京市发展战略定位的实际需要，提出了全面推进人才管理体制改革、加快建立京津冀人才一体化发展体制机制、积极构建具有国际竞争力的人才开发机制、充分发挥市场在人才资源配置中的决定性作用、着力构建符合创新驱动发展规律的创新创业机制、大力完善有利于人才优先发展的财税金融保障机制等创新举措，围绕新时期首都城市战略定位和建设国际一流的和谐宜居之都的目标，加快实施创新驱动发展战略和京津冀协同发展战略。2016 年 7 月，河北省委、省政府发布了《关于深化人才发展体制机制改革的实施意见》，其中关于“支持机关事业单位人才离岗创业”的相关政策创新引起了社会广泛关注。意见对高校、科研院所等事业单位科研人员离岗创业或开展科技成果转化期间的人事关系、社会保险和住房公积金、档案工资和专业技术职务晋升等管理制度进行了大胆改革，突破了原有管理体制的束缚，大力鼓励高校、科研院所人员到企业兼职兼薪。此外，黑龙江省委、省政府发布的《贯彻落实〈关于深化人才发展体制机制改革的意见〉的实施意见》明确提出创新事业单位编制管理方式，改进事业单位岗位管理模式，建立动态调整机制，实行科学化管理。同时，江苏等地也在研究制定落实中央《关于深化人才发展体制机制改革意见》的具体措施。

二　人才政策创新面临的挑战

我国人才政策创新持续推进并深化到体制机制改革层面，推动我国人才工作取得显著成效，但是同时也应该看到，我国人才政策还存在很多问题需要在未来加以改进，只有这样才能应对新形势下人才工作的新要求和新挑战。

（一）政策价值的效率导向与公平正义问题

由于我国经济社会发展的追赶特征，改革开放以来的政策价值导向更多地体现为对发展速度和工作效率的关注。在这样的大背景下，我国人才政策也表现出同样的情况，存在政策导向的效率和公平正义关系的处理问题。

1. 政策对象偏重导致的公平问题

《国家中长期人才发展规划纲要（2010～2020年）》强调指出，“鼓励和支持人人都做贡献、人人都能成才、行行出状元”。但是在实际工作中，为了发挥各领域优秀人才引领发展的积极作用，我国人才政策的对象一般多聚焦在少数人才身上，如引进高端人才和紧缺人才等。长此以往，人才政策实施过程就会面临公平和效率、特殊性和普惠性的关系处理问题。

2. 政策资金来源和使用程序方面的正义问题

由于我国人才政策的经费多数来源于财政经费。财政经费一般应该用于公共服务的提供与改善，如果用于个人或小群体创新创业活动的资助，则需要足够的证据证明其合乎全体纳税人福利水平的提高，否则就会带来政策资源使用的正义问题，而且政府资助的个人或企业一旦失败，就会造成政府公共经费损失，就会使正义问题更加突出，因此必须引起政策制定部门的重视和反思。

（二）人才政策制定和实施过程的政策整合问题

政策整合也称作政策协同或政策协调。我国人才政策制定和实施过程往往涉及两个以上的组织，例如，中央和地方政府、不同政府部门、企事业单位等用人主体，这些组织会介入人才工作的任务环境，使得我国人才工作的政策整合问题一直非常突出。从横向整合来看，我国的人才政策由于涉及组织、人社、教育、科技等政府部门，政出多门、相互冲突的现象比较多见。例如，组织和人社部门以及用人单位在引进海外优秀人才时，往往有放松人才入境居留条件的政策需求，而公安部门则从国家安全角度考虑，对外籍人员入境一般是采取限制措施。从纵向整合来看，政策实施过程中的沟通和激励机制不完善，导致政策难以取得预期的实施效果。而政策的变动不居、调整频繁，也会影响到人们对政策目标的合理稳定预期，导致人才政策难以实现应有的效果。

（三）政策的政府主导模式与市场作用发挥的问题

中国政府集中力量办大事的举国体制特征在人才政策的制定和执行中也有充分的体现。这一方面表现为政府行政力量对人才工作的强力推动，形成短期成效；另一方面市场机制作用不能充分发挥，长此以往将会导致人才政策的不可持续和效率递减。长期以来，在人才引进、评价、激励等关键环节，政府都发挥着举足轻重的作用。但是，这一政府行政主导的人才政策模式，在当前和今后实施创新驱动发展战略和“大众创业、万众创新”的新形势下，面临着政府资金不足、审核程序繁复导致不能及时支持创业企业，以及难以很好地满足人才创新创业多样化服务需求等具体问题。为此，各级政府部门亟须认真落实习近平总书记在学习贯彻《关于深化人才发展体制机制改革的意见》座谈会上的重要讲话精神，改变政府过多干预人才工作具体环节的旧模式，充分发挥市场在人才评价和激励等方面的作用，鼓励市场主体和社会资金加大对人才创新创业投资和服务的支持力度。政府着重加强和优化人才公共服务，加强人才工作的监管，保障人才和用人主体在市场上公平竞争，为人才发展提供良好的环境。

三　人才政策创新的发展趋势

2016 年，我国迎来了“十三五”时期的第一年，也走进人才工作发展的一个关键时期。刘云山同志在学习贯彻《关于深化人才发展体制机制改革的意见》座谈会上指出，随着新一轮科技革命和产业变革的兴起，国际人才竞争日趋激烈，要求我们更加重视人才，以更大的力度深化人才发展体制机制改革，形成有利于人才创新创业的制度环境、政策环境，增强人才引领创新发展的内生动力，为实现“十三五”奋斗目标提供有力支撑。

（一）完善人才创新创业服务

在“十三五”时期经济新常态持续深化发展的大背景下，创新创业仍是我国经济社会发展的重要推动力。创新驱动实质上是人才驱动，为此，我国人才政策将通过拓展创新创业支持政策的普惠性、建设众创空间等创新创业服务平台等措施，全方位提升服务人才创新创业的能力和水平。

一是增强创新创业支持政策的普惠性。“普惠”包括两层含义，一个层面是指在政策对象上体现全面覆盖性；另一个层面是指人才能够真正享受到工作生活各方面的基础政策保障。随着“大众创业、万众创新”工作的深入开展，在涉及人才创新创业以及工作生活的基础性问题上，应出台具有普遍性的支持政策。在创新创业人才政策扶持对象的门槛设定上，只要是符合创新创业工作要求的，都可以享受统一的政策支持，体现政策的公平性和普惠性。近年来，我国人才政策重点关注高层次人才创新创业问题，相关鼓励政策的惠及对象也多是各领域的高层次人才。在我国提出实施创新驱动发展战略和鼓励“大众创业、万众创新”的新形势下，把享受创新创业政策利好的对象范围逐渐扩大，做好不同群体之间创新创业优惠和支持政策的有效衔接，完善政策导向的公平机制，是推进“双创”工作深入开展的重要措施，也是新时期人才创新创业政策的发展趋势。例如，人力资源和社会保障部在制定留学人员回国服务政策时，就注重加强留学人员回国创新创业服务政策的普惠性，使更多的留学人员能够切实享受到创新创业政策的支持，更好地发挥留学人员群体创新创业的积极作用。

二是大力建设创新创业专业服务平台。为了更好地推进“大众创业、万众创新”，2015 年 1 月，李克强总理召开国务院常务会议，研究制定发展众创空间服务创新创业的政策。3 月 11 日，国务院办公厅印发了《关于发展众创空间推进大众创新创业的指导意见》（国办发〔2015〕9 号），提出了加快构建众创空间等具有较强专业化服务能力的新型创业服务平台的发展任务。在中央的大力推动下，各地建设众创空间等创新创业服务平台的热情空前高涨，涌现出很多成功典型，如北京中关村创业大街、浙江杭州梦想小镇等。2015 年 11 月，科技部火炬中心根据《科技部关于印发〈发展众创空间工作指引〉的通知》（国科发火〔2015〕297 号）部署，发布了将首批 136 家众创空间纳入国家级科技企业孵化器的管理服务体系的通知；2016 年 3 月，科技部火炬中心又发布了第二批 362 家服务专业、成绩突出的众创空间名单。“十三五”时期，各地将以创新创业服务平台载体建设为抓手，吸引集聚各类创新创业人才，抓好抓实人才创新创业服务。

（二）构建人才发展治理体系

中央《关于深化人才发展体制机制改革的意见》提出，要“构建科学规范、开放包容、运行高效的人才发展治理体系”。治理和管理的本质区别在于政府职能转变，充分发挥相关多元主体的积极作用。构建现代化的人才发展治理体系，需要改革一直以来由政府主导的人才管理体制，发挥各类人才、用人单位和相关组织在人才发展治理中的应有作用。

1. 为人才松绑

一直以来，我国人才管理存在很多不科学的方面。例如，各类人才集中反映的科研经费管理办法不合理的问题，科研院所等事业单位的研究人员出国按照行政人员进行限制性管理，职称评审不分领域和工作性质“一刀切”要求计算机和英语考试，等等。这些违背人才发展规律的僵化政策规定，严重束缚了人才创新创业积极性的更好发挥，需要在深化人才发展体制机制改革的过程中加以破除。

2. 向用人主体放权

受我国新中国成立后长期实行的大一统用人制度的影响，即使经过改革开放后几十年的发展，用人主体的用人自主权至今还没有得到很好的保障。也正是因为如此，习近平总书记才强调指出要“向用人主体放权”。只要是在法律允许的范围内，用人主体在人才引进、评价、使用、激励等方面的自主权都应该得到充分的尊重，政府部门不再干预用人单位具体的人才管理过程。

3. 发挥社会组织的积极作用

随着政府审批制度改革的深入推进，政府人才管理的职能转变也取得明显成效。例如，国务院 2016 年 5 月发布的《关于印发 2016 年推进简政放权放管结合优化服务改革工作要点的通知》（国发〔2016〕30 号）要求，要“再取消一批职业资格许可和认定事项，国务院部门设置的职业资格削减比例达到原总量的 70% 以上”。政府取消职业资格认定等人才管理事项，要求有相应的社会组织转接之前由政府部门主管的人才工作事务，这就需要大力扶持行业协会、专业学会等社会组织发展，提升其在人才评价等人才工作方面的权威性，充分发挥社会组织在人才工作方面的应有作用。

4. 充分发挥市场机制配置人才资源的决定性作用

随着人才发展体制机制改革的逐步深化，市场机制在人才评价和人才创新创业支持等方面的作用日益受到重视。例如，上海、北京等地关于深化人才发展体制机制改革的政策都明确提出，引进人才的业绩要经过市场检验，并且要求市场价值达到一定水平，通过人才流动和评价方面突出市场机制的作用，达到深入推进用人制度的市场化改革的目的。

5. 更好地发挥政府作用

中央发布的《关于进一步加强党管人才工作的意见》明确指出，党管人才主要是管宏观、管政策、管协调、管服务。这也是政府人才工作的根本原则。在当前深化人才发展体制机制改革的新形势下，政府人才管理职能转变对更好地发挥政府人才管理和服务作用提出了更高的要求。一方面，政府要做好人才工作的规划和政策制定，总体谋划人才发展大局；另一方面，在人才政策实施过程中，还需要形成相关职能部门各司其职、密切配合、通力合作的政府人才工作总体格局。

（三）加强人才管理法制建设

通过人才立法保障和促进人才工作，是进入 21 世纪以来我国人才工作的重要原则。早在 2003 年，通过建立人才法规体系保障人才工作开展的思路就已经确定。第一次全国人才工作会议通过的《关于进一步加强人才工作的决定》提出，要“制定政策法规，提高重要人才待遇，保障重要人才权益，规范重要人才流动”。2010 年发布的《国家中长期人才发展规划纲要（2010～2020 年）》也明确提出，要“加强人才工作法制建设”。

在各地的人才工作实践中，一些先行地区通过人才立法推进人才工作，取得了明显效果。例如，早在 2002 年 3 月，经济特区厦门市第十一届人大常委会第 42 次会议就制定了《厦门经济特区鼓励留学人员来厦创业工作规定》。这可以说是我国地方人大最早出台的鼓励人才创新创业的法规，厦门市留学人员创新创业工作走在全国前列，体现了该规定立法保障的重要成效。2011 年

12 月，根据人才工作发展的实际需要，厦门市第十三届人大常委会第 33 次会议对该规定进行了修正。经济特区珠海市也走在各地人才立法的前列，2013 年 7 月，珠海市第八届人民代表大会常务委员会第 12 次会议通过了《珠海经济特区人才开发促进条例》。这是我国地方政府制定出台的第一部人才工作条例，保障了珠海市人才工作近年来的快速发展。

虽然珠海、厦门作为经济特区先行先试，在人才立法工作方面进行了有益探索，并取得了明显成效，但是总体而言，当前我国人才立法工作还没有全面开展，国家层面的人才开发法规还处在立法研究阶段。人才评价、外国人才签证和居留等法规也亟须研究制定。为此，中央《关于深化人才发展体制机制改革的意见》明确提出，要加强人才管理法制建设。在促进人才开发及人力资源市场、人才评价、人才安全等方面开展立法研究，对外国人才来华工作、签证、居留和永居的法律法规进行修订完善，在条件成熟时尽快制定人才工作条例，同时清理不合时宜的人才管理法律法规和政策性文件。这对我国人才立法工作提出了明确要求，“十三五”时期，我们亟须清理不合时宜的相关规定和政策，把经过实践检验、效果较好的政策上升为法律法规，尽快建立完善人才工作的法规体系，为人才工作科学化提供法律保障。

参考文献

《关于深化人才发展体制机制改革的意见》，2016 年 3 月。

《关于大力推进大众创业万众创新若干政策措施的意见》，2015 年 6 月。

《关于加快构建大众创业万众创新支撑平台的指导意见》，2015 年 9 月。

《国务院关于苏州工业园区开展开放创新综合试验总体方案的批复》，2015 年 10 月。

《“创业中国”中关村引领工程（2015～2020 年）》，2015 年 3 月。

《关于深化人才工作体制机制改革促进人才创新创业的实施意见》，2015 年 7 月。

《杭州市高层次人才、创新创业人才及团队引进培养工作的若干意见》，2015 年 1 月。

B.8
我国人才工程实施状况与趋势

孙一平*

摘 要：人才工程是吸引和培养优秀人才的重要抓手。20 世纪 90 年代，为解决人才断层、高层次人才短缺等问题，充分参与国际竞争，我国开始启动实施若干人才培养工程。到“十二五”期间，人才工程基本形成较为完整的体系，以国家十二大人才工程为龙头，各地各部门均发展出各具特色的人才工程。各层次的人才工程围绕需求、着力创新、讲求实效，示范作用和辐射效应突出，对全面推进人才强国战略、建设创新型国家发挥了重要支撑作用。“十三五”时期，人才工程的布局、目标、管理等将呈现新的发展趋势。

关键词：人才工程 实施状况 人才强国

人才工程是指政府主管部门等按照人才发展规划等战略目标，明确一个时间范围，以一定的政策和资源投入所实施的公共项目。我国在重大人才工程体系建设方面起步较晚，但发展较快，2010 年《国家中长期人才发展规划纲要（2010～2020 年）》（以下简称《人才规划纲要》）颁布以来，人才工程逐渐成为人才工作的重要抓手。

---

* 孙一平，博士，中国人事科学研究院助理研究员，主要研究方向为职业信息开发、人力资源管理与开发。

一　20世纪90年代至2010年，若干人才培养项目启动实施，为解决我国高层次人才短缺、培养学术技术带头人发挥了重要推动作用

（一）应对人才断层问题和全球化人才竞争，启动人才培养项目

20世纪80年代末90年代初，我国人才断层问题显现：35～45岁人员在整个专业技术人员队伍中所占的比例偏低；具有高级专业技术职务（职称）的人员的年龄严重老化，1989年底，具有高级专业技术职务人员的平均年龄为53岁；高校中51岁以上的教授、副教授分别占总数的96.4%和71.8%；中青年专业技术队伍不稳定，“出国热”“经商热”持续高涨，优秀人才大量流失的状况十分严重①。与此同时，在世界多极化、经济全球化背景下，发展越来越依赖于人才、知识、技术、创新精神，人才短缺常态化趋势明显，人才流动国际化进程加快，各国纷纷采取各种措施应对全球人才竞争。从那时起，我国开始以优秀青年人才和海外高层次人才为重点，实施一批人才培养项目，如杰出青年科学基金、“百千万人才工程”、“百人计划”等。

其中，“百千万人才工程”1995年12月由原人事部等七个部委联合启动实施。该工程面向45周岁以下的优秀专业技术人才群体，以培养（而不是选拔）为主，在重大自然和社会科学领域，培养造就一批学术和技术带头人及后备人才。截至2015年底，工程国家级人选达到5300余人②。“长江学者奖励计划”自1998年起由教育部开始组织实施。推行特聘教授岗位制度，延揽大批海内外中青年优秀学术人才参与高等学校重点学科建设。2008年，由中组部组织实施“千人计划”（“海外高层次人才引进计划”），在重点领域引进海外高层次人才回国（来华）创新创业。2015年，1028名海外高层次人才入选国家“千人计划”③。同时，特聘教授岗位制度的实施，对于打破人才单位所有制、职务终身制，改变分配中存在的平均主义等弊端起到了十分积极的作用。

---

① 春博、学军：《关于人才断层问题分析与对策》，《中国科技论坛》1991年第5期。

② 人力资源和社会保障部：《2015年度人力资源和社会保障事业发展统计公报》，2016。

③ 《2015国家“千人计划”年度报告》，光明网，2016年1月7日。

（二）以高层次人才和海外优秀人才为引领，人才工程粗具规模

2003 年第一次全国人才工作会议后，人才强国战略进入全面展开、整体推进的新的发展阶段。“十一五”时期，针对高层次人才短缺、结构不合理、创新能力不强、体制机制与市场经济体制不相适应等问题，“专业技术人员知识更新工程”、“春晖计划”、“千人计划”等相继展开。截至 2015 年，“千人计划”已分 11 批引进 5208 名海外高层次人才回国（来华）工作①。

为配合人才强国战略的实施，部委和地区层面也出台了对口人才计划，形成了配套的人才计划体系。较为典型的有：人力资源和社会保障部的“赤子计划”“留学人员回国创业支持计划”“高层次留学人才回国资助计划”；教育部的“高校学科创新引智计划”“新世纪优秀人才支持计划”；中国科学院的“创新团队国际合作伙伴计划”；中国科协的“海智计划”；北京市“百名领军人才培养工程”和上海市“领军人才开发计划”等。各类人才计划和工程的实施，健全了高层次人才选拔培养机制，初步构建了分层次、多渠道的人才培养工作格局，对我国经济社会发展起到了创新、示范和引领作用。

二 “十二五”期间，人才工程渐成体系，为全面推进人才强国战略、建设创新型国家发挥了重要支撑作用

（一）以《人才规划纲要》为统领，国家组织实施12项重大人才工程

2010 年 5 月，第二次全国人才工作会议的召开以及《人才规划纲要》的颁布，成为我国人才工作的又一个重要里程碑。《人才规划纲要》设计了 12 项重大人才工程，这些工程既服务于国家经济社会发展重大战略，又体现了人才队伍建设的重点任务，是加快人才发展的重要抓手。

12 项重大人才工程覆盖了各支人才队伍，涉及培养、吸引、使用等各个

---

① 《2015 国家“千人计划”年度报告》，光明网，2016 年 1 月 7 日。

重要环节[1]，观照重点区域、重点行业、重点领域的人才培养和青年拔尖人才开发，同时，突出了高层次人才队伍建设这个战略重点。12 项重大人才工程是贯彻落实《人才规划纲要》的重要举措。落实好这些工程，对加快人才队伍建设、推动包容性增长具有重要促进作用。

《人才规划纲要》颁布后，《中央人才工作协调小组实施〈国家中长期人才发展规划纲要（2010～2020 年）〉任务分工方案》（中组发〔2010〕10 号）印发，明确了部门责任，提出了实施要求。2010 年底，各部门积极整合资源，充分运用现有基础，盘活存量资源，制定人才工程实施方案，提出了各工程的目标、内容、进度安排等关键点，并建立了人才工程与科技规划和教育规划相衔接、协同推进的机制。

（二）各地各部门发展出各具特色的人才工程，保障经济社会发展

《人才规划纲要》颁布后，全国 31 个省（区、市）陆续出台了相应的区域人才发展规划，人才工程在其中占据重要位置，成为人才工作支撑经济社会科学发展的有力抓手。“十二五”期间，国家 36 个部委系统共计划实施人才工程 150 项，计划投入经费累计 105.57 亿元，涵盖 3210 万人。各省（区、市）共计划实施人才工程 449 项，涵盖 5720 万人。[2] 从中央到地方出台的一系列人才工程紧扣服务发展的主题，体现了国情、省情、行业系统的要求，有力地推动了各领域各层次人才队伍建设。

高端人才和基层人才是人才工程设置的两个重点。高端人才以“千人计划”、“万人计划”（“国家高层次人才特殊支持计划”）、“创新人才推进计划”等为代表，向 50 周岁以下中青年高层次创新型人才倾斜，以领军人才、学术学科带头人和领军后备人才为主，打造相互补充、相互衔接的高层次创新创业人才队伍开发体系，为提高自主创新能力、建设创新型国家提供有力的人才支撑。基层人才以“国家高技能人才振兴计划”“高校毕业生基层培养计划”等为代表。各地在实施过程中也呈现类似特点。如重庆的“六百三万”重点人

---

① 吴江：《建设世界人才强国的创新体系》，《第一资源》2011 年第 3 期。

② 中组部党建研究所课题组：《人才优先发展何以落到实处——人才优先发展具体化、政策化、项目化状况调查》，《中国人才》2012 年第 8 期；中国人事科学院课题组：“国家中长期人才发展规划纲要实施一周年评估”数据分析报告，2012。

才专项，包括百名党政“一把手”、百名优秀企业家、百名学术学科领军人才、百名工程技术高端人才、百名金融高端人才、百名宣传文卫体领军人才和党外知名人士6个高端人才专项，以及万名紧缺高级技师、万名农业支撑人才、万名社工专才3个基层人才专项①。

表1　各省（区、市）“十二五”人才规划中重大人才工程数量

单位：项

省(区、市)	工程数量	省(区、市)	工程数量	省(区、市)	工程数量
北　京	12	云　南	15	广　西	11
山　东	12	广　东	13	青　海	14
陕　西	7	贵　州	12	宁　夏	14
四　川	10	河　南	11	辽　宁	12
西　藏	9	黑龙江	33	福　建	15
江　苏	10	江　西	10	湖　南	10
海　南	12	湖　北	13	甘　肃	12
天　津	9	浙　江	12	新　疆	15
山　西	10	河　北	8	重　庆	14
安　徽	10	吉　林	11	各省(区、市)总计	392
内蒙古	20	上　海	16	各省(区、市)平均数	12.65

资料来源：中国人事科学研究院课题组“国家中长期人才发展规划纲要实施一周年评估”数据分析报告。

荣誉支持、经费支持和政策支持是各类工程落地实施的主要手段。荣誉支持方面，“万人计划”、“百千万人才工程”和“长江学者奖励计划”等都对入选者授予相应称号，颁发相应证书。经费支持方面，“万人计划”“长江学者奖励计划”“青年拔尖人才支持计划”“创新人才推进计划”等工程均有中央财政专项经费。中国科学院的“百人计划”和“中国科学院高层次人才培养引进计划”等工程由中国科学院设立专项经费。政策支持上，很多工程在人才的引进、评价、使用、激励等方面均出台了相应的支持政策。比如，深圳的“孔雀计划”，建立了引才目录定期发布机制、专项引才机制、确认机制、配

① 《重庆市中长期人才发展规划纲要（2010～2020年）》。

套服务机制、创新创业专项资助机制、专项投入机制等，引进人才享受居留和出入境、落户、子女入学、配偶就业、医疗保险等方面的待遇；北京的“海聚工程”出台了一系列针对人才或科技型企业发展的、适合人才发展规律的配套政策。

三　人才工程围绕需求、着力创新、讲求实效，示范作用和辐射效应十分突出，管理带动成效不断显现

（一）示范引领作用突出

“十二五”期间，以国家重大人才工程为引领的各类人才工程，遵循市场经济规律、人才成长与流动规律，激发创新创业活力，服务经济社会发展，充分考虑各级各类人才队伍建设的整体性、层次性和差异性，引进培养了一批优秀人才，建设了一批特色鲜明、成效突出的人才培训基地、人才集聚和创新创业示范区，示范引领作用突显。

“千人计划”突出“高、精、尖、缺”导向，优化引才结构。“专业技术人才知识更新工程”围绕高新技术产业发展和自主创新能力提高，实施1054期高级研修项目，培养培训6.5万名高层次专业技术人才[①]。2011～2015年，国家高技能人才振兴计划建成400个国家级高技能人才培训基地和500个国家级技能大师工作室，中央财政累计投入资金20.5亿元。高层次人才培养工程建成以“一园、两站、两基地”[②] 为主体的服务平台框架。建成各级各类留学人员创业园305个，6.3万名留学人才在园创业[③]。实施海外赤子为国服务行动计划，重点支持141项留学人员为国服务活动。设立博士后科研流动站865个、博士后科研工作站597个。

① 俞家栋：《奏响改革创新主旋律谱写服务发展新篇章》，《中国人力资源社会保障》2016年1月9日。

② “一园”为留学人员创业园，“两站”为博士后科研流动站、工作站，“两基地”为专家服务基地、继续教育基地。

③ 俞家栋：《奏响改革创新主旋律谱写服务发展新篇章》，《中国人力资源社会保障》2016年1月9日。

海南的“热带农业人才开发工程”、河北的“京津冀区域人才合作推进工程”、河南的“粮食生产核心区建设人才支撑工程”、内蒙古的“草原英才”人才工程等均顺应了区域产业的发展要求。北京的“海聚工程”以及“中关村高端领军人才聚集工程（高聚工程）”、“U30 雏鹰人才工程”等配合中关村人才特区的建设，大力吸引、集聚和扶持海内外优秀人才创新创业，推动科技创新改革，依托高端人才创业基地等搭建多层次的创新创业平台；优化人才创业环境，建立全方位创业服务体系，培育创业文化，激发创业活力，成为国内创新创业高地。

重大人才工程也是联系人才、服务人才的重要渠道，通过荣誉表彰、休假、研讨、新春茶话会、决策咨询等多种活动加强与高层次人才的联系，宣传人才工程的政策措施和优秀人才事迹，在全社会营造“四个尊重”的浓厚氛围。

（二）重大人才工程管理带动成效不断显现

1. 带动各地各部门实施一大批各具特色、带动力强的人才工程

对于适合同步推进的人才工程，坚持配套联动、一体化推进。随着形势发展，“千人计划”及时调整目标，将创新与创业人才项目，逐步拓展为顶尖、短期、青年等共 7 个项目，形成了覆盖不同专业领域和梯次配置的引才项目体系。国家人才工程的大力实施，调动了地方和用人单位以人才工程实施带动人才队伍建设的积极性。以广东为例，2008 ~2013 年省财政先后投入 17.73 亿元实施“珠江人才计划”，分三批引进 57 个创新科研团队和 49 名领军人才。其中 81.5% 的引进人才有授权专利，55.1% 为国外专利。①

2. 以重大人才工程为载体，贯彻“以用为本”的人才工作理念，畅通人才培养、引进、使用三个环节，构建人才工作的协同效应

把重大人才工程作为吸引、凝聚海内外优秀人才的高端平台，推行“大师 + 团队”的组织模式，引进与使用一体化，以人才引进来带动人才培育。通过强力的经费支持和系统的政策扶持，支持高端人才创新创业，鼓励进行科

① 吴江、蔡学军、范巍：《地方重大人才工程实施绩效第三方评估研究——以广东省“珠江人才计划”评估为例》，《第一资源》2013 年第 5 期。

技攻关、学术交流、重大计划、创新工程和重点科研基地建设。

3. 重大人才工程不断创新和完善政策措施，对一些难点问题先行先试，推动了人才政策、资金投入、工作协调配合等机制的创新突破，有效地推进了人才发展的体制机制创新

以青年拔尖人才支持计划为例，工程的政策创新主要体现在两方面。一是科研经费支持，给予入选者较为充分的经费自主权，营造潜心研究的良好氛围；二是培养政策支持，创新入选者培养使用机制，利用国家重大科技专项或工程建设项目平台培养人才，在承担项目、参与课题等方面给予特殊倾斜。

（三）人才工程评估与监控工作日益受到重视

为确保重大人才工程持续顺利实施，2012 年中组部制定出台了《国家人才发展规划重大人才工程推进协调工作制度》，对统筹协调推进重大人才工程做出制度规定，具体包括：重大人才工程协调会制度、年度工作计划制度、年度工作总结制度、工作例会制度、信息沟通制度、监督及监测评估工作。多数工程对申报评选关键点进行了严格设计，其中，信息公开、规范程序是制度设计的重点。

从政策制定环节来看，现有的国家高层次人才培养计划基本都设定了考核评价这一环节，有些提到了绩效评价内容，如“百千万人才工程”提出“重点考核其创新能力、业绩贡献、领衔作用、人才培养和团队建设等内容”；有些提到了评价方式方法，如“万人计划”第二十一条提出“领导小组制定国家特支计划评估标准和办法，组织开展计划实施中期、后期评估”。

从人才工程绩效评估的实践来看，大都集中在地方，基本都是从人才工程的目标出发，通过绩效评价确认人才产出、用才目的的实现。2012 年，中国人事科学研究院课题组对广东省“珠江人才计划”进行了绩效评估，建立了以匹配性、适应性和成长性为核心要素的人才工作绩效评估三级指标体系。根据评估对象的特点设计了各类评估工具，采取信息采集、问卷调查、同行评议等多种方式进行定量和定性评估[①]。2013 年，张家港实行“人才项目绩效评

① 吴江、蔡学军、范巍：《地方重大人才工程实施绩效第三方评估研究——以广东省“珠江人才计划”评估为例》，《第一资源》2013 年第 5 期。

估”，并以此推动项目分类管理。评价采取二级指标进行量化考核，一级指标包括经济效益、社会效益、科技效益。针对创业类和创新类人才项目的不同特点，一级指标设置不同的权重①。这些绩效评估的实践基本都是针对人才引进工程开展的，而对于人才培养工程的绩效评估实践目前尚不多见。

四　人才工程发展展望

展望未来，制定和实施人才工程仍将是人才队伍建设和体制机制创新的重要手段。2016 年《中华人民共和国国民经济和社会发展第十三个五年规划纲要》（以下简称《“十三五”规划纲要》）发布，《“十三五”规划纲要》在营造良好的人才发展环境方面，提出了六个重大人才工程。这六大人才工程较以往更加务实，思路也更加清晰。一方面，各类工程的人才培育导向更加突出，着眼于在国家或区域（行业）重大战略和前沿领域等，吸引、选拔、培养大量优秀人才。另一方面，体制机制创新在人才工程中的位置更加重要。制度创新具有全局性、稳定性、长期性和普适性的特点②，实施人才工程将作为推动制度创新的重要抓手，推进体制机制创新将成为重要的议题。“十三五”期间，建立人才工程实施和体制机制创新的良好互动，探索新机制、实行新政策、形成新突破，通过人才工程实施带动体制机制创新，最终形成我国的人才竞争优势，将是人才工作的一项重点任务。

1. 人才工程仍然是人才队伍建设的重要抓手。工程的目标，更加强调人才导向和体制机制创新

人才导向日益突出。根据国际经验和通行做法，人才培养资助计划通常分为任务导向与人才导向两种。任务导向是由需求方提出科研任务，经竞争入围，由承担者研究提出解决途径的资助模式；人才导向则是支持有突出创新精神和能力的人才自由研究，做前沿探索，这种探索往往只有少数甚至极少数人能够获得成功，但一旦成功，则有可能开创人类知识前沿，创造新的技术、新

① 刘云、张家港：《项目绩效评估倒逼人才发挥作用》，《中国组织人事报》2013 年 7 月 10 日。

② 中国人事科学研究院课题组：《“十二五”时期我国人事人才事业发展的总体思路研究》，《第一资源》2011 年第 2 期。

的产业。我国施行的除了这两种模式外，还有任务导向与人才导向相结合的模式。但在经济新常态下，加大人才导向的研究资助将更为重要。

2. 工程的设计更加注重继承性和发展性，布局更加凸显整体性和层次性

“十三五”期间，对“十二五”实施效果好、可以持续的人才工程将继续推进，同时围绕“十三五”全面建成小康社会决胜期、全面深化改革攻坚期面临的新形势、新要求和新任务，从中央到地方都对工程进行了调整完善。与“十二五”时期相比，国家层面的六大工程更加注重人才队伍建设的面上和总体情况，不再将部委层面工程作为国家工程，同时，更加注重人才的分层分类，更加聚焦于创新人才、青年人才、高端人才等重点群体，此外，“十三五”规划编制过程中，“多规合一”原则的强调也会引导各地各部门重视与国家重点人才工程的布局与衔接，以有限的公共资源投入推动人才工作的更好开展。

3. 工程人选更加注重项目和岗位需求，评价机制更加注重程序规范、标准科学、能力导向

随着工程对象覆盖范围由高层次领军人才逐渐扩大到多梯次的人才队伍，重大人才工程实施过程中人才评价的内容标准、方式方法、主体机构、运作机制等开始受到关注。如何推动评价程序、标准、手段与人才的专业属性、职业特点和岗位要求相匹配，将是人才评价的重要议题。随着科学有效的学术（专业）评价制度的完善、同行评议的专业人才评价机制的健全、专业化的市场主体和社会中介组织以及用人主体的参与，由党委、政府职能部门主导的人才评价模式将得到改变。

4. 工程的管理，更加注重科学设计、合理监控、有效评估

工程的长远规划和科学设计日益受到重视，专家咨询作用凸显。重复建设、重复奖励、资源无法共享将是未来工程设计中关注和调整的重点。各类工程的预算管理、绩效管理等制度将逐步完善。研究制定人才工程管理办法，严格审批程序将提上议事日程。探索建立人才工程经费保障机制，确保经费使用合法、高效；推进工程实施管理的信息化；强化对人才工程的过程监控，建立人才工程绩效评估指标体系；建立人才工程目标责任制，明确各参与主体的责任都将是实现人才工程管理科学化、规范化、制度化的重要命题。

参考文献

吴江、蔡学军、范巍：《地方重大人才工程实施绩效第三方评估研究——以广东省“珠江人才计划”评估为例》，《第一资源》2013年第5期。

张晓连：《高校高层次人才工程建设的发展及走向研究》，《山东理工大学学报》（社会科学版）2010年第5期。

陈思静：《人才工程的评估与分析——以浙江省为例》，《中国人才》2013年第7期。

林际福：《现代大学人才工程建设的若干思考》，《社会科学家》2015年第3期。

赵全军：《重大人才工程实施过程中的人才评价问题研究——以宁波市为例》，《第一资源》2013年第5期。

方勇、夏瑞雪：《我国重大人才工程培养体系管理组织结构设计》，《科技进步与对策》2013年第24期。

韩秉志：《出人才出成果出机制》，《经济日报》2014年6月6日。

中共中央国务院：《国家中长期人才发展规划纲要（2010~2020年）》。

中共中央国务院：《中华人民共和国国民经济和社会发展第十三个五年规划纲要》。

人力资源和社会保障部：《人力资源和社会保障事业发展“十三五”规划纲要》。

公共部门人事制度篇

Reports on Personnel System of Public Sector

B.9

公务员管理的新进展、新形势、新趋势

郝玉明*

摘　要：公务员管理经过多年制度探索与实践发展，已经取得显著成效。2015～2016年，国家制定出台了一系列公务员管理的制度文件，推动了公务员管理工作不断向前发展。同时，面临经济体制改革、政治与行政体制改革和干部人事制度改革的新形势、新要求，未来公务员管理必将科学谋划发展战略、推进分类管理、创新选拔机制、加强考核监督、强化培训监督、提高报酬激励。

关键词：公务员管理　分类管理

自1987年党的十三大提出建立我国公务员制度，至今已将近30年；自1993

* 郝玉明，中国人事科学研究院公务员管理研究室副研究员，博士。

年《公务员暂行条例》颁布，至今已20多年；自2006年公务员法颁布，至今已10年。经过多年的发展，公务员制度从无到有，不断完善，已经建立了以公务员法为基本依据、以28个配套法规为补充的系统性公务员管理体系。公务员作为治国理政、提供公共服务、执行国家公务的人员，作为国家政治上层建筑的主体，随着经济社会的发展进步，面对国内外政治形势发展的要求，对公务员的管理呈现不断发展和日趋完善的基本态势。2015～2016年，公务员管理取得新进展、新突破，同时也面临新情况、新形势，显现新趋势、新动向。

一 公务员管理取得新进展

2015年下半年至2016年上半年，国家公务员主管部门制定出台了一系列制度文件，公务员管理工作取得了新进展、新突破。具体包括以下几个方面。

（一）公务员分类管理取得有效突破

经过科学研究、周密论证和反复酝酿，《专业技术类公务员分类管理规定（试行）》和《行政执法类公务员分类管理规定（试行）》两个制度文件自2015年下半年开始，经中央组织部、人力资源和社会保障部和国家公务员局等公务员主管部门会议审议，于2016年7月14日正式由中共中央办公厅、国务院办公厅印发执行。国家公务员局有关负责人认为："出台专业技术类和行政执法类公务员管理规定，将有利于解决专业技术类公务员'引不进、留不住、干不好'，行政执法类公务员基层机关压职压级等突出问题，充分调动广大公务员干事创业的积极性，对打造一支高素质、专业化的公务员队伍，提供更高质量的公共服务，建设职能科学、结构优化、廉洁高效、人民满意的服务型政府具有重要意义。"[①] "两个规定"的颁布，在公务员法确立的制度框架下将机关中履行专业技术职责和行政执法职责的公务员划分出来，实现综合管理类、专业技术类、行政执法类公务员的分渠道发展，实行分类招录、分类培训、分类考核等分类管理，标志着国家公务员管理取得新突破，迈入新阶段，对今后的公务员管理工作将产生重要影响。

① 张维：《公务员分类管理法规出台终结综合管理时代》，《法制日报》2016年7月20日。

除此以外，国家分别开展了法官、检察官单独设置职务序列的改革试点，开展了执法勤务警员职务序列、执法警务技术职务序列改革试点，并分别制定下发了试点改革方案；将聘任制公务员管理试点范围扩大到 18 个省（区、市），进一步推进聘任制公务员管理工作。

（二）公务员正向激励不断向前发展

2015 年是公务员管理激励政策调整幅度较大的一年。从年初开始，继中央 1 号文件对农业发展做出指导之后，先后制定出台了《国务院关于机关事业单位工作人员养老保险制度改革的决定》（国发〔2015〕2 号）、《国务院办公厅转发人力资源和社会保障部、财政部关于调整机关事业单位工作人员基本工资标准和增加机关事业单位离退休人员离退休费三个实施方案的通知》（国办发〔2015〕3 号）、《中共中央办公厅、国务院办公厅印发〈关于县以下机关建立公务员职务与职级并行制度的意见〉的通知》（中办发〔2015〕4 号）三个重要制度文件，对公务员退休待遇和基本工资标准进行调整，在县以下机关实行公务员职务与职级并行制度。尤其是在县以下机关实行职务与职级并行，将职级与待遇挂钩，并准许在乡镇设置科级非领导职务，是对基层公务员职务晋升面临“天花板”限制以及相应的工资待遇得不到增长的问题提出的针对性激励措施，在解决县乡基层公务员晋升受限和待遇偏低问题上加强了顶层设计和制度落地，对激励广大县以下基层公务员干事创业发挥了积极作用。

与此同时，持续开展人民满意公务员评选活动，进行了“人民满意公务员示范单位”和“人民满意公务员示范岗”创建工作，培养树立了一批先进典型，并进行了表彰和奖励，对于公务员队伍中的先进典型给予了正向激励。2015 年 12 月 27 日，第十二届全国人民代表大会常务委员会第十八次会议通过了《中华人民共和国国家勋章和国家荣誉称号法》，这对完善公务员奖励表彰制度更具有促进作用，并提供了基本法律依据。

（三）面向基层公务员管理导向的措施有力

一是中央下发《关于加强乡镇干部队伍建设的若干意见》，中共中央组织部、人力资源和社会保障部、国家公务员局联合发布了《关于做好艰苦边远地区基层公务员考试录用工作的意见》，对基层乡镇和艰苦边远地区公务员和干部队伍建设专门进行政策调整。随后，全国各地结合本地区实际情况予以落实，制定了面向基层公务员管理的具体举措。普遍加大了从大学生村官等服务基层项目人员中定向考录公务员、从村（社区）干部中考录乡镇机关公务员的力度，注重从村干部、大学生村官和事业编人员中选拔乡镇领导干部。各地综合运用放宽年龄、学历等政策，适当降低进入门槛，使艰苦边远地区基层机关“招人难”问题得到有效缓解。

二是面向基层的公务员培训工作深入开展，优质培训资源逐渐向基层倾斜，15个省（区、市）开展了乡镇公务员专题培训和送课到基层巡讲等活动①。

三是出台了乡镇工作补贴政策，加大了对基层乡镇公务员的关心和爱护力度。

四是积极选派基层公务员到上级机关、企事业单位交流挂职，促进了基层公务员能力的提升。

（四）公务员管理职能工作成效显著

公务员考试录用、公开遴选、公开选调、考核奖励、培训监督等管理工作成效显著，举办了一年一度的国家公务员公开招录“四级联考”，加大公开遴选和选调工作力度，有效改善了领导机关公务员队伍来源和经历结构。据人力资源和社会保障部统计②，2015年，全国共公开招录公务员18.4万人，省级以上机关公开遴选3000多人。公务员平时考核工作持续推进，试点、联系点已达到1200多个。公务员教育培训工作不断加强，结合“三严三实”“两学一做”深入开展公务员思想政治教育，并有效推进公务员职业道德建设，圆满完成了全国公务员职业道德轮训任务。

在公务员招录方面，2015～2016年，分别印发了《公务员面试录用组织管理办法（试行）》的通知（人社部发〔2015〕93号）、《关于加强公安机关人民警察招录工作的意见》（人社部发〔2015〕97号）、《关于公安院校公安专业人才招录培养制度改革的意见》（人社部发〔2015〕106号）等文件，对公务员录用程序和公安机关公务员单独招录进行了规范管理。

① 尹蔚民：《在2016年全国公务员管理工作会议上的讲话》，2016年1月29日。

② 尹蔚民：《在2016年全国公务员管理工作会议上的讲话》，2016年1月29日。

二　公务员管理面临新形势

自党的十八大以来，全面深化改革，调整经济发展结构，推进政府职能转变和行政体制改革，实施人才强国战略，全面深化干部人事制度改革，使公务员管理面临了新的形势和发展机遇。

（一）经济体制改革对公务员管理提出基础要求

在不同的经济发展阶段，随着政府职能转变和公共管理工作侧重不同，公务员履职行政重点有所不同，相应的公务员管理工作需要做出适应性调整。

当前，受世界经济发展形势影响，国内经济发展速度有所放缓，中央提出了全面建成小康社会、全面深化改革、全面依法治国、全面从严治党的“四个全面”发展战略，确立创新、协调、绿色、开放、共享的“五个理念”，实施创新驱动发展、经济发展结构调整、去产能供给侧结构性改革等一系列经济体制改革措施。经济发展和经济体制改革需要人才保障，公务员队伍是实施经济发展宏观调控和人才服务发展的关键，因此，公务员管理要以经济发展战略为方向指引，以五个新的发展理念为工作指导，适应经济体制改革的发展要求，不断向前发展。

（二）政治与行政体制改革对公务员管理提出任务要求

随着经济体制改革的不断推进，政治与行政体制改革稳步推进，为经济发展营造环境和赢得时机的需求更迫切，为此，对公务员的管理也提出了新的任务要求。为了维护新疆等少数民族地区的稳定，防止少数宗教极端分子和恐怖分子对安全稳定的形势构成威胁，需要加强相关地区维稳力量，在南疆地区公安机关和乡镇公务员招录工作中进行政策倾斜，采取了强化政治标准、适度降低学历专业等具有针对性的措施；八项规定颁布以来，中央先后开展了党的群众路线教育实践活动、“三严三实”专题教育活动，分批分期开展了干部巡视监督等一系列活动，这些活动总体上体现了对干部进行严格管理的基本导向，对公务员管理产生了长期的战略性影响。从严管理和作风建设力度不断加强，对公务员队伍思想观念和能力素质提出了适应性要求，公务员的工作能力和工作方式面临新的考验和挑战。

从严管理、加强监管对公务员管理来说，是一把“双刃剑”。一方面，公务员需要适应形势需要，强化理想和信念，努力成为党和人民的好干部。另一方面，一小部分人可能会因不能适应形势要求等，出现辞职、脱离公务员队伍的倾向。这些都对公务员管理提出了新的挑战，要求在公务员管理工作中做出适应性调整，在从严管理的同时体现对干部的关爱，加快研究制定改善机关公务员工作待遇并缓解心理压力等的配套制度措施。

推行机关公车改革是减少政府行政运行成本的重要举措，也势必会对公务员管理产生重要影响。此项改革设计对不同层级机关公务员履职行政行为带来的影响不同，公务员管理也将面临新的任务。对因公车改革而出现的“慵政、懒政”现象进行治理，结合公车改革如何实施公务员绩效管理和考核监督等均须提上议事日程。

（三）干部人事制度改革对公务员管理提出制度创新要求

深化干部人事制度改革是与公务员管理最密切相关的改革要求，自党的十三大以来实施至今，干部人事制度改革取得了巨大进展和显著成效。机关、事业和企业单位分类管理，公务员制度从无到有，不断完善。中央提出了“人才强国”发展战略，实施了中长期人才发展规划，颁布了新的干部选拔任用条例，提出了“信念坚定、为民服务、廉政务实、敢于担当、清正廉洁”的“好干部标准”，使属于党政人才范畴的公务员队伍面临新的调整变化，公务员制度需要转型调整，公务员管理工作需要总结提升。

在加强公务员队伍建设方面，需要针对干部人事制度改革形势需要，从公务员招录的“入口”和培训、考核、监督等“管理”环节进行制度创新。主要包括两个方面：一是科学研判公务员队伍及其素质结构，进行行政编制和职数的科学设置；二是加强理想信念和职业道德教育，增强公务员执政兴国的素质与能力。

在公务员制度创新与管理工作方面，应针对干部人事制度改革需要，总结公务员法实施十年来的经验和问题，调整公务员制度中不适应管理需要的方面，进行制度调整和创新，提高公务员管理精细化水平。重新审视和评估公务员法，对公务员队伍的范围进行适度调整，科学处理党群组织、公检法系统、民主党派等机关与行政机关公务员的管理关系，构建基于职位分类的公务员考录、考核、晋升、奖励以及相应的辞职辞退等精细化管理制度体系。

三 公务员管理呈现新趋势

公务员管理经过多年发展，面临新的形势要求，呈现新的发展趋势。具体包括以下几个方面。

（一）需要系统谋划公务员队伍建设工作，科学编制党政人才队伍发展战略规划

中央公务员管理主管部门已经开展了公务员队伍“十三五”发展规划的编制，地方省份也在积极探索和谋划此项工作。可以预见，除了遵循公务员法等基本法律规范以外，今后的公务员管理工作和公务员队伍建设工作，将在战略规划指引下健康有序开展，公务员队伍建设规划将是未来公务员管理工作的基本纲领和重要依据。为此，各级公务员管理主管部门将面临两个方面的工作要求：一方面，要提高公务员管理工作的规划意识，树立公务员管理的战略理念，确立长远发展目标；另一方面，需要客观分析和研究本地区、本层级机关公务员队伍数量、结构、素质等现状与发展需求，着眼于未来经济社会发展和宏观管理任务要求，遵循中央干部人事制度改革总体部署和国家中长期人才发展规划纲要目标要求，厘清党政人才发展与各类人才发展的关系，科学编制公务员队伍发展规划。

（二）需要在公务员职位分类管理方面进行精细管理和制定配套措施

公务员职位分类是公务员管理的基础性工作，“两个规定”的出台，对公务员管理和制度创新提出了挑战。针对中央和国家关于专业技术类和行政执法类公务员管理规定的颁布施行，需要在公务员职位分类管理方面进行精细管理和制定配套措施。实施职位分类，首先，需要科学确定分类范围，即需要明确划分专业技术类公务员和行政执法类公务员的范围；其次，在“两个规定”

外，还需要分别配套制定专业技术类和行政执法类公务员的职数设置办法、任职资格评定办法、职务套改办法以及相关工资待遇管理办法等；最后，需要提高基于职位分类的公务员科学化、专业化、精细化管理水平。毋庸置疑，基于分类管理的公务员考录、考核、晋升、培训以及辞职辞退等公务员管理制度创新，将迎来重要的历史机遇期。

（三）需要进一步解放思想，创新公务员选拔机制

公务员制度实施以来，建立了以考试录用为主的初任公务员选拔机制，在把住公务员“入口关”、提高队伍整体素质等方面发挥了重要制度功能，但随着公共管理的发展、深化干部人事制度的改革以及经济与社会管理的发展，需要选拔多种来源、不同经历的党政干部，需要在考试录用主渠道外，探索创新多种形式选拔渠道。创新公务员选拔机制源于两方面要求，一是公务员分类管理的要求，在分类管理“两个规定”下发后，探索建立和分类管理紧密联系的公务员“进、管、出”科学化、精细化管理体系已经迫在眉睫；二是党政人才队伍建设需要。按照中央《关于深化人才发展体制机制改革的意见》要求，需要建立公务员与事业单位、企业单位的顺畅流动机制。在创新公务员选拔机制内容上，包括对“逢进必考”的基本原则的反思与范围界定、对不同层级机关企事业单位人员进入机关的政策创新、对领导机关公务员公开遴选和调任制度实施范围扩大以及对聘任制公务员实施范围及其实施情况的监管等多个方面。

（四）需要加强对公务员的考核与监督

针对当前公务员队伍内部存在的“不愿为、不想为、不会为和不敢为”的现实情况，需要加强对公务员的考核与监督，从正向认可激励和反向监督制约两方面加强对公务员队伍的管理。首先，完善公务员绩效考核制度，改变考核“形式化”“走过场”的局面，切实发挥绩效管理与考核的认可激励功能，促进公务员平时考核联系点和试点范围不断扩大，积极开展公务员平时考核工作。其次，强化公务员职业道德建设，结合群众路线教育和“三严三实”“两学一做”专题教育，贯彻落实《关于推进公务员职业道德建设工程的意见》要求，着力解决公务员内生动力不足问题。

（五）加强对公务员综合素质的培训开发，注重建立向基层和艰苦边远地区倾斜的公务员培养机制

加强对公务员综合素质的培训开发，是公务员队伍建设和管理的重要任务，也是中央《关于深化人才发展体制机制改革的若干意见》的政策要求。建立完善党政人才培养开发机制，提高公务员队伍执政能力和廉政意识，是公务员管理的内生机制的要求和体现。应制定向基层倾斜的公务员培养开发机制，加大相应的培训经费投入保障力度，加大对县乡机关基层公务员和艰苦边远地区机关公务员的培训开发力度，完善跨地区、跨部门、跨层级的公务员轮岗、挂职等多种形式的交流培养机制。

（六）需要大幅度提高公务员经济性工资福利激励水平

自2006年新的公务员工资制度实施以来，科学的公务员工资增长机制没有建立，导致公务员队伍制度内工资水平长期得不到增长。随着公务员管理制度的健全完善和分类管理精细化实施，公务员管理将面临不同类别公务员和不同任用方式的公务员工资制度创新和水平增长要求。八项规定颁布以来，公务员原有的部门性、地方性津贴补贴等制度外工资收入消失殆尽，中央和地方政府机关普遍面临提高制度内薪酬水平等工资报酬激励的刚性要求。另外，为保证公务员薪酬收入增长的合理性和科学性，迫切需要建立完善市场化薪酬调查机制，并建立公务员与企业等市场薪酬匹配机制，从而建立满足公共部门激励一致性和外部薪酬公平性要求的公务员工资水平确定与增长机制，使党政机关公务员通过提高制度内合理的劳动报酬方式赢得尊重和增长收入，让他们有事业成就感、工作获得感。

（七）创新公务员非经济性报酬激励方式

公务员制度内薪酬水平不足和中央公务员统管制度“刚性”约束，必将促使制度外的报酬和福利项目发展，造成通过非经济性报酬项目设置弥补经济性报酬激励不足的现实问题。因此，需要在科学调查和了解公务员激励现状和现实需求基础上，结合公务员分类管理改革，区分不同层级机关和不同部门及类别公务员实际，有针对性、创造性地制定出台精细化非经济性报酬政策，对非经济性报酬激励方案进行可行性论证。应突破传统干部人事管理观念和制度束缚，在公务员工作与生活平衡、落实公务员休息休假制度、缓解公务员心理压力、关怀公务员心理健康等非经济性报酬等方面，结合公务员管理实际需要进行制度创新。

参考文献

《中华人民共和国公务员法》。
《党政领导干部选拔任用工作条例》。
《专业技术类公务员分类管理规定（试行）》。
《行政执法类公务员分类管理规定（试行）》。
《关于深化人才发展体制机制改革的若干意见》。
《关于推进公务员职业道德建设工程的意见》。
尹蔚民：《在 2016 年全国公务员管理工作会议上的讲话》，2016 年 1 月 29 日。
张维：《公务员分类管理法规出台终结综合管理时代》，《法制日报》2016 年 7 月 20 日。

B.10

事业单位人事制度改革：进展、困境及走向

丁晶晶*

摘　要：在创新驱动发展战略和创新带动创业的“双创”背景下，事业单位人事制度面临着一系列的政策调整，包括进一步下放人事权、改革编制管理、支持离岗创业、强化人才激励、创新人才评价制度等。同时也面临着一些困境，即设岗自主权与减少财政供养人员间的矛盾、去编制改革与强化编制管理的矛盾、岗位规范管理与离岗创业间的矛盾、收入分配激励与工资总额限制间的矛盾、人才评价的科学性与形式化间的矛盾。为此，应审慎推进“双创”政策实施，加快完善相关人事制度，进一步落实人事管理自主权以及平衡授权与监督间的关系。

关键词：“双创”　事业单位　人事制度

2015～2016年，事业单位人事制度改革的显著特点是国家创新创业政策对事业单位改革总体目标和人事政策实践产生了重大影响。党的十八大以来，中央陆续提出一系列政策举措，营造有利于“大众创业、万众创新”的制度环境。尤其是要提高劳动者的知识、资本、技术等的经济回报，促进科技创新成果向产业和市场的转化，将科技人员经济收入与创新性活动相联系，不断加大科技进步在经济发展过程中的贡献力度，打造有利于创业、激励创新的发展环境，这些都对事业单位总体改革提出了新的要求。事业单位作为我国科技创新与服务的重要载体，在创新驱动发展战略和创新带动创业的“双创”[①] 背景

---

* 丁晶晶，中国人事科学研究院事业单位管理研究室助理研究员，博士。

① “双创”一词是指国务院总理李克强2014年9月在夏季达沃斯论坛上公开发出“大众创业、万众创新”的号召。

下，也必将面临一系列的政策调整，尤其是人事制度方面，既存在一定的良好的政策预期，也面临着一系列的矛盾和问题。

一 “双创”背景下人事制度改革的进展

自2015年以来，我国相继出台了一系列有关“双创”的政策措施，旨在进一步调动人才创新创业的积极性，其中也有很大一部分涉及事业单位人员创新创业的相关政策意见，主要包括：2015年3月，中共中央、国务院下发的《关于深化体制机制改革加快实施创新驱动发展战略的若干意见》；2015年4月，国务院发布的《关于进一步做好新形势下就业创业工作的意见》；2015年5月，国务院发布的《关于大力推进大众创业万众创新若干政策措施的意见》；2015年9月，中共中央办公厅、国务院办公厅印发的《深化科技体制改革实施方案》；2016年3月，中共中央印发的《关于深化人才发展体制机制改革的意见》等。

“双创”政策的核心是通过体制机制改革，激发包括科研机构、高等院校等在内的事业单位的创新活力。其中，人才发展体制机制改革将科技成果转化难、事业单位的行政化和官本位、人才评价中的唯论文等问题，作为改革要解决的突出矛盾。这些都要求进一步深化事业单位人事制度改革，推动搞活事业单位的用人机制。其主要政策就是扩大事业单位用人自主权，增强编制和岗位管理的灵活性，为事业单位及其工作人员创新创业提供政策支持和保障。

（一）下放人事权

在“双创”政策的引导下，扩大管理自主权取代“取消行政级别”等成为近期事业单位人事制度改革的热点。2015年9月，中共中央办公厅、国务院办公厅印发《深化科技体制改革实施方案》，提出将进一步落实科研事业单位在人员聘用、职称评定以及绩效工资分配等方面的自主权。这个方案进一步明晰了科研事业单位人事自主权方面改革的具体内容。2015年11月，《中共中央关于制定国民经济和社会发展第十三个五年规划的建议》提出，扩大高校和科研院所自主权，赋予创新领军人才更大的人财物支配权、技术路线决策权，进一步将扩大自主权列为“十三五”事业单位改革的重要任务。

为推动事业单位落实管理自主权，教育部、科技部、卫生和计生委等部门

相继开展了有关政策的调研，部分地方省市率先开展了进一步扩大高等院校、科研机构人事管理权的试点。

其中，2016 年 2 月，广东省人民政府印发实施的《高水平大学建设人事制度改革试点方案》，对扩大高校人事权进行了全面而具体的安排，提出改革的重点任务是“五个下放”“22 个自主”，“五个下放”是指向试点高校下放岗位设置权、公开招聘权、职称评审权、薪酬分配权、人员调配权五个人事管理权限；“22 个自主”是指将下放的权限具体细化，赋予试点高校 22 个自主权。① 可见，广东省的改革将事业单位人事管理自主权进行分类细化，将一般性的扩权口号具体化为明确的政策细则，形成了重大的政策突破。

（二）改革编制管理

十八届三中全会审议通过的《中共中央关于全面深化改革若干重大问题的决定》提出，要加快事业单位分类改革，推进有条件的事业单位转为企业或社会组织。这意味着一部分事业单位将会随着分类改革转为企业或社会组织，从而被取消事业单位编制。

2015 年 9 月，中共中央办公厅、国务院办公厅发布《深化科技体制改革实施方案》，提出要落实公益类的科研院所在编制管理方面的自主权。这预示着符合一定条件的事业单位可以更加灵活地使用编制。

2016 年 3 月，中共中央发布《关于深化人才发展体制机制改革的意见》，提出要对满足相关条件的公益二类事业单位逐步实施备案制管理，创新事业单位编制管理方式。这一意见的提出表明，公益二类事业单位的编制有可能伴随着用人自主权的提高而脱离原先编制设置的初衷②，去编制改革则会顺理

---

① 在岗位设置权方面，试点高校可以自主确定校内岗位的总量以及岗位结构比例、岗位标准，可以自主决定人员聘用；在公开招聘权方面，试点高校可以自主决定公开招聘的时间、招聘方案，可以自行组织考试，可自主确定聘用结果并与聘用人员签订聘用合同；在职称评审权方面，对于正高及以下职称评聘，试点高校可以自主制定标准以及开展评聘工作，并可以向聘用人员颁发专业技术职务聘书；在薪酬分配权方面，试点高校在现有财政保障基础上，可以自主发放绩效工资，对教学、科研人员的收入实行下线保底、上不封顶，对高层次人才可实行年薪制、协议工资、项目工资、一次性奖励等市场化薪酬；在人员调配权方面，取消了引进人才的年龄限制，试点高校可以自主进行档案审核及引进。

② 事业单位编制管理的制度要求定岗定编以及编制实名化。

成章。

从地方层面来看，2015 年 5 月，北京市委办公厅、北京市人民政府办公厅发布《关于创新事业单位管理加快分类推进事业单位改革的意见》，提出会逐步创造条件，对现有公立医院、高等学校等虽继续保留其事业单位性质，但将会探索将其不再纳入原先的编制管理，同时对于目前的编内人员将会实施编制实名制统计，随着人员的自然减员，将会逐步收回编制。这意味着一部分事业单位将会不受编制的限制，可以根据需要自主用人、自主设岗，尤其是对新进人员可以不进入编制管理，随着原有编制内人员的自然减员，编制将会逐步消亡。

（三）支持离岗创业

2015 年 3 月，中共中央、国务院下发的《关于深化体制机制改革加快实施创新驱动发展战略的若干意见》，2015 年 9 月，中共中央办公厅、国务院办公厅印发的《深化科技体制改革实施方案》，均提出经过单位批准，科研人员可在保留基本待遇的前提下，充分利用好自己的科研成果，直接到企业进行成果转化或创建高科技企业。这意味着，只要经过单位批准，科研人员就可以去企业转化科研成果，或是直接离岗去创办企业。

2015 年 4 月国务院发布的《关于进一步做好新形势下就业创业工作的意见》和 2015 年 5 月国务院发布的《关于大力推进大众创业万众创新若干政策措施的意见》提出，经原单位同意，离岗创业人员在 3 年内可以保留其人事关系，享有与原单位其他在岗人员相同的各方面的权利。这表明，离岗创业人员在离岗创业时可以在一定期限内（3 年内）继续被单位聘用，如果创业不成功，离岗创业人员还可以回原单位继续工作，并可以完全享有相应的各项权利。

2016 年 3 月，中共中央印发《关于深化人才发展体制机制改革的意见》，提出要开展高校、科研院所等事业单位科研人员离岗创业的政策措施的研究制定工作。各地有关事业单位人员离岗创业的政策文件陆续出台，如《北京市高等学校、科研机构设立科技成果转化岗位实施细则》（北京市）、《关于完善本市科研人员双向流动的实施意见》（上海市）、《关于支持国有企事业单位科研人员保留人事（劳动）关系离岗创业的实施意见》（福建省）、《吉水县事业单位工作人员离岗创业操作办法》（江西吉水县）、《关于鼓励高校、科研院所专业技术人员创新创业有关人事管理的意见》（江苏省）、《关于高校科研院所等事业单位专业技术人员离岗创业有关问题的通知》（宁夏回族自治区）、《关于做好事业单位专业技术人员离岗创业有关工作的通知》（河北省）。这些地方政策的出台体现了离岗创业成为事业单位人事制度改革的年度热点之一。

（四）强化人才激励

1. 完善成果转化激励

为深化科技体制改革，落实创新驱动发展战略，健全知识、技术、管理等由要素市场决定的报酬机制，调动科技人员的积极性和全社会的创新活力，加快推进科技成果向现实生产力转化，2015 年以来，党中央、国务院出台了一系列促进职务成果收益分配向科研人员倾斜的激励政策。

2015 年 3 月，中共中央国务院印发《关于深化体制机制改革加快实施创新驱动发展战略的若干意见》，提出要进一步完善与成果转化激励相关的各项政策，对科技成果的使用权、处置权和收益权要加快下放，对科研人员的股权激励力度要不断加大，科研人员成果转化收益比例也要进一步提高，不断健全鼓励创新创造的分配激励机制。

2015 年 9 月，中共中央办公厅、国务院办公厅印发《深化科技体制改革实施方案》，进一步对科技成果转化进行激励，要细化关于科技成果使用、处置和收益方面的政策。主要包括：对于科研院所中做出重大贡献的人员和团队的奖励比例，提高至不低于 50%①；奖励金额不纳入工资总额基数。

2016 年 2 月，国务院印发《实施〈中华人民共和国促进科技成果转化法〉若干规定》，对实施新成果转化法提出了明确要求：各单位在制定转化科技成果收益分配制度时，要充分听取本单位职工的意见，并对相关制度在本单位进行公示；要依法对做出贡献的人员给予奖励，按照分类管理的原则对担任领导

① 与现行的 20% 相比，提高了 30%。

职务的科技人员进行奖励。①

值得注意的是，国家有关成果激励的政策主要指的是《成果转化法》第二条所规定的科技成果②是否包括职务作品尚待明确。

2. 健全分配激励机制

2015 年 9 月，中共中央办公厅、国务院办公厅印发《深化科技体制改革实施方案》，明确提出要研究制定事业单位收入分配激励机制的政策意见，进一步通过优化工资结构，推进实施绩效工资，以完善鼓励创新创造的分配机制，重点向做出突出贡献的人员倾斜。可见，分配激励机制一方面以鼓励创新创造为导向；另一方面以绩效为核心，更加倾向于业绩突出人员。

2016 年 3 月，中共中央印发《关于深化人才发展体制机制改革的意见》，提出要对创新领军人才赋予更大的权力③，以市场评价为基础，按实际贡献进行分配，对适宜人员可采取股权、期权等激励措施。这一意见表明，为了进一步提升激励水平，科研机构和高等院校等可通过股权期权等长期激励方式，鼓励成果转化和创新。

（五）创新人才评价制度

2015 年 9 月，中共中央办公厅、国务院办公厅印发《深化科技体制改革实施方案》，提出要以贡献和能力为导向，对从事不同活动的人员建立科学的分类评价和激励机制，将岗位聘用与职称评价结果相互协调和有效衔接。为了提高人才评价的科学性，对不同类型的人员应采取分类评价的方式，如对基础研究、应用研究、成果转化的人员应采取不同的评审标准，核心要义就是坚持

① 根据 2016 年 2 月国务院印发的《实施〈中华人民共和国促进科技成果转化法〉若干规定》，对于担任领导职务的科技人员：（1）国务院部门、单位和各地方所属研究开发机构、高等院校等事业单位（不含内设机构）正职领导，以及上述事业单位所属具有独立法人资格单位的正职领导，是科技成果的主要完成人或者对科技成果转化做出重要贡献的，可以按照促进科技成果转化法的规定获得现金奖励，原则上不得获取股权激励。其他担任领导职务的科技人员，是科技成果的主要完成人或者对科技成果转化做出重要贡献的，可以按照促进科技成果转化法的规定获得现金、股份或者出资比例等奖励和报酬。（2）对担任领导职务的科技人员的科技成果转化收益分配实行公开公示制度，不得利用职权侵占他人科技成果转化收益。

② 是指通过科学研究与技术开发所产生的具有实用价值的成果。

③ 包括技术路线决定权和人财物支配权。

以能力和贡献为核心的评价导向，促进做好职称评定与岗位管理的对接，实现评聘一体化。

2016 年 3 月，中共中央印发《关于深化人才发展体制机制改革的意见》，提出要突出用人主体在职称评审中的主导作用，对于职称评审权限进行合理界定和下放，明确政府主管部门与事业单位在职称评聘方面的各自权责，探索高层次人才、急需紧缺人才职称直聘办法，进一步明确了事业单位人才评价制度改革的方向。这一意见进一步将职称改革提上日程，其主旨是“向单位放权，为人才松绑”。

二　转型期人事制度改革的困境

尽管在“双创”政策的带动下，事业单位以扩大人事管理自主权为核心的人事制度改革取得了局部进展，但事业单位聘用管理等基本制度的改革仍处于停滞状态，总体改革进展迟缓，《事业单位人事管理条例》和《事业单位领导人员管理暂行规定》的配套法规建设仍处于调研阶段，改革中还存在价值冲突和政策反复，改革中出现的一系列实践问题仍待解决。

（一）设岗自主权与减少财政供养人员间的矛盾

公共管理的研究表明，事业单位作为公共服务机构存在机构膨胀、人员扩张的“理性冲动”，并存在滥用权力、以权谋私的潜在可能。为此，新一届政府成立之初，李克强总理提出“财政供养人员只减不增”的改革要求，以抑制政府、事业单位等公共部门的扩张冲动，减轻财政负担，降低服务成本。其目的在于控制包括政府、事业单位等在内的公共部门就业的总规模。

在编制管理上，目前，各地均按照“撤一建一、总量控制”的原则，开始严格控制事业单位机构与人员编制总量，并通过撤并或整合事业单位，以优化机构设置，完善机构编制实名制管理制度，从而收回空余的事业编制，确保编制实有人员的相关信息真实完整，并进行实时更新。在此政策作用下，事业单位编制被严格加以控制，事业单位用人一般不能突破编办核定的编制数量的限制。

事业单位由于实行不同的经费管理办法，有观点认为，只有编制内人员才算财政供养人员，这与分类改革中事业单位财政管理政策的精神是不相符合的。《关于分类推进事业单位改革中财政有关政策的意见》提出，事业单位经营服务收入应全额纳入预算管理，公共服务收入则需要直接上缴财政。事业单位非直接财政供养人员或编外人员的增加必将增加人员预算支出。特别是财政供养人员只减不增的根本目的在于控制公共就业的规模，非直接财政供养人员的失控必将损害只减不增政策的初衷。

但在“双创”政策影响下，近期的政策动向又释放出要给予事业单位更多用人自主权的信号，即事业单位可以根据需要自主招聘人员、设置岗位。在事业单位普遍存在编外用人的情况下，这意味着事业单位用人可能进一步失去对编制和人员数量的控制，这将有可能增加财政直接或间接供养人员的数量，总体扩大事业单位的用人规模。已有案例表明，部分地区和事业单位借机将编外人员以至干部和职工亲属招进单位，导致人员大幅增加。

同时，一些地方出于吸引、保留人才的需要，出台了一系列政策，允许一部分高校、科研院所可以在一定幅度内扩大高级岗位的比例，这一方面会对事业单位吸引和保留更多的优秀人才起到正向作用，但另一方面亦有可能陷入由内部人控制的局面，且会大幅增加用人成本，以至增加公共服务的成本。

因此，如果不对事业单位用人自主权在多大范围内可以自主招聘和设岗加以明确，就可能陷入与“财政供养人员只减不增”改革要求相冲突的局面。

（二）去编制改革与强化编制管理的矛盾

十八届三中全会以来，中共中央、国务院推进的一系列政策，释放出要加快事业单位去编制改革进程的信号，目的是要通过去编制改革落实事业单位的用人自主权，以释放事业单位的活力。但事业单位养老保险制度等有关改革措施却又进一步强化了编制和身份管理。

从 2015 年开始实行的事业单位养老保险改革进程中，虽然机关事业单位工作人员与企业工作人员一样开始缴纳养老保险，但事业单位养老保险制度改革却将是否为编制内人员作为政策实施的依据，只有编制内人员才能享受事业单位的养老保险政策，根据编制身份确定其养老保险基金管理机构。即有正式编制的人员会纳入机关事业单位社会保险基金管理中心，单独建账，与企业职工基本养老保险基金分别管理使用，纳入社会保障基金财政专户，专款专用，而编制外人员则一般被纳入企业社会保险管理中心。这意味着有无编制可能直接影响到其退休待遇，在这种情况下，取消编制就会遇到更大的阻力。

因此，如果不对这种做法加以改变，则会在实际上强化编制在养老保险以至于在整体人事管理中的核心地位，增加编制身份所带来的附加待遇和利益，将会引起事业单位人员对去编制改革的担忧。

（三）岗位规范管理与离岗创业间的矛盾

自2015年以来，中央陆续出台鼓励事业单位工作人员离岗创业的一系列政策文件，其核心是允许一些符合条件的工作人员，特别是专业技术人员中拥有科研成果的科研人员，可以经单位批准后离岗创业，一方面，希望加快和进一步实现科技成果转化；另一方面，则是要通过创业带动就业，从而增加就业岗位。

在这种政策期许下，各地已陆续制定相关政策，一些有志创业的事业单位工作人员也已经与单位办理了离岗创业手续。由于各地经济社会发展水平不同，再加上政策的优惠幅度和辐射人群亦有所区别，各地对离岗创业的积极性存在较大差别。一些地方存在事业单位中的骨干创业积极性很高，申请人数很多，而另一些地方则存在无人申请的局面。不管离岗创业或热或冷，其始终存在与事业单位岗位规范管理发生冲突的可能性。

2000年，中共中央组织部、人事部发布《关于加快推进事业单位人事制度改革的意见》，提出要实现事业单位人事管理由身份管理向岗位管理转变。2006年出台的《事业单位岗位设置管理试行办法》进一步提出了要建立健全事业单位岗位设置管理制度，要按需设岗、竞聘上岗、按岗聘用、合同管理。这意味着事业单位的工作人员要按照岗位来确定其工作内容以及工资福利待遇等相关事宜，同样也表明，如果未得到岗位聘用，则意味着不应继续享受相应的工资福利待遇。

为此，对于离岗创业人员而言，必须明确界定在不违背岗位管理办法的前提下，其岗位应如何设置以及如何避免出现吃空饷的状况。一些地方，如北京，提出为离岗创业人员设置科技转化岗以解决这个矛盾。但从根本上而言，这并不是解决之道。如果离岗创业人员不实际履行岗位职责，却又可以享受岗位上的各项工资福利待遇，这不仅会违背事业单位岗位规范管理的基本精神，还会陷入吃空饷的政策旋涡，同样也是对在职在岗工作人员的不公。

（四）收入分配激励与工资总额限制间的矛盾

近期，我国出台了一系列向科研人员倾斜的收益分配激励政策，一方面，要通过下放科技成果的使用权、收益权和处置权，提高科研人员成果转化的收益比例，另一方面，则是要通过实施绩效工资，进一步完善收入分配机制，以便向做出突出贡献的人员进行倾斜。这些政策目标的期许是通过建立鼓励创新与创造的收入分配激励机制，以激发事业单位工作人员的创新精神和工作积极性，从而激发事业单位活力，实现创新驱动发展战略。

但受到事业单位统一的工资制度的约束，特别是工资总额的限制，事业单位必须要在政策允许的范围内建立工资制度，而不是根据人力资源的市场价格来确定工资水平。因此，在工资总额的限制下，要实现事业单位工资的增量改革，基本上是很难达成的。如果仅仅通过在不突破工资总额的限制下，向一些做出较大贡献的人员倾斜，一方面很难大幅提高工资水平，达到与市场接轨的薪酬水准；另一方面也势必会造成单位内部矛盾的加剧。

虽然，2015 年 9 月，中共中央办公厅、国务院办公厅印发的《深化科技体制改革实施方案》提出，对科技人员和团队职务发明和成果转化的奖励，不纳入工资总额基数。这意味着科技成果转化奖励可以不计入工资总额。但在具体实施过程中，如何界定科技成果转化的范围，由谁来加以确定是否属于科技成果转化等问题都还未得以明确。如果对科技成果转化不加以认定，势必会造成一些不属于或者模棱两可的成果转化也进入这个范围，那么事业单位工资极有可能会脱离控制范围而无限膨胀；如果由一定的机构加以界定，这又有可能因为专业壁垒而导致一些科技成果转化得不到及时认可，从而无法向科技人员及时兑现相应的奖励。

（五）人才评价的科学性与形式化间的矛盾

分类推进人才评价机制改革是配合“双创”政策推进的一项重要举措，目的是建立以能力和贡献为导向、根据不同人员的工作性质和工作任务，开展可行合理的分类评价。

目前，事业单位考核还存在形式化、科学性、有效性不足的问题，主要表现在年终考核大多只在形式上填写简单的考核表，而很少设置定量评价指标。定性指标分数的确定具有片面性、主观性特征，由于缺乏一套科学合理的考核指标体系，故远没有实现根据岗位特点进行人员的分类评价，进而造成“干多干少一个样，干好干坏一个样”的困局。同样，在职称评定过程中，评价标准的设定往往不够科学合理，有些单位仍然是论资排辈、评定工作走形式，致使一部分优秀人才无法及时评上相应的职称。

因此，必须进一步加强对人员考核、职称评价标准和方式的明确认定，以避免出现人才评价不精准、不公允、不及时等问题。

三　“十三五”事业单位人事制度改革的走向

“十三五”开局之年事业单位人事制度改革的进展和问题表明，事业单位总体改革尚处于探索和试点推进的过程中，多重政策目标之间、单项政策与总体制度改革之间的协调将成为改革必须面对的课题。

（一）不断推进“双创”政策落地

“双创”政策作为中央宏观调控政策，必将继续影响事业单位人事制度的改革。在一系列“双创”具体政策出台后，事业单位面临着如何实施政策并取得有效成果的挑战。

首先，应结合行业特点，明确提出落实人事管理自主权的目标和标准。高等院校、科研机构和公立医院作为实施创新创业政策的重要主体，如何结合行业特点，深化聘用、岗位、绩效、薪酬等制度的改革，对事业单位总体改革的推进具有决定性意义。

其次，随着地方“双创”政策的普遍实施，应加强事业单位人事制度改革的试点指导。扩大事业单位人事管理自主权既是科学管理的过程，也是公共机构利益和资源再分配的过程。如工资制度改革，薪酬决定权的不同会带来不同地区、不同事业单位收入分配政策的差异，并带来收入水平的差距，应加强宏观指导，稳慎推进。

最后，各类事业单位也将在各地实际政策规定的基础上，制定适用于本单位的管理办法，特别是关于离岗创业人员人事管理、科技成果转化奖励、绩效工资制度、职称评价和岗位聘用的认定关系等方面的相关政策，实现对相应政策的配合与支持。事业单位在具体事务的管理中，应遵循公平、公正、公开的原则，对离岗创业人员的权益予以保障，同时也要根据政策要求，对相关人员进行合理适度的奖励和激励。

（二）加快完善相关人事制度

虽然2014年出台的《事业单位人事管理条例》，第一次从法规层面对事业单位人事管理做了明确规定，但条例出台之后，关于事业单位聘用管理、岗位、薪酬、考核、竞聘上岗、特设岗位等方面的配套政策亟待出台，以对事业单位人事管理的各个具体环节提出具有可操作性的要求，从而避免出现无法可依的情况。其中，关键是加强事业单位聘用合同、岗位设置和工资制度等方面的制度规范。

首先，应加快完善聘用合同管理制度。聘用管理是事业单位人事制度的基石。当前聘用合同制度不完善、法律适用不明确，导致了事业单位用工管理混乱的状况，为违规违法用人提供了可乘之机，亟须制定聘用合同管理规定，明确聘用合同的适用对象、合同期限、续聘、终止等要求，规范事业单位人员管理。

其次，应进一步深化岗位设置管理制度改革。随着取消编制等改革，事业单位岗位设置管理的主要政策面临调整和适应的问题，如岗位总量调控、岗位类别结构、岗位等级比例等制度是否与事业单位自主设岗的要求相一致。其或存或废，存在争议。

最后，稳妥推进事业单位工资制度改革。随着取消或放宽工资总额管理，事业单位收入分配的个性化和差异化将更加突出，行业、单位之间的收入差距有可能进一步扩大，如何完善工资管理的宏观调控，在强化激励的同时，如何提高分配的公平性、降低公共服务成本，都是改革面临的重大问题。

（三）进一步落实人事管理自主权

虽然各项政策对事业单位人事管理自主权进行了进一步的松绑，但实际上由于政策之间的不协调，其落实起来还存在相当大的难度，行业、地区、单位之间，自主权落实的程度存在巨大差异。这就要求依法明确事业单位自主权的事项、范围，明确界定政府和事业单位在人事管理方面的分工和责任。一是要明确事业单位的领导干部管理权，扩大理事会、事业单位职工和服务对象对事业单位主要领导人选拔任用的参与；二是要明确岗位设置权，应明确事业单位岗位总量和结构比例调控的必要性，避免事业单位人员和岗位的膨胀扩张；三是要明确薪酬决定权，对事业单位工资制度的规范和收入水平的调控应于法有据。

（四）平衡授权与监督间的关系

事业单位作为公共服务机构和国有单位，实行全面的人事授权存在权力滥用的巨大风险，在国际相关机构的管理中较为少见。特别是一些地区和行业部门不仅赋予了事业单位人事管理决策的自主权，还赋予了其人事制度的制定权，如果缺乏基本规范和严格监督，有可能带来进一步的管理混乱和管理不公，最终背离“双创”政策的初衷，因此，必须在一定规则的保证下，遵循公共部门的人事管理规律和规则对事业单位进行授权，同时要对其授权的事项和范围开展多种形式的监督，以达到授权王与监督的平衡。

参考文献

成思危：《中国事业单位改革：模式选择与分类引导》，民主与建设出版社，2000。

马凯：《积极稳妥地分类推进事业单位改革》，《国家行政学院学报》2012 年第 2 期。

黄恒学：《分类推进我国事业单位管理体制改革研究》，中国经济出版社，2012。

经济合作与发展组织：《分散化的公共治理》，中信出版社，2004。

〔美〕琼·派恩斯：《公共和非营利性组织的人力资源管理》，王孙禺、达飞译，清华大学出版社，2002。

就业创业篇

Reports on Employment and Entrepreneurship

B.11 2015年中国就业发展分析

奉　莹*

摘　要：2015年，中国就业形势保持总体稳定，就业规模持续扩大，就业结构更加优化，经济发展与就业保持联动，创业带动就业效应进一步发挥。就业发展取得成效，积极的就业政策体系逐渐形成，高校毕业生、农民工等群体就业工作全力推进，创业带动就业工作进一步加强，就业服务工作取得新进展。在经济发展新常态下，中国就业发展既面临巨大的机遇，也存在不小的挑战，必须在提升经济吸纳就业能力、优化就业结构、提升就业质量等方面做出努力。

关键词：就业发展　就业结构性矛盾　就业创业

* 奉莹，博士，中国人事科学研究院就业创业与政策评价研究室助理研究员。

一　2015年就业发展的基本状况

2015年，中国就业形势好于预期，就业规模持续扩大，就业结构更趋优化，经济发展与就业发展保持联动，创业带动就业效应进一步发挥。

（一）就业规模持续扩大，增速下降

1. 就业总量保持增长，规模增速呈下降趋势

2015年末，全国就业人员为77451万人。从就业总量来看，2011～2015年一直保持增长趋势，2015年比2011年的76420万人增加1031万人，年均增加257.75万人。然而从增长率来看，2011～2015年一直处于低位区间且呈现下降趋势，就业总量增长率从2011年的0.42%下降到2015年的0.26%，下降了0.16个百分点（见图1）。

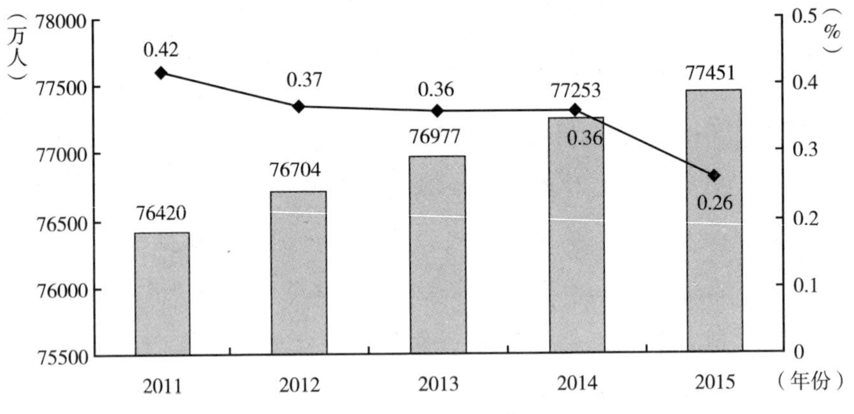

图1　2011～2015年全国就业总量及增长率

资料来源：根据历年《人力资源和社会保障事业发展统计公报》数据整理。

2. 城镇新增就业增多，失业率保持在较低水平

2015年末，城镇就业人员为40410万人，比上年末增加1100万人，城镇新增就业1312万人。人力资源和社会保障部数据显示，2013～2015年，我国城镇新增就业人数分别高达1310万、1322万和1312万，连续三年保持在1300万人以上，三年累计新增就业超过3900万人（见图2）。

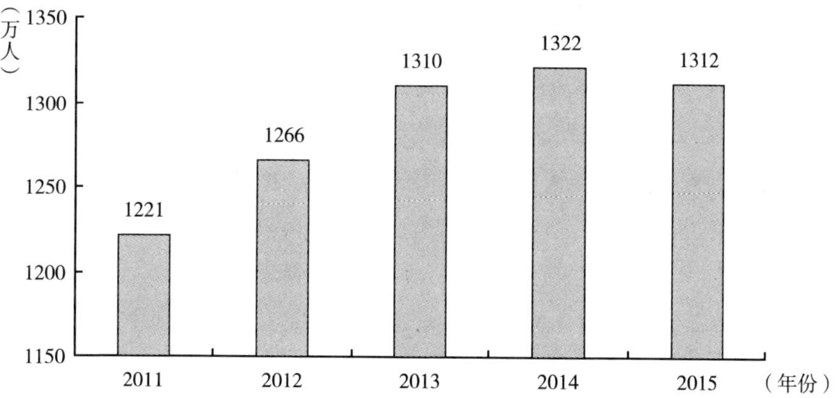

图2　2011～2015年城镇新增就业人数

资料来源：《2015年度人力资源和社会保障事业发展统计公报》。

近年来，虽然我国经济进入“三期叠加”的新阶段，就业面临着巨大的压力，但在就业优先战略的指引下，我国城镇新增就业人数仍然增加较多，城镇失业得到有效控制。2015年，城镇失业人员再就业人数为567万人，就业困难人员就业人数为173万人（见图3）。

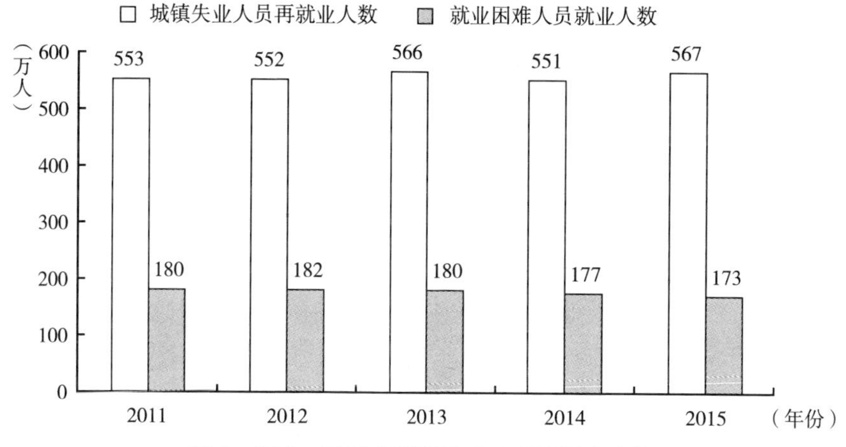

图3　2011～2015年城镇失业人员再就业人数

资料来源：《2015年度人力资源和社会保障事业发展统计公报》。

2011～2015年，城镇登记失业人数分别为922万、917万、926万、952万和966万人，登记失业率大致稳定在4.1%左右的较低水平。2015

年末城镇登记失业人数为966万人，城镇登记失业率为4.05%（见图4）。

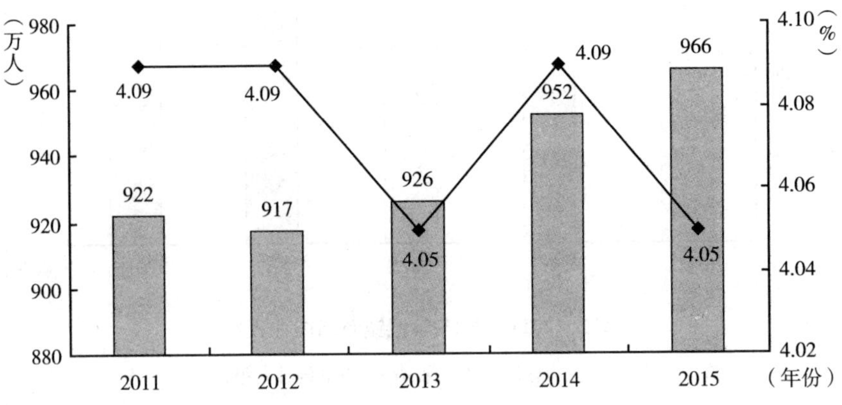

图4　2011～2015年城镇登记失业人数及登记失业率

资料来源：《2015年度人力资源和社会保障事业发展统计公报》。

3. 农村劳动力转移就业规模继续扩大，但增长速度持续下降

2015年，全国农民工总量为27747万人，其中外出农民工16884万人。2011～2015年，农民工总量和外出农民工人数持续增加。农民工总量从25278万人增加到27747万人，增加了2469万人，平均年增加617.25万人。外出农民工数量从15863万人增加到16884万人，增加了1021万人，平均年增加255.25万人。然而，农民工总量增长率却逐年下降，从2011年的4.36%下降到2015年的1.28%，下降了3.08个百分点（见图5）。

（二）就业结构出现较大调整，就业分布更趋优化

1. 就业结构的产业布局发生较大变化，第三产业就业人员大幅增加

随着经济结构和产业结构的不断调整，我国就业在产业中的分布也发生了较大变化。第一产业就业人员从2011年末的26594万人减少到2015年末的21919万人，减少了4675万人，平均每年减少1168.75万人；第二产业就业人员从2011年末的22544万人增加到2015年末的22693万人，增加了149万人，平均每年增加37.25万人。第三产业就业人员从2011年末的27282万人增加到2015年末的32839万人，增加了5557万人，平均每年增加1389.25万人。

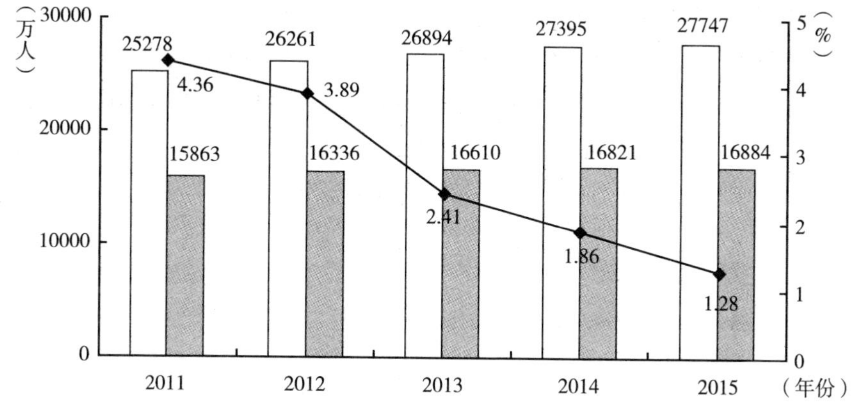

图5　2011～2015年农民工总量、外出农民工人数及总量增长率

资料来源：根据历年《人力资源和社会保障事业发展统计公报》数据整理。

2011～2015年，我国第一产业就业人员比重持续下降，第二产业就业人员比重变化不大，第三产业就业人员比重显著增加。目前，我国三次产业就业人员的比重已从2011年末的34.8∶29.5∶35.7转变为2015年末的28.3∶29.3∶42.4，第三产业就业人员占比提高了6.7个百分点（见图6）。

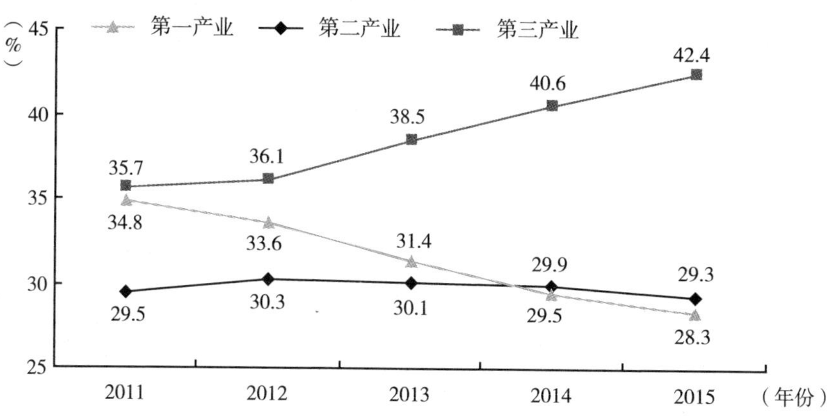

图6　2011～2015年三次产业就业结构分布情况

资料来源：《2015年度人力资源和社会保障事业发展统计公报》。

2. 城乡就业结构持续改善，城镇成为吸纳就业的主要阵地

城镇化进程的不断加快，进一步促进了城乡就业结构的改善。目前，我国

城镇化率已从2011年的51.27%提高到2015年的56.10%，增加4.83个百分点。与此同时，2011～2015年我国城镇就业人员从35914万人增加到40410万人，增加了4496万人，年均增加1124万人；乡村就业人员从40506万人减少到37041万人，减少了3465万人，年均减少866.25万人；城乡就业结构从47.0∶53.0调整为52.2∶47.8。这表明，我国城镇吸纳就业的能力已超过农村，成为我国就业的主要阵地（见图7）。

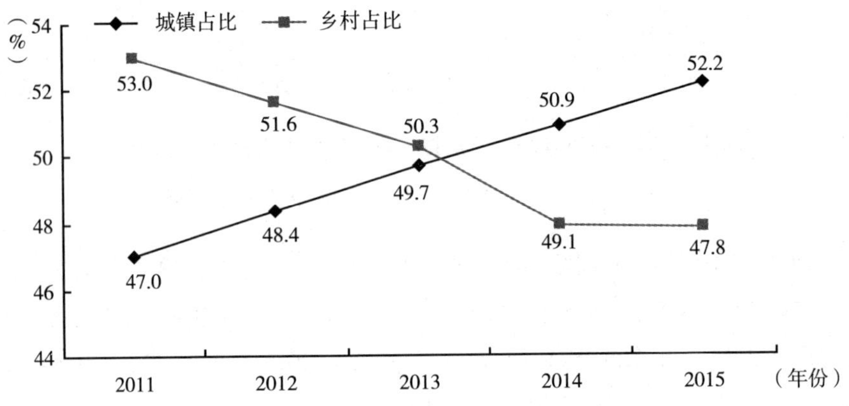

图7　2011～2015年城乡就业结构分布情况

资料来源：根据历年《人力资源和社会保障事业发展统计公报》数据整理。

（三）经济发展与就业发展保持联动

1. 经济增长保持对就业发展的拉动力

就业人员的持续增加，主要得益于我国经济保持了较快的增长。2015年，我国国内生产总值达676708亿元，比上年增长6.9%。2011～2015年，我国经济增长率从9.3%下降到6.9%，年均增长7.8%，虽然经济增长率有所下降，但经济增长对就业的拉动作用依然明显，经济增长仍然是保障就业的第一稳定器（见图8）。

2. 经济结构调整对就业结构的影响显著

经济结构对就业结构产生了较大影响。从三次产业的产值增长率来看，2011～2015年，第一产业产值平均增长4.80%，第二产业产值平均增长7.96%，第三产业产值平均增长8.34%。第三产业的产值平均增速明显快于第一、第二产业。从三次产业的就业增长率来看，2011～2015年，第一产业

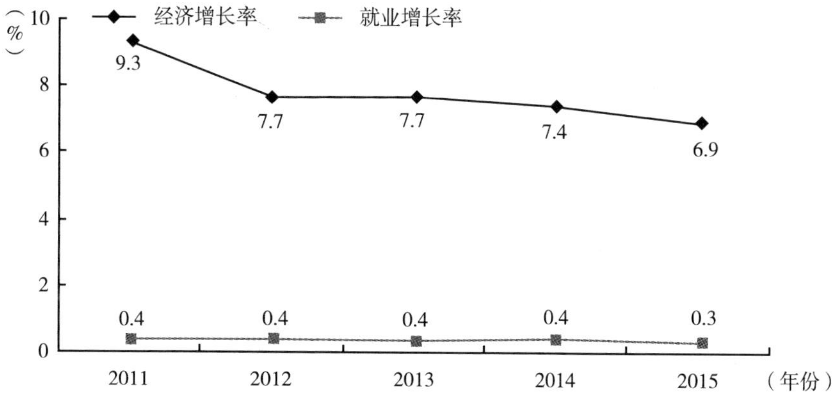

图8　2011～2015年经济增长与就业增长情况

资料来源：根据国家统计局数据中心历年《中国统计年鉴》数据整理。

就业平均增长 -4.72%，第二产业就业平均增长0.8%，第三产业就业平均增长4.52%。第三产业的就业平均增速快于第一、第二产业。从三次产业的就业弹性平均值来看，2011～2015年，第一产业的就业弹性平均值为 -1.05，第二产业为0.07，第三产业为0.54，可见，三次产业对就业的平均吸纳能力，第三产业最大，其次是第二产业，第一产业最小（见表1）。

表1　三次产业的产值增长率、就业增长率和就业弹性

年份	第一产业			第二产业			第三产业		
	产值增长率(%)	就业增长率(%)	就业弹性	产值增长率(%)	就业增长率(%)	就业弹性	产值增长率(%)	就业增长率(%)	就业弹性
2011	4.5	-4.8	-1.07	10.6	3.2	0.30	8.9	3.6	0.40
2012	4.5	-3.1	-0.69	8.1	3.1	0.38	8.1	1.5	0.19
2013	4.0	-6.2	-1.55	7.8	-0.3	-0.04	8.3	7.0	0.84
2014	4.1	-5.7	-1.39	7.3	-1.6	-0.22	8.1	5.8	0.72
2015	6.9	-3.8	-0.55	6.0	-0.4	-0.07	8.3	4.7	0.57

资料来源：根据国家统计局数据中心《中国统计年鉴2015》数据计算整理。

（四）创业带动就业效应进一步发挥

1. 创业促进就业规模扩大

随着中央和地方各项创业政策的出台，创业主体数量逐渐增多，创造的就业岗位增加，吸纳就业人数增长。2015 年，全国新登记市场主体达 1400 万家，同比增长 14% 以上，其中新登记企业达 443.9 万家，同比增长 21.6%，平均每天新登记企业 1.2 万家，每分钟有 8 家企业注册。[①] 由于创业企业大多为小微企业，目前，全国小微企业就业人数为 1.5 亿左右，约占全国的 20%，新增就业和再就业人口的 70% 以上集中在小微企业。

2. 创业推动就业结构转型

“大众创业、万众创新”推动就业结构向新兴产业、服务业转型。2015 年，信息传输、软件和信息技术服务业新登记企业 24 万家，比 2014 年增长 63.9%；文化、体育和娱乐业 10.4 万家，同比增长 58.5%；金融业 7.3 万家，同比增长 60.7%；教育 1.4 万家，卫生和社会工作 0.9 万家，数量均较上年翻番[②]。第三产业新增企业 357.8 万家，同比增长 24.5%，大大高于第二产业 6.3% 的增速。新创企业多从事电子商务，物流快递，信息传输、软件和信息技术服务业，金融业等领域，从而使这些领域的就业人数快速上升。根据中国电子商务研究中心发布的数据，截至 2015 年 12 月，中国电子商务服务企业直接从业人员超过 270 万人，由电子商务间接带动的就业人数超过 2000 万人[③]。

随着商事制度的改革，个体经济、私营经济快速发展，有力地带动了非公经济就业人员的增加。2015 年，新登记注册私营企业 421.2 万家，平均每天新登记注册企业超过 1 万家。截至 2015 年底，全国个体私营经济从业人员实有 2.81 亿人[④]，比 2014 年增加 3100 多万人。

二　2015年就业工作的基本进展情况

2015 年是全面深化改革的关键一年，也是全面完成“十二五”规划的收官之年。在党中央、国务院的坚强领导下，各地贯彻落实中央创新宏观调控政策和

---

① 国家发展改革委员会：《2015 年中国大众创业万众创新发展报告》，人民出版社，2016。

② 《服务业规模持续扩大，新兴产业快速成长——十八大以来我国服务业发展状况》，国家统计局网站，2016 年 3 月 7 日，http://www.stats.gov.cn/tjsj/sjjd/201603/t20160307_1327678.html。

③ 中国电子商务研究中心：《2015 年度中国电子商务市场数据监测报告》，2016。

④ 国家工商总局：《中国个体私营经济与就业关系研究报告》，2016。

重大改革措施，坚持实施就业优先战略和更加积极的就业政策，全力抓好工作落实，高校毕业生等重点群体就业保持平稳，公共就业服务不断加强，就业工作成效显著。

（一）积极的就业政策体系逐渐形成

各部门、各地区高度重视就业工作，深入实施就业优先战略，积极出台和落实各项稳就业、促就业的政策，千方百计地采取各种措施扩大就业。据不完全统计，2015 年，中央及各部门各类就业政策总量近 100 项，其中创业政策超过 70 项。

一是中央层面出台了纲领性的文件。2015 年 4 月，国务院印发《关于进一步做好新形势下就业创业工作的意见》（国发〔2015〕23 号），围绕深入实施就业优先战略、积极推进创业带动就业、统筹推进高校毕业生等重点群体就业、加强就业创业服务和职业培训提出了具体政策措施，成为指导新形势下就业创业工作的纲领性文件。

二是就业政策的针对性加强，内容更加具体。例如，国务院印发的《关于大力推进大众创业万众创新若干政策措施的意见》，从 9 大领域、30 个方面进一步明确了 96 条政策措施；同时，针对高校毕业生、农民工、专业技术人员等就业创业重点群体，还出台了专项政策。

三是就业政策内容的优化完善进一步加强。例如，2015 年底，为了落实中央财政加强专项资金管理的统一要求，人力资源和社会保障部与财政部共同出台了就业补助资金管理办法。办法有“增”有“简”，在“增”上，主要是调整了部分补贴科目的内容，有的扩大了范围，如培训补贴、社保补贴等；有的增加了功能，如就业创业服务补贴，在内容上增加了对创业的支持，在方向上增加了向社会购买服务成果。在“简”上，①简化程序，审核工作由原来的人力资源和社会保障部门初审、财政部门复核，调整为人力资源和社会保障部门负责到底；②减少证明，取消了身份证复印件等证明材料；③减少环节，将公岗补贴等资金直补受益人，减少资金在中间环节的流转，同时赋予地方更多自主权，取消地方新增支出必须向两部备案的规定，授权省里确定就业创业服务补贴购买基本就业创业服务成果的范围。

（二）高校毕业生就业工作全力推进

高校毕业生就业是就业工作的重点。2015 年，我国政府继续深入实施高校毕业生就业促进计划和创业引领计划，组织开展高校毕业生就业服务系列专项活动，继续实施“三支一扶”计划，促进高校毕业生就业创业。

一是出台了促进高校毕业生就业的政策。例如，2015 年 2 月，人力资源和社会保障部（简称“人社部”）印发的《关于做好 2015 年全国高校毕业生就业创业工作的通知》，要求把促进高校毕业生就业作为重中之重，抓好政策落实，精心实施离校未就业高校毕业生就业促进计划，深入实施大学生创业引领计划，加强公共就业人才服务，创新高校毕业生就业宣传工作，促进高校毕业生就业创业。5 月，国务院办公厅印发《关于深化高等学校创新创业教育改革的实施意见》，推进高等教育综合改革，促进高校毕业生更高质量创业就业。7 月，人社部印发《关于加强离校未就业高校毕业生实名制就业服务工作的通知》，要求地方扎实做好未就业毕业生实名登记，提供精准就业服务。

二是引导高校毕业生到基层就业。继续组织开展“西部志愿者”“三支一扶”“特岗计划”等高校毕业生基层项目，健全鼓励高校毕业生到基层工作的服务保障机制，通过购买基层岗位等吸纳高校毕业生就业。

三是鼓励高校毕业生创业。加强创新创业教育，例如，一些高校在本科培养方案中设置了创业通识教育必修课和专业教育选修课①；一些高校成立了创业学院，整合优质资源，推进创新创业人才培养②。组织开展了高校毕业生就业创业活动，例如，举办了首届中国“互联网+”大学生创新创业大赛，为高校毕业生创业提供创业资金。截至 2015 年底，已经提前完成了“引领 80 万大学生创业”的预期目标。

四是进一步加强高校毕业生就业服务。采取措施进一步创新服务内容和形式，提高人力资源市场促进高校毕业生就业的服务水平和质量，举办了“2015年高校毕业生就业服务月”活动、“第十三届全国人力资源市场高校毕业生就

---

① 例如，浙江大学、吉林大学、厦门大学等。

② 例如，中山大学、中南财经政法大学、河北大学、内蒙古大学等。

业服务周”活动，春秋两季的“部分大中城市联合招聘高校毕业生专场活动”等；采取实名制登记等各种措施，加强离校未就业高校毕业生的就业服务。

（三）农民工就业工作取得成效

2015 年，中央高度重视农民工就业工作。2 月，中共中央、国务院印发《关于加大改革创新力度加快农业现代化建设的若干意见》，要求为农民就地就近转移就业创造条件。4 月，国务院印发《关于进一步做好新形势下就业创业工作的意见》，要求鼓励农村劳动力创业和推进农村劳动力转移就业。6 月，国务院办公厅印发《关于支持农民工等人员返乡创业的意见》，提出支持返乡创业的五方面政策措施，推动农民工等人员返乡创业。10 月，国务院办公厅印发《关于促进农村电子商务加快发展的指导意见》，提出要积极培育农村电子商务市场主体，扩大电子商务在农业农村中的应用，推动农民创业就业。11 月，发改委、人社部等 10 部门联合下发《关于结合新型城镇化开展支持农民工等人员返乡创业试点工作的通知》，以劳务输出地为主，选择一些县级城市开展支持农民工等人员返乡创业试点工作，探索完善城镇化建设进程中的农民工返乡创业体制机制。

（四）创业带动就业工作进一步加强

2015 年，创业继续作为带动就业的重要举措，是就业工作的一大重点，中央在释放创业机会、提升创业能力、提供创业资源、降低创业负担、营造创业文化等方面采取了一系列措施。

在释放创业机会方面，围绕激发市场活力，进一步深化商事制度改革，发布了《关于加快推进“三证合一”登记制度改革的意见》（国办发〔2015〕50 号）、《关于“先照后证”改革后加强事中事后监管的意见》（国发〔2015〕62 号）等文件。在提升创业能力方面，加强创业培训，建立健全创业培训制度，加强创业培训课程开发，创新创业培训模式，发布了《关于进一步推进创业培训工作的指导意见》（人社厅发〔2015〕197 号）、《国务院办公厅关于深化高等学校创新创业教育改革的实施意见》（国办发〔2015〕36 号）等文件。在提供创业资源方面，推动互联网金融发展，引导和鼓励众筹融资平台建设，完善创业担保贷款政策，支持保险资金参与创业创新，建立和发展创业园区、孵化基地、众创空间等创业服务平台，出台了《关于大力发展信用保证保险服务和支持小微企业的指导意见》（保监发〔2015〕6号）、《关于发展众创空间推进大众创新创业的指导意见》（国办发〔2015〕9号）、《发展众创空间工作指引》（国科发火〔2015〕297号）等文件。在降低创业负担方面，提供税收优惠，实行规费减免，实行财政补贴，出台了《关于小型微利企业所得税优惠政策的通知》（财税〔2015〕34号）。在营造创业文化方面，支持举办创业训练营、创业创新大赛、创新成果和创业项目展示推介等活动，搭建创业者交流平台，培育创业文化；推进创业型城市创建，对政策落实好、创业环境优、工作成效显著的，按规定予以表彰等。

（五）就业服务工作取得新进展

一是促进人力资源服务业发展。2015年初，人社部与国家发展改革委、财政部联合下发了《关于加快发展人力资源服务业的意见》，把“建立健全专业化、信息化、产业化、国际化的人力资源服务体系”作为加快人力资源服务业发展的重要目标，提出加强机构建设、增强创新能力、培育服务品牌、推进集聚发展、加强队伍建设、加强管理、推进公共服务与经营性服务分离改革、夯实发展基础八大任务。这是国家首次对发展人力资源服务业进行全面部署。

二是加强就业服务和就业管理。我国于2015年2月1日施行新修订的《就业服务与就业管理规定》。新规定允许城镇常住人员在常住地办理失业登记，同时对失业人员登记范围和注销失业登记条件进行了修订。新规定方便了人才流动和就业，扩大了公共就业服务的覆盖面，促进了公共就业服务的均等化。

三是简化就业服务流程，提高服务质量和服务效率。2015年6月，国务院召开常务会议，确定实施“三证合一”登记制度改革，方便创业创新，工商总局等六部门出台了《关于贯彻落实〈国务院办公厅关于加快推进“三证合一”登记制度改革的意见〉的通知》（工商企注字〔2015〕121号），提出全面实行“三证合一、一照一码”登记模式。通过“一窗受理、互联互通、信息共享”，将由工商行政管理、质量技术监督、税务三个部门分别核发不同证照，改为由工商行政管理部门核发加载法人和其他组织统一社会信用代码的营业执照。

三　中国就业发展面临的挑战以及应对策略

进入“十三五”时期，在国际经济环境复杂多变、国内经济发展进入新常态的新形势下，中国就业发展既面临巨大的机遇，也存在不小的挑战，必须采取措施积极应对。

（一）中国就业发展面临的挑战

1. 供求总量矛盾对就业发展带来的挑战

从需求方面来看，一方面，由于国际环境的不确定性及市场的不稳定因素较多，我国经济下行压力较大，就业需求受到限制。2016 年 4 月，制造业新出口订单指数和进口指数双双回落，进口指数再次回落到收缩区间，表明制造业进出口仍面临较大困难。从业人员指数在临界点下方小幅回落 0.3 个百分点，表明就业压力有所加大。① 另一方面，国内面临经济结构的重大调整，对就业需求产生不利影响。中央政府着力化解过剩产能和降本增效，重点化解钢铁、煤炭等行业过剩产能，处置一些长期生产经营困难企业和“僵尸企业”。这一过程面临职工分流安置、失业人员再就业等问题，据初步统计，煤炭系统涉及约 130 万人，钢铁系统涉及约 50 万人，进一步加大了就业压力。从供给方面来看，未来新增就业总量加大。2016 届全国高校毕业生为 765 万人，创历史新高，加上中职毕业生，人数为 1200 多万人，未来几年高校毕业生数量还会进一步增加。与此同时，农村转移劳动力规模庞大，2016 年第一季度，全国农村外出务工劳动力总量为 16799 万人，未来总量仍呈上升态势。据测算，未来几年，我国每年需要在城镇就业的大约有 2500 万人，要保持城镇失业水平不上升，每年城镇新增就业规模不能低于 1000 万人，就业总量压力将长期存在。

2. 就业结构性矛盾对就业发展带来的挑战

当前和今后一个时期，就业的结构性矛盾继续凸显，给就业发展带来了巨大挑战。这些结构性矛盾具体表现在以下方面。

一是劳动者的职业技能素质与单位用人需求之间的矛盾。“就业难”与“招工难”并存，就业总体供过于求与高层次专业技术人才、技工特别是高级技工等人才短缺并存。高等教育结构与劳动力市场需求结构之间的不匹配，使部分高校毕业生就业能力不能满足用人单位需求，导致就业困难。

① 国家统计局服务业调查中心和中国物流与采购联合会发布的中国制造业和非制造业采购经理指数。

二是产业结构与就业结构之间的矛盾。虽然随着产业结构的调整，我国就业结构已经发生了重大变化，2014 年，在全国就业人员中，第二产业就业人员数量首次超过第一产业，三次产业就业结构正式转变为“三、二、一”，但是与产业结构相比，第一产业就业人数占比较高，第三产业吸纳的就业人数不足。

三是就业的区域矛盾仍然突出。一方面，基层、西部、艰苦边远地区人才严重不足；另一方面，受到地区经济发展水平、薪酬待遇、职业发展、就业观念等因素的影响，选择到基层、西部、艰苦边远地区就业的人才仍然相对较少。

3. 人力资源市场变化对就业发展带来的挑战

“十三五”时期，人力资源市场的深刻变化将给就业发展带来影响。一是劳动力成本提高影响企业用工需求。随着经济增长和收入分配制度改革，人力资源市场将出现工资增长和劳动者报酬所占份额的提高，税收、社保缴费等企业用工成本进一步增大，从而限制企业的岗位需求，影响就业增长。

二是劳资冲突加剧给就业发展带来不利影响。在经济下行压力下，人力资源市场的总量和结构性矛盾进一步凸显，企业经营风险与劳动者失业风险并存，劳动者维权意识不断增强。在多方因素的共同作用下，未来市场的劳资冲突将进一步加剧并呈现范围扩大趋势。劳动关系的恶化将影响劳动者的就业质量，可能带来严重的失业问题，影响就业的稳定发展。

（二）促进中国就业发展的应对策略

面对“十三五”时期的挑战，要坚持实施就业优先战略和更加积极的就业政策，维护就业形势稳定，促进就业发展。

1. 促进经济发展与扩大就业良性互动

经济增长是保障就业稳定发展的前提，“十三五”时期，要努力适应经济发展新常态，把促进就业作为经济社会发展优先目标，确保经济中高速增长，在稳增长、调结构中积极创造更多就业岗位。

一是要完善促进就业的宏观政策，建立健全劳动法律体系。继续采取稳增长、扩就业的宏观经济政策，调整工资政策，完善社会保障制度，健全劳动法律法规，保障劳动者权利，保持宏观政策的连续性和稳定性。

二是发挥市场在资源配置中的决定作用，激发市场活力。改变政府职能“错位”、“越位”和“缺位”的状况，强化市场规范和市场监管，建立市场信用体系，精简办事机构，简化服务流程，提升市场效率。

三是加大创新创业扶持力度，大力推动“大众创业、万众创新”。加强体制创新，打造创新创业平台，发展创业服务，营造创业环境，提供创业资金支持，促进创业企业发展，发挥创新创业促就业的倍增效应，以创新创业拓展就业新空间。把促进创新创业与发展新产业、新模式、新业态更好地结合起来，发展就业新形态，形成经济发展和扩大就业的联动效应。

2. 实现产业转型与就业提升协同发展

产业结构与就业结构存在相互影响、相互作用的关系，“十三五”时期，面临产业结构调整和转型升级，要使就业结构进一步发展，必须努力使产业结构转型与就业提升协同发展。

一是加快构建优化调整产业结构的政策，坚持创新驱动发展，实施《中国制造2025》、“互联网+”行动计划，促进产业园区升级发展，提升质量品牌，在发展先进制造业、战略性新兴产业、高技术产业中拓宽就业空间。

二是积极稳妥地做好化解过剩产能中的职工安置工作。化解钢铁、煤炭等行业过剩产能是供给侧结构性改革的首要任务，对于在这一过程中造成的一部分职工分流安置问题，要引导地方和企业分类施策，通过企业内部挖潜、转岗就业创业、内部退养、开发公益性岗位等方式稳妥有序地多渠道分流安置解决。

3. 抓好重点群体就业

抓好以高校毕业生为主的青年、农民工、退役军人、就业困难人员等重点群体的就业。

一是将高校毕业生就业作为就业工作的重中之重，深入实施大学生就业促进和创业引领计划。引导高校毕业生到中小城市、城乡基层就业创业；健全毕业生到基层工作的服务保障机制，解决好薪酬待遇、社会保险、职称评定等实际问题；鼓励企业吸纳高校毕业生就业；结合各种新业态、新模式的发展，开发更多适合高校毕业生的就业岗位；政府购买基层公共管理和社会服务岗位更多地用于高校毕业生就业。

二是稳定和扩大农民工就业创业。加大农民工职业培训和职业教育，引导

农民工有序外出就业，鼓励农民工就地就近转移就业，支持农民工返乡创业，维护农民工的劳动保障权利，推动已在城镇就业的农民工享受均等化公共服务。

三是促进其他重点群体就业。加强退役军人、残疾人、就业困难人员的就业培训，提高其就业能力，开发公益性岗位，实施托底帮扶，健全就业援助长效机制。

4. 加强公共就业创业服务

加强公共就业服务是促进就业的有效措施，在缓解社会压力、落实就业政策、促进再就业、推动人才流动和开发等方面发挥了重要作用。

一是健全覆盖城乡的公共就业服务体系，推进就业服务均等化、社会化，建立健全城乡一体的人力资源市场，为城乡劳动者提供统一、便捷、优质、高效、免费的基本公共就业服务。

二是打造“互联网 + 就业服务”平台，建立全国统一的联网信息平台，推进服务供给多元化、服务全程信息化。

三是加强就业服务规范化建设，强化制度建设，增加就业服务方式，逐步形成机构健全统一、功能定位准确、工作职责明确、业务流程规范、窗口服务优质、基础保障有力的公共就业服务网络。

四是加强公共服务机构工作人员的队伍建设，提高政策水平和服务能力，培养专业化服务队伍。

参考文献

《中华人民共和国国民经济和社会发展第十三个五年规划纲要》，2015。

人力资源和社会保障部：《2015 年度人力资源和社会保障事业发展统计公报》，2016。

中华人民共和国统计局：《中国统计年鉴》，中国统计出版社，2015。

中国电子商务研究中心：《2015 年度中国电子商务市场数据监测报告》，2016。

国家工商总局：《中国个体私营经济与就业关系研究报告》，2016。

中国就业促进会：《2015 年度就业十件大事》，2016。

B.12
近期国家创业政策分析

李志更　王 雅*

摘　要：　2014 年以来，中共中央、国务院及其有关所属部门出台了一系列促进创业的政策文件，其内容涵盖释放创业机会、提升创业能力、提供创业资源、降低创业负担、优化创业服务、加强创业监管、营造创业氛围等方面。本文围绕政策分布、政策内容、政策特征等方面开展分析，总结梳理了创业政策发展的总体态势和典型特征。

关键词：　国家创业政策　政策分析　政策特点

2014 年 1 月到 2016 年 6 月，中共中央、国务院及其有关所属部门出台了一系列有关创业的政策文件。本文重点对 120 份政策文件①进行了文本梳理与分析。

一　政策分布

一是从发文时间的分布来看，文件发布量的峰值时间为 2015 年 9 ~ 10 月。从 2014 年 1 月到 2015 年 2 月，文件出台总量变化幅度不大，从 2015 年 3 ~ 4 月开始，文件出台总量呈现显著增加态势，从 2016 年 1 ~ 2 月开始，文件出台总量快速下降（见图 1）。

* 李志更，中国人事科学研究院就业创业与政策评价研究室主任，研究员；王雅，国家图书馆立法决策服务部，助理馆员。

① 这些文件大体归为三点：一是以促进创业为主题的文件；二是不以促进创业为主题，但扶持创业是其重要内容的文件；三是不以创业为主题，但其内容具有明显激发创业热情支持创业发展效用的其他文件。

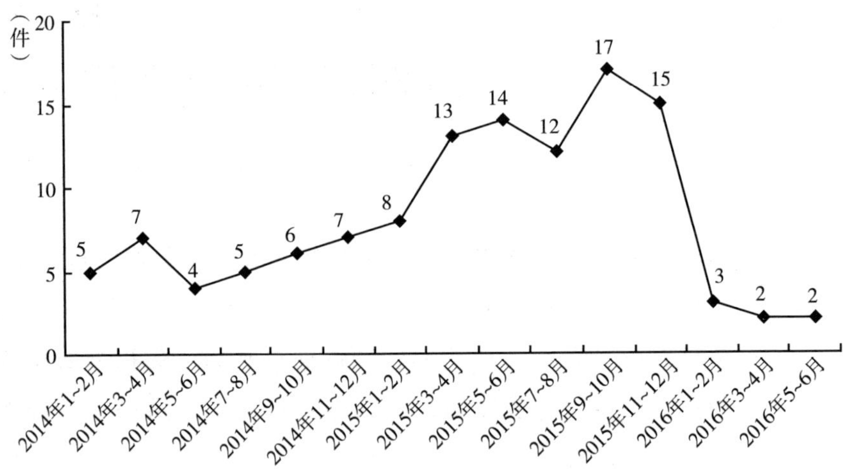

图1　创业政策总量变化情况

二是从发文机构的分布来看，七成政策文件由政府所属部门发布。具体而言，由中共中央（办公厅）发文，中共中央（办公厅）、国务院（办公厅）联合发文以及国务院（办公厅）发文共35件，占总量的29.2%。其中，中共中央（办公厅）发文和中共中央（办公厅）、国务院（办公厅）联合发文15件，占12.5%；国务院（办公厅）发文20件，占16.7%。由政府所属部门发文85件，占总量的70.8%，其中，单部门发文48件，占40.0%；两个部门联合发文的18件，占15.0%；三个及以上部门联合发文的19件，占15.8%（见图2）。

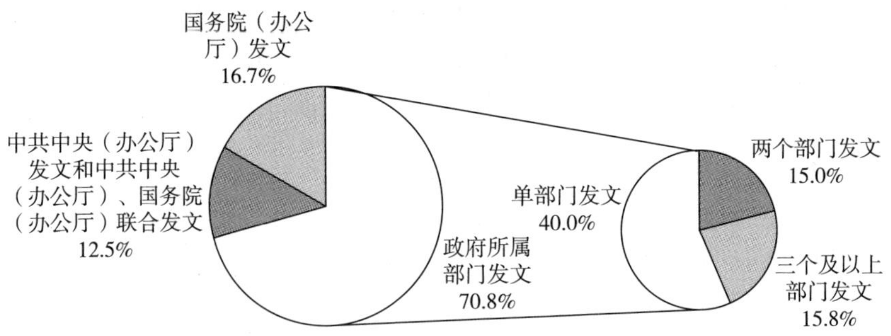

图2　创业政策的发文机关分布

三是从文件内容的分布来看，包含“提供创业资源”规定的政策文件占比最大。现行促进创业的政策措施主要涉及释放创业机会、提升创业能力、提供创业资源、降低创业负担、营造创业氛围、优化创业服务和加强创业监管 7 个方面。具体而言，有些文件含多项措施，尤其是综合性政策文件，这种情况更为明显。据不完全统计，在 120 件政策文件中，上述 7 个方面的政策内容共出现了 232 件次。① 其中，有提供创业资源项的文件 70 件，占总量的 30.2%；有降低创业负担项的 53 件，占 22.8%；有提升创业能力项的 31 件，占 13.4%；有优化创业服务项的 23 件，占 9.9%；有营造创业氛围项的 20 件，占 8.6%；有释放创业机会项的 18 件，占 7.8%；有加强创业监管项的 17 件，占 7.3%（见图 3）。

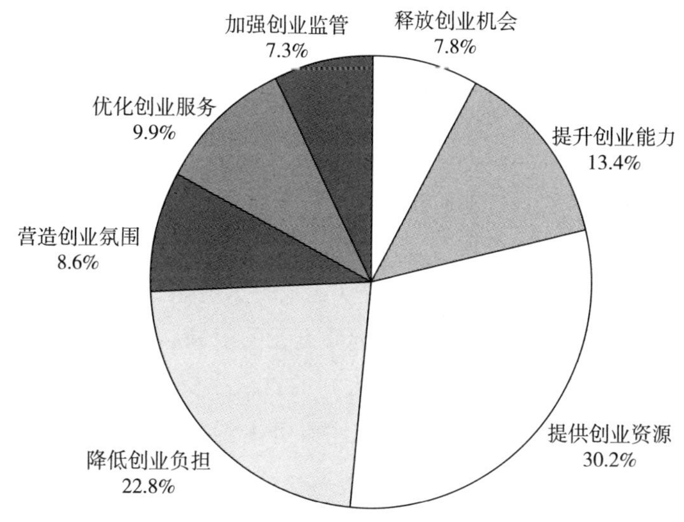

图 3　文件中创业政策的内容结构分布

二　政策内容

（一）释放创业机会

促进创业，首先要解决创业主体的市场进入问题，其核心是适度放松进入规制。

① 一项政策要素在一件文件中多次出现不累计，仅计一次。

1. 放宽创业准入

在创业领域方面，强调放宽行业或业务准入限制。国务院就“大力推进大众创业万众创新”提出若干实施意见（国发〔2015〕32 号），要求建立市场准入等负面清单，破除不合理的行业准入限制；开展企业简易注销试点，建立便捷的市场退出机制。此后，国务院就“积极推进‘互联网 + 行动’”出台指导意见（国发〔2015〕40 号）强调，要制定互联网准入负面清单，实行平等准入，营造宽松环境。

在创业主体方面，注重放宽身份准入限制。党中央国务院多件文件均提出要放宽创业主体准入限制，重点涉及高校、科研院所等事业单位的专业技术人员、在校大学生和境外来华创业人员。

2. 降低创业门槛

2014 年以来，以商事登记制度改革为切入点，国家相继发布了多件政策文件，切实降低创业企业的市场准入门槛。

根据国务院下发的“注册资本登记制度改革方案”（国发〔2014〕7 号），除法律、行政法规以及国务院决定对特定行业注册资本最低限额另有规定的外，取消有限责任公司最低注册资本 3 万元、一人有限责任公司最低注册资本 10 万元、股份有限公司最低注册资本 500 万元的限制。同时，该方案还明确，不再限制公司设立时全体股东（发起人）的首次出资比例；不再限制公司全体股东（发起人）的货币出资金额占注册资本的比例；不再规定公司股东（发起人）缴足出资的期限。此后，国务院在“进一步做好新形势下就业创业工作”（国发〔2015〕23 号）和“大力推进大众创业万众创新”（国发〔2015〕32 号）等有关文件中，提出了放宽登记条件的具体要求和办法。

为清理工商登记前置审批项目，2014 年以来，国务院分三批决定将一些工商登记前置审批事项调整或明确为后置审批，由“先证后照”改为“先照后证”。为有效落实国务院相关要求，国家工商行政管理总局（以下简称“工商总局”）相继发布了《关于做好注册资本登记制度改革实施前后登记管理衔接工作的通知》（工商企字〔2014〕32 号）、《关于做好工商登记前置审批事项改为后置审批后的登记注册工作的通知》（工商企字〔2014〕154 号）、《关于严格落实先照后证改革严格执行工商登记前置审批事项的通知》（工商企注字〔2015〕65 号）等文件。

（二）提升创业能力

为提高创业成功率、降低创业风险，党中央国务院及有关部门针对创业主体能力提升进行了全面部署，而且在开展普适性能力提升活动的同时，特别对多个重点群体给予了更多关注。

1. 强化创业教育

人力资源和社会保障部（以下简称“人社部”）、国家发展改革委员会（以下简称“发改委”）、教育部、科学技术部（以下简称“科技部”）、工业和信息化部（以下简称“工信部”）、财政部、中国人民银行、工商总局、共青团中央九部门印发的《关于实施大学生创业引领计划的通知》（人社部发〔2014〕38号）提出，要普及创业教育；2015年5月，国办就“深化高等学校创新创业教育改革”发文（国办发〔2015〕36号），对高校开展创新创业教育进行了总体部署；教育部在相关文件中，注意贯彻落实加强创业教育的有关规定。

总的来看，强化创业教育重点涉及如下内容：一是在高校普及创业教育并将其纳入学分管理；二是创新创业教育方式，强化实践教育；三是加强师资队伍建设，优化师资结构，强化实践教育力量。

2. 加强创业培训

国发〔2015〕23号文强调，要将创新创业课程纳入国民教育体系，并对充分动员各种资源、开发多样化的创业培训项目提出要求。

针对大学生群体，鼓励支持各类组织开发管用、有效的相关培训项目。特别强调要抓培训师资队伍建设，要创新培训方式，要抓好培训质量监督。

针对农民工群体，要加强创业辅导制度和导师队伍建设，强化返乡农民工等人员创业培训和辅导。此外，国务院还要求，建设返乡创业培训实习基地、做好贫困乡村创业致富带头人培训等涉及农民工等人员创业培训的相关工作。

此外，针对科技人才等群体的创业培训，国家也有要求、有安排。

3. 重视创业指导

为提高创业成功率，国家一直高度重视创业指导工作。如国办就“深化高等学校创新创业教育改革”（国办发〔2015〕36号）的有关文件，对各地和高校创业指导服务机构建设做出具体安排；教育部、人社部均对毕业生创业导师选聘（拔）和创业指导方式创新等问题提出了更为具体的要求。

此外，针对农民创业群体的创业指导问题，农业部《关于加强农民创新创业服务工作促进农民就业增收的意见》（农办加〔2015〕9号）指出，要依托现有乡镇企业、农产品加工业和休闲农业培训机构，开展农民创新创业指导师、农民创新创业辅导员培训，建设一支以专家导师（须为大专院校、科研院所专家）、企业家导师（须为企业生产经营管理人员）为主体的农民创新创业指导人员队伍。

（三）提供创业资源

2014年以来，国家通过多种措施加大对各类创业主体提供资源的支持力度。这些措施包括完善创业融资服务、推动创业孵化平台建设、促进创业中介服务发展等。

1. 创业融资支持

具体而言，综合各种政策措施，扩大供给、拓展渠道、加大力度是融资支持政策的典型特征。

在扩大创业投资供给方面，2014年5月，发改委办公厅就“进一步做好支持创业投资企业发展相关工作”（发改办财金〔2014〕1044号）发文，旨在通过促进创业投资行业健康发展，加大对小微企业的支持力度；2014年8月，科技部和财政部联合下发《国家科技成果转化引导基金设立创业投资子基金管理暂行办法》（国科发财〔2014〕229号），用以规范国家科技成果转化引导基金设立创业投资子基金工作。在拓展融资渠道方面，国发〔2015〕23号文提出，要发挥资本市场作用，要进行股权众筹融资试点等。在加大创业担保贷款力度方面，国发〔2015〕23号文调整了原来小额担保贷款的具体额度，进一步强化了小贷对创业的投入保障作用。

此外，保监会、工信部、中国人民银行等5部门就“大力发展信用保证保险服务和支持小微企业”联合下发指导意见（保监发〔2015〕6号），推动信用保证保险业务支持小微企业发展的相关工作，发挥信用保证保险的融资增信功能，缓解小微企业融资难、融资贵困境，并明确要求，发挥保险机构风险管理优势，探索开展融资性担保机构中小企业担保贷款保证保险业务，扩大保险业服务小微企业规模。

2. 创业孵化平台支持

在有关“提供创业资源”的政策文件中，有相当一部分措施旨在支持创业园区、孵化基地、众创空间等创业服务平台建设，为创业者提供更为优质的综合服务条件和环境。

2015 年 3 月，国办《关于发展众创空间推进大众创新创业的指导意见》（国办发〔2015〕9 号）下发，不仅明确了众创空间的发展目标，还明确提出了发展众创空间的八项重点任务。2015 年 9 月，科技部下发《关于印发〈发展众创空间工作指引〉的通知》（国科发火〔2015〕297 号），进一步明确了众创空间的功能定位、建设原则、基本要求和发展方向。

产业集群是中小企业发展的重要组织形式和载体，可降低中小企业的创业成本。为促进产业集群发展，2015 年 7 月，工信部就“进一步促进产业集群发展”下发指导意见（工信部企业〔2015〕236 号），从 19 个方面对我国的产业集群发展进行了部署安排。

2016 年 5 月，国办下发《关于建设大众创业万众创新示范基地的实施意见》（国办发〔2016〕35 号），从总体思路、示范布局、改革措施、建设任务以及步骤安排等方面对建设“双创”示范基地进行部署，明确提出了“到 2018 年底前建设一批高水平的双创示范基地”的发展目标。

为支持农民工返乡创业发展，国办在“支持农民工等人员返乡创业”的有关文件（国办发〔2015〕47 号）中，不仅提出了农民工返乡创业园整合发展的思路，还鼓励金融服务机构对园区基础设施建设提供支持。

3. 中介服务与公共服务支持

提供创业资源还体现在提供中介服务和公共服务方面。为完善农民工等人员返乡创业公共服务，有关文件（国办发〔2015〕47 号）要求将其及时纳入公共服务范围，将电子商务等新兴业态创业人员及时纳入社保覆盖范围；探索完善返乡创业人员社会兜底保障机制，降低创业风险。为支持高校毕业生创业，有关文件（国办发〔2014〕22 号、人社厅函〔2015〕19 号）要求各地公共就业人才服务机构为自主创业的高校毕业生做好人事代理、档案保管、社会保险办理和接续、职称评定、权益保障等服务。

此外，国务院和农业部都发文提出，要激发社会各方参与的积极性，发展创业中介服务，为解决返乡创业农民工等人员创业能力、经验、资源不足等问题提供帮助。如农业部《关于加强农民创新创业服务工作促进农民就业增收的意见》（农办加〔2015〕9号）提出，要充分发挥大专院校、科研院所、行业协会和社会中介组织的作用，开展研发设计、检验检测、技术咨询、市场拓展等行业综合服务以及信息、资金、法律、知识产权、财务、咨询、技术转移等专业化服务。要加强法律援助，协助解决农民创新创业中遇到的纠纷。

4. 政府采购支持

政府通过采购手段购买创业企业的产品和服务，不仅直接增加了创业主体的销售渠道，也可使创业主体参与公共事业建设。

文化部、工信部和财政部联合下发的《关于大力支持小微文化企业发展的实施意见》（文产发〔2014〕27号）提出，鼓励小微文化企业根据政府向社会力量购买服务的相关规定参与公共文化服务，支持有条件的地区探索制定项目补贴、定向资助等具体措施。在政府采购过程中，各级文化行政部门对小微文化企业及小微文化企业份额达到30%的联合体有自主知识产权的投标产品和服务，可在价格扣除优惠政策规定范围内按较高标准执行。

科技部《关于进一步推动科技型中小企业创新发展的若干意见》（国科发高〔2015〕3号）提出，要通过政府采购支持科技型中小企业技术创新。各级机关、事业单位和社团组织的政府采购活动，在同等条件下，鼓励优先采购科技型中小企业的产品和服务。鼓励科技型中小企业组成联合体共同参加政府采购与首台（套）示范项目。

（四）降低创业负担

为降低创业负担，国家着重从提供税收优惠、财政补贴和实行规费减免等方面对创业者进行扶持。

1. 税收优惠

2014年以来，国家为鼓励大众创业实行了多项税收优惠政策，不仅惠及研发人员、高校毕业生等各类创业人群，还惠及众创空间等新型创业孵化平台机构。

2014年4月，财政部和国家税务总局（以下简称“税务总局”）联合发文（财税〔2014〕34号）明确，自2014年1月1日至2016年12月31日，将享受减半征收企业所得税优惠政策的小微企业范围由年应纳税所得额低于6万元扩大到低于10万元，其所得减按50%计入应纳税所得额，按20%的税率缴纳企业所得税。2015年，两部门又相继下发文件，扩大了受惠的小微企业范围。

2014年10月，财政部和税务总局（财税〔2014〕75号）从固定资产加速折旧角度，为生物药品制造业等6个行业的企业减负，使小微企业轻装前行，这是促进中小企业发展的重要措施。

2. 财政补贴

除税收优惠外，国家还十分注重运用财政手段降低创业负担。如国发〔2015〕23号文就通过贴息办法，鼓励金融机构调整创业担保贷款利率；人社部有关推动创业培训的文件（人社厅发〔2015〕197号）再次强调了创业培训补助的发放规定与要求。

3. 规费减免

与税收优惠政策和财政补贴相呼应，现行多项政策文件均提到了全面清理行政事业性收费等涉企费用问题。如财政部、税务总局联合发文（财税〔2014〕122号）规定，自2015年1月1日起至2017年12月31日，对按月纳税的月销售额或营业额不超过3万元（含3万元），以及按季纳税的季度销售额或营业额不超过9万元（含9万元）的缴纳义务人，免征教育费附加、地方教育附加、水利建设基金、文化事业建设费。

（五）优化创业服务

在为创业主体提供各种政策支持的同时，国家也通过完善各项相关服务，为创业促进政策的顺利实施提供保障。

为了提高公共服务质量和效率，更好推动大众创业，国办在相关文件（国办发〔2015〕86号）中要求，全面梳理和公开公共服务事项目录、坚决砍掉各类无谓的证明和烦琐的手续、大力推进办事流程简化优化和服务方式创新、加快推进部门间信息共享和业务协同、扎实推进网上办理和网上咨询、加强服务能力建设和作风建设六个方面的主要任务。

为简化登记服务流程，工商总局等六部门联合发文（工商企注字〔2015〕121号）提出，全面实行“三证合一、一照一码”登记模式，并明确规定，实行统一的登记条件、登记程序和登记申请文书材料规范，申请人办理企业注册登记时只需填写“一表”，向“一个窗口”提交“一套材料”即可，登记部门审核后，直接核发加载统一代码的营业执照，并在全国企业信用信息公示系统公示。

为体现对大学生群体的优先服务，人社部、发改委等九部门联合下发的《关于实施大学生创业引领计划的通知》（人社部发〔2014〕38 号）指出，要进一步完善工商登记“绿色通道”，简化登记手续，优化业务流程，为创业大学生办理营业执照提供便利。

在创新创业服务方式方面，将信息化建设作为改善服务效能的重要手段。比如，有关文件（国发〔2014〕52 号）就曾提出，要发挥统一的信用信息平台的汇集作用，利用新技术手段，实现信息共享和公开，推动政府部门和有关机构为中小微企业提供更有效的服务。

（六）加强创业监管

在放宽准入限制的同时，国家强调要加强对创业主体的事中事后监管，以约束和规范市场主体的创业行为，建立公平合理的市场竞争环境。

从监管内容来看，主要是从完善信用约束机制入手构建市场监管体系。国务院发文（国发〔2014〕7 号）提出，要建立经营异常名录制度，进一步推进“黑名单”管理方式应用，逐步实现“一处违法，处处受限”。

从监管方式来看，国家注重利用信息化手段提升监管质量。比如，有关文件多次强调，要运用信息技术方法强化市场服务和监管，依托统一管理平台，提高信息公示效率，提升服务监管水平。

（七）营造创业氛围

创业氛围乃至基于此的创业文化对创业者的创业意愿、创业动机都具有重要影响，是十分重要的创业软环境。在此次收录的政策文件中，部分文件对营造有利于创业发展的社会氛围和培育创业文化做出安排。

比如，国务院在有关文件（国发〔2015〕23 号）中，针对营造大众创业良好氛围，提出了多种具体措施。此外，国办在有关文件（国办发〔2015〕47 号）中也强调，要充分利用微信等移动互联社交平台搭建返乡创业交流平台，加大返乡创业典型宣传，旨在形成示范效应，强化有关人员创业动力。

又如，教育部发文（教学〔2014〕15号）强调，要用多种方式加强思想教育和政策宣传，帮助毕业生调整就业预期，积极主动就业创业。

三　政策特征

（一）关注重点群体，强化共性与个性政策结合

总的来看，为更好地促进大众创业，党和国家日益注重提高创业政策普适性，扩大政策适用范围。然而，不同的创业群体有其自身特点，因此，针对典型群体，国家还出台了一定数量的个性化政策，以进一步明确政策指向，提高政策有效性。

比如，人社部、发改委等九部门联合发文实施的“大学生创业引领计划”（人社部发〔2014〕38号）以及国办就“深化高等学校创新创业教育改革”（国办发〔2015〕36号）、人社部就“做好留学回国人员自主创业工作”（人社厅函〔2015〕19号）下发的文件均将政策对象聚焦于高校毕业生。

比如，财政部、税务总局、民政部联合下发的《关于调整完善扶持自主就业退役士兵创业就业有关税收政策的通知》（财税〔2014〕42号），针对的是退役士兵群体。

中国人民银行就“做好家庭农场等新型农业经营主体金融服务”（银发〔2014〕42号）、国办就“支持农民工等人员返乡创业”（国办发〔2015〕47号）、农业部就“实施推进农民创业创新行动计划（2015～2017年）”（农加发〔2015〕3号）下发的文件涉及的群体主要是务农人员和农民工。

（二）注重调控方式互补，强化行政与市场措施协同

2014年以来，国家创业政策体系逐步完善，创业调控手段呈现多元发展态势：不仅有以推行“三证合一”为代表的行政手段，还有财政税收手段和金融手段。总之，国家在推进创业发展过程中更加注重多措并举，发挥行政和市场两个作用，追求相得益彰的互动效果。

国务院就“注册资本登记制度改革”（国发〔2014〕7号）、国办就“加快推进‘三证合一’登记制度改革”（国办发〔2015〕50号）、工商总局就

“严格落实先照后证改革严格执行工商登记前置审批事项”（工商企注字〔2015〕65号）等发布的文件中提出的相关要求是典型的行政手段。

税务总局就“扩大小型微利企业减半征收企业所得税范围”（税务总局公告2014年第23号）、财政部和税务总局就“完善固定资产加速折旧企业所得税”（财税〔2014〕75号）和“对小微企业免征有关政府性基金”（财税〔2014〕122号）等发布的文件中的有关规定则是典型的财税手段。

发改委办公厅就“进一步做好支持创业投资企业发展相关工作”（发改办财金〔2014〕1044号）、中国银行业监督管理委员会（以下简称“银监会”）就“2015年小微企业金融服务工作”（银监发〔2015〕8号）、工信部就“进一步促进中小企业信用担保机构健康发展”（工信部企业〔2015〕83号）等发布的文件中做出的有关安排是典型的金融手段。

（三）注重多元参与，强化多方合力效应

从政策制定角度来看，坚持统筹协同是又一政策特征。在重点梳理的120件政策文件中，中共中央（办公厅）发文、中共中央（办公厅）和国务院（办公厅）共同发文、国务院（办公厅）发文、两个及以上部门发文的政策共72件，占总量的60.0%，因此，在政策制定和执行过程中均呈现统一领导、职能部门牵头、相关部门参与的工作格局。

为推动实施大学生创业引领计划，人社部、发改委、教育部、科技部、工信部、财政部、中国人民银行、工商总局、共青团中央九部门联合发文（人社部发〔2014〕38号）进行部署。

为开展农民工等人员返乡创业试点，发改委、工信部、财政部、人社部、国土资源部、住房城乡建设部、交通运输部、农业部、商务部、中国人民银行十个部门联合发布通知（发改就业〔2015〕2811号），为试点工作推进提供指引。

为促进小微企业发展，税务总局和银监会联合发文（税总发〔2015〕96号），就开展银税互动合作活动进行部署，旨在通过建立银税合作机制，有效支持金融服务机构为中小企业提供信贷服务。

除政策制定的统筹协同外，现行政策在资源动员方面，很注重促进社会主体和市场主体的广泛参与，这种特征在为小微企业提供融资支持方面表现尤为

显著。

商务部和银监会就“完善融资环境加强小微商贸流通企业融资服务”联合发文（商流通函〔2014〕938 号）指出，要发挥其他融资机构的融资补充作用，包括发挥典当的短期应急融资服务功能、融资租赁的设备融资服务功能以及商业保理的风险转移和融资功能。

保监会、工信部、商务部、中国人民银行、银监会就“发展信用保证保险服务支持小微企业”（保监发〔2015〕6 号）联合发文，提出指导意见，鼓励建立“政府 + 银行 + 保险”多方参与、风险共担的合作模式。工信部就“进一步促进中小企业信用担保机构健康发展”（工信部企业〔2015〕83 号）发文，从八个方面对促进信用担保机构建设做出了部署安排。

（四）注重示范带动，强化文化建设

在鼓励大众创业的过程中，高度重视先导示范带动作用。具体而言，推动示范试点建设，可以形成一批可复制推广的创业模式和典型经验，可以通过宣传等手段营造创业文化，激发更多主体的创业热情。

2014 年以来，国家逐步加大建设创业示范基地的力度，出台了一系列政策文件，构建示范机制，强化示范效应。比如，国办有关于“大众创业万众创新示范基地建设”（国办发〔2016〕35 号）的部署；财政部、工信部、科技部、商务部、工商总局有关于“小微企业创业创新基地城市示范工作”（财建〔2015〕114 号）的安排；工信部有关于“小型微型企业创业示范基地建设”（工信部企业〔2015〕110 号）的要求；人社部有关于“推荐创业孵化示范基地”（人社厅发〔2014〕36 号）的规定。

除创业示范基地建设外，相关政策还涉及农民工返乡创业试点建设。比如，发改委、工信部、财政部等十部门就“结合新型城镇化开展支持农民工等人员返乡创业试点工作”联合发文（发改就业〔2015〕2811 号），围绕农民工等人员返乡创业面临的场地短缺、基础设施不完善、公共服务不配套以及融资难融资贵等突出问题，对建设返乡创业试点进行了详细规划。

此外，重视示范带动作用还体现在进行融资试点、税收试点等方面。在《推进普惠金融发展规划（2016 ~ 2020 年）》（国发〔2015〕74 号）中，有关于“开展试点示范”的要求；在《国务院办公厅关于发展众创空间推进大众

创新创业的指导意见》（国办发〔2015〕9 号）等多个文件中，都提出要开展互联网股权众筹融资试点；在《财政部国家税务总局关于推广中关村国家自主创新示范区税收试点政策有关问题的通知》（财税〔2015〕62 号）等多个文件中，都提到税收试点政策的推广。

（五）政策规模和创新力度较大，政策融通仍有待加强

从政策制定角度来看，出台的政策文件规模大，涉及的制定主体较多，作用对象多元且覆盖面较大。与此同时，落实中央政策已经形成了明显的地方政策规模效应。但在一定时间内围绕同一主题多部门密集出台相关政策，在追求和兼顾政策全面系统的同时，有些政策内容在一定程度上也存在重复出现现象。比如，关于有关人员“在职创业、离岗创业”的政策就有多个文件重复提到。

从政策创新角度来看，各领域政策均有创新点，尤其是在释放创业机会、提供创业资源、降低创业负担、提升创业能力、加强创业监管等方面，政策创新加大了促进创业的力度。仍以鼓励有关人员在职创业、离岗创业为例，其具体规定明显放松了事业单位专业技术人员的创业准入规制，这不仅是扩大创业者规模的有效措施，更是提升创业者素质、优化创业者结构进而优化产业结构的有效措施。但与此同时，要有效落实这一政策，需要进一步完善相关规范，使其与事业单位岗位管理和工作人员管理制度、党规党纪有关规定更好地适配衔接。

参考文献

国务院办公厅政府信息与政务公开办公室：《国务院大众创业万众创新政策选编》，人民出版社，2015。

国家发展和改革委员会：《2015 年中国大众创业万众创新发展报告》，人民出版社，2015。

包家新、刘立新：《创业政策与法律》，北京师范大学出版社，2013。

胡希：《创业公共政策研究——基于激励创业者进入的视角》，经济科学出版社，2010。

B.13
大学生社会实践与就业调查报告

奉 莹 李志更*

摘 要： 本报告根据问卷调查数据，对2010～2014年毕业的大学本科生社会实践、就业能力和就业质量进行了分析。调查发现：多数毕业生对在校期间参加社会实践态度积极；社会调查、实习和兼职是社会实践的主要方式；社会调查、实习与所学专业的关联性较强；社会实践整体上对就业能力提升有积极影响；大多数毕业生在毕业半年内实现初次就业，且多数人初次就业是在企业；大多数毕业生对初次就业的工作较为满意，工作稳定性较好。但同时调查也发现了一些问题，如大学生社会调查不够深入具体、用人单位缺乏规范的实习生管理制度、大学生在兼职过程中缺乏权益保护等。

关键词： 大学生社会实践 就业能力 就业质量

大学生社会实践是大学教学培养方案和教学计划的必要环节，是课堂教育和社会实践相结合的重要形式。大学生社会实践对大学生就业有积极的促进作用，大学生能够通过社会实践增强自身就业能力，提高就业质量。本报告根据问卷调查数据，对2010～2014年毕业的大学本科生的社会实践、就业能力和就业质量进行了分析。本次调查共回收有效问卷4076份，调查样本覆盖27个省（区、市）。

* 奉莹，博士，中国人事科学研究院就业创业与政策评价研究室助理研究员；李志更，中国人事科学研究院就业创业与政策评价研究室主任，研究员。

一　大学生社会实践

（一）参加社会实践的动因

1. 对在校期间参加社会实践持积极态度的占多数

调查显示，“提高就业素质和能力，积累就业经验”“更好地认识社会和了解社会”是大学生在校期间参加社会实践的主要原因。在6个参加社会实践的主要原因选项中，“提高就业素质和能力，积累就业经验”的选择比例最高，为59.9%；其次是“更好地认识社会和了解社会”，为50.3%；再次是“赚取生活费，减轻家庭负担”，为25.2%（见图1）。

2. 对在校期间参加社会实践持被动消极态度的较少

在校期间参加社会实践的主要原因中，认为“时间太多，打发时间”的占13.7%；出于“学校的规定和要求”和“看到很多人做，自己也想做”的所占比例都较少，分别为5.5%和5.4%。由此可见，目前大学生参加社会实践的就业目标比较明确，而应付学校规定和要求，随大流、盲目参加的情况都较少（见图1）。

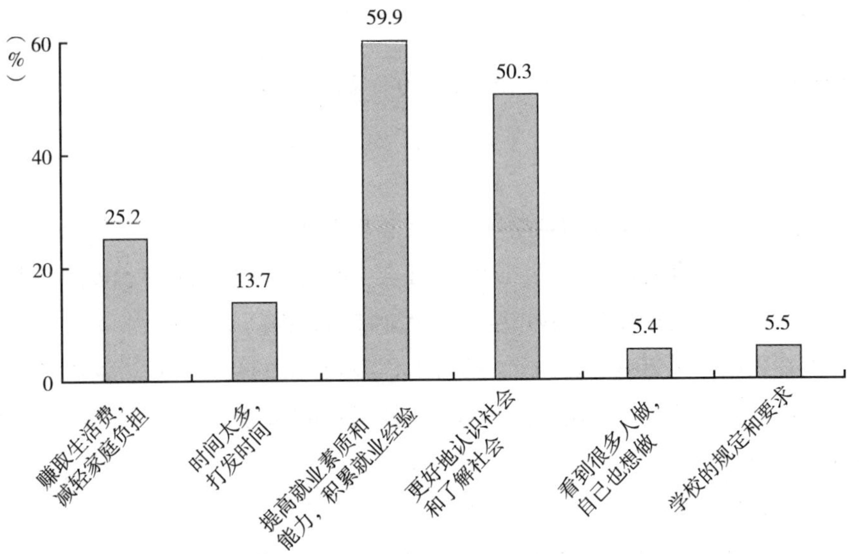

图1　大学生在校期间参加社会实践的主要原因

（二）社会实践的主要形式

1. 参加过社会调查、实习和兼职的大学生占多数，尤其以参加社会调查的居多

在被调查的大学毕业生中，在校期间参加过的社会实践有实习（包括带薪实习和不带薪实习）、兼职、社会调查、志愿服务、公益活动、科技发明等，其中，参加社会调查、实习和兼职的占多数。具体来看，参加过社会调查的占88.9%；参加过实习的占75.4%（其中，参加过带薪实习的，占65.6%，参加过不带薪实习的占25.1%）；做过兼职的，占65.4%。此外，参加过志愿服务的占48.7%；参加过公益活动的占35.2%；参加过科技发明的仅占7.6%；参加其他社会实践活动的占13.9%（见图2）。

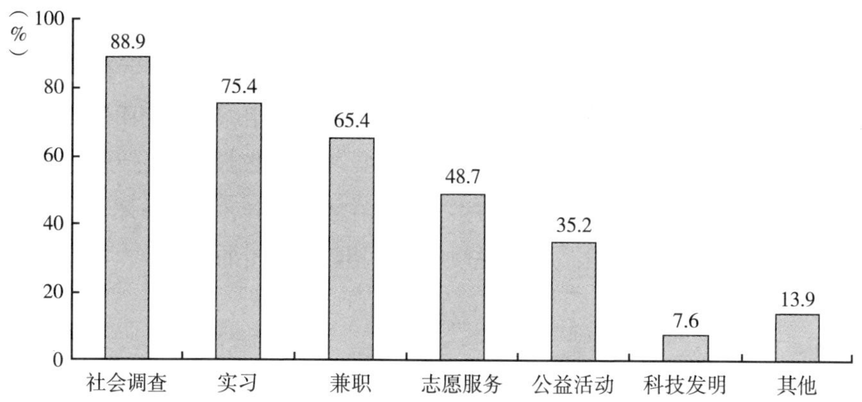

图2　大学生在校期间参加社会实践的主要形式

2. 绝大多数毕业生参加过社会调查，但仍有少数人没按规定参加社会调查

在被调查的大学毕业生中，虽然有接近九成参加过1次及以上社会调查，但仍有超过一成的人没有参加过社会调查。具体而言，参加过1次社会调查的占26.5%；参加过2次社会调查的占33.0%；参加过3次社会调查的占12.7%；参加过3次以上社会调查的占16.7%；没有参加过社会调查的占11.1%。这说明在大学生参加社会调查方面，大学生实际参与情况与教育部规定的“大学生在校期间必须参加1次以上社会调查”（见教思政〔2012〕1号文件）的政策要求仍有一定差距（见图3）。

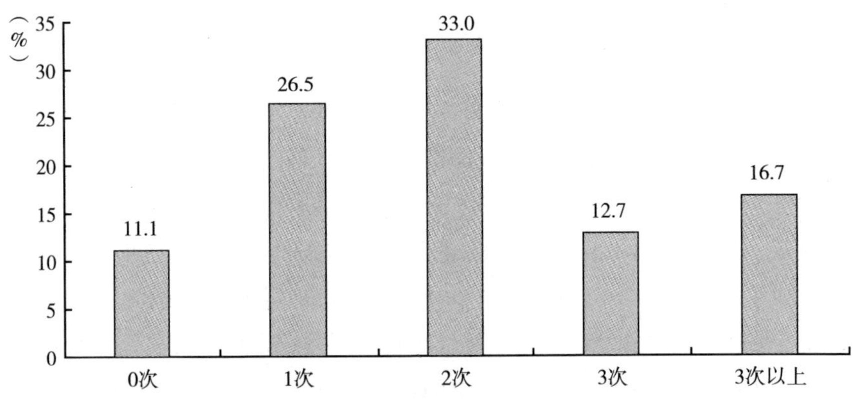

图 3　大学生在校期间参加社会调查的次数占比

3. 大学生主要在企业和事业单位实习，在党政机关实习的人数最少

企业和事业单位是大学生实习的主要去处，参加实习的大学生有接近六成在企业实习，两成以上在事业单位实习，在民办非企业组织和社会团体实习的比例较小，分别为 7.8% 和 6.8%，在党政机关实习的人数最少，仅为 2.9%。可见，目前，各类用人单位在招收实习生方面存在较大差异，从整体来看，接收大学生实习的单位还十分有限，特别是政府机关招收实习生的数量较少（见图 4）。

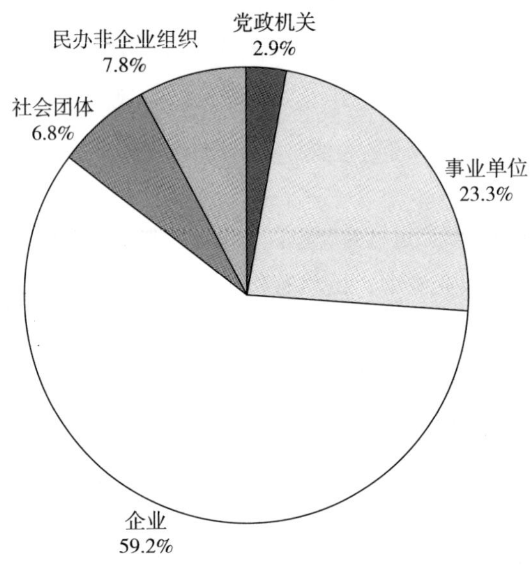

图 4　实习单位的类型占比

（三）社会实践机会的获得渠道

在被调查的大学毕业生中，不同的社会实践在获得渠道方面存在差异。

1. 大学生主要通过学校获得社会调查和实习机会

在参加过社会调查的大学生中，通过学校组织的占54.9%；学生自主寻找的占25.0%；通过亲友介绍、同学推荐和中介机构介绍的都较少，分别占7.9%、7.9%和4.3%。在参加过实习的大学生中，通过学校组织获得实习机会的所占比例为40.0%，通过自主寻找的占35.2%，通过亲友介绍的占18.8%，通过中介机构介绍和同学推荐的仅占3.4%和2.6%（见图5）。

2. 大学生主要通过自主寻找获得兼职机会

在做过兼职的大学生中，通过自主寻找的占55.7%，通过亲友介绍的占13.1%；通过学校组织的占12.3%；通过同学推荐的占11.5%；通过中介机构介绍的占7.4%（见图5）。

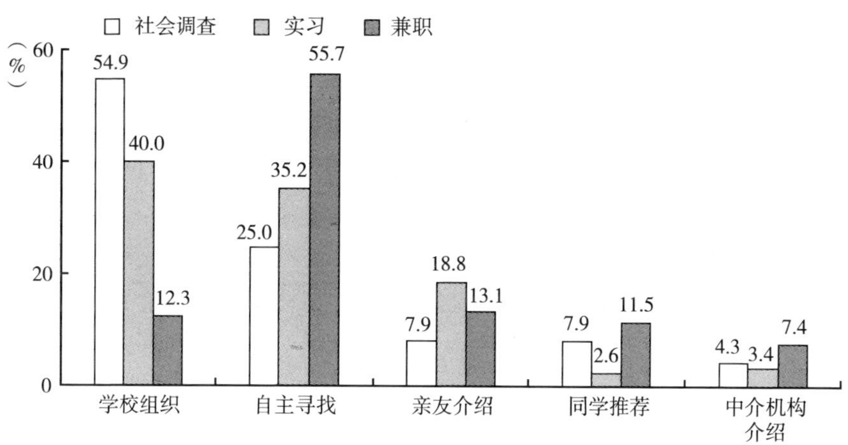

图5　社会实践机会的获得渠道占比

（四）社会实践与专业的相关性

1. 大学生社会调查和实习的内容与所学专业的关联性相对较强

在参加过社会调查的大学生中，有九成以上社会调查的内容与所学专业有一定关系。其中，“完全一致”的占5.7%，“大部分有关系”的占49.5%，

“有一点关系”的占35.1%。此外，有9.7%的大学生社会调查的内容与所学专业“完全没关系”。

在参加过实习的大学生中，有近95%的人实习内容与所学专业有一定关系。其中，“完全一致”的占16.4%，“大部分有关系”的占51.1%，“有一点关系”的占27.9%。仅有4.6%的大学生实习的内容与所学专业“完全没关系”（见图6）。

2. 兼职的工作内容与所学专业的关联性相对较弱

在做过兼职的大学生中，有超过七成大学生兼职的内容与所学专业有一定关系。其中，“完全一致”的占5.2%，“大部分有关系”的占30.2%，“有一点关系”的占37.1%。27.5%的大学生兼职的内容与所学专业“完全没关系”（见图6）。

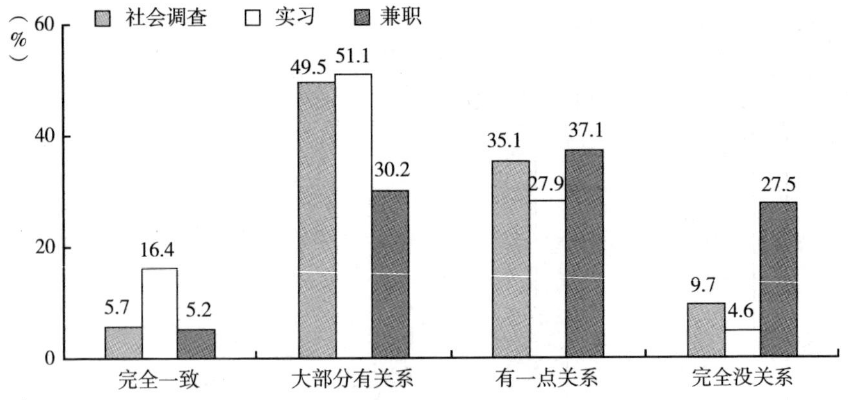

图6　社会实践的内容与所学专业之间的关系占比

（五）参加社会实践的累计时间

在被调查的大学毕业生中，有超过七成的人参加各类社会实践的时间累计在四周以上，其中有超过三成的人社会实践时间累计在四周到三个月。具体而言，在校期间参加各类社会实践累计时间在“两周及以下”的占6.0%；“两周到四周”的占23.8%；“四周到三个月”的占31.6%；“三个月到半年”的占21.8%；“半年到一年”的占13.4%；“一年及以上”的占3.5%（见图7）。

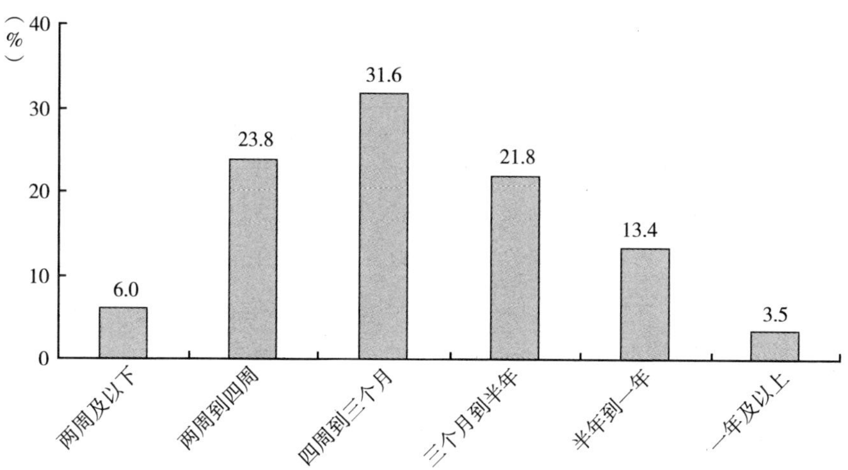

图7　社会实践的累计时间分布

（六）社会实践存在的问题

目前，大学生社会实践还存在一些问题，不同的社会实践形式反映出来的情况略有不同。

1. 社会调查不够深入具体，效果不理想

在社会调查方面，反映最多的问题是“社会调查不深入不具体，效果不理想”，占71.2%；“联系社会调查对象较为困难”也是大学生反映的一个重要问题，占55.0%。此外，“不认真撰写社会调查报告，应付了事”，占44.9%；“在社会调查过程中缺乏权益保护”，占20.9%（见表1）。

表1　大学生社会调查存在的问题

单位：%

存在的问题	占比
没有做社会调查，开虚假证明	38.6
联系社会调查对象较为困难	55.0
社会调查不深入不具体，效果不理想	71.2
不认真撰写社会调查报告，应付了事	44.9
在社会调查过程中缺乏权益保护	20.9

2. 用人单位缺乏规范而完善的实习生管理制度

在实习方面，反映最多的问题是“用人单位缺乏规范而完善的实习生管理制度”，占52.8%；“大学生在实习过程中缺乏权益保护”，占50.9%；“大学生实习的目标不明确”“用人单位接收实习生的积极性不高”“实习的时间太短，实习效果有限”等也是实习中反映较多的问题，分别占45.4%、41.0%和40.9%。另外，大部分学生认为实习能够在不影响在校学习的情况下提高能力，只有4.4%的学生认为“实习影响在校正常学习，占用课堂学习时间”，23.2%的学生认为“实习的收获不大，能力提升不明显”（见表2）。

表2　大学生实习存在的问题

单位：%

存在的问题	占比
用人单位缺乏规范而完善的实习生管理制度	52.8
大学生在实习过程中缺乏权益保护	50.9
大学生实习的目标不明确	45.4
用人单位接收实习生的积极性不高	41.0
实习的时间太短，实习效果有限	40.9
大学生参加实习的积极性不高	33.2
实习内容与专业不符	28.3
实习的收获不大，能力提升不明显	23.2
实习影响在校正常学习，占用课堂学习时间	4.4

3. 大学生在兼职过程中缺乏权益保护

在兼职方面，反映最多的问题是“大学生在兼职过程中缺乏权益保护”，占62.6%，其次是“用人单位缺乏规范而完善的兼职人员管理制度”，占50.6%。43.1%的大学生认为“兼职的目的主要是赚钱，对能力素质的提升不明显”，28.0%的大学生认为“兼职工作太多，占用在校学习时间”（见表3）。

表3　大学生兼职存在的问题

单位：%

存在的问题	占比
大学生在兼职过程中缺乏权益保护	62.6
用人单位缺乏规范而完善的兼职人员管理制度	50.6
兼职的目的主要是赚钱，对能力素质的提升不明显	43.1

续表

存在的问题	占比
兼职收入低	30.1
兼职工作难以获得	29.6
兼职工作太多,占用在校学习时间	28.0

（七）社会实践对初次就业的作用

1. 社会实践经历对初次就业具有较大作用

有超过五成的大学生认为，在影响初次就业的各因素中，社会实践经历对初次就业有较大作用。具体来看，52.7%的大学生认为“社会实践经历”对初次就业作用较大，44.4%的大学生认为“自身素质能力”对初次就业作用较大，另外，选择“学校名望和声誉”的占27.7%，选择“熟人推荐、帮忙”的占23.5%，选择“家庭背景”的占7.0%（见图8）。

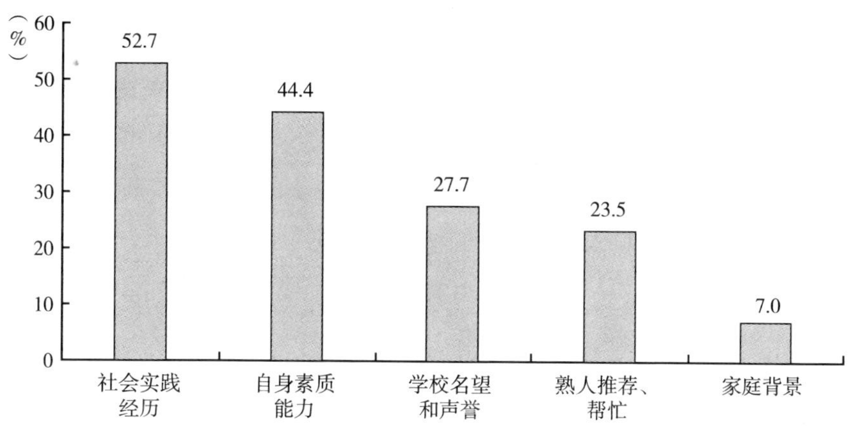

图8　对初次就业作用较大的因素占比

大部分大学生认可社会实践对初次就业的作用。58.5%的大学生认为在校期间的社会实践对初次就业有促进作用，其中，认为“起决定性作用”的占10.3%，“有较大作用”的占48.2%。另外，认为“作用很小”的占6.7%，认为“完全没有作用”的占1.2%（见图9）。

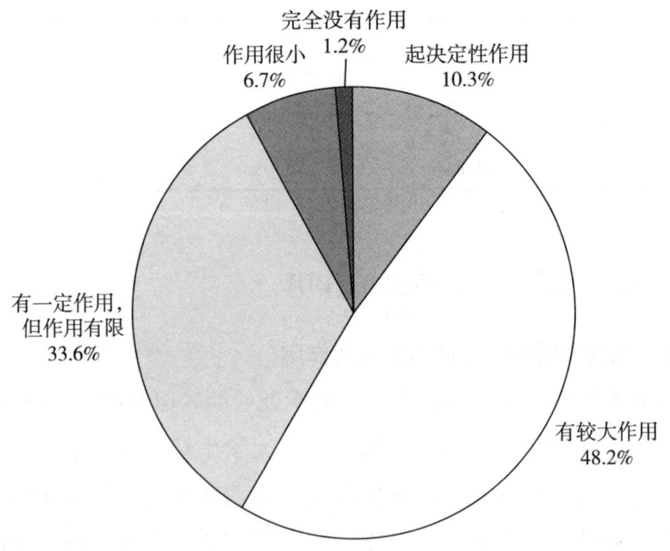

图9　社会实践对初次就业的作用大小分布

2. 带薪实习对初次就业的作用最大

带薪实习对获得第一份工作的作用最大，其次是兼职、社会调查、不带薪实习、志愿服务、公益活动。而金工实习、科技发明等对获得工作的作用最小。具体来看，在被调查的大学毕业生中，59.2%的认为“带薪实习”对获得第一份工作的作用最大，38.4%的认为“兼职”的作用较大，此外，选择“社会调查”的占29.2%；选择“不带薪实习”的占21.3%；选择“志愿服务”的占14.1%；选择“公益活动”的占10.9%；选择“金工实习”的占7.6%；选择“科技发明”的占3.6%；选择“其他形式”的占0.1%（见图10）。

二　大学生就业能力

（一）对提升就业能力作用较大的社会实践经历

被调查的大学毕业生认为，对就业能力提升作用最大的是带薪实习。在被

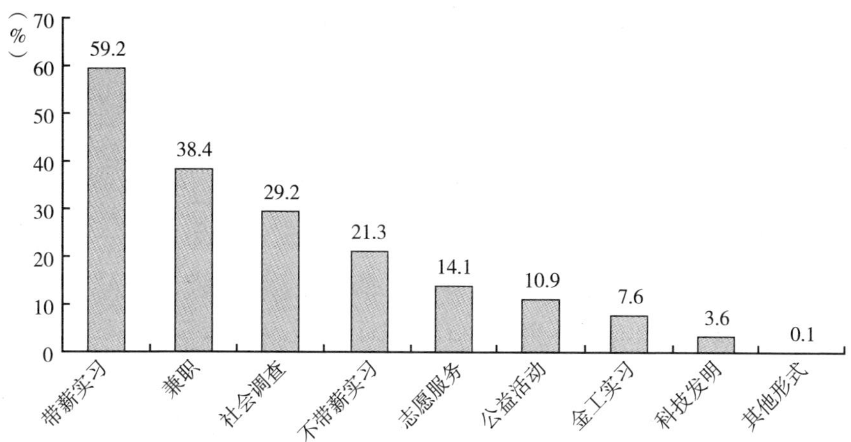

图 10　对初次就业有作用的各类社会实践占比

调查的大学毕业生中，认为“带薪实习”对提升就业能力的作用较大的占58.2%；认为“社会调查”的作用较大的占40.8%；认为“兼职”作用较大的占40.4%；认为“志愿服务”作用较大的占19.3%；而认为“不带薪实习”“公益活动”“科技发明”的作用较大的占比相对较小，分别为15.2%、13.2%和6.7%（见图11）。

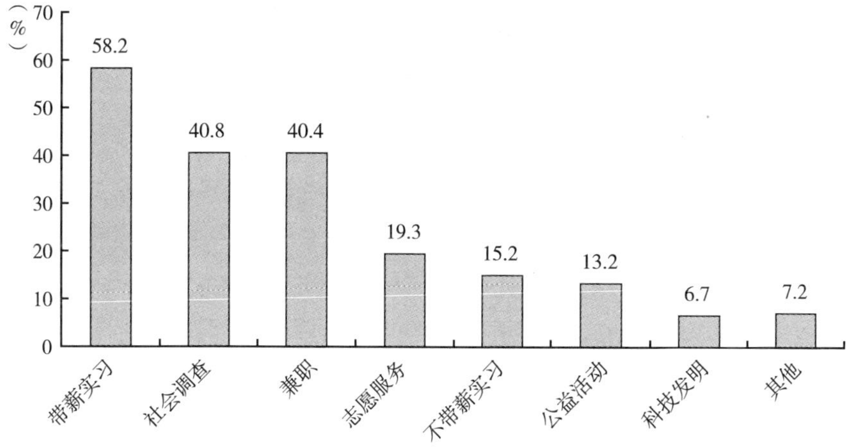

图 11　对提升就业能力作用较大的社会实践类型占比

（二）社会调查经历对就业能力的影响

1. 社会调查对提升“专业技能”“责任意识和责任感”“执行能力”“基本技能”“专业知识”的影响较大

在被调查的大学毕业生中，在社会调查经历对就业能力的影响方面，选择比例排名前五的是“专业技能”“责任意识和责任感”“执行能力”“基本技能（阅读、写作、计算）”“专业知识”。其中，选择“专业技能”的占37.1%；选择“责任意识和责任感”的占36.6%；选择“执行能力”的占35.7%；选择“基本技能（阅读、写作、计算）”的占35.3%；选择专业知识的占35.0%（见图12）。

2. 社会调查对提升“持续学习能力”“自信进取”“组织管理能力”“创业能力”“跨学科的知识和技能”的影响较小

在被调查的大学毕业生中，在社会调查经历对就业能力的影响方面，选择比例在后五位的是“持续学习能力”“自信进取”“组织管理能力”“创业能力”“跨学科的知识和技能”，所占比例分别为10.9%、10.5%、8.5%、5.7%、4.0%。此外，选择“没有帮助或帮助很小”的占2.2%（见图12）。

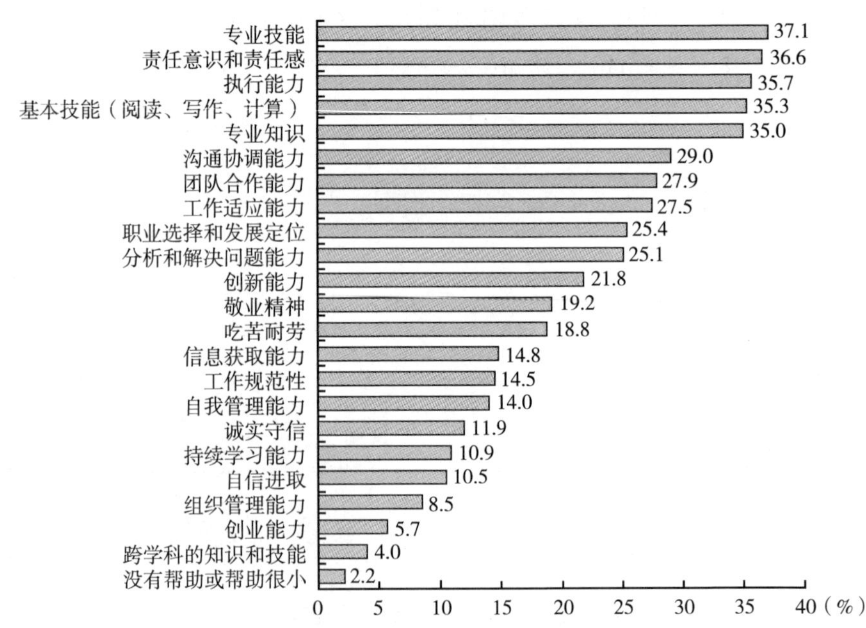

图12　社会调查经历对就业能力的影响情况

（三）实习经历对就业能力的影响

1. 实习对提升“专业技能”“专业知识”“工作适应能力”“职业选择和发展定位”“执行能力”的影响较大

在被调查的大学毕业生中，在实习经历对就业能力的影响方面，选择比例排名前五的是“专业技能”“专业知识”“工作适应能力”“职业选择和发展定位”“执行能力”。其中，选择“专业技能”的占59.0%；选择“专业知识”的占41.0%；选择“工作适应能力”的占40.9%；选择“职业选择和发展定位”的占37.7%；选择“执行能力”的占34.1%（见图13）。

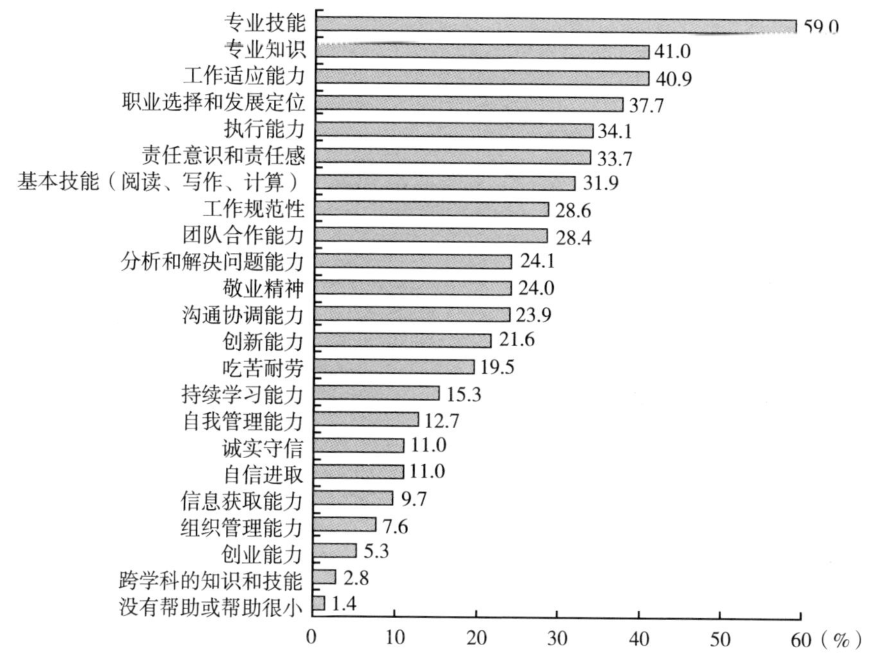

图13　实习经历对就业能力的影响情况

2. 实习对提升“自信进取”“信息获取能力”“组织管理能力”“创业能力”“跨学科的知识和技能”的影响较小

在被调查的大学毕业生中，在实习经历对就业能力的影响方面，选择比例在后五位的是“自信进取”“信息获取能力”“组织管理能力”“创业能力”

“跨学科的知识和技能”，所占比例分别为 11.0%、9.7%、7.6%、5.3%、2.8%。此外，选择“没有帮助或帮助很小”的占 1.4%（见图 13）。

（四）兼职经历对就业能力的影响

1. 兼职对提升“吃苦耐劳”“工作适应能力”“执行能力”“责任意识和责任感”“沟通协调能力”的影响较大

在被调查的大学毕业生中，在兼职经历对就业能力的影响方面，选择比例排名前五的是“吃苦耐劳”“工作适应能力”“执行能力”“责任意识和责任感”“沟通协调能力”。其中，选择“吃苦耐劳”的占 36.9%；选择“工作适应能力”的占 35.3%；选择“执行能力”的占 31.3%；选择“责任意识和责任感”的占 30.7%；选择“沟通协调能力”的占 27.8%（见图 14）。

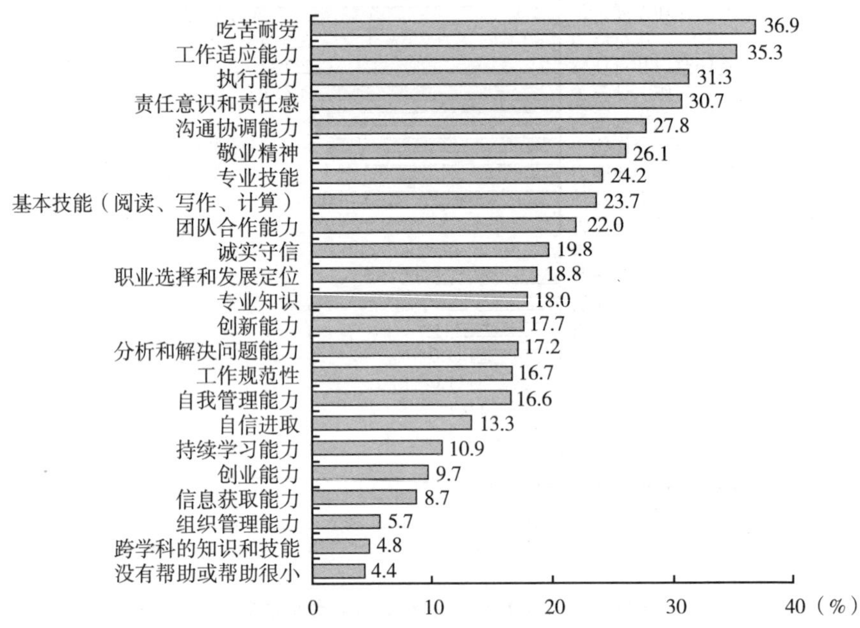

图 14　兼职经历对就业能力的影响情况

2. 兼职对提升“持续学习能力”“创业能力”“信息获取能力”“组织管理能力”“跨学科的知识和技能”的影响较小

在被调查的大学毕业生中，在兼职经历对就业能力的影响方面，选择比例在后五位的是“持续学习能力”“创业能力”“信息获取能力”“组织管理能力”“跨学科的知识和技能”，所占比例分别为10.9%、9.7%、8.7%、5.7%、4.8%。此外，选择“没有帮助或帮助很小”的占4.4%（见图14）。

三　大学生就业质量

（一）初次就业的时间

在被调查的大学毕业生中，九成以上在毕业六个月内初次就业（获得第一份工作）。“毕业前就已经与工作单位达成意向”的占32.6%；“毕业后一个月及以内”初次就业的占26.2%；“毕业后一个月以上，三个月以下”初次就业的占21.0%；“毕业后三个月及以上，六个月以下”初次就业的占11.8%；“毕业后一年及以上”初次就业的占8.5%（见表4）。

表4　初次就业的时间情况

单位：%

初次就业时间	占比
毕业前就已经与工作单位达成意向	32.6
毕业后一个月及以内	26.2
毕业后一个月以上，三个月以下	21.0
毕业后三个月及以上，六个月以下	11.8
毕业后六个月及以上，一年以下	0.0
毕业后一年及以上	8.5
合　计	100.0

（二）初次就业的工作单位

1. 近七成毕业生初次就业的工作单位是企业

在被调查的大学毕业生中，有接近七成的在企业初次就业。具体来看，初次就业的工作单位为“企业”的占68.9%；“事业单位”的占20.0%；“民办非企业组织”的占6.4%；“社会团体”的占3.6%；“党政机关”的占1.0%；“其他”的占0.1%（见图15）。

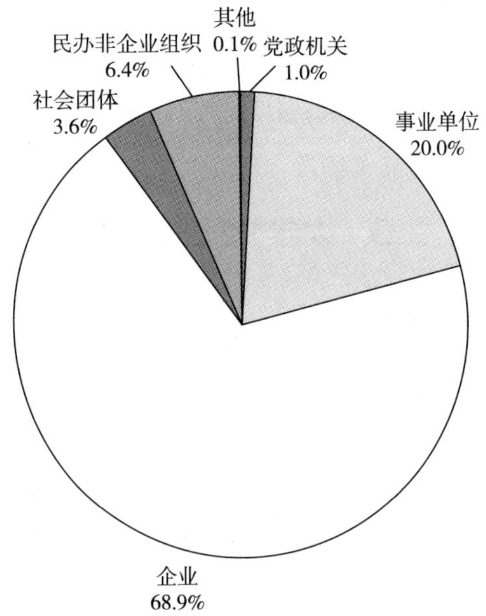

图 15　初次就业的工作单位类型占比

2. 超过七成毕业生初次就业的单位不是社会实践所在的单位

在被调查的大学毕业生中，有不到三成的毕业生初次就业的单位是其社会实践所在的单位。具体来看，有关初次就业的工作单位是否社会实践过的单位，选择“是”的占 27.5%；选择“否”的占 72.5%（见图 16）。

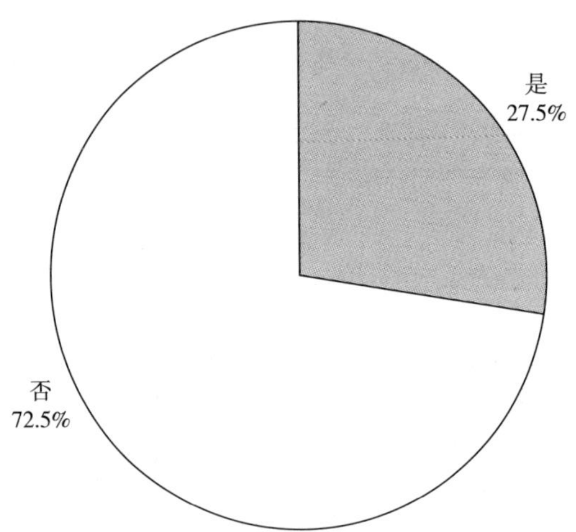

图 16　是否在社会实践单位就业的分布情况

广视角·全方位·多品种

皮书系列

2016年

·权威平台·智库报告·连续发布

社长致辞

我们是图书出版者，更是人文社会科学内容资源供应商；

我们背靠中国社会科学院，面向中国与世界人文社会科学界，坚持为人文社会科学的繁荣与发展服务；

我们精心打造权威信息资源整合平台，坚持为中国经济与社会的繁荣与发展提供决策咨询服务；

我们以读者定位自身，立志让爱书人读到好书，让求知者获得知识；

我们精心编辑、设计每一本好书以形成品牌张力，以优秀的品牌形象服务读者，开拓市场；

我们始终坚持"创社科经典，出传世文献"的经营理念，坚持"权威、前沿、原创"的产品特色；

我们"以人为本"，提倡阳光下创业，员工与企业共享发展之成果；

我们立足于现实，认真对待我们的优势、劣势，我们更着眼于未来，以不断的学习与创新适应不断变化的世界，以不断的努力提升自己的实力；

我们愿与社会各界友好合作，共享人文社会科学发展之成果，共同推动中国学术出版乃至内容产业的繁荣与发展。

社会科学文献出版社社长

中国社会学会秘书长

2016 年 1 月

社会科学文献出版社
SOCIAL SCIENCES ACADEMIC PRESS (CHINA)

社会科学文献出版社成立于1985年，是直属于中国社会科学院的人文社会科学专业学术出版机构。

成立以来，特别是1998年实施第二次创业以来，依托于中国社会科学院丰厚的学术出版和专家学者两大资源，坚持“创社科经典，出传世文献”的出版理念和“权威、前沿、原创”的产品定位，社科文献立足内涵式发展道路，从战略层面推动学术出版五大能力建设，逐步走上了智库产品与专业学术成果系列化、规模化、数字化、国际化、市场化发展的经营道路。

先后策划出版了著名的图书品牌和学术品牌“皮书”系列、“列国志”、“社科文献精品译库”、“全球化译丛”、“全面深化改革研究书系”、“近世中国”、“甲骨文”、“中国史话”等一大批既有学术影响又有市场价值的系列图书，形成了较强的学术出版能力和资源整合能力。2015年社科文献出版社发稿5.5亿字，出版图书约2000种，承印发行中国社科院院属期刊74种，在多项指标上都实现了较大幅度的增长。

凭借着雄厚的出版资源整合能力，社科文献出版社长期以来一直致力于从内容资源和数字平台两个方面实现传统出版的再造，并先后推出了皮书数据库、列国志数据库、“一带一路”数据库、中国田野调查数据库、台湾大陆同乡会数据库等一系列数字产品。数字出版已经初步形成了产品设计、内容开发、编辑标引、产品运营、技术支持、营销推广等全流程体系。

在国内原创著作、国外名家经典著作大量出版，数字出版突飞猛进的同时，社科文献出版社从构建国际话语体系的角度推动学术出版国际化。先后与斯普林格、博睿、牛津、剑桥等十余家国际出版机构合作面向海外推出了“皮书系列”“改革开放30年研究书系”“中国梦与中国发展道路研究丛书”“全面深化改革研究书系”等一系列在世界范围内引起强烈反响的作品；并持续致力于中国学术出版走出去，组织学者和编辑参加国际书展，筹办国际性学术研讨会，向世界展示中国学者的学术水平和研究成果。

此外，社科文献出版社充分利用网络媒体平台，积极与中央和地方各类媒体合作，并联合大型书店、学术书店、机场书店、网络书店、图书馆，逐步构建起了强大的学术图书内容传播平台。学术图书的媒体曝光率居全国之首，图书馆藏率居于全国出版机构前十位。

上述诸多成绩的取得，有赖于一支以年轻的博士、硕士为主体，一批从中国社科院刚退出科研一线的各学科专家为支撑的300多位高素质的编辑、出版和营销队伍，为我们实现学术立社，以学术品位、学术价值来实现经济效益和社会效益这样一个目标的共同努力。

作为已经开启第三次创业梦想的人文社会科学学术出版机构，我们将以改革发展为动力，以学术资源建设为中心，以构建智慧型出版社为主线，以“整合、专业、分类、协同、持续”为各项工作指导原则，全力推进出版社数字化转型，坚定不移地走专业化、数字化、国际化发展道路，全面提升出版社核心竞争力，为实现“社科文献梦”奠定坚实基础。

经　济　类

经济类皮书涵盖宏观经济、城市经济、大区域经济，
提供权威、前沿的分析与预测

经济蓝皮书

2016 年中国经济形势分析与预测

李　扬 / 主编　　2015 年 12 月出版　　定价 :79.00 元

◆　本书为总理基金项目，由著名经济学家李扬领衔，联合中国社会科学院等数十家科研机构、国家部委和高等院校的专家共同撰写，系统分析了 2015 年的中国经济形势并预测 2016 年我国经济运行情况。

世界经济黄皮书

2016 年世界经济形势分析与预测

王洛林　张宇燕 / 主编　　2015 年 12 月出版　　定价 :79.00 元

◆　本书由中国社会科学院世界经济与政治研究所的研究团队撰写，2015 年世界经济增长继续放缓，增长格局也继续分化，发达经济体与新兴经济体之间的增长差距进一步收窄。2016 年世界经济增长形势不容乐观。

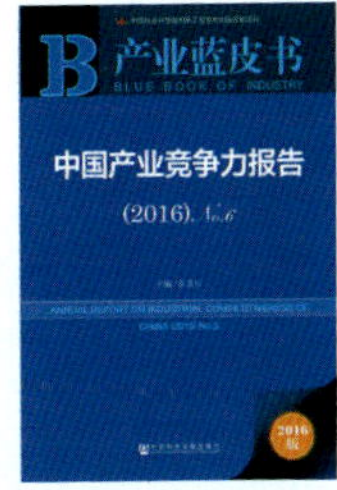

产业蓝皮书

中国产业竞争力报告（2016）NO.6

张其仔 / 主编　　2016 年 12 月出版　　定价 :98.00 元

◆　本书由中国社会科学院工业经济研究所研究团队在深入实际、调查研究的基础上完成。通过运用丰富的数据资料和最新的测评指标，从学术性、系统性、预测性上分析了 2015 年中国产业竞争力，并对未来发展趋势进行了预测。

G20 国家创新竞争力黄皮书

二十国集团（G20）国家创新竞争力发展报告（2016）

李建平　李闽榕　赵新力 / 主编　　2016 年 11 月出版　估价 :138.00 元

◆　本报告在充分借鉴国内外研究者的相关研究成果的基础上，紧密跟踪技术经济学、竞争力经济学、计量经济学等学科的最新研究动态，深入分析 G20 国家创新竞争力的发展水平、变化特征、内在动因及未来趋势，同时构建了 G20 国家创新竞争力指标体系及数学模型。

国际城市蓝皮书

国际城市发展报告（2016）

屠启宇 / 主编　　2016 年 2 月出版　　定价 :79.00 元

◆　本书作者以上海社会科学院从事国际城市研究的学者团队为核心，汇集同济大学、华东师范大学、复旦大学、上海交通大学、南京大学、浙江大学相关城市研究专业学者。立足动态跟踪介绍国际城市发展实践中，最新出现的重大战略、重大理念、重大项目、重大报告和最佳案例。

金融蓝皮书

中国金融发展报告（2016）

李　扬　王国刚 / 主编　2015 年 12 月出版　定价 :79.00 元

◆　本书由中国社会科学院金融研究所组织编写，概括和分析了 2015 年中国金融发展和运行中的各方面情况，研讨和评论了 2015 年发生的主要金融事件。本书由业内专家和青年精英联合编著，有利于读者了解掌握 2015 年中国的金融状况，把握 2016 年中国金融的走势。

农村绿皮书

中国农村经济形势分析与预测（2015 ~ 2016）

魏后凯　杜志雄　黄秉信 / 主编　　2016 年 4 月出版　定价 :79.00 元

◆　本书描述了 2015 年中国农业农村经济发展的一些主要指标和变化，以及对 2016 年中国农业农村经济形势的一些展望和预测。

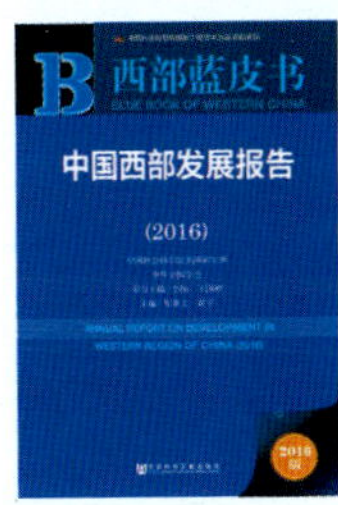

西部蓝皮书

中国西部发展报告（2016）

姚慧琴　徐璋勇 / 主编　　2016 年 8 月出版　　估价 :89.00 元

◆　本书由西北大学中国西部经济发展研究中心主编，汇集了源自西部本土以及国内研究西部问题的权威专家的第一手资料，对国家实施西部大开发战略进行年度动态跟踪，并对 2016 年西部经济、社会发展态势进行预测和展望。

民营经济蓝皮书

中国民营经济发展报告 NO.12（2015 ~ 2016）

王钦敏 / 主编　2016 年 8 月出版　估价 :75.00 元

◆　本书是中国工商联课题组的研究成果，对 2015 年度中国民营经济的发展现状、趋势进行了详细的论述，并提出了合理的建议。是广大民营企业进行政策咨询、科学决策和理论创新的重要参考资料，也是理论工作者进行理论研究的重要参考资料。

经济蓝皮书夏季号

中国经济增长报告（2015 ~ 2016）

李　扬 / 主编　2016 年 8 月出版　估价 :69.00 元

◆　中国经济增长报告主要探讨 2015~2016 年中国经济增长问题，以专业视角解读中国经济增长，力求将其打造成一个研究中国经济增长、服务宏微观各级决策的周期性、权威性读物。

中三角蓝皮书

长江中游城市群发展报告（2016）

秦尊文 / 主编　2016 年 10 月出版　估价 :69.00 元

◆　本书是湘鄂赣皖四省专家学者共同研究的成果，从不同角度、不同方位记录和研究长江中游城市群一体化，提出对策措施，以期为将“中三角”打造成为继珠三角、长三角、京津冀之后中国经济增长第四极奉献学术界的聪明才智。

社会政法类

社会政法类皮书聚焦社会发展领域的热点、难点问题，
提供权威、原创的资讯与视点

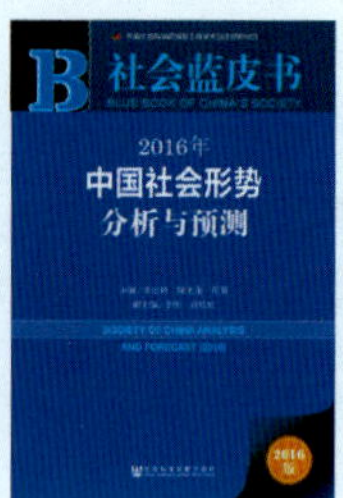

社会蓝皮书

2016年中国社会形势分析与预测

李培林　陈光金　张　翼/主编　2015年12月出版　定价:79.00元

◆　本书由中国社会科学院社会学研究所组织研究机构专家、高校学者和政府研究人员撰写，聚焦当下社会热点，对2015年中国社会发展的各个方面内容进行了权威解读，同时对2016年社会形势发展趋势进行了预测。

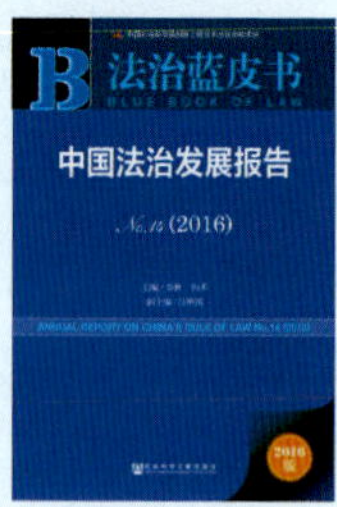

法治蓝皮书

中国法治发展报告 NO.14（2016）

李　林　田　禾/主编　2016年3月出版　定价:118.00元

◆　本年度法治蓝皮书回顾总结了2015年度中国法治发展取得的成就和存在的不足，并对2016年中国法治发展形势进行了预测和展望。

反腐倡廉蓝皮书

中国反腐倡廉建设报告 NO.6

李秋芳　张英伟/主编　2017年1月出版　估价:79.00元

◆　本书抓住了若干社会热点和焦点问题，全面反映了新时期新阶段中国反腐倡廉面对的严峻局面，以及中国共产党反腐倡廉建设的新实践新成果。根据实地调研、问卷调查和舆情分析，梳理了当下社会普遍关注的与反腐败密切相关的热点问题。

生态城市绿皮书

中国生态城市建设发展报告（2016）

刘举科　孙伟平　胡文臻 / 主编　2016 年 9 月出版　估价 :148.00 元

◆　报告以绿色发展、循环经济、低碳生活、民生宜居为理念，以更新民众观念、提供决策咨询、指导工程实践、引领绿色发展为宗旨，试图探索一条具有中国特色的城市生态文明建设新路。

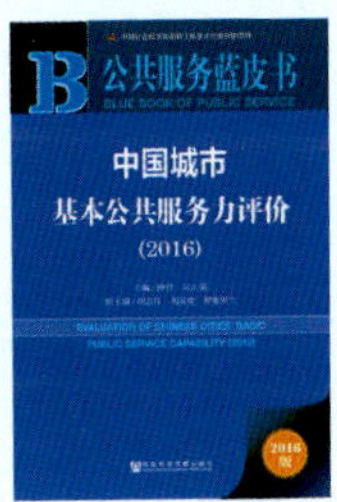

公共服务蓝皮书

中国城市基本公共服务力评价（2016）

钟　君　吴正杲 / 主编　2016 年 12 月出版　估价 :79.00 元

◆　中国社会科学院经济与社会建设研究室与华图政信调查组成联合课题组，从 2010 年开始对基本公共服务力进行研究，研创了基本公共服务力评价指标体系，为政府考核公共服务与社会管理工作提供了理论工具。

教育蓝皮书

中国教育发展报告（2016）

杨东平 / 主编　2016 年 4 月出版　定价 :79.00 元

◆　本书由国内的中青年教育专家合作研究撰写。深度剖析 2015 年中国教育的热点话题，并对当下中国教育中出现的问题提出对策建议。

生态文明绿皮书

中国省域生态文明建设评价报告（ECI 2016）

严耕 / 主编　2016 年 12 月出版　估价 :85.00 元

◆　本书基于国家最新发布的权威数据，对我国的生态文明建设状况进行科学评价，并开展相应的深度分析，结合中央的政策方针和各省的具体情况，为生态文明建设推进，提出针对性的政策建议。

行业报告类

行业报告类皮书立足重点行业、新兴行业领域，
提供及时、前瞻的数据与信息

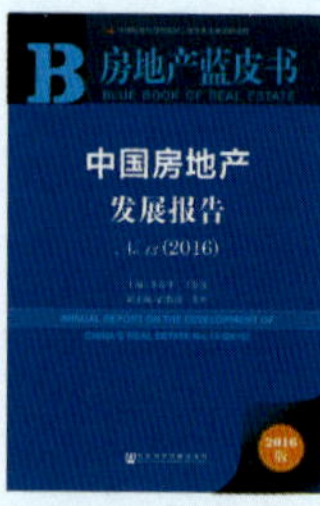

房地产蓝皮书

中国房地产发展报告 NO.13（2016）

李春华　王业强 / 主编　　2016 年 5 月出版　　定价 :89.00 元

◆　蓝皮书秉承客观公正、科学中立的宗旨和原则，追踪 2015 年我国房地产市场最新资讯，深度分析，剖析因果，谋划对策，并对 2016 年房地产发展趋势进行了展望。

旅游绿皮书

2015 ~ 2016 年中国旅游发展分析与预测

宋　瑞 / 主编　　2016 年 4 出版　　定价 :89.00 元

◆　本书是中国社会科学院旅游研究中心组织相关专家编写的年度研究报告，对 2015 年旅游行业的热点问题进行了全面的综述并提出专业性建议，并对 2016 年中国旅游的发展趋势进行展望。

互联网金融蓝皮书

中国互联网金融发展报告（2016）

李东荣 / 主编　　2016 年 8 月出版　　估价 :79.00 元

◆　近年来，许多基于互联网的金融服务模式应运而生并对传统金融业产生了深刻的影响和巨大的冲击，“互联网金融”成为社会各界关注的焦点。本书探析了 2015 年互联网金融的特点和 2016 年互联网金融的发展方向和亮点。

资产管理蓝皮书

中国资产管理行业发展报告（2016）

智信资产管理研究院 / 编著　　2016 年 6 月出版　　定价 :89.00 元

◆　中国资产管理行业刚刚兴起，未来将成为中国金融市场最有看点的行业，也会成为快速发展壮大的行业。本书主要分析了 2015 年度资产管理行业的发展情况，同时对资产管理行业的未来发展做出科学的预测。

老龄蓝皮书

中国老龄产业发展报告（2016）

吴玉韶　党俊武 / 编著

2016 年　9 月出版　估价 :79.00 元

◆　本书着眼于对中国老龄产业的发展给予系统介绍，深入解析，并对未来发展趋势进行预测和展望，力求从不同视角、不同层面全面剖析中国老龄产业发展的现状、取得的成绩、存在的问题以及重点、难点等。

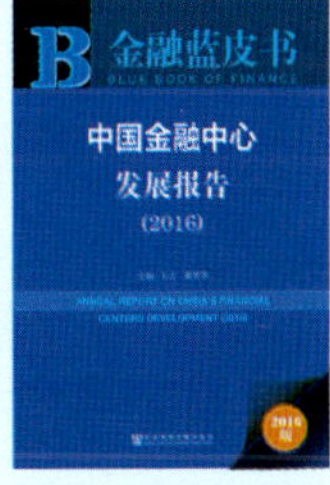

金融蓝皮书

中国金融中心发展报告（2016）

王　力　黄育华 / 编著　　2017 年 11 月出版　　估价 :75.00 元

◆　本报告将提升中国金融中心城市的金融竞争力作为研究主线，全面、系统、连续地反映和研究中国金融中心城市发展和改革的最新进展，展示金融中心理论研究的最新成果。

流通蓝皮书

中国商业发展报告（2016~2017）

王雪峰　林诗慧 / 主编　2016 年 7 月出版　　定价 :89.00 元

◆　本书是中国社会科学院财经院与利丰研究中心合作的成果，从关注中国宏观经济出发，突出了中国流通业的宏观背景，详细分析了批发业、零售业、物流业、餐饮产业与电子商务等产业发展状况。

国别与地区类

国别与地区类皮书关注全球重点国家与地区，
提供全面、独特的解读与研究

美国蓝皮书

美国研究报告（2016）

郑秉文　黄　平 / 主编　2016 年 5 月出版　定价 :89.00 元

◆　本书是由中国社会科学院美国所主持完成的研究成果，它回顾了美国 2015 年的经济、政治形势与外交战略，对 2016 年以来美国内政外交发生的重大事件以及重要政策进行了较为全面的回顾和梳理。

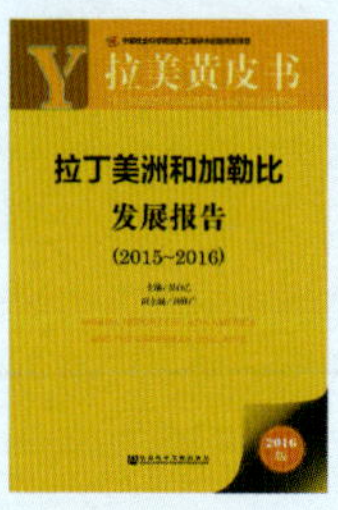

拉美黄皮书

拉丁美洲和加勒比发展报告（2015~2016）

吴白乙 / 主编　2016 年 6 月出版　定价 :89.00 元

◆　本书对 2015 年拉丁美洲和加勒比地区诸国的政治、经济、社会、外交等方面的发展情况做了系统介绍，对该地区相关国家的热点及焦点问题进行了总结和分析，并在此基础上对该地区各国 2016 年的发展前景做出预测。

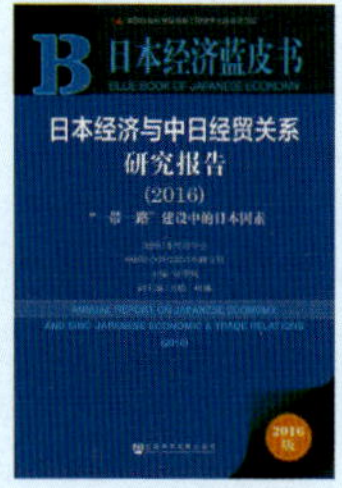

日本经济蓝皮书

日本经济与中日经贸关系研究报告（2016）

张季风 / 主编　2016 年 5 月出版　定价 :89.00 元

◆　本书系统、详细地介绍了 2015 年日本经济以及中日经贸关系发展情况，在进行了大量数据分析的基础上，对 2016 年日本经济以及中日经贸关系的大致发展趋势进行了分析与预测。

俄罗斯黄皮书

俄罗斯发展报告（2016）

李永全 / 编著　2016 年 7 月出版　定价 :89.00 元

◆　本书系统介绍了 2015 年俄罗斯经济政治情况，并对 2015 年该地区发生的焦点、热点问题进行了分析与回顾；在此基础上，对该地区 2016 年的发展前景进行了预测。

国际形势黄皮书

全球政治与安全报告（2016）

李慎明　张宇燕 / 主编　2015 年 12 月出版　定价 :69.00 元

◆　本书旨在对本年度全球政治及安全形势的总体情况、热点问题及变化趋势进行回顾与分析，并提出一定的预测及对策建议。作者通过事实梳理、数据分析、政策分析等途径，阐释了本年度国际关系及全球安全形势的基本特点，并在此基础上提出了具有启示意义的前瞻性结论。

德国蓝皮书

德国发展报告（2016）

郑春荣 / 主编　2016 年 6 月出版　定价 :79.00 元

◆　本报告由同济大学德国研究所组织编撰，由该领域的专家学者对德国的政治、经济、社会文化、外交等方面的形势发展情况，进行全面的阐述与分析。

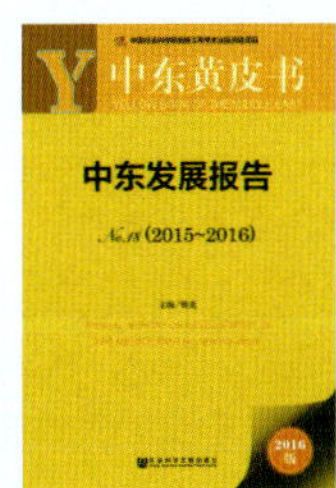

中东黄皮书

中东发展报告 NO.18（2015 ~ 2016）

杨光 / 主编　2016 年 10 月出版　估价 :89.00 元

◆　报告回顾和分析了一年来多以来中东地区政治经济局势的新发展，为跟踪中东地区的市场变化和中东研究学科的研究前沿，提供了全面扎实的信息。

地方发展类

地方发展类皮书关注中国各省份、经济区域，
提供科学、多元的预判与资政信息

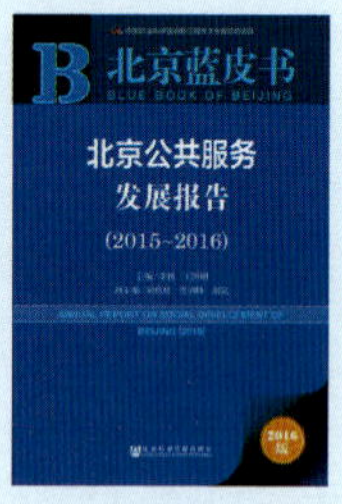

北京蓝皮书

北京公共服务发展报告（2015~2016）

施昌奎 / 主编　　2016 年 2 月出版　定价 :79.00 元

◆　本书是由北京市政府职能部门的领导、首都著名高校的教授、知名研究机构的专家共同完成的关于北京市公共服务发展与创新的研究成果。

河南蓝皮书

河南经济发展报告（2016）

河南省社会科学院 / 编著　2016 年 3 月出版　定价 :79.00 元

◆　本书以国内外经济发展环境和走向为背景，主要分析当前河南经济形势，预测未来发展趋势，全面反映河南经济发展的最新动态、热点和问题，为地方经济发展和领导决策提供参考。

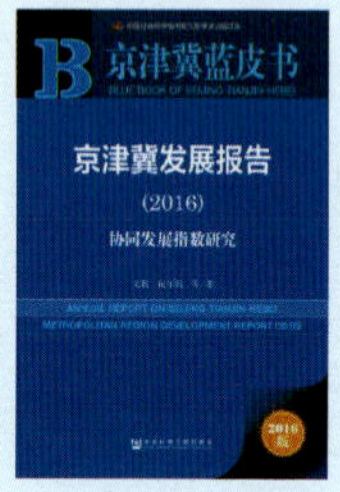

京津冀蓝皮书

京津冀发展报告（2016）

文　魁　祝尔娟 / 等著　2016 年 4 月出版　定价 :89.00 元

◆　京津冀协同发展作为重大的国家战略，已进入顶层设计、制度创新和全面推进的新阶段。本书以问题为导向，围绕京津冀发展中的重要领域和重大问题，研究如何推进京津冀协同发展。

文化传媒类

文化传媒类皮书透视文化领域、文化产业，
探索文化大繁荣、大发展的路径

新媒体蓝皮书

中国新媒体发展报告 NO.7（2016）

唐绪军 / 主编　　2016 年 6 月出版　　定价 :79.00 元

◆ 本书是由中国社会科学院新闻与传播研究所组织编写的关于新媒体发展的最新年度报告，旨在全面分析中国新媒体的发展现状，解读新媒体的发展趋势，探析新媒体的深刻影响。

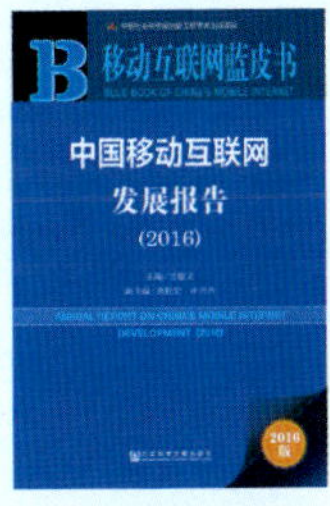

移动互联网蓝皮书

中国移动互联网发展报告（2016）

官建文 / 编著　　2016 年 6 月出版　　定价 :79.00 元

◆ 本书着眼于对中国移动互联网 2015 年度的发展情况做深入解析，对未来发展趋势进行预测，力求从不同视角、不同层面全面剖析中国移动互联网发展的现状、年度突破以及热点趋势等。

文化蓝皮书

中国文化产业发展报告（2015~2016）

张晓明　王家新　章建刚 / 主编　　2016 年 2 月出版　　定价 :79.00 元

◆ 本书由中国社会科学院文化研究中心编写。从 2012 年开始，中国社会科学院文化研究中心设立了国内首个文化产业的研究类专项资金——“文化产业重大课题研究计划”，开始在全国范围内组织多学科专家学者对我国文化产业发展重大战略问题进行联合攻关研究。本书集中反映了该计划的研究成果。

经济类

G20国家创新竞争力黄皮书
二十国集团(G20)国家创新竞争力发展报告（2016）
著(编)者:李建平 李闽榕 赵新力
2016年11月出版 / 估价:138.00元

产业蓝皮书
中国产业竞争力报告（2016）NO.6
著(编)者:张其仔 2016年12月出版 / 估价:98.00元

城市创新蓝皮书
中国城市创新报告（2016）
著(编)者:周天勇 旷建伟 2016年8月出版 / 估价:69.00元

城市竞争力蓝皮书
中国城市竞争力报告（1973~2015）
著(编)者:李小林 2016年1月出版 / 定价:128.00元

城市蓝皮书
中国城市发展报告 NO.9
著(编)者:潘家华 魏后凯 2016年9月出版 / 估价:69.00元

城市群蓝皮书
中国城市群发展指数报告（2016）
著(编)者:刘士林 刘新静 2016年10月出版 / 估价:69.00元

城乡一体化蓝皮书
中国城乡一体化发展报告（2015～2016）
著(编)者:汝信 付崇兰 2016年8月出版 / 估价:85.00元

城镇化蓝皮书
中国新型城镇化健康发展报告（2016）
著(编)者:张占斌 2016年8月出版 / 估价:79.00元

创新蓝皮书
创新型国家建设报告（2015～2016）
著(编)者:詹正茂 2016年11月出版 / 估价:69.00元

低碳发展蓝皮书
中国低碳发展报告（2015~2016）
著(编)者:齐晔 2016年3月出版 / 定价:98.00元

低碳经济蓝皮书
中国低碳经济发展报告（2016）
著(编)者:薛进军 赵忠秀 2016年8月出版 / 估价:85.00元

东北蓝皮书
中国东北地区发展报告（2016）
著(编)者:马克 黄文艺 2016年8月出版 / 估价:79.00元

发展与改革蓝皮书
中国经济发展和体制改革报告NO.7
著(编)者:邹东涛 王再文
2016年1月出版 / 定价:98.00元

工业化蓝皮书
中国工业化进程报告（2016）
著(编)者:黄群慧 吕铁 李晓华 等
2016年11月出版 / 估价:89.00元

管理蓝皮书
中国管理发展报告（2016）
著(编)者:张晓东 2016年9月出版 / 估价:98.00元

国际城市蓝皮书
国际城市发展报告（2016）
著(编)者:屠启宇 2016年2月出版 / 定价:79.00元

国家创新蓝皮书
中国创新发展报告（2016）
著(编)者:陈劲 2016年9月出版 / 估价:69.00元

金融蓝皮书
中国金融发展报告（2016）
著(编)者:李扬 王国刚 2015年12月出版 / 定价:79.00元

京津冀产业蓝皮书
京津冀产业协同发展报告（2016）
著(编)者:中智科博（北京）产业经济发展研究院
2016年8月出版 / 估价:69.00元

京津冀蓝皮书
京津冀发展报告（2016）
著(编)者:文魁 祝尔娟 2016年4月出版 / 定价:89.00元

经济蓝皮书
2016年中国经济形势分析与预测
著(编)者:李扬 2015年12月出版 / 定价:79.00元

经济蓝皮书·春季号
2016年中国经济前景分析
著(编)者:李扬 2016年6月出版 / 定价:79.00元

经济蓝皮书·夏季号
中国经济增长报告（2015～2016）
著(编)者:李扬 2016年8月出版 / 估价:99.00元

经济信息绿皮书
中国与世界经济发展报告（2016）
著(编)者:杜平 2015年12月出版 / 定价:89.00元

就业蓝皮书
2016年中国本科生就业报告
著(编)者:麦可思研究院 2016年6月出版 / 定价:98.00元

就业蓝皮书
2016年中国高职高专生就业报告
著(编)者:麦可思研究院 2016年6月出版 / 定价:98.00元

临空经济蓝皮书
中国临空经济发展报告（2016）
著(编)者:连玉明 2016年11月出版 / 估价:79.00元

民营经济蓝皮书
中国民营经济发展报告 NO.12（2015～2016）
著(编)者:王钦敏 2016年8月出版 / 估价:75.00元

农村绿皮书
中国农村经济形势分析与预测（2015～2016）
著(编)者:魏后凯 杜志雄 黄秉信
2016年4月出版 / 定价:69.00元

农业应对气候变化蓝皮书
气候变化对中国农业影响评估报告 NO.2
著(编)者:矫梅燕 2016年8月出版 / 估价:98.00元

企业公民蓝皮书
中国企业公民报告 NO.4
著(编)者:邹东涛 2016年 8 月出版 / 估价:79.00元

气候变化绿皮书
应对气候变化报告(2016)
著(编)者:王伟光 郑国光 2016年11月出版 / 估价:98.00元

区域蓝皮书
中国区域经济发展报告(2015~2016)
著(编)者:赵弘 2016年6月出版 / 定价:79.00元

全球环境竞争力绿皮书
全球环境竞争力报告(2016)
著(编)者:李建平 李闽榕 王金南
2016年12月出版 / 估价:198.00元

人口与劳动绿皮书
中国人口与劳动问题报告 NO.17
著(编)者:蔡昉 张车伟 2016年11月出版 / 估价:69.00元

商务中心区蓝皮书
中国商务中心区发展报告 NO.2(2015)
著(编)者:魏后凯 单菁菁 2016年1月出版 / 定价:79.00元

世界经济黄皮书
2016年世界经济形势分析与预测
著(编)者:王洛林 张宇燕 2015年12月出版 / 定价:79.00元

世界旅游城市绿皮书
世界旅游城市发展报告(2015)
著(编)者:宋宇 2016年1月出版 / 定价:128.00元

西北蓝皮书
中国西北发展报告(2016)
著(编)者:孙发平 苏海红 鲁顺元
2016年3月出版 / 定价:79.00元

西部蓝皮书
中国西部发展报告(2016)
著(编)者:姚慧琴 徐璋勇 2016年 8 月出版 / 估价:89.00元

县域发展蓝皮书
中国县域经济增长能力评估报告(2016)
著(编)者:王力 2016年10月出版 / 估价:69.00元

新型城镇化蓝皮书
新型城镇化发展报告(2016)
著(编)者:李伟 宋敏 沈体雁 2016年11月出版 / 估价:98.00元

新兴经济体蓝皮书
金砖国家发展报告(2016)
著(编)者:林跃勤 周文 2016年 8 月出版 / 估价:79.00元

长三角蓝皮书
2016年全面深化改革中的长三角
著(编)者:张伟斌 2016年10月出版 / 估价:69.00元

中部竞争力蓝皮书
中国中部经济社会竞争力报告(2016)
著(编)者:教育部人文社会科学重点研究基地
南昌大学中国中部经济社会发展研究中心
2016年10月出版 / 估价:79.00元

中部蓝皮书
中国中部地区发展报告(2016)
著(编)者:宋亚平 2016年12月出版 / 估价:78.00元

中国省域竞争力蓝皮书
中国省域经济综合竞争力发展报告(2014~2015)
著(编)者:李建平 李闽榕 高燕京
2016年2月出版 / 定价:198.00元

中三角蓝皮书
长江中游城市群发展报告(2016)
著(编)者:秦尊文 2016年10月出版 / 估价:69.00元

中小城市绿皮书
中国中小城市发展报告(2016)
著(编)者:中国城市经济学会中小城市经济发展委员会
中国城镇化促进会中小城市发展委员会
《中国中小城市发展报告》编纂委员会
中小城市发展战略研究院
2016年10月出版 / 估价:98.00元

中原蓝皮书
中原经济区发展报告(2016)
著(编)者:李英杰 2016年8月出版 / 估价:88.00元

自贸区蓝皮书
中国自贸区发展报告(2016)
著(编)者:王力 王吉培 2016年10月出版 / 估价:69.00元

社会政法类

北京蓝皮书
中国社区发展报告(2016)
著(编)者:于燕燕 2017年2月出版 / 估价:79.00元

殡葬绿皮书
中国殡葬事业发展报告(2016)
著(编)者:李伯森 2016年 8 月出版 / 估价:158.00元

城市管理蓝皮书
中国城市管理报告(2015~2016)
著(编)者:刘林 刘承水 2016年5月出版 / 定价:158.00元

城市生活质量蓝皮书
中国城市生活质量报告(2016)
著(编)者:张连城 张平 杨春学 郎丽华
2016年8月出版 / 估价:89.00元

城市政府能力蓝皮书
中国城市政府公共服务能力评估报告(2016)
著(编)者:何艳玲 2016年4月出版 / 定价:68.00元

创新蓝皮书
中国创业环境发展报告(2016)
著(编)者:姚凯 曹祎遐 2016年8月出版 / 估价:69.00元

慈善蓝皮书
中国慈善发展报告（2016）
著(编)者:杨团　2016年6月出版 / 定价:79.00元

地方法治蓝皮书
中国地方法治发展报告 NO.2（2016）
著(编)者:李林　田禾　2016年3出版 / 定价:108.00元

党建蓝皮书
党的建设研究报告 NO.1（2016）
著(编)者:崔建民　陈东平　2016年1月出版 / 定价:89.00元

法治蓝皮书
中国法治发展报告 NO.14（2016）
著(编)者:李林 田禾　2016年3月出版 / 定价:118.00元

反腐倡廉蓝皮书
中国反腐倡廉建设报告 NO.6
著(编)者:李秋芳　张英伟　2017年1月出版 / 估价:79.00元

非传统安全蓝皮书
中国非传统安全研究报告（2015～2016）
著(编)者:余潇枫 魏志江　2016年6月出版 / 定价:89.00元

妇女发展蓝皮书
中国妇女发展报告 NO.6
著(编)者:王金玲　2016年9月出版 / 估价:148.00元

妇女教育蓝皮书
中国妇女教育发展报告 NO.3
著(编)者:张李玺　2016年10月出版 / 估价:78.00元

妇女绿皮书
中国性别平等与妇女发展报告（2016）
著(编)者:谭琳　2016年12月出版 / 估价:99.00元

公共服务蓝皮书
中国城市基本公共服务力评价（2016）
著(编)者:钟君 吴正杲　2016年12月出版 / 估价:79.00元

公共管理蓝皮书
中国公共管理发展报告（2016）
著(编)者:贡森 李国强 杨维富
2016年8月出版 / 估价:69.00元

公共外交蓝皮书
中国公共外交发展报告（2016）
著(编)者:赵启正 雷蔚真　2016年8月出版 / 估价:89.00元

公民科学素质蓝皮书
中国公民科学素质报告（2015~2016）
著(编)者:李群 陈雄 马宗文　2016年1月出版 / 定价:89.00元

公益蓝皮书
中国公益慈善发展报告（2016）
著(编)者:朱健刚　2016年4月出版 / 定价:118.00元

国际人才蓝皮书
海外华侨华人专业人士报告（2016）
著(编)者:王辉耀 苗绿　2016年8月出版 / 估价:69.00元

国际人才蓝皮书
中国国际移民报告（2016）
著(编)者:王辉耀　2016年8月出版 / 估价:79.00元

国际人才蓝皮书
中国海归发展报告（2016）NO.3
著(编)者:王辉耀 苗绿　2016年10月出版 / 估价:69.00元

国际人才蓝皮书
中国留学发展报告（2016）NO.5
著(编)者:王辉耀 苗绿　2016年10月出版 / 估价:79.00元

国家公园蓝皮书
中国国家公园体制建设报告（2016）
著(编)者:苏杨 张玉钧 石金莲 刘锋 等
2016年10月出版 / 估价:69.00元

海洋社会蓝皮书
中国海洋社会发展报告（2016）
著(编)者:崔凤 宋宁而　2016年8月出版 / 估价:89.00元

行政改革蓝皮书
中国行政体制改革报告（2016）NO.5
著(编)者:魏礼群　2016年5月出版 / 定价:98.00元

华侨华人蓝皮书
华侨华人研究报告（2016）
著(编)者:贾益民　2016年12月出版 / 估价:98.00元

环境竞争力绿皮书
中国省域环境竞争力发展报告（2016）
著(编)者:李建平 李闽榕 王金南
2016年11月出版 / 估价:198.00元

环境绿皮书
中国环境发展报告（2016）
著(编)者:刘鉴强　2016年8月出版 / 估价:79.00元

基金会蓝皮书
中国基金会发展报告（2015~2016）
著(编)者:中国基金会发展报告课题组　2016年4月出版 / 定价:75.00元

基金会绿皮书
中国基金会发展独立研究报告（2016）
著(编)者:基金会中心网 中央民族大学基金会研究中心
2016年8月出版 / 估价:88.00元

基金会透明度蓝皮书
中国基金会透明度发展研究报告（2016）
著(编)者:基金会中心网 清华大学廉政与治理研究中心
2016年9月出版 / 估价:85.00元

教师蓝皮书
中国中小学教师发展报告（2016）
著(编)者:曾晓东 鱼霞　2016年8月出版 / 估价:69.00元

教育蓝皮书
中国教育发展报告（2016）
著(编)者:杨东平　2016年4月出版 / 定价:79.00元

科普蓝皮书
中国科普基础设施发展报告（2015）
著(编)者:任福君　2016年8月出版 / 估价:69.00元

科普蓝皮书
中国科普人才发展报告（2015）
著(编)者:郑念　任嵘嵘　2016年4月出版 / 定价:98.00元

科学教育蓝皮书
中国科学教育发展报告（2016）
著(编)者:罗晖 王康友　2016年10月出版 / 估价:79.00元

劳动保障蓝皮书
中国劳动保障发展报告（2016）
著(编)者:刘燕斌　2016年8月出版 / 估价:158.00元

老龄蓝皮书
中国老年宜居环境发展报告（2015）
著(编)者:党俊武　周燕珉　2016年1月出版 / 定价:79.00元

连片特困区蓝皮书
中国连片特困区发展报告（2016）
著(编)者:游俊 冷志明 丁建军
2016年8月出版 / 估价:98.00元

民间组织蓝皮书
中国民间组织报告（2016）
著(编)者:黄晓勇　2016年12月出版 / 估价:79.00元

民调蓝皮书
中国民生调查报告（2016）
著(编)者:谢耘耕　2016年8月出版 / 估价:128.00元

民族发展蓝皮书
中国民族发展报告（2016）
著(编)者:郝时远 王延中 王希恩
2016年8月出版 / 估价:98.00元

女性生活蓝皮书
中国女性生活状况报告 NO.10（2016）
著(编)者:韩湘景　2016年8月出版 / 估价:79.00元

汽车社会蓝皮书
中国汽车社会发展报告（2016）
著(编)者:王俊秀　2016年8月出版 / 估价:69.00元

青年蓝皮书
中国青年发展报告（2016）NO.4
著(编)者:廉思 等　2016年8月出版 / 估价:69.00元

青少年蓝皮书
中国未成年人互联网运用报告（2016）
著(编)者:李文革 沈杰 季为民
2016年11月出版 / 估价:89.00元

青少年体育蓝皮书
中国青少年体育发展报告（2016）
著(编)者:郭建军 杨桦　2016年9月出版 / 估价:69.00元

区域人才蓝皮书
中国区域人才竞争力报告 NO.2
著(编)者:桂昭明 王辉耀
2016年8月出版 / 估价:69.00元

群众体育蓝皮书
中国群众体育发展报告（2016）
著(编)者:刘国永 杨桦　2016年10月出版 / 估价:69.00元

群众体育蓝皮书
中国社会体育指导员发展报告（1994~2014）
著(编)者:刘国永 王欢　2016年4月出版 / 定价:78.00元

人才蓝皮书
中国人才发展报告（2016）
著(编)者:潘晨光　2016年9月出版 / 估价:85.00元

人权蓝皮书
中国人权事业发展报告 NO.6（2016）
著(编)者:李君如　2016年9月出版 / 估价:128.00元

社会保障绿皮书
中国社会保障发展报告（2016）NO.8
著(编)者:王延中　2016年8月出版 / 估价:99.00元

社会工作蓝皮书
中国社会工作发展报告（2016）
著(编)者:民政部社会工作研究中心
2016年8月出版 / 估价:79.00元

社会管理蓝皮书
中国社会管理创新报告 NO.4
著(编)者:连玉明　2016年11月出版 / 估价:89.00元

社会蓝皮书
2016年中国社会形势分析与预测
著(编)者:李培林　陈光金　张翼
2015年12月出版 / 定价:79.00元

社会体制蓝皮书
中国社会体制改革报告（2016）NO.4
著(编)者:龚维斌　2016年4月出版 / 定价:79.00元

社会心态蓝皮书
中国社会心态研究报告（2016）
著(编)者:王俊秀 杨宜音　2016年10月出版 / 估价:69.00元

社会责任管理蓝皮书
中国企业公众透明度报告（2015~2016）NO.2
著(编)者:黄速建 熊梦 肖红军　2016年1月出版 / 定价:98.00元

社会组织蓝皮书
中国社会组织评估发展报告（2016）
著(编)者:徐家良 廖鸿　2016年12月出版 / 估价:69.00元

生态城市绿皮书
中国生态城市建设发展报告（2016）
著(编)者:刘举科 孙伟平 胡文臻
2016年9月出版 / 估价:148.00元

生态文明绿皮书
中国省域生态文明建设评价报告（ECI 2016）
著(编)者:严耕　2016年12月出版 / 估价:85.00元

世界社会主义黄皮书
世界社会主义跟踪研究报告（2015～2016）
著(编)者:李慎明　2016年3月出版 / 定价:248.00元

水与发展蓝皮书
中国水风险评估报告（2016）
著(编)者:王浩　2016年9月出版 / 估价:69.00元

体育蓝皮书
长三角地区体育产业发展报告（2016）
著(编)者:张林　2016年8月出版 / 估价:79.00元

体育蓝皮书
中国公共体育服务发展报告（2016）
著(编)者:戴健　2016年12月出版 / 估价:79.00元

土地整治蓝皮书
中国土地整治发展研究报告 NO.3
著(编)者:国土资源部土地整治中心
2016年7月出版 / 定价:89.00元

土地政策蓝皮书
中国土地政策发展报告（2016）
著(编)者:高延利 李宪文
2015年12月出版 / 定价:89.00元

危机管理蓝皮书
中国危机管理报告（2016）
著(编)者:文学国 范正青
2016年8月出版 / 估价:89.00元

形象危机应对蓝皮书
形象危机应对研究报告（2016）
著(编)者:唐钧　2016年8月出版 / 估价:149.00元

医改蓝皮书
中国医药卫生体制改革报告（2016）
著(编)者:文学国　房志武　2016年11月出版 / 估价:98.00元

医疗卫生绿皮书
中国医疗卫生发展报告 NO.7（2016）
著(编)者:申宝忠 韩玉珍　2016年8月出版 / 估价:75.00元

政治参与蓝皮书
中国政治参与报告（2016）
著(编)者:房宁　2016年8月出版 / 估价:108.00元

政治发展蓝皮书
中国政治发展报告（2016）
著(编)者:房宁 杨海蛟　2016年8月出版 / 估价:88.00元

智慧社区蓝皮书
中国智慧社区发展报告（2016）
著(编)者:罗昌智 张辉德　2016年8月出版 / 估价:69.00元

中国农村妇女发展蓝皮书
农村流动女性城市生活发展报告（2016）
著(编)者:谢丽华　2016年12月出版 / 估价:79.00元

宗教蓝皮书
中国宗教报告（2015）
著(编)者:邱永辉　2016年4月出版 / 定价:79.00元

行业报告类

保健蓝皮书
中国保健服务产业发展报告 NO.2
著(编)者:中国保健协会 中共中央党校
2016年8月出版 / 估价:198.00元

保健蓝皮书
中国保健食品产业发展报告 NO.2
著(编)者:中国保健协会
中国社会科学院食品药品产业发展与监管研究中心
2016年8月出版 / 估价:198.00元

保健蓝皮书
中国保健用品产业发展报告 NO.2
著(编)者:中国保健协会
国务院国有资产监督管理委员会研究中心
2016年8月出版 / 估价:198.00元

保险蓝皮书
中国保险业创新发展报告（2016）
著(编)者:项俊波　2016年12月出版 / 估价:69.00元

保险蓝皮书
中国保险业竞争力报告（2016）
著(编)者:项俊波　2016年12月出版 / 估价:99.00元

采供血蓝皮书
中国采供血管理报告（2016）
著(编)者:朱永明 耿鸿武　2016年8月出版 / 估价:69.00元

彩票蓝皮书
中国彩票发展报告（2016）
著(编)者:益彩基金　2016年8月出版 / 估价:98.00元

餐饮产业蓝皮书
中国餐饮产业发展报告（2016）
著(编)者:邢颖　2016年6月出版 / 定价:98.00元

测绘地理信息蓝皮书
测绘地理信息转型升级研究报告（2016）
著(编)者:库热西・买合苏提　2016年12月出版 / 估价:98.00元

茶业蓝皮书
中国茶产业发展报告（2016）
著(编)者:杨江帆 李闽榕　2016年10月出版 / 估价:78.00元

产权市场蓝皮书
中国产权市场发展报告（2015～2016）
著(编)者:曹和平　2016年8月出版 / 估价:89.00元

产业安全蓝皮书
中国出版传媒产业安全报告（2015~2016）
著(编)者:北京印刷学院文化产业安全研究院
2016年3月出版 / 定价:79.00元

产业安全蓝皮书
中国文化产业安全报告（2016）
著(编)者:北京印刷学院文化产业安全研究院
2016年8月出版 / 估价:89.00元

产业安全蓝皮书
中国新媒体产业安全报告（2016）
著(编)者:北京印刷学院文化产业安全研究院
2016年8月出版 / 估价:69.00元

大数据蓝皮书
网络空间和大数据发展报告（2016）
著(编)者:杜平　2016年8月出版 / 估价:69.00元

电子商务蓝皮书
中国电子商务服务业发展报告 NO.3
著(编)者:荆林波 梁春晓　2016年8月出版 / 估价:69.00元

电子政务蓝皮书
中国电子政务发展报告（2016）
著(编)者:洪毅 杜平　2016年11月出版 / 估价:79.00元

杜仲产业绿皮书
中国杜仲橡胶资源与产业发展报告（2016）
著(编)者:杜红岩 胡文臻 俞锐
2016年8月出版 / 估价:85.00元

房地产蓝皮书
中国房地产发展报告 NO.13（2016）
著(编)者:李春华 王业强　2016年5月出版 / 定价:89.00元

服务外包蓝皮书
中国服务外包产业发展报告（2016）
著(编)者:王晓红 刘德军
2016年8月出版 / 估价:89.00元

服务外包蓝皮书
中国服务外包竞争力报告（2016）
著(编)者:王力 刘春生 黄育华
2016年11月出版 / 估价:85.00元

工业和信息化蓝皮书
世界网络安全发展报告（2015~2016）
著(编)者:洪京一　2016年4月出版 / 定价:79.00元

工业和信息化蓝皮书
世界信息化发展报告（2015~2016）
著(编)者:洪京一　2016年4月出版 / 定价:79.00元

工业和信息化蓝皮书
世界信息技术产业发展报告（2015~2016）
著(编)者:洪京一　2016年4月出版 / 定价:79.00元

工业和信息化蓝皮书
世界制造业发展报告（2016）
著(编)者:洪京一　2016年8月出版 / 估价:69.00元

工业和信息化蓝皮书
移动互联网产业发展报告（2015~2016）
著(编)者:洪京一　2016年4月出版 / 定价:79.00元

工业和信息化蓝皮书
战略性新兴产业发展报告（2015~2016）
著(编)者:洪京一　2016年4月出版 / 定价:79.00元

工业设计蓝皮书
中国工业设计发展报告（2016）
著(编)者:王晓红 于炜 张立群
2016年9月出版 / 估价:138.00元

黄金市场蓝皮书
中国商业银行黄金业务发展报告（2015~2016）
著(编)者:平安银行　2016年3月出版 / 定价:98.00元

互联网金融蓝皮书
中国互联网金融发展报告（2016）
著(编)者: 李东荣　2016年8月出版 / 估价:79.00元

会展蓝皮书
中外会展业动态评估年度报告（2016）
著(编)者:张敏　2016年8月出版 / 估价:78.00元

节能汽车蓝皮书
中国节能汽车产业发展报告（2016）
著(编)者:中国汽车工程研究院股份有限公司
2016年12月出版 / 估价:69.00元

金融监管蓝皮书
中国金融监管报告（2016）
著(编)者:胡滨　2016年6月出版 / 定价:89.00元

金融蓝皮书
中国金融中心发展报告（2016）
著(编)者:王力 黄育华　2017年11月出版 / 估价:75.00元

金融蓝皮书
中国商业银行竞争力报告（2016）
著(编)者:王松奇　2016年8月出版 / 估价:69.00元

经济林产业绿皮书
中国经济林产业发展报告（2016）
著(编)者:李芳东 胡文臻 乌云塔娜 杜红岩
2016年12月出版 / 估价:69.00元

客车蓝皮书
中国客车产业发展报告（2016）
著(编)者:姚蔚　2016年8月出版 / 估价:85.00元

老龄蓝皮书
中国老龄产业发展报告（2016）
著(编)者:吴玉韶 党俊武　2016年9月出版 / 估价:79.00元

流通蓝皮书
中国商业发展报告（2016~2017）
著(编)者:王雪峰 林诗慧　2016年7月出版 / 定价:89.00元

旅游安全蓝皮书
中国旅游安全报告（2016）
著(编)者:郑向敏 谢朝武　2016年5月出版 / 定价:128.00元

旅游绿皮书
2015～2016年中国旅游发展分析与预测
著(编)者:宋瑞　2016年4月出版 / 定价:89.00元

煤炭蓝皮书
中国煤炭工业发展报告（2016）
著(编)者:岳福斌　2016年12月出版 / 估价:79.00元

民营企业社会责任蓝皮书
中国民营企业社会责任年度报告（2016）
著(编)者:中华全国工商业联合会
2016年8月出版 / 估价:69.00元

民营医院蓝皮书
中国民营医院发展报告（2016）
著(编)者:庄一强 2016年10月出版 / 估价:75.00元

能源蓝皮书
中国能源发展报告（2016）
著(编)者:崔民选 王军生 陈义和
2016年8月出版 / 估价:79.00元

农产品流通蓝皮书
中国农产品流通产业发展报告（2016）
著(编)者:贾敬敦 张东科 张玉玺 张鹏毅 周伟
2016年8月出版 / 估价:89.00元

期货蓝皮书
中国期货市场发展报告(2016)
著(编)者:李群 王在荣 2016年11月出版 / 估价:69.00元

企业公益蓝皮书
中国企业公益研究报告（2016）
著(编)者:钟宏武 汪杰 顾一 黄晓娟 等
2016年12月出版 / 估价:69.00元

企业公众透明度蓝皮书
中国企业公众透明度报告 (2016) NO.2
著(编)者:黄速建 王晓光 肖红军
2016年8月出版 / 估价:98.00元

企业国际化蓝皮书
中国企业国际化报告（2016）
著(编)者:王辉耀 2016年11月出版 / 估价:98.00元

企业蓝皮书
中国企业绿色发展报告 NO.2（2016）
著(编)者:李红玉 朱光辉 2016年8月出版 / 估价:79.00元

企业社会责任蓝皮书
中国企业社会责任研究报告（2016）
著(编)者:黄群慧 钟宏武 张蒽 等
2016年11月出版 / 估价:79.00元

企业社会责任能力蓝皮书
中国上市公司社会责任能力成熟度报告（2016）
著(编)者:肖红军 王晓光 李伟阳
2016年11月出版 / 估价:69.00元

汽车安全蓝皮书
中国汽车安全发展报告（2016）
著(编)者:中国汽车技术研究中心
2016年8月出版 / 估价:89.00元

汽车电子商务蓝皮书
中国汽车电子商务发展报告（2016）
著(编)者:中华全国工商业联合会汽车经销商商会
北京易观智库网络科技有限公司
2016年8月出版 / 估价:128.00元

汽车工业蓝皮书
中国汽车工业发展年度报告（2016）
著(编)者:中国汽车工业协会 中国汽车技术研究中心
丰田汽车（中国）投资有限公司
2016年4月出版 / 定价:128.00元

汽车蓝皮书
中国汽车产业发展报告（2016）
著(编)者:国务院发展研究中心产业经济研究部
中国汽车工程学会 大众汽车集团（中国）
2016年8月出版 / 估价:158.00元

清洁能源蓝皮书
国际清洁能源发展报告（2016）
著(编)者:苏树辉 袁国林 李玉崙
2016年11月出版 / 估价:99.00元

人力资源蓝皮书
中国人力资源发展报告（2016）
著(编)者:余兴安 2016年12月出版 / 估价:79.00元

融资租赁蓝皮书
中国融资租赁业发展报告（2015～2016）
著(编)者:李光荣 王力 2016年8月出版 / 估价:89.00元

软件和信息服务业蓝皮书
中国软件和信息服务业发展报告（2016）
著(编)者:洪京一 2016年12月出版 / 估价:198.00元

商会蓝皮书
中国商会发展报告NO.5（2016）
著(编)者:王钦敏 2016年8月出版 / 估价:89.00元

上市公司蓝皮书
中国上市公司社会责任信息披露报告（2016）
著(编)者:张旺 张杨 2016年11月出版 / 估价:69.00元

上市公司蓝皮书
中国上市公司质量评价报告（2015～2016）
著(编)者:张跃文 王力 2016年11月出版 / 估价:118.00元

设计产业蓝皮书
中国设计产业发展报告（2016）
著(编)者:陈冬亮 梁昊光 2016年8月出版 / 估价:89.00元

食品药品蓝皮书
食品药品安全与监管政策研究报告（2016）
著(编)者:唐民皓 2016年8月出版 / 估价:69.00元

世界能源蓝皮书
世界能源发展报告（2016）
著(编)者:黄晓勇 2016年6月出版 / 定价:99.00元

水利风景区蓝皮书
中国水利风景区发展报告（2016）
著(编)者:谢婵才 兰思仁 2016年5月出版 / 定价:89.00元

私募市场蓝皮书
中国私募股权市场发展报告（2016）
著(编)者:曹和平 2016年12月出版 / 估价:79.00元

碳市场蓝皮书
中国碳市场报告（2016）
著(编)者:宁金彪　2016年11月出版 / 估价:69.00元

体育蓝皮书
中国体育产业发展报告（2016）
著(编)者:阮伟 钟秉枢　2016年8月出版 / 估价:69.00元

土地市场蓝皮书
中国农村土地市场发展报告（2015~2016）
著(编)者:李光荣　2016年3月出版 / 定价:79.00元

网络空间安全蓝皮书
中国网络空间安全发展报告（2016）
著(编)者:惠志斌 唐涛　2016年8月出版 / 估价:79.00元

物联网蓝皮书
中国物联网发展报告（2016）
著(编)者:黄桂田 龚六堂 张全升
2016年8月出版 / 估价:69.00元

西部工业蓝皮书
中国西部工业发展报告（2016）
著(编)者:方行明 甘犁 刘方健 姜凌 等
2016年9月出版 / 估价:79.00元

西部金融蓝皮书
中国西部金融发展报告（2016）
著(编)者:李忠民　2016年8月出版 / 估价:75.00元

协会商会蓝皮书
中国行业协会商会发展报告（2016）
著(编)者:景朝阳 李勇　2016年8月出版 / 估价:99.00元

新能源汽车蓝皮书
中国新能源汽车产业发展报告（2016）
著(编)者:中国汽车技术研究中心
日产（中国）投资有限公司 东风汽车有限公司
2016年8月出版 / 估价:89.00元

新三板蓝皮书
中国新三板市场发展报告（2016）
著(编)者:王力　2016年6月出版 / 定价:79.00元

信托市场蓝皮书
中国信托业市场报告（2015～2016）
著(编)者:用益信托工作室
2016年1月出版 / 定价:198.00元

信息安全蓝皮书
中国信息安全发展报告（2016）
著(编)者:张晓东　2016年8月出版 / 估价:69.00元

信息化蓝皮书
中国信息化形势分析与预测（2016）
著(编)者:周宏仁　2016年8月出版 / 估价:98.00元

信用蓝皮书
中国信用发展报告（2016）
著(编)者:章政 田侃　2016年8月出版 / 估价:99.00元

休闲绿皮书
2016年中国休闲发展报告
著(编)者:宋瑞
2016年10月出版 / 估价:79.00元

药品流通蓝皮书
中国药品流通行业发展报告（2016）
著(编)者:佘鲁林 温再兴
2016年8月出版 / 估价:158.00元

医院蓝皮书
中国医院竞争力报告（2016）
著(编)者:庄一强 曾益新　2016年3月出版 / 定价:128.00元

医药蓝皮书
中国中医药产业园战略发展报告（2016）
著(编)者:裴长洪 房书亭 吴滌心
2016年8月出版 / 估价:89.00元

邮轮绿皮书
中国邮轮产业发展报告（2016）
著(编)者:汪泓　2016年10月出版 / 估价:79.00元

智能养老蓝皮书
中国智能养老产业发展报告（2016）
著(编)者:朱勇　2016年10月出版 / 估价:89.00元

中国SUV蓝皮书
中国SUV产业发展报告（2016）
著(编)者:靳军　2016年12月出版 / 估价:69.00元

中国金融行业蓝皮书
中国债券市场发展报告（2016）
著(编)者:谢多　2016年8月出版 / 估价:69.00元

中国上市公司蓝皮书
中国上市公司发展报告（2016）
著(编)者:中国社会科学院上市公司研究中心
2016年9月出版 / 估价:98.00元

中国游戏蓝皮书
中国游戏产业发展报告（2016）
著(编)者:孙立军 刘跃军 牛兴侦
2016年8月出版 / 估价:69.00元

中国总部经济蓝皮书
中国总部经济发展报告（2015～2016）
著(编)者:赵弘　2016年9月出版 / 估价:79.00元

资本市场蓝皮书
中国场外交易市场发展报告（2014~2015）
著(编)者:高峦　2016年3月出版 / 定价:79.00元

资产管理蓝皮书
中国资产管理行业发展报告（2016）
著(编)者:智信资产管理研究院
2016年6月出版 / 定价:89.00元

文化传媒类

传媒竞争力蓝皮书
中国传媒国际竞争力研究报告（2016）
著(编)者:李本乾 刘强
2016年11月出版 / 估价:148.00元

传媒蓝皮书
中国传媒产业发展报告（2016）
著(编)者:崔保国 2016年5月出版 / 定价:98.00元

传媒投资蓝皮书
中国传媒投资发展报告（2016）
著(编)者:张向东 谭云明
2016年8月出版 / 估价:128.00元

动漫蓝皮书
中国动漫产业发展报告（2016）
著(编)者:卢斌 郑玉明 牛兴侦
2016年8月出版 / 估价:79.00元

非物质文化遗产蓝皮书
中国非物质文化遗产发展报告（2016）
著(编)者:陈平 2016年8月出版 / 估价:98.00元

广电蓝皮书
中国广播电影电视发展报告（2016）
著(编)者:国家新闻出版广电总局发展研究中心
2016年8月出版 / 估价:98.00元

广告主蓝皮书
中国广告主营销传播趋势报告 NO.9
著(编)者:黄升民 杜国清 邵华冬 等
2016年10月出版 / 估价:148.00元

国际传播蓝皮书
中国国际传播发展报告（2016）
著(编)者:胡正荣 李继东 姬德强
2016年11月出版 / 估价:89.00元

纪录片蓝皮书
中国纪录片发展报告（2016）
著(编)者:何苏六 2016年10月出版 / 估价:79.00元

科学传播蓝皮书
中国科学传播报告（2016）
著(编)者:詹正茂 2016年8月出版 / 估价:69.00元

两岸创意经济蓝皮书
两岸创意经济研究报告（2016）
著(编)者:罗昌智 董泽平 2016年12月出版 / 估价:98.00元

两岸文化蓝皮书
两岸文化产业合作发展报告（2016）
著(编)者:胡惠林 李保宗 2016年8月出版 / 估价:79.00元

媒介与女性蓝皮书
中国媒介与女性发展报告(2015~2016)
著(编)者:刘利群 2016年8月出版 / 估价:118.00元

媒体融合蓝皮书
中国媒体融合发展报告（2016）
著(编)者:梅宁华 宋建武 2016年8月出版 / 估价:79.00元

全球传媒蓝皮书
全球传媒发展报告（2016）
著(编)者:胡正荣 李继东 唐晓芬
2016年12月出版 / 估价:79.00元

少数民族非遗蓝皮书
中国少数民族非物质文化遗产发展报告（2016）
著(编)者:肖远平（彝） 柴立（满）
2016年8月出版 / 估价:128.00元

视听新媒体蓝皮书
中国视听新媒体发展报告（2016）
著(编)者:国家新闻出版广电总局发展研究中心
2016年8月出版 / 估价:98.00元

文化创新蓝皮书
中国文化创新报告（2016）NO.7
著(编)者:于平 傅才武 2016年8月出版 / 估价:98.00元

文化建设蓝皮书
中国文化发展报告（2015~2016）
著(编)者:江畅 孙伟平 戴茂堂
2016年6月出版 / 定价:116.00元

文化科技蓝皮书
文化科技创新发展报告（2016）
著(编)者:于平 李凤亮 2016年10月出版 / 估价:89.00元

文化蓝皮书
中国公共文化服务发展报告（2016）
著(编)者:刘新成 张永新 张旭 2016年10月出版 / 估价:98.00元

文化蓝皮书
中国公共文化投入增长测评报告（2016）
著(编)者:王亚南 2016年4月出版 / 定价:79.00元

文化蓝皮书
中国少数民族文化发展报告（2016）
著(编)者:武翠英 张晓明 任乌晶
2016年9月出版 / 估价:69.00元

文化蓝皮书
中国文化产业发展报告（2015~2016）
著(编)者:张晓明 王家新 章建刚
2016年2月出版 / 定价:79.00元

文化蓝皮书
中国文化产业供需协调检测报告（2016）
著(编)者:王亚南 2016年8月出版 / 估价:79.00元

文化蓝皮书
中国文化消费需求景气评价报告（2016）
著(编)者:王亚南 2016年4月出版 / 定价:79.00元

文化品牌蓝皮书
中国文化品牌发展报告（2016）
著(编)者:欧阳友权　2016年5月出版 / 估价:98.00元

文化遗产蓝皮书
中国文化遗产事业发展报告（2016）
著(编)者:刘世锦　2016年8月出版 / 估价:89.00元

文学蓝皮书
中国文情报告（2015～2016）
著(编)者:白烨　2016年5月出版 / 定价:49.00元

新媒体蓝皮书
中国新媒体发展报告NO.7（2016）
著(编)者:唐绪军　2016年7月出版 / 定价:79.00元

新媒体社会责任蓝皮书
中国新媒体社会责任研究报告（2016）
著(编)者:钟瑛　2016年10月出版 / 估价:79.00元

移动互联网蓝皮书
中国移动互联网发展报告（2016）
著(编)者:官建文　2016年6月出版 / 定价:79.00元

舆情蓝皮书
中国社会舆情与危机管理报告（2016）
著(编)者:谢耘耕　2016年8月出版 / 估价:98.00元

影视风控蓝皮书
中国影视舆情与风控报告 （2016）
著(编)者:司若　2016年4月出版 / 定价:138.00元

地方发展类

安徽经济蓝皮书
芜湖创新型城市发展报告（2016）
著(编)者:张志宏　2016年8月出版 / 估价:69.00元

安徽蓝皮书
安徽社会发展报告（2016）
著(编)者:程桦　2016年4月出版 / 定价:89.00元

安徽社会建设蓝皮书
安徽社会建设分析报告（2015～2016）
著(编)者:黄家海 王开玉 蔡宪
2016年8月出版 / 估价:89.00元

澳门蓝皮书
澳门经济社会发展报告（2015～2016）
著(编)者:吴志良 郝雨凡　2016年6月出版 / 定价:98.00元

北京蓝皮书
北京公共服务发展报告（2015～2016）
著(编)者:施昌奎　2016年2月出版 / 定价:79.00元

北京蓝皮书
北京经济发展报告（2015～2016）
著(编)者:杨松　2016年6月出版 / 定价:79.00元

北京蓝皮书
北京社会发展报告（2015～2016）
著(编)者:李伟东　2016年6月出版 / 定价:79.00元

北京蓝皮书
北京社会治理发展报告（2015～2016）
著(编)者:殷星辰　2016年5月出版 / 定价:79.00元

北京蓝皮书
北京文化发展报告（2015～2016）
著(编)者:李建盛　2016年4月出版 / 定价:79.00元

北京旅游绿皮书
北京旅游发展报告（2016）
著(编)者:北京旅游学会　2016年8月出版 / 估价:88.00元

北京人才蓝皮书
北京人才发展报告（2016）
著(编)者:于淼　2016年12月出版 / 估价:128.00元

北京社会心态蓝皮书
北京社会心态分析报告（2015～2016）
著(编)者:北京社会心理研究所
2016年8月出版 / 估价:79.00元

北京社会组织管理蓝皮书
北京社会组织发展与管理（2015～2016）
著(编)者:黄江松　2016年8月出版 / 估价:78.00元

北京体育蓝皮书
北京体育产业发展报告（2016）
著(编)者:钟秉枢 陈杰 杨铁黎
2016年10月出版 / 估价:79.00元

北京养老产业蓝皮书
北京养老产业发展报告（2016）
著(编)者:周明明 冯喜良　2016年8月出版 / 估价:69.00元

滨海金融蓝皮书
滨海新区金融发展报告（2016）
著(编)者:王爱俭 张锐钢　2016年9月出版 / 估价:79.00元

城乡一体化蓝皮书
中国城乡一体化发展报告•北京卷（2015～2016)
著(编)者:张宝秀 黄序　2016年5月出版 / 定价:79.00元

创意城市蓝皮书
北京文化创意产业发展报告（2016）
著(编)者:张京成 王国华　2016年12月出版 / 估价:69.00元

创意城市蓝皮书
青岛文化创意产业发展报告（2016）
著(编)者:马达 张丹妮　2016年8月出版 / 估价:79.00元

创意城市蓝皮书
青岛文化创意产业发展报告（2016）
著(编)者:马达 张丹妮　2016年8月出版 / 估价:79.00元

创意城市蓝皮书
天津文化创意产业发展报告（2015~2016）
著(编)者:谢思全　2016年6月出版 / 定价:79.00元

创意城市蓝皮书
台北文化创意产业发展报告（2016）
著(编)者:陈耀竹 邱琪瑄　2016年11月出版 / 估价:89.00元

创意城市蓝皮书
无锡文化创意产业发展报告（2016）
著(编)者:谭军 张鸣年　2016年10月出版 / 估价:79.00元

创意城市蓝皮书
武汉文化创意产业发展报告（2016）
著(编)者:黄永林 陈汉桥　2016年12月出版 / 估价:89.00元

创意城市蓝皮书
重庆创意产业发展报告（2016）
著(编)者:程宇宁　2016年8月出版 / 估价:89.00元

地方法治蓝皮书
南宁法治发展报告（2016）
著(编)者:杨维超　2016年12月出版 / 估价:69.00元

福建妇女发展蓝皮书
福建省妇女发展报告（2016）
著(编)者:刘群英　2016年11月出版 / 估价:88.00元

福建自贸区蓝皮书
中国（福建）自由贸易实验区发展报告（2015~2016）
著(编)者:黄茂兴　2016年4月出版 / 定价:108.00元

甘肃蓝皮书
甘肃经济发展分析与预测（2016）
著(编)者:朱智文 罗哲　2016年1月出版 / 定价:79.00元

甘肃蓝皮书
甘肃社会发展分析与预测（2016）
著(编)者:安文华 包晓霞 谢增虎　2016年1月出版 / 定价:79.00元

甘肃蓝皮书
甘肃文化发展分析与预测（2016）
著(编)者:安文华 周小华　2016年1月出版 / 定价:79.00元

甘肃蓝皮书
甘肃县域和农村发展报告（2016）
著(编)者:刘进军 柳 民 王建兵
2016年1月出版 / 定价:79.00元

甘肃蓝皮书
甘肃舆情分析与预测（2016）
著(编)者:陈双梅 张谦元　2016年1月出版 / 定价:79.00元

甘肃蓝皮书
甘肃商贸流通发展报告（2016）
著(编)者:杨志武 王福生 王晓芳
2016年1月出版 / 定价:79.00元

广东蓝皮书
广东全面深化改革发展报告（2016）
著(编)者:周林生 涂成林　2016年11月出版 / 估价:69.00元

广东蓝皮书
广东社会工作发展报告（2016）
著(编)者:罗观翠　2016年8月出版 / 估价:89.00元

广东蓝皮书
广东省电子商务发展报告（2016）
著(编)者:程晓 邓顺国　2016年8月出版 / 估价:79.00元

广东社会建设蓝皮书
广东省社会建设发展报告（2016）
著(编)者:广东省社会工作委员会
2016年12月出版 / 估价:99.00元

广东外经贸蓝皮书
广东对外经济贸易发展研究报告（2015~2016）
著(编)者:陈万灵　2016年8月出版 / 估价:89.00元

广西北部湾经济区蓝皮书
广西北部湾经济区开放开发报告（2016）
著(编)者:广西北部湾经济区规划建设管理委员会办公室
广西社会科学院广西北部湾发展研究院
2016年10月出版 / 估价:79.00元

巩义蓝皮书
巩义经济社会发展报告（2016）
著(编)者:丁同民 朱军　2016年4月出版 / 定价:58.00元

广州蓝皮书
2016年中国广州经济形势分析与预测
著(编)者:庾建设 陈浩钿 谢博能　2016年7月出版 / 定价:85.00元

广州蓝皮书
2016年中国广州社会形势分析与预测
著(编)者:张强 陈怡霓 杨秦　2016年6月出版 / 定价:85.00元

广州蓝皮书
广州城市国际化发展报告（2016）
著(编)者:朱名宏　2016年11月出版 / 估价:69.00元

广州蓝皮书
广州创新型城市发展报告（2016）
著(编)者:尹涛　2016年10月出版 / 估价:69.00元

广州蓝皮书
广州经济发展报告（2016）
著(编)者:朱名宏　2016年8月出版 / 估价:69.00元

广州蓝皮书
广州农村发展报告（2016）
著(编)者:朱名宏　2016年8月出版 / 估价:69.00元

广州蓝皮书
广州汽车产业发展报告（2016）
著(编)者:杨再高 冯兴亚　2016年9月出版 / 估价:69.00元

广州蓝皮书
广州青年发展报告（2015～2016）
著(编)者:魏国华 张强　2016年8月出版 / 估价:69.00元

广州蓝皮书
广州商贸业发展报告（2016）
著(编)者:李江涛 肖振宇 荀振英
2016年8月出版 / 估价:69.00元

广州蓝皮书
广州社会保障发展报告（2016）
著(编)者:蔡国萱　2016年10月出版 / 估价:65.00元

广州蓝皮书
广州文化创意产业发展报告（2016）
著(编)者:甘新　2016年8月出版 / 估价:79.00元

广州蓝皮书
中国广州城市建设与管理发展报告（2016）
著(编)者:董皞 陈小钢 李江涛　2016年8月出版 / 估价:69.00元

广州蓝皮书
中国广州科技和信息化发展报告（2016）
著(编)者:邹采荣 马正勇 冯 元　2016年8月出版 / 估价:79.00元

广州蓝皮书
中国广州文化发展报告（2016）
著(编)者:徐俊忠 陆志强 顾涧清　2016年8月出版 / 估价:69.00元

贵阳蓝皮书
贵阳城市创新发展报告•白云篇（2016）
著(编)者:连玉明　2016年10月出版 / 估价:89.00元

贵阳蓝皮书
贵阳城市创新发展报告•观山湖篇（2016）
著(编)者:连玉明　2016年10月出版 / 估价:89.00元

贵阳蓝皮书
贵阳城市创新发展报告•花溪篇（2016）
著(编)者:连玉明　2016年10月出版 / 估价:89.00元

贵阳蓝皮书
贵阳城市创新发展报告•开阳篇（2016）
著(编)者:连玉明　2016年10月出版 / 估价:89.00元

贵阳蓝皮书
贵阳城市创新发展报告•南明篇（2016）
著(编)者:连玉明　2016年10月出版 / 估价:89.00元

贵阳蓝皮书
贵阳城市创新发展报告•清镇篇（2016）
著(编)者:连玉明　2016年10月出版 / 估价:89.00元

贵阳蓝皮书
贵阳城市创新发展报告•乌当篇（2016）
著(编)者:连玉明　2016年10月出版 / 估价:89.00元

贵阳蓝皮书
贵阳城市创新发展报告•息烽篇（2016）
著(编)者:连玉明　2016年10月出版 / 估价:89.00元

贵阳蓝皮书
贵阳城市创新发展报告•修文篇（2016）
著(编)者:连玉明　2016年10月出版 / 估价:89.00元

贵阳蓝皮书
贵阳城市创新发展报告•云岩篇（2016）
著(编)者:连玉明　2016年10月出版 / 估价:89.00元

贵州房地产蓝皮书
贵州房地产发展报告NO.3（2016）
著(编)者:武廷方　2016年8月出版 / 估价:89.00元

贵州蓝皮书
贵州册亨经济社会发展报告 (2016)
著(编)者:黄德林　2016年3月出版 / 定价:79.00元

贵州蓝皮书
贵安新区发展报告（2015~2016）
著(编)者:马长青 吴大华　2016年6月出版 / 定价:79.00元

贵州蓝皮书
贵州法治发展报告（2016）
著(编)者:吴大华　2016年5月出版 / 定价:79.00元

贵州蓝皮书
贵州民航业发展报告（2016）
著(编)者:申振东 吴大华　2016年10月出版 / 估价:69.00元

贵州蓝皮书
贵州民营经济发展报告（2015）
著(编)者:杨静 吴大华　2016年3月出版 / 定价:79.00元

贵州蓝皮书
贵州人才发展报告（2016）
著(编)者:于杰 吴大华　2016年9月出版 / 估价:69.00元

贵州蓝皮书
贵州社会发展报告（2016）
著(编)者:王兴骥　2016年6月出版 / 定价:79.00元

海淀蓝皮书
海淀区文化和科技融合发展报告（2016）
著(编)者:陈名杰 孟景伟　2016年8月出版 / 估价:75.00元

海峡西岸蓝皮书
海峡西岸经济区发展报告（2016）
著(编)者:福建省人民政府发展研究中心
福建省人民政府发展研究中心咨询服务中心
2016年9月出版 / 估价:65.00元

杭州都市圈蓝皮书
杭州都市圈发展报告（2016）
著(编)者:沈翔 戚建国　2016年5月出版 / 定价:128.00元

杭州蓝皮书
杭州妇女发展报告（2016）
著(编)者:魏颖　2016年6月出版 / 定价:79.00元

河北经济蓝皮书
河北省经济发展报告（2016）
著(编)者:马树强 金浩 刘兵 张贵
2016年4月出版 / 定价:89.00元

河北蓝皮书
河北经济社会发展报告（2016）
著(编)者:郭金平　2016年1月出版 / 定价:79.00元

河北食品药品安全蓝皮书
河北食品药品安全研究报告（2016）
著(编)者:丁锦霞　2016年6月出版 / 定价:79.00元

河南经济蓝皮书
2016年河南经济形势分析与预测
著(编)者:胡五岳　2016年2月出版 / 定价:79.00元

河南蓝皮书
2016年河南社会形势分析与预测
著(编)者:刘道兴 牛苏林 2016年4月出版 / 定价79.00元

河南蓝皮书
河南城市发展报告（2016）
著(编)者:张占仓 王建国 2016年5月出版 / 定价:69.00元

河南蓝皮书
河南法治发展报告（2016）
著(编)者:丁同民 张林海 2016年5月出版 / 定价:79.00元

河南蓝皮书
河南工业发展报告（2016）
著(编)者:张占仓 丁同民 2016年5月出版 / 定价:69.00元

河南蓝皮书
河南金融发展报告（2016）
著(编)者:河南省社会科学院 2016年8月出版 / 估价:69.00元

河南蓝皮书
河南经济发展报告（2016）
著(编)者:张占仓 2016年3月出版 / 定价:79.00元

河南蓝皮书
河南农业农村发展报告（2016）
著(编)者:吴海峰 2016年8月出版 / 估价:69.00元

河南蓝皮书
河南文化发展报告（2016）
著(编)者:卫绍生 2016年3月出版 / 定价:78.00元

河南商务蓝皮书
河南商务发展报告（2016）
著(编)者:焦锦淼 穆荣国 2016年6月出版 / 定价:88.00元

黑龙江产业蓝皮书
黑龙江产业发展报告（2016）
著(编)者:于渤 2016年10月出版 / 估价:79.00元

黑龙江蓝皮书
黑龙江经济发展报告（2016）
著(编)者:朱宇 2016年1月出版 / 定价:79.00元

黑龙江蓝皮书
黑龙江社会发展报告（2016）
著(编)者:谢宝禄 2016年1月出版 / 定价:79.00元

湖南城市蓝皮书
区域城市群整合（主题待定）
著(编)者:童中贤 韩未名 2016年12月出版 / 估价:79.00元

湖南蓝皮书
2016年湖南产业发展报告
著(编)者:梁志峰 2016年5月出版 / 定价:128.00元

湖南蓝皮书
2016年湖南电子政务发展报告
著(编)者:梁志峰 2016年5月出版 / 定价:128.00元

湖南蓝皮书
2016年湖南经济展望
著(编)者:梁志峰 2016年5月出版 / 定价:128.00元

湖南蓝皮书
2016年湖南两型社会与生态文明发展报告
著(编)者:梁志峰 2016年5月出版 / 定价:128.00元

湖南蓝皮书
2016年湖南社会发展报告
著(编)者:梁志峰 2016年5月出版 / 定价:128.00元

湖南蓝皮书
2016年湖南县域经济社会发展报告
著(编)者:梁志峰 2016年5月出版 / 定价:98.00元

湖南蓝皮书
湖南城乡一体化发展报告（2016）
著(编)者:陈文胜 王文强 陆福兴 邝奕轩
2016年6月出版 / 定价:89.00元

湖南县域绿皮书
湖南县域发展报告 NO.3
著(编)者:袁准 周小毛 2016年9月出版 / 估价:69.00元

沪港蓝皮书
沪港发展报告（2015～2016）
著(编)者:尤安山 2016年8月出版 / 估价:89.00元

京津冀金融蓝皮书
京津冀金融发展报告（2015）
著(编)者:王爱俭 李向前 2016年3月出版 / 定价:89.00元

吉林蓝皮书
2016年吉林经济社会形势分析与预测
著(编)者:马克 2015年12月出版 / 定价:79.00元

吉林省城市竞争力蓝皮书
吉林省城市竞争力报告（2015）
著(编)者:崔岳春 张磊 2016年3月出版 / 定价:69.00元

济源蓝皮书
济源经济社会发展报告（2016）
著(编)者:喻新安 2016年8月出版 / 估价:69.00元

健康城市蓝皮书
北京健康城市建设研究报告（2016）
著(编)者:王鸿春 2016年8月出版 / 估价:79.00元

江苏法治蓝皮书
江苏法治发展报告 NO.5（2016）
著(编)者:李力 龚廷泰 2016年9月出版 / 估价:98.00元

江西蓝皮书
江西经济社会发展报告（2016）
著(编)者:张勇 姜玮 梁勇 2016年10月出版 / 估价:79.00元

江西文化产业蓝皮书
江西文化产业发展报告（2016）
著(编)者:张圣才 汪春翔 2016年10月出版 / 估价:128.00元

经济特区蓝皮书
中国经济特区发展报告（2016）
著(编)者:陶一桃　2016年12月出版 / 估价:89.00元

辽宁蓝皮书
2016年辽宁经济社会形势分析与预测
著(编)者:曹晓峰　梁启东
2016年1月出版 / 定价:79.00元

拉萨蓝皮书
拉萨法治发展报告（2016）
著(编)者:车明怀　2016年8月出版 / 估价:79.00元

洛阳蓝皮书
洛阳文化发展报告（2016）
著(编)者:刘福兴 陈启明　2016年8月出版 / 估价:79.00元

南京蓝皮书
南京文化发展报告（2016）
著(编)者:徐宁　2016年12月出版 / 估价:79.00元

内蒙古蓝皮书
内蒙古反腐倡廉建设报告 NO.2
著(编)者:张志华 无极　2016年12月出版 / 估价:69.00元

浦东新区蓝皮书
上海浦东经济发展报告（2016）
著(编)者:沈开艳 周奇　2016年1月出版 / 定价:69.00元

青海蓝皮书
2016年青海经济社会形势分析与预测
著(编)者:陈玮　2015年12月出版 / 定价:79.00元

人口与健康蓝皮书
深圳人口与健康发展报告（2016）
著(编)者:陆杰华 罗乐宣 苏杨
2016年11月出版 / 估价:89.00元

山东蓝皮书
山东经济形势分析与预测（2016）
著(编)者:李广杰　2016年11月出版 / 估价:89.00元

山东蓝皮书
山东社会形势分析与预测（2016）
著(编)者:涂可国　2016年8月出版 / 估价:89.00元

山东蓝皮书
山东文化发展报告（2016）
著(编)者:张华 唐洲雁　2016年8月出版 / 估价:98.00元

山西蓝皮书
山西资源型经济转型发展报告（2016）
著(编)者:李志强　2016年8月出版 / 估价:89.00元

陕西蓝皮书
陕西经济发展报告（2016）
著(编)者:任宗哲 白宽犁 裴成荣
2015年12月出版 / 定价:69.00元

陕西蓝皮书
陕西社会发展报告（2016）
著(编)者:任宗哲 白宽犁 牛昉
2015年12月出版 / 定价:69.00元

陕西蓝皮书
陕西文化发展报告（2016）
著(编)者:任宗哲 白宽犁 王长寿
2015年12月出版 / 定价:69.00元

陕西蓝皮书
丝绸之路经济带发展报告（2015~2016）
著(编)者:任宗哲 白宽犁 谷孟宾
2015年12月出版 / 定价:75.00元

上海蓝皮书
上海传媒发展报告（2016）
著(编)者:强荧 焦雨虹　2016年1月出版 / 定价:79.00元

上海蓝皮书
上海法治发展报告（2016）
著(编)者:叶青　2016年6月出版 / 定价:79.00元

上海蓝皮书
上海经济发展报告（2016）
著(编)者:沈开艳　2016年1月出版 / 定价:79.00元

上海蓝皮书
上海社会发展报告（2016）
著(编)者:杨雄　周海旺　2016年1月出版 / 定价:79.00元

上海蓝皮书
上海文化发展报告（2016）
著(编)者:荣跃明　2016年1月出版 / 定价:79.00元

上海蓝皮书
上海文学发展报告（2016）
著(编)者:陈圣来　2016年6月出版 / 定价:79.00元

上海蓝皮书
上海资源环境发展报告（2016）
著(编)者:周冯琦 汤庆合 任文伟
2016年1月出版 / 定价:79.00元

上饶蓝皮书
上饶发展报告（2015～2016）
著(编)者:朱寅健　2016年8月出版 / 估价:128.00元

社会建设蓝皮书
2016年北京社会建设分析报告
著(编)者:宋贵伦 冯虹　2016年8月出版 / 估价:79.00元

深圳蓝皮书
深圳法治发展报告（2016）
著(编)者:张骁儒　2016年6月出版 / 定价:69.00元

深圳蓝皮书
深圳经济发展报告（2016）
著(编)者:张骁儒　2016年8月出版 / 估价:89.00元

深圳蓝皮书
深圳劳动关系发展报告（2016）
著(编)者:汤庭芬　2016年6月出版 / 定价:69.00元

深圳蓝皮书
深圳社会建设与发展报告（2016）
著(编)者:张骁儒 陈东平　2016年7月出版 / 定价:79.00元

深圳蓝皮书
深圳文化发展报告(2016)
著(编)者:张骁儒　2016年8月出版 / 估价:69.00元

四川法治蓝皮书
四川依法治省年度报告 NO.2（2016）
著(编)者:李林 杨天宗 田禾
2016年3月出版 / 定价:108.00元

四川蓝皮书
2016年四川经济形势分析与预测
著(编)者:杨钢　2016年1月出版 / 定价:98.00元

四川蓝皮书
四川城镇化发展报告（2016）
著(编)者:侯水平 陈炜　2016年4月出版 / 定价:75.00元

四川蓝皮书
四川法治发展报告（2016）
著(编)者:郑泰安　2016年8月出版 / 估价:69.00元

四川蓝皮书
四川企业社会责任研究报告（2015～2016）
著(编)者:侯水平 盛毅 翟刚　2016年4月出版 / 定价:79.00元

四川蓝皮书
四川社会发展报告（2016）
著(编)者:李羚　2016年5月出版 / 定价:79.00元

四川蓝皮书
四川生态建设报告（2016）
著(编)者:李晟之　2016年4月出版 / 定价:75.00元

四川蓝皮书
四川文化产业发展报告（2016）
著(编)者:向宝云 张立伟　2016年4月出版 / 定价:79.00元

西咸新区蓝皮书
西咸新区发展报告（2011~2015）
著(编)者:李扬 王军　2016年6月出版 / 定价:89.00元

体育蓝皮书
上海体育产业发展报告（2015～2016）
著(编)者:张林 黄海燕　2016年10月出版 / 估价:79.00元

体育蓝皮书
长三角地区体育产业发展报告（2015～2016）
著(编)者:张林　2016年8月出版 / 估价:79.00元

天津金融蓝皮书
天津金融发展报告（2016）
著(编)者:王爱俭 孔德昌　2016年9月出版 / 估价:89.00元

图们江区域合作蓝皮书
图们江区域合作发展报告（2016）
著(编)者:李铁　2016年6月出版 / 定价:98.00元

温州蓝皮书
2016年温州经济社会形势分析与预测
著(编)者:潘忠强 王春光 金浩　2016年4月出版 / 定价:69.00元

扬州蓝皮书
扬州经济社会发展报告（2016）
著(编)者:丁纯　2016年12月出版 / 估价:89.00元

长株潭城市群蓝皮书
长株潭城市群发展报告（2016）
著(编)者:张萍　2016年10月出版 / 估价:69.00元

郑州蓝皮书
2016年郑州文化发展报告
著(编)者:王哲　2016年9月出版 / 估价:65.00元

中医文化蓝皮书
北京中医药文化传播发展报告（2016）
著(编)者:毛嘉陵　2016年8月出版 / 估价:79.00元

珠三角流通蓝皮书
珠三角商圈发展研究报告（2016）
著(编)者:王先庆 林至颖　2016年8月出版 / 估价:98.00元

遵义蓝皮书
遵义发展报告（2016）
著(编)者:曾征 龚永育　2016年12月出版 / 估价:69.00元

国别与地区类

阿拉伯黄皮书
阿拉伯发展报告（2015～2016）
著(编)者:罗林　2016年11月出版 / 估价:79.00元

北部湾蓝皮书
泛北部湾合作发展报告（2016）
著(编)者:吕余生　2016年10月出版 / 估价:69.00元

大湄公河次区域蓝皮书
大湄公河次区域合作发展报告（2016）
著(编)者:刘稚　2016年9月出版 / 估价:79.00元

大洋洲蓝皮书
大洋洲发展报告（2015～2016）
著(编)者:喻常森　2016年10月出版 / 估价:89.00元

德国蓝皮书
德国发展报告（2016）
著(编)者:郑春荣　2016年6月出版 / 定价:79.00元

东北亚黄皮书
东北亚地区政治与安全（2016）
著(编)者:黄凤志 刘清才 张慧智 等
2016年8月出版 / 估价:69.00元

东盟黄皮书
东盟发展报告（2016）
著(编)者:杨晓强 庄国土　2016年8月出版 / 定价:89.00元

东南亚蓝皮书
东南亚地区发展报告（2015~2016）
著(编)者:厦门大学东南亚研究中心　王勤
2016年8月出版 / 估价:79.00元

俄罗斯黄皮书
俄罗斯发展报告（2016）
著(编)者:李永全　2016年7月出版 / 定价:89.00元

非洲黄皮书
非洲发展报告 NO.18（2015~2016）
著(编)者:张宏明　2016年9月出版 / 估价:79.00元

国际安全蓝皮书
中国国际安全研究报告(2016)
著(编)者:刘 慧　2016年7月出版 / 定价:98.00元

国际形势黄皮书
全球政治与安全报告（2016）
著(编)者:李慎明　张宇燕
2015年12月出版 / 定价:69.00元

韩国蓝皮书
韩国发展报告（2016）
著(编)者:牛林杰 刘宝全
2016年12月出版 / 估价:89.00元

加拿大蓝皮书
加拿大发展报告（2016）
著(编)者:仲伟合　2016年8月出版 / 估价:89.00元

拉美黄皮书
拉丁美洲和加勒比发展报告（2015~2016）
著(编)者:吴白乙　2016年6月出版 / 定价:89.00元

美国蓝皮书
美国研究报告（2016）
著(编)者:郑秉文 黄平　2016年5月出版 / 定价:89.00元

缅甸蓝皮书
缅甸国情报告（2016）
著(编)者:李晨阳　2016年8月出版 / 估价:79.00元

欧洲蓝皮书
欧洲发展报告（2015~2016）
著(编)者:黄平 周弘 江时学
2016年6月出版 / 定价:89.00元

日本经济蓝皮书
日本经济与中日经贸关系研究报告（2016）
著(编)者:张季风　2016年5月出版 / 定价:89.00元

日本蓝皮书
日本研究报告（2016）
著(编)者:杨柏江　2016年5月出版 / 定价:89.00元

上海合作组织黄皮书
上海合作组织发展报告（2016）
著(编)者:李进峰 吴宏伟 李少捷
2016年6月出版 / 定价:89.00元

世界创新竞争力黄皮书
世界创新竞争力发展报告（2016）
著(编)者:李闽榕 李建平 赵新力
2016年8月出版 / 估价:148.00元

土耳其蓝皮书
土耳其发展报告（2016）
著(编)者:郭长刚 刘义　2016年8月出版 / 估价:69.00元

亚太蓝皮书
亚太地区发展报告（2016）
著(编)者:李向阳　2016年5月出版 / 估价:79.00元

印度蓝皮书
印度国情报告（2016）
著(编)者:吕昭义　2016年8月出版 / 估价:89.00元

印度洋地区蓝皮书
印度洋地区发展报告（2016）
著(编)者:汪戎　2016年8月出版 / 估价:89.00元

英国蓝皮书
英国发展报告（2015~2016）
著(编)者:王展鹏　2016年10月出版 / 估价:89.00元

越南蓝皮书
越南国情报告（2016）
著(编)者:广西社会科学院 罗梅 李碧华
2016年8月出版 / 估价:69.00元

越南蓝皮书
越南经济发展报告（2016）
著(编)者:黄志勇　2016年10月出版 / 估价:69.00元

以色列蓝皮书
以色列发展报告（2016）
著(编)者:张倩红　2016年9月出版 / 估价:89.00元

中东黄皮书
中东发展报告 NO.18（2015~2016）
著(编)者:杨光　2016年10月出版 / 估价:89.00元

中亚黄皮书
中亚国家发展报告（2016）
著(编)者:孙力 吴宏伟　2016年7月出版 / 定价:98.00元

皮书起源

“皮书”起源于十七、十八世纪的英国，主要指官方或社会组织正式发表的重要文件或报告，多以“白皮书”命名。在中国，“皮书”这一概念被社会广泛接受，并被成功运作、发展成为一种全新的出版形态，则源于中国社会科学院社会科学文献出版社。

皮书定义

皮书是对中国与世界发展状况和热点问题进行年度监测，以专业的角度、专家的视野和实证研究方法，针对某一领域或区域现状与发展态势展开分析和预测，具备原创性、实证性、专业性、连续性、前沿性、时效性等特点的公开出版物，由一系列权威研究报告组成。

皮书作者

皮书系列的作者以中国社会科学院、著名高校、地方社会科学院的研究人员为主，多为国内一流研究机构的权威专家学者，他们的看法和观点代表了学界对中国与世界的现实和未来最高水平的解读与分析。

皮书荣誉

皮书系列已成为社会科学文献出版社的著名图书品牌和中国社会科学院的知名学术品牌。2011 年，皮书系列正式列入“十二五”国家重点出版规划项目；2012~2015 年，重点皮书列入中国社会科学院承担的国家哲学社会科学创新工程项目；2016 年，46 种院外皮书使用“中国社会科学院创新工程学术出版项目”标识。

中国皮书网

www.pishu.cn

发布皮书研创资讯，传播皮书精彩内容

引领皮书出版潮流，打造皮书服务平台

栏目设置：

- □ 资讯：皮书动态、皮书观点、皮书数据、皮书报道、皮书发布、电子期刊
- □ 标准：皮书评价、皮书研究、皮书规范
- □ 服务：最新皮书、皮书书目、重点推荐、在线购书
- □ 链接：皮书数据库、皮书博客、皮书微博、在线书城
- □ 搜索：资讯、图书、研究动态、皮书专家、研创团队

中国皮书网依托皮书系列“权威、前沿、原创”的优质内容资源，通过文字、图片、音频、视频等多种元素，在皮书研创者、使用者之间搭建了一个成果展示、资源共享的互动平台。

自 2005 年 12 月正式上线以来，中国皮书网的 IP 访问量、PV 浏览量与日俱增，受到海内外研究者、公务人员、商务人士以及专业读者的广泛关注。

2008 年、2011 年，中国皮书网均在全国新闻出版业网站荣誉评选中获得“最具商业价值网站”称号；2012 年，获得“出版业网站百强”称号。

2014 年，中国皮书网与皮书数据库实现资源共享，端口合一，将提供更丰富的内容，更全面的服务。

皮书大事记
(2015)

☆ 2015年11月9日，社会科学文献出版社2015年皮书编辑出版工作会议召开，会议就皮书装帧设计、生产营销、皮书评价以及质检工作中的常见问题等进行交流和讨论，为2016年出版社的融合发展指明了方向。

☆ 2015年11月，中国社会科学院2015年度纳入创新工程后期资助名单正式公布，《社会蓝皮书：2015年中国社会形势分析与预测》等41种皮书纳入2015年度“中国社会科学院创新工程学术出版资助项目”。

☆ 2015年8月7~8日，由中国社会科学院主办，社会科学文献出版社和湖北大学共同承办的“第十六次全国皮书年会（2015）：皮书研创与中国话语体系建设”在湖北省恩施市召开。中国社会科学院副院长李培林，国家新闻出版广电总局原副总局长、中国出版协会常务副理事长邬书林，湖北省委宣传部副部长喻立平，中国社会科学院科研局局长马援，国家新闻出版广电总局出版管理司副司长许正明，中共恩施州委书记王海涛，社会科学文献出版社社长谢寿光，湖北大学党委书记刘建凡等相关领导出席开幕式。来自中国社会科学院、地方社会科学院及高校、政府研究机构的领导及近200个皮书课题组的380多人出席了会议，会议规模又创新高。会议宣布了2016年授权使用“中国社会科学院创新工程学术出版项目”标识的院外皮书名单，并颁发了第六届优秀皮书奖。

☆ 2015年4月28日，“第三届皮书学术评审委员会第二次会议暨第六届优秀皮书奖评审会”在京召开。中国社会科学院副院长李培林、蔡昉出席会议并讲话，国家新闻出版广电总局原副局长、中国出版协会常务副理事长邬书林也出席本次会议。会议分别由中国社会科学院科研局局长马援和社会科学文献出版社社长谢寿光主持。经分学科评审和大会汇评，最终匿名投票评选出第六届“优秀皮书奖”和“优秀皮书报告奖”书目。此外，该委员会还根据《中国社会科学院皮书管理办法》，审议并投票评选出2015年纳入中国社会科学院创新工程项目的皮书和2016年使用“中国社会科学院创新工程学术出版项目”标识的院外皮书。

☆ 2015年1月30~31日，由社会科学文献出版社皮书研究院组织的2014年版皮书评价复评会议在京召开。皮书学术评审委员会部分委员、相关学科专家、学术期刊编辑、资深媒体人等近50位评委参加本次会议。中国社会科学院科研局局长马援、社会科学文献出版社社长谢寿光出席开幕式并发表讲话，中国社会科学院科研成果处处长薛增朝出席闭幕式并做发言。

更多信息请登录

皮书数据库
http://www.pishu.com.cn

中国皮书网
http://www.pishu.cn

皮书微博
http://weibo.com/pishu

皮书博客
http://blog.sina.com.cn/pishu

皮书微信“皮书说”

请到各地书店皮书专架 / 专柜购买，也可办理邮购

咨询 / 邮购电话： 010-59367028　59367070

邮　　箱： duzhe@ssap.cn

邮购地址： 北京市西城区北三环中路甲29号院3号楼华龙大厦13层读者服务中心

邮　　编： 100029

银行户名： 社会科学文献出版社

开户银行： 中国工商银行北京北太平庄支行

账　　号： 0200010019200365434

（三）起薪水平

在被调查的大学毕业生中，超过八成的大学毕业生起薪水平在每月 4000 元以下。其中，起薪为每月“1821～3000 元”的最多，占 41.1%；其次是起薪为每月“3001～4000 元”的，占 21.2%；每月“1251～1820 元”的占 13.9%；每月“1250 元及以下”的占 4.8%。其余不到两成的大学毕业生起薪每月超过 4000 元，其中，每月“4001～5000 元”的占 13.2%；“5001～8000 元”的占 4.7%；“8001～10000 元”的占 0.9%；“10000 元以上”的占 0.3%（见图 17）。

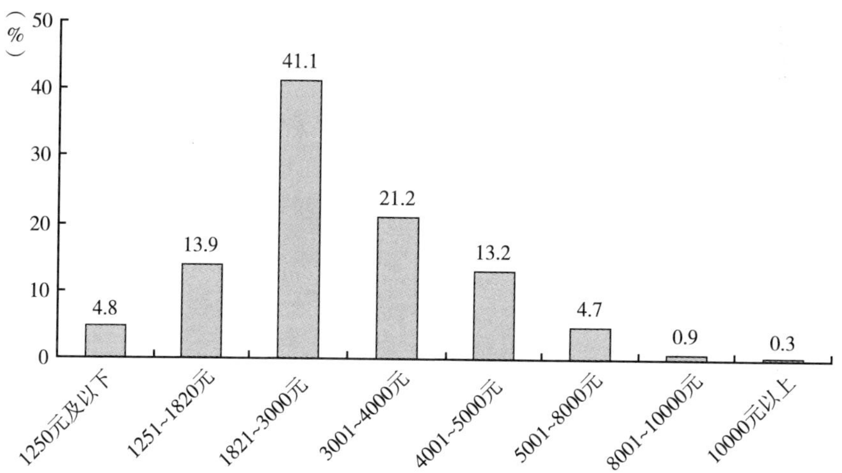

图 17　初次就业的月收入分布情况

注：“初次就业的月收入”是指包括工资、奖金、业绩提成、现金福利补贴等所有的现金收入。

（四）初次就业的工作满意度

在被调查的大学毕业生中，九成以上大学毕业生对初次就业所从事的工作较为满意。其中，认为“非常满意”的占 8.2%；认为“较满意”的占 55.8%；认为“一般”的占 28.7%。此外，认为“不太满意”的占 5.5%；认为“完全不满意”的占 1.8%（见图 18）。

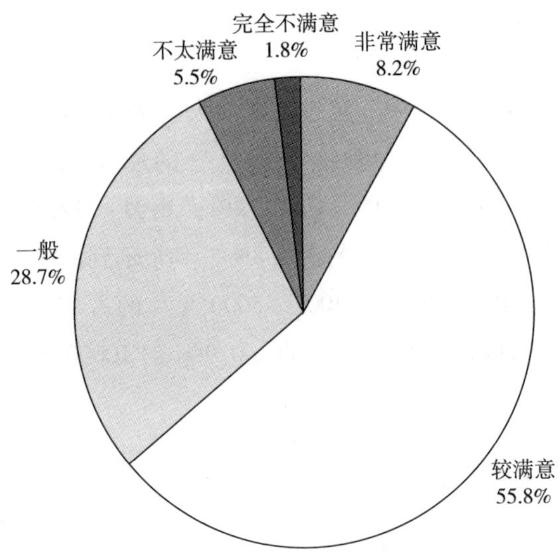

图 18　初次就业的工作满意度分布情况

（五）就业稳定性

在被调查的大学毕业生中，近九成大学毕业生就业稳定性较好。调查显示，对于已就业大学毕业生而言，毕业 1 年内"没换工作"的占 58.1%；"换 1 次工作"的占 31.6%；"换 2 次工作"的占 8.9%；"换 3 次及以上工作"的占 1.4%（见图 19）。

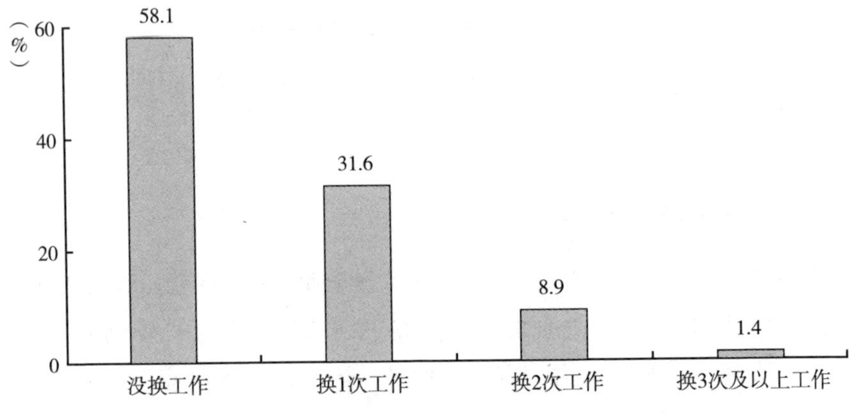

图 19　毕业 1 年内的就业稳定性情况

四 分析与结论

通过问卷调查数据可以看到，2010～2014 年，毕业的大学本科生在社会实践、就业能力和就业质量方面存在如下特点。

在社会实践方面，从动因来看，多数被调查毕业生参加社会实践的动因较为积极，以“提高就业素质和能力，积累就业经验”“更好地认识社会和了解社会”为主。从形式来看，社会实践以社会调查、实习和兼职为主，绝大多数毕业生参加过社会调查，但仍有少数人没按规定参加社会调查，大学生主要在企业和事业单位实习，在党政机关实习的人数最少。从渠道来看，大学生主要通过学校获得社会调查和实习的机会，而主要是自主寻找兼职机会。从专业的相关性来看，社会调查和实习的内容与所学专业的关联性相对较强，而兼职工作与所学专业的关联性相对较弱。从时间来看，有超过七成的被调查毕业生参加各类社会实践的时间累计在四周以上，其中有超过三成的被调查毕业生社会实践时间累计在四周到三个月。从作用来看，大部分被调查毕业生认可社会实践对初次就业的作用。对于存在的问题方面，被调查毕业生反映：社会调查往往不深入不具体，效果不理想；实习过程中用人单位缺乏规范而完善的实习生管理制度；大学生在兼职过程中缺乏权益保护。

在就业能力方面，被调查的大学毕业生认为，对就业能力提升作用最大的是带薪实习；社会调查经历对提升“专业技能”“责任意识和责任感”“执行能力”“基本技能”“专业知识”的影响较大，对提升“持续学习能力”“自信进取”“组织管理能力”“创业能力”“跨学科的知识和技能”的影响较小；实习经历对提升“专业技能”“专业知识”“工作适应能力”“职业选择和发展定位”“执行能力”的影响较大，对提升“自信进取”“信息获取能力”“组织管理能力”“创业能力”“跨学科的知识和技能”的影响较小；兼职经历对提升“吃苦耐劳”“工作适应能力”“执行能力”“责任意识和责任感”“沟通协调能力”的影响较大，对提升“持续学习能力”“创业能力”“信息获取能力”“组织管理能力”“跨学科的知识和技能”的影响较小。

在就业质量方面，九成以上被调查毕业生在毕业六个月内初次就业；有接近七成被调查毕业生在企业初次就业，不到三成的毕业生初次就业的单位是其社会实践所在的单位；有超过八成的被调查毕业生起薪水平在每月 4000 元以下；九成以上被调查毕业生对初次就业所从事的工作较为满意；近九成被调查毕业生就业稳定性较好。

收入分配篇

Reports on Income Distribution

B.14

我国收入分配改革重要政策与事件回顾（2015～2016年）

熊通成*

摘 要： 2015～2016年是中国收入分配领域的重要年份。在宏观收入分配改革方面，国家“十三五”规划明确了收入分配改革的方向，人力资源和社会保障事业发展“十三五”规划纲要设定了收入分配改革的路径，深化收入分配改革加速推进。在机关事业单位收入分配改革方面，多个政策密集出台，实施机关事业单位工作人员养老保险制度改革；调整机关事业单位基本工资，建立正常增长机制；实施县以下公务员职务与职级并行制度；实施乡镇工作补贴政策；出台专业技术类和行政执法类公务员管理规定。在企业收入分配改革方面，正式实施中央管理企业负责人薪酬制度改革方案，部分省份发

* 熊通成，中国人事科学研究院事业单位研究室副主任，副研究员，博士。

布企业工资指导线，部分地区发布最低工资标准，退休人员基本养老金水平实现“十二连调”。

关键词： 收入分配 改革路径

2015年是“十二五”规划的最后一年，而2016年则是“十三五”规划的开局之年，对中国经济而言是重要的年份。同时，2015～2016年也是中国收入分配领域重要的年份，其间，多个政策密集出台，收入分配改革的未来方向日渐明晰。本文旨在对2015～2016年中国收入分配领域的大事进行回顾。

一 宏观收入分配改革

1. 国家“十三五”规划确定了收入分配改革的方向

2016年3月，《中华人民共和国国民经济和社会发展第十三个五年规划纲要》（以下简称“十三五”规划）出台，确定了收入分配改革的方向，提出了收入分配改革的总体要求和具体手段。

在“第三章 主要目标”中，“十三五”规划提出“到2020年国内生产总值和城乡居民人均收入比2010年翻一番”“收入差距缩小，中等收入人口比重上升”① 等总体目标要求。

在“第六十三章 缩小收入差距”中，“十三五”规划提出要“健全科学的工资水平决定机制、正常增长机制、支付保障机制”以及“推行企业工资集体协商制度，完善最低工资增长机制”等完善初次分配制度的手段，提出要“完善鼓励回馈社会、扶贫济困的税收政策”等健全再分配调节机制的手段，还提出了要“保护合法收入，规范隐性收入”以及“遏制以权力、行政垄断等非市场因素获取收入，取缔非法收入”等规范收入分配秩序的手段。

“十三五”规划在其他章节针对一些目标提出收入分配相关方面的配套要求。例如，在“第九章 实施人才优先发展战略”中，针对“激励人才向基层一

① 《中华人民共和国国民经济和社会发展第十三个五年规划纲要》，2016。

线、中西部、艰苦边远地区流动”提出要“完善工资、医疗待遇、职称评定、养老保障等激励政策”；在“第十一章 坚持和完善基本经济制度”中，针对“建立国有企业职业经理人制度”，提出要“完善差异化薪酬制度和创新激励”等。

2. 人社“十三五”规划明确了收入分配改革的路径

人力资源和社会保障部（简称“人社部”）于2016年7月印发了《人力资源和社会保障事业发展“十三五”规划纲要》（以下简称人社“十三五”规划），这是国家“十三五”规划在人力资源和社会保障事业领域的落实和细化。

在“第六章 深化工资收入分配制度改革”中，该规划提出，“完善初次分配制度，加强和改进政府对工资收入分配的宏观调控”，并指出要“坚持劳动报酬提高和劳动生产率提高同步”，同时进一步提出要“提高劳动报酬在初次分配中的比重”以及“规范工资收入分配秩序，缩小工资收入分配差距”等总要求和方向。

该规划具体从“深化企业工资收入分配制度改革”“完善适应机关事业单位特点的工资制度”① 两个方面进行了系统阐释。其中，该规划提出的“健全国有企业工资内外收入监督检查制度”“建立企业薪酬调查和信息发布制度”“分类规范改革性补贴”“积极稳妥推进工资公开，接受社会监督”等举措，比以往更加明确，更具可操作性。

国家“十三五”规划和人社“十三五”规划，为“十三五”期间我国收入分配相关具体工作指明了方向，明确了路径。

3. 深化收入分配改革加速推进

2015年10月29日的国务院常务会议决定，在未来几年分批出台有关深化收入分配制度改革的各项配套措施和实施细则。在2015年《政府工作报告》中，“中等收入陷阱”概念首次进入政府工作报告，李克强总理指出，跨越“中等收入陷阱”，实现现代化，根本要靠发展。

2015年以来，收入分配改革在地方层面正加速推进，四川、广东等地均出台了当地收入分配改革实施意见。这些“地方版”的收入分配改革实施意见一方面具体落实了国家层面收入分配改革意见提出的办法，另一方面也结合当地实际增加了许多个性化的内容。

① 人社部：《人力资源和社会保障事业发展“十三五”规划》，2016。

二 机关事业单位收入分配改革

2015～2016 年是机关事业单位收入分配改革政策出台最密集的时段，国家陆续出台了关于改革养老保险、调整基本工资、实施职务职级并行等方面的多个制度文件。

1. 机关事业单位工作人员养老保险制度改革取得新突破，实现并轨

2015 年 1 月，国发〔2015〕2 号文件出台。《国务院关于机关事业单位工作人员养老保险制度改革的决定》提出，“在机关事业单位实行社会统筹与个人账户相结合的基本养老保险制度”，同时进一步规定，“基本养老保险费由单位和个人共同负担”。在具体缴费办法上，该文件规定，“单位缴纳基本养老保险费的比例为本单位工资总额的 20%”“个人缴纳基本养老保险费的比例为本人缴费工资的 8%，由单位代扣”。

至此，呼吁多年的养老“双轨制”问题终于在 2015 年初实现并轨改革。但是，机关事业单位基本养老保险基金与企业职工基本养老保险基金还是没有实现合并，从具体实施来看，是分别管理并使用的。根据人社部、财政部印发的《关于贯彻落实〈国务院关于机关事业单位工作人员养老保险制度改革的决定〉的通知》（人社部发〔2015〕28 号），参加机关事业单位养老保险的事业单位是指，根据有关规定进行分类改革后的公益一类、二类事业单位。也就是说，可以纳入机关事业单位基本养老保险基金进行管理的是机关单位、参公事业单位以及事业单位的编制内工作人员。因此，即使在机关事业单位工作，没有编制的，也不允许纳入机关事业单位基本养老保险基金进行管理。

为建立多层次养老保险体系，保障机关事业单位工作人员退休后的生活水平，这次改革对机关事业单位工作人员建立了“职业年金”这一补充养老保险制度。《国务院办公厅关于印发机关事业单位职业年金办法的通知》（国办发〔2015〕18 号）对职业年金做了进一步的明确。该文件规定，“职业年金所需费用由单位和工作人员个人共同承担”，同时具体规定，“单位缴纳职业年金费用的比例为本单位工资总额的 8%”“个人缴费比例为本人缴费工资的 4%，由单位代扣”。另外，该文件还规定，“职业年金基金采用个人账户方式管理。个人缴费实行实账积累”“对财政全额供款的单位，单位缴费根据单位

提供的信息采取记账方式”“对非财政全额供款的单位，单位缴费实行实账积累”。

2. 机关事业单位调整基本工资，建立正常增长机制

2006 年，工资制度改革确立了现行机关事业单位工资制度。其中，公务员实行的工资制度是职务与职级相结合的制度，事业单位实行的是岗位绩效工资制度。该制度运行近十年，出现了地区差距过大、基本工资占比过低、缺乏正常调整机制等问题。为解决这些问题，同时也为了配合机关事业单位养老保险制度改革，国务院办公厅下发了《关于调整机关工作人员基本工资标准的实施方案》《关于调整事业单位工作人员基本工资标准的实施方案》《关于增加机关事业单位离退休人员离退休费的实施方案》三个实施方案。

按照现行机关事业单位工资制度，公务员工资分为职务工资、级别工资、地区附加津贴、津贴补贴、奖金等部分，由于目前地区附加津贴制度尚未实施，这个科目当前是“规范津贴补贴”。事业单位工作人员的工资分为岗位工资、薪级工资、绩效工资、津贴补贴等部分。机关事业单位工资标准的调整，采取了“纳入”的方法，即在保证基本工资一定增量的情况下，为了提高基本工资的占比，将部分“规范津贴补贴”或“绩效工资”纳入基本工资。此次机关事业单位加薪是从 2014 年 10 月 1 日开始计算。另外，该文件还规定要“冻结规范津贴补贴工资增长”。

2015 年 1 月 23 日，人社部新闻发言人李忠在 2014 年第四季度新闻发布会上回应了机关事业单位调整基本工资的问题，指出，“月人均实际增资 300 元左右”。

此次完善机关事业单位工资制度，还有一个重要的突破就是建立机关事业单位工作人员基本工资标准正常调整机制。尽管，在以往的文件中，已经明确提出要建立正常增长机制，但实际上自 2006 年以来，机关事业单位基本工资标准已经 9 年没有实现增长。该文件明确指出，将“建立定期调整机关工作人员基本工资标准的制度”。

3. 实施县以下公务员职务与职级并行制度

根据人社部相关数据资料，我国县、乡两级公务员的数量占全国公务员总数的近 60%。由于我国公务员管理受到机构编制和领导职数的限制，大多数县、乡两级的基层公务员退休之前，都很难解决副科级职务，往往在办事员和

科员两个级别上就走完了全部职业生涯。为缓解这个问题，2015 年 1 月 15 日，《关于县以下机关建立公务员职务与职级并行制度的意见》（中办发〔2015〕4 号）出台，具体实施工作由人力资源和社会保障部等 5 部门部署。①

该文件提出，县以下机关公务员设置为科员级、副科级、正科级、副处级和正处级。当担任某一级别达到一定年限后，可以晋升到上一职级。该文件具体还规定了办事员、科员、副科级、科级、副主任科员、正科级、副县级等晋升年限。同时还规定“职级晋升后，可以享受相应职务层次非领导职务工资待遇，但工作岗位不变”。

建立公务员职务与职级并行制度，形成职务与职级两个晋升通道，是我国干部人事制度的重要改革，同时，也体现了公务员制度的创新和发展。总体而言，这项制度的实施广受基层公务员的欢迎，稳定了基层公务员队伍，在干部中树立了正面的价值导向，取得了较好的实施效果。

4. 实施乡镇工作补贴政策，加大对基层一线人才的激励力度

基层工作人员工作很辛苦，收入也不高，党中央、国务院多次提出工资待遇要向基层倾斜。2015 年 3 月 26 日，人社部、财政部发布《关于乡镇机关事业单位工作人员实行乡镇工作补贴的通知》（人社部发〔2015〕7 号）。与县以下职务与职级并行制度不同，该政策面向在乡镇（不含街道）机关和事业单位的正式工作人员。

该文件规定了乡镇工作补贴的水平不低于人均 200 元，同时还规定“乡镇工作补贴自到乡镇工作之月起按月发放”。② 调离乡镇工作岗位或离退休的人员的发放办法也在文件中有所体现，这项政策是专门针对乡镇（不含街道）机关和事业单位的正式在职工作人员的。

5. 出台专业技术类和行政执法类公务员管理规定，推进公务员分类改革

2016 年 7 月 14 日，中共中央办公厅、国务院办公厅印发了《专业技术类公务员管理规定（试行）》和《行政执法类公务员管理规定（试行）》，并下发通知，要求各地区各部门结合实际认真贯彻执行。两个规定分别对专业技术

---

① 中共中央办公厅国务院：《关于县以下机关建立公务员职务与职级并行制度的意见》，2015。

② 人力资源和社会保障部、财政部：《关于乡镇机关事业单位工作人员实行乡镇工作补贴的通知》（人社部发〔2015〕7 号），2015。

类和行政执法类公务员制定了职位设置、职务升降等方面的规定。两类公务员均设置 11 个层次，对应相关级别。

多年来，我国所有公务员采用同一套管理办法，忽略了不同层级、不同类别公务员的特点和差异，既影响了公务员的士气和晋升发展，又影响了公务员提供公共服务的效能与质量。从 2006 年 1 月 1 日开始施行的《公务员法》已明确规定，“国家实行公务员职位分类制度，具体划分为综合管理类、专业技术类和行政执法类等类别”。为了完善中国特色公务员制度，中央全面深化改革领导小组在十八大之后着手加速推进公务员分类改革，两个规定在 2016 年 4 月获得通过。

公务员分类改革的主要目的就是在行政职务晋升外，另辟一条职业发展之路，为公务员职业发展提供多个发展通道。有关这两个规定的实施，还需要制定更加细致的配套办法，例如，职数设置办法、任职资格评定办法、职务套改办法以及工资办法等。

三　企业收入分配改革

2015 ~2016 年，企业收入分配改革也出台了若干政策，对未来企业收入分配格局有着一定影响。

1. 正式实施中央管理企业负责人薪酬制度改革方案

自 2015 年 1 月 1 日起，《中央管理企业负责人薪酬制度改革方案》正式进入实施环节。中央管理企业负责人，主要是指国务院管理的国有独资或控股企业的负责人，例如，企业董事长、党委书记、总经理、监事会主席以及其他负责人。首批具体包括由国资委履行出资人责任并由组织部门任命负责人的 53 家央企，以及国务院或财政部管理的其他金融、铁路等 19 家央企。

在该方案中，央企负责人薪酬由基本年薪、绩效年薪两部分和新增加的任期激励收入部分，即三部分构成。其中，基本年薪根据上年度在岗职工年平均工资的 2 倍额度来确定；绩效年薪根据年度考核结果，不超过本人基本年薪的 2 倍；任期激励则不超过本人任期内年薪总水平的 30%。因此，央企负责人年薪总额将不超过在岗职工年平均工资的 7 ~8 倍。该方案还对由组织任命的负责人和通过市场化选聘的职业经理人做了区分，对于组织任命的负责人薪酬严格规范，而对于市场化选聘的职业经理人则实行市场化薪酬分配机制。

总体来看，央企负责人薪酬改革并不是简单地降薪，本质上是薪酬结构的优化和调整，关键在于提高央企负责人薪酬的科学性和合理性。2016 年 7 月 22 日，人社部新闻发言人李忠在新闻发布会上介绍，下一步将开展国有企业负责人差异化薪酬分配制度改革试点。

2. 部分省份发布企业工资指导线，增幅下滑

企业工资指导线自 1997 年出台至今已实施 20 年。按照惯例，各省份在每年上半年发布。2015 年和 2016 年，部分省份发布了企业工资指导线。

截至 2015 年 11 月 24 日，全国共有 21 个省份公布了 2015 年企业工资指导线。分别为北京、天津、山东、山西、陕西、内蒙古、新疆、四川、福建、青海、上海、河南、河北、辽宁、江西、海南、广西、云南、吉林、甘肃、广东。但工资增长指导幅度大多有所下降。以北上广为例，北京 2015 年工资增长基准线降为 10.5%，下线由 2014 年的 4.5% 降为 3.5%，上线为 16%，与上年持平；上海 2015 年基准线为 10%，较上年下降了 2 个百分点，上线为 16%，与上年持平，下线为 4%，较 2014 年下降了 1 个百分点；广东 2015 年基准线为 8.5%，较上年下降 0.5 个百分点，上线为 12.5%，较上年下降 1.5 个百分点，下线为零增长或负增长，而上年下线为 3%。

截至 2016 年 7 月 20 日，仅有天津、北京、山东、山西、内蒙古五省份发布了 2016 年工资指导线，并且多是下调基准线。从北京等五省份发布的工资指导线来看，在基准线方面，五个地区的基准线均低于 10%，而且较 2015 年的平均水准均有所下降。天津从 10% 降为 9%，北京从 10.5% 降为 9%，山东从 10% 降为 8%，山西从 10% 降为 7%，内蒙古从 10.1% 降为 8.5%。其中，山西降幅最大，达 3 个百分点。在上线方面，天津从 18% 降为 16%，北京由 16% 降为 15%，山东从 18% 降为 13%，山西从 18% 降为 11%，内蒙古从 14.5% 降为 13.5%。其中山西降幅最大，达 7 个百分点。在下线方面，北京由 3.5% 上调为 4%，山东由 4% 降为 3%，天津、山西和内蒙古的下线与 2015 年持平：天津 3%，山西 4%，内蒙古 3%。

与往年相比，这两年发布的省份数量较少，工资指导线多有下滑。这可能与我国经济下行压力加大产生的传导效应有关。

3. 部分地区发布最低工资标准，增长趋势放缓

最低工资标准是国家对企业收入分配进行调控的重要工具之一。2015 年以来，我国经济下行的压力依然较大，尽管上调最低工资标准的地区数量远超过 2014 年，但最低工资增长放缓的趋势却非常明显。

截至 2015 年 12 月 28 日，共有 27 个省（区、市）和深圳市调整了最低工资标准，平均增幅约为 14%。而 2014 年全国共有 19 个地区调整了最低工资标准。目前，全国月最低工资标准最高的是深圳市，为 2030 元；小时最低工资标准最高的是北京，为 18.7 元。不过，最低工资增长放缓的趋势却没有扭转，2011 ~ 2014 年，各省份最低工资平均涨幅分别为 22.0%、20.2%、17.0% 和 14.1%。

尽管最低工资的增长幅度已经有所下降，但是最低工资增长的幅度与同期经济增长速度相比，仍大大高于同期经济增长速度，因此，最低工资大幅增长且过快大幅上涨则可能带来负面影响。由于加班补贴、养老保险、社保、公积金等最低计算基数往往都与最低工资标准挂钩，因此，提高最低工资标准，将使企业的负担增加很多，利润空间也会被进一步挤压。因此，随着中国经济从高速增长步入中高速增加，最低工资增长幅度放缓也将是必然趋势。

4. 退休人员基本养老金水平实现“十二连调”

2016 年 3 月 14 日，财政部发布第十二届全国人民代表大会财政经济委员会关于 2015 年中央和地方预算执行情况，以及 2016 年中央和地方预算草案的审查结果报告。其中提及“2016 年 1 月 1 日起，按 6.5% 左右提高企业和机关事业单位退休人员养老金标准”。因此，企业养老金水平实现了连续十二年上调，但是本次上调 6.5%，打破了养老金连续八年均上调 10% 的惯例。

从实施情况来看，自 2016 年 4 月人社部、财政部联合发文要求调整养老金水平至今，仅有少部分地区发布了养老金调整具体方案并调整发放到位，其他多数地区的养老金调整具体方案迟迟未能出台。2016 年 7 月 12 日，北京市人社局局长徐熙在 12345 热线接听群众电话时表示，北京将于 9 月底前将 2016 年增加的养老金发放到位，并从 2016 年 1 月起补发。至此，北京成为继天津、浙江等地后，又一透露具体发放时间表的地区。

2016 年，机关事业单位和企业退休人员基本养老金同步调整，但是，机关事业单位养老保险制度改革还未完全到位，对养老金调整带来了一定的影响。

四　趋势展望

回首来路，国家在收入分配方面的多个政策已经出台，收入分配的多个具体办法也已经实施。展望未来，我们预测，“十三五”期间收入分配改革将呈现以下几个趋势。

第一，收入分配改革的多个具体措施将陆续出台。我国在收入分配改革方面做了一些国家层面的顶层设计，例如，2013 年国务院出台的《关于深化收入分配制度改革若干意见》以及“十三五”规划和人社“十三五”规划中关于收入分配改革的谋划。下一步的重点将是如何切实使这些顶层设计落地，因此，可以预见，未来几年将是全面落实规划和各方面政策的几年，收入分配改革的多个具体措施也将陆续出台。

第二，机关事业单位收入分配将逐步走向科学化、规范化、透明化。随着机关事业单位清理规范津贴补贴逐步深化，机关事业单位养老保险与企业实现制度并轨，机关事业单位收入分配已经迈入轨道。展望未来，随着公务员职位分类改革的推进以及事业单位分类改革的逐步到位，机关事业单位和企业相当人员的调查比较制度逐步建立，工资的正常增长机制将逐步完善，机关事业单位收入分配也将逐步实现科学化、规范化和透明化。

第三，国有企业收入分配将逐步形成合理的新秩序。随着对国有企业收入分配改革探索的日趋深入，国有企业高管薪酬管理、工资总额管理等必将找到一条适合中国特色的道路。可以预见，国有企业分配的乱象将逐步消除，既有利于内部公平，又有利于与市场接轨的国有企业收入分配制度将逐步确立，趋于合理的国有企业收入分配新秩序将逐步建立。

第四，企业宏观收入分配调控将进入常态。随着我国非公有制企业的比重逐步加大，国家对企业的管理由直接管理逐步转变为宏观调控。经过多年的探索，最低工资、工资指导线、工资价位指导等对企业进行宏观收入分配调控的政策工具逐步完善。随着我国经济进入新常态，增强企业活力、减轻企业压力将成为我国对企业宏观收入分配调控的常态。

参考文献

张慧芳、朱雅玲：《供需双侧结构性改革与中国经济中高速增长》，《河北经贸大学学报》2016 年第 9 期。

《国民经济和社会发展第十三个五年规划纲要》，2016。

人力资源和社会保障部：《人力资源和社会保障事业发展“十三五”规划纲要》，2016。

赵展慧：《聚焦“十三五”改革攻坚：收入分配怎样才能更公平》，《协商论坛》2015 年 11 月。

刘尚希、傅志华、韩晓明、李婕：《“十三五”期间提高居民收入和调整国民收入分配格局的方向和重点政策研究》，《经济研究参考》2015 年 11 月。

刘军胜：《收入分配制度改革在艰难中行进》，《中国人力资源社会保障》2016 年 1 月。

索寒雪：《准备全面并轨，多省实施公务员养老保险数据采集》，《中国经营报》2016 年 7 月 18 日。

穆娟：《浅谈我国机关事业单位养老保险制度改革的问题与对策》，《财经界》（学术版）2016 年 7 月。

王宝杰：《机关事业单位基本工资标准调整准备工作已全部完成》，《中国劳动保障报》2015 年 6 月 27 日。

熊通成：《职务职级并行，在改革中不断完善》，《中国人力资源社会保障》2016 年 2 月。

宋雄伟：《公务员职务职级改革：让基层公务员看到上升通道》，《决策探索》（下半月）2015 年 2 月。

任社宣：《部署实施基层公务员职务职级并行制度》，《中国劳动保障报》2015 年 1 月 31 日。

苏莉、刘银艳：《乡镇机关事业单位工作人员将获补贴》，《湖南日报》2015 年 7 月 9 日。

广西人社厅：《关于乡镇机关事业单位工作人员实行乡镇工作补贴的通知》，《人事天地》2015 年 8 月 1 日。

祝乃娟：《通过分类改革理顺公务员薪酬体系》，《21 世纪经济报道》2016 年 7 月 26 日。

中办国办印发《专业技术类公务员管理规定（试行）》和《行政执法类公务员管理规定（试行）》，《人民日报》2016 年 7 月 15 日。

崔静、王啟亮：《经济新常态下国企高管薪酬新思考》，《财会学习》2016 年 6 月。

刘昕：《国企高管限薪度与效》，《中国企业报》2016 年 5 月 3 日。

《五省份公布工资指导线，基准线多下调，涨工资更难了?》，《中国经济周刊》2016 年 8 月 1 日。

赵争铮：《最低工资坡上行，城市生活愈发艰?》，《中国城市报》2016 年 8 月 1 日。

B.15 国有企业薪酬制度改革：平衡企业效率与社会公平

常风林*

摘　要：改革开放之前，中国国有企业工资分配的显著特征是长期实行平均主义色彩浓厚的“低工资”制度。改革开放以来，国有企业工资制度演进的总体趋势是市场化，以持续完善市场化薪酬分配机制从而提高企业效率为主线。但是，由于国有企业长期以来一直承担着经济发展战略引领和促进社会公平的双重责任，近年来国企薪酬改革在仍强调企业效率的同时，更多地突出了促进社会公平的政策导向。总体而言，改革开放以来，国有企业薪酬制度改革的逻辑主线是持续平衡企业效率与社会公平，“十三五”乃至未来更长一段时间，国有企业薪酬制度改革仍必须面对和妥善解决企业效率与社会公平的“两难”挑战。

关键词：国有企业　薪酬制度　企业效率　社会公平

国有企业是我国国民经济的重要支柱，长期以来一直承担着经济发展战略引领和促进社会公平的双重责任。改革开放以来，中国国有企业薪酬制度随着国家发展战略、政府国有资产管理体制、国有企业管理体制等的变化而发生了深刻变化。

* 常风林，经济学博士，人力资源和社会保障部劳动工资研究所，副研究员，主要从事企业工资收入分配、企业高管薪酬激励约束机制、公司治理、财政税收等研究。

一　改革开放以来国有企业薪酬制度改革基本情况

改革开放以来，国有企业薪酬制度的重大变革大致可概括为四个阶段。

（一）1983～1992年，在“政企分开”改革背景下，国企薪酬制度改革以克服计划经济体制下的平均主义分配导向、初步体现企业工资分配与经济效益挂钩为主线

经过1956～1976年“工资冻结的20年”[①] 后，随着1978年开始改革开放，为了调动国有企业劳动者的积极性，克服平均主义，国家对职工工资[②]进行了一系列调整，“文化大革命”期间被废止的按劳分配工资制度、计件工资制度和奖金奖励制度等逐渐得到恢复。

1979年7月13日，国务院发布了《关于扩大国营工业企业经营管理自主权的若干规定》，国营工业交通企业获得了按照生产建设和市场的需要制订补充生产计划、发展新产品、企业利润留成并用利润留成建立职工奖励基金等经营自主权和部分分配决策权。

自1981年起，国务院先后批转《关于实行工业生产经济责任制若干问题的意见》（国发〔1981〕159号）、《关于实行工业生产经济责任制若干问题的暂行规定的通知》（国发〔1981〕166号）和《关于当前完善工业经济责任制的几个问题的报告》，决定在全国实行工业生产经济责任制。以解决企业经营好坏一个样的问题为着眼点的国家和企业之间的分配关系得到基本确立，具体体现为三种分配类型：一是利润留成；二是盈亏包干；三是以税代利，自负盈亏。同时，要求国有企业内部实行经济责任制，把责任、考核标准、经济效果同职工的收入挂起钩来，实行全面经济核算，具体分配形式主要有五种：指标分解，计分计奖；

① 转引自赵人伟《紫竹探真：收入分配及其他》，上海远东出版社，2007，《居民收入差距的来龙去脉》。这是同“大跃进”和“文化大革命”造成的特殊背景有关的，可以说是计划经济的中国或特殊形态所产生的特殊现象。

② 由于理论和实践中对工资、薪酬不同人员称谓主要依据个人偏好，尽管现有国家政策框架中工资、薪酬的定义不尽相同，但由于对本研究报告的研究内容没有影响，因此，本报告对企业工资、薪酬等说法不做区分。

计件工资；超产奖；定包奖；浮动工资。这些政策措施使国有企业的奖励分配权得到实质性扩大，有利于解决好企业内部职工干好干坏一个样的问题。

1983 年，国务院批转劳动人事部《关于一九八三年企业调整工资和改革工资制度问题的报告》（国发〔1983〕65 号），其基本精神是“一结合、两挂钩、两增加”：“一结合”是指调整工资必须实行调改结合的方针，把调整工资和改革企业工资制度结合起来；“两挂钩”是指把调整工资同企业经济效益的好坏、职工个人劳动成果的大小挂起钩来；“两增加”是指明确要求在国家计划安排的工资增长指标范围内，在提高经济效益的基础上，通过调整工资和改革工资制度，一方面，使企业的多数职工能够增加工资，另一方面，部分工资偏低、起骨干作用的中年知识分子则应较多地增加工资。这次工资制度调整，不仅提高了职工的工资水平，而且通过实施职工工资调整与企业经济效益和职工本人实际劳动成果“两挂钩”，为国有企业的工资决定初步引入了市场因素。

1984 年 10 月 20 日，十二届三中全会通过的《中共中央关于经济体制改革的决定》明确要求，“建立多种形式的经济责任制，认真贯彻按劳分配原则”，明确提出，“企业职工奖金由企业根据经营状况自行决定，国家只对企业适当征收超限额奖金税”，并要求在企业内部要扩大工资差距，拉开档次，以充分体现奖勤罚懒、奖优罚劣，充分体现多劳多得、少劳少得，充分体现脑力劳动和体力劳动、复杂劳动和简单劳动、熟练劳动和非熟练劳动、繁重劳动和非繁重劳动之间的差别。

1985 年 1 月，国务院印发《关于国营企业工资改革问题的通知》（国发〔1985〕2 号），标志着全国第三次全国性工资改革的全面展开。这次工资改革的主要特征是国家将工资决定权逐渐下放给国有企业，开始实行国有企业工资总额与经济效益挂钩即所谓“工效挂钩”①，国家只管控国有企业的工资总额，不再统一安排企业内部的工资调整。国有企业拥有分配自主权，可以自主确定企业内部的工资制度。

“工效挂钩”制度的主要优点是细化明确了国有企业工资总额的决定机制，进一步强化了企业经营业绩与工资的同向联动机制，但与非国有企业相比，国有

---

① 工效挂钩的主要做法是将企业工资总额增长与企业的经济效益增长紧密联系起来，由政府有关部门逐年核定企业工资总额基数、经济效益基数和挂钩比例（“两基数”“一比例”）。

企业仍然不能完全自主决定企业工资总额，只能采取与经济效益挂钩的办法。“工效挂钩”政策在实践中多数具体化为工资总额绝对值与利润总额绝对值的挂钩，或工资总额增长与利润总额增长的挂钩，据统计，国有企业实践中一般做法是利润总额每增长 1%，对应工资总额增长 0.65% ~0.75%①。截至 1987 年，全国大部分国有企业已实行“工效挂钩”的工资总额管理办法。

1992 年，国务院《全民所有制工业企业转换经营机制条例》第十九条继续坚持“工效挂钩”政策，明确规定“企业享有工资、奖金分配权。企业的工资总额依照政府规定的工资总额与经济效益挂钩办法确定，企业在相应提取的工资总额内，有权自主使用、自主分配工资和奖金”。

工效挂钩制度本质上是与国有企业经营承包责任制相匹配的工资分配制度，由于这一时期资源的配置仍由国家控制，企业利润等经济效益指标受国家政策支配，企业的利润并不是在市场竞争中通过市场机制形成的，因此，工效挂钩仍具有计划经济的色彩，同时，由于缺乏各个企业之间经济效益横向比较的数据基础，企业只能与本企业的历史利润情况做纵向对比而无法进行行业对标，这在实践中导致了国有企业与政府主管部门之间的讨价还价和行政协调。同时，工效挂钩也是 20 世纪 80 年代后期以来国有企业之间工资攀比和“工资侵蚀利润”的主要原因。

1985 ~1992 年，国有企业工效挂钩的工资制度基本构建了“国家宏观调控、分级分类管理、企业自主分配”的分配制度。工效挂钩制度实际上一直持续到 2009 年各级国资委的工资总额预算管理制度开始实施。

（二）1993 ~2002年，在国企“产权改革”背景下，国企薪酬制度改革尤其是国企负责人薪酬制度改革以进一步体现市场化分配机制为主线

1992 年，原劳动部发布《关于从一九九三年起普遍实行动态调控的弹性劳动工资计划的通知》（劳计字〔1992〕82 号），明确要求从 1993 年起，在全国各省（区、市）及计划单列市普遍实行动态调控的弹性劳动工资计划，即劳动部对各地区不再下达指令性的年度职工人数、工资总额等计划指标，这些指标都改为指导性计划，主要以弹性计划对地区企业工资总额实行动态比例控制。实施弹性计划后，国家将按照投入产出的综合效益指标调控地区企业工资

---

① 宋晓舒：《我国现阶段国有企业工资制度研究》，吉林大学博士学位论文，2013。

总额，通过调控工资总额间接调控职工人数。

为充分发挥国有企业管理者的积极作用，打破平均主义大锅饭的制约，这一期间，国有企业高管的工资分配制度开始发生重大变化。1992 年，原劳动部和国务院经济贸易办公室下发了《关于改进完善全民所有制企业经营者收入分配办法的意见》，提出要对承包经营企业、租赁经营企业及其他经营形式企业的经营者在实绩考核的基础上确定经营者年收入。1992 年，上海市轻工局选定所属的上海英雄金笔厂等 3 家企业在全国率先试行年薪制。1993 年，国家开始试行经营者年薪制，对经营者年薪结构进行了初步划分，并规定了年薪总额的上限。1994 年 9 月，深圳市出台了《企业董事长、总经理年薪制试点办法》，随后，四川、江苏、北京、河南、辽宁等省份也开始了年薪制试点。

1995 年 6 月，原劳动部和国家经贸委联合下发《现代企业制度试点企业劳动工资社会保险制度改革办法》（劳部发〔1995〕258 号），明确规定现代企业制度试点企业的“企业经营者试行年薪制”。具体要求是，经营者年薪要与职工工资收入相分离，与企业生产经营成果、责任、风险和资产保值增值相联系。实行公司制的企业，经营者年薪要由企业董事会确定，劳动行政部门应对经营者年薪水平提出指导意见；未实行公司制的企业，经营者年薪由劳动行政部门会同经贸、财政部门确定。国有企业经营者年薪制的实行，使经营者收入分为基本工资和风险收入两部分，基本工资不与效益挂钩，主要根据企业规模和效益、地区收入水平等因素确定，按月发放，风险收入与企业经营业绩挂钩，每年年终企业经济效益核算后一次发放。年薪制的实行对企业经营者起到一定的激励作用。

1999 年 9 月 22 日，中共十五届四中全会通过的《中共中央关于国有企业改革和发展若干重大问题的决定》明确提出：“建立与现代企业制度相适应的收入分配制度，在国家政策指导下，实行董事会、经理层等成员按照各自职责和贡献取得报酬的办法；企业职工工资水平，由企业根据当地社会平均工资和本企业经济效益决定；企业内部实行按劳分配原则，适当拉开差距，允许和鼓励资本、技术等生产要素参与收益分配。”

2001 年 3 月 13 日，国家经贸委、人事部、劳动和社会保障部发布的《关于深化国有企业内部人事、劳动、分配制度改革的意见》（国经贸企改〔2001〕230 号）提出，“企业职工工资水平，在国家宏观调控下由企业依据当地社会平均工资和企业经济效益自主决定”。

（三）2003～2012年，国企“国资管理”体制改革背景下，国企薪酬制度改革以工资分配与经济效益紧密挂钩、着力提高企业经济效率为主线

2003 年，国务院国资委及地方政府国资委相继成立，分别代表国家对国家出资企业履行出资人职责，享有出资人权益。《关于印发国资委监管企业工资分配管理工作交接有关问题纪要的通知》（国资厅分配〔2003〕34 号）规定，国资委承担其监管国有企业工资分配管理职能，主要包括“（一）拟订国资委监管企业经营者收入分配政策，审核国资委监管企业主要负责人工资标准。（二）审核国资委监管企业工资总额工作，包括工资总额计划和工效挂钩方案。（三）指导国资委监管企业内部分配制度改革工作”等。2003 年底，国务院国资委颁布了《中央企业负责人业绩考核暂行办法》，2004 年出台了《中央企业负责人薪酬管理暂行办法实施细则》，对企业负责人实行以业绩为导向的薪酬制度。

2010 年 5 月 25 日，国务院国资委印发《中央企业工资总额预算管理①暂行办法》（国资发分配〔2011〕72 号），规定中央企业围绕发展战略，依据年度生产经营目标、经济效益情况和人力资源管理要求，对年度工资总额的确定、发放和职工工资水平的调整，做出计划安排并进行有效控制和监督。国资委对中央企业工资总额预算实行核准制和备案制（针对法人治理机关健全、内部自我约束机制完善等具备条件的中央企业），企业根据生产经营特点与内部绩效考核制度、薪酬分配制度，自行决定所属企业工资总额调控方式、内部收入分配结构和水平。

（四）2013年以来，在国企“国资管理”体制改革背景下，在仍然强调企业效率的同时，国企薪酬制度改革更多地突出以缩小收入差距、促进社会公平为主线

2013 年 11 月 12 日，十八届三中全会《中共中央关于全面深化改革若干

---

① 其主要方法是国有企业围绕发展规划，依据年度生产经营目标、经济效益情况和人力资源管理需要，对年度工资总额的确定、发放和职工工资水平的调整，做出计划安排，国有资产监管机构依法行使出资人职责，对出资国有企业工资总额进行审批确定。

重大问题的决定》提出，要“形成合理有序的收入分配格局”，“规范收入分配秩序，完善收入分配调控体制机制和政策体系，建立个人收入和财产信息系统，保护合法收入，调节过高收入，清理规范隐性收入，取缔非法收入，增加低收入者收入，扩大中等收入者比重，努力缩小城乡、区域、行业收入分配差距，逐步形成橄榄型分配格局”。

对于企业（包括国有企业）、企业职工等市场主体，要“推动国有企业完善现代企业制度”，“健全资本、知识、技术、管理等由要素市场决定的报酬机制”，“积极发展混合所有制经济”，“允许混合所有制经济实行企业员工持股，形成资本所有者和劳动者利益共同体。”

对于国有企业高管，要“健全协调运转、有效制衡的公司法人治理结构。建立职业经理人制度，更好发挥企业家作用。深化企业内部管理人员能上能下、员工能进能出、收入能增能减的制度改革”；明确要求“国有企业要合理增加市场化选聘比例，合理确定并严格规范国有企业管理人员薪酬水平、职务待遇、职务消费、业务消费”①。

概括而言，改革开放以来，国有企业工资制度演进的总体趋势是市场化，国有企业工资分配的主体由国家（中央政府和各级地方政府）逐步演变为国有企业自身，国有企业分配制度由国家通过政策、规章制度管制每一个职工工资标准及工资增长，发展到国家只调控国有企业工资总额而国有企业内部在工资总额限额内完全自主分配。总体而言，这是一个逐步市场化的过程，也是中国逐步确立社会主义市场经济体制的内在要求。

二 “十二五”时期国有企业薪酬制度改革的主要内容与成就

（一）国有企业工资决定机制和内部自主分配机制趋于完善，薪酬分配的自主决定权得到较好体现

总体而言，目前国有企业工资决定机制遵循“出资者决定企业工资总额、

① 2013年11月12日，十八届三中全会《中共中央关于全面深化改革若干重大问题的决定》。

企业在工资总额范围内自主分配”的工资决定机制。

目前，国有企业设立的法律依据可分为两类。一是根据《中华人民共和国公司法》（以下简称《公司法》）[①] 设立。《公司法》第三十八条第（六）款规定，股东会行使“审议批准公司的年度财务预算方案、决算方案”职权，第（七）款规定股东会行使“审议批准公司的利润分配方案和弥补亏损方案”职权。上述职权中蕴含了确定公司职工工资总额的内容，也就是说，受《公司法》管辖的国有企业，其职工工资是由公司股东会（及其董事会）来决定的。实践中，国有独资、国有控股等国有企业由于是各级国资委代表国家行使出资人股东的权利，因此，目前按公司法成立的非金融国有企业的工资总额通常是由国资委以工资总额预算管理等方式予以确定。二是根据《中华人民共和国全民所有制工业企业法》（以下简称《企业法》）[②] 设立。《企业法》第十三条规定，“企业贯彻按劳分配原则。在法律规定的范围内，企业可以采取其他分配方式”，第三十条规定“企业有权确定适合本企业情况的工资形式和奖金分配办法”。按《企业法》设立的国有企业，其工资总额目前是由人力资源和社会保障部等负责管理。《全民所有制工业企业转换经营机制条例》第二十四条规定“企业职工工资总额基数的确定与调整，应当报政府有关部门审查核准”，人力资源和社会保障部负责按政府内部审批事项履行“非国资委管理国有企业工资总额审批”[③] 职责。

从实践来看，国有企业薪酬分配的自主决定权得到较好实现，国有企业按市场化要求进行内部自主分配的机制趋于完善，有力地促进了国有企业的持续发展。

（二）国有企业负责人薪酬制度改革逐步推进，薪酬水平适当、结构合理、管理规范、监督有效的目标初步实现

21 世纪初期，与经营业绩相挂钩的国有企业负责人年薪制初步确立，其

① 1993 年 12 月 29 日公布，1994 年 7 月 1 日施行。

② 1988 年 4 月 13 日公布，1988 年 8 月 1 日施行。

③ 2015 年 5 月 14 日发布的《国务院关于取消非行政许可审批事项的决定》（国发〔2015〕27 号）规定，将原属于非行政许可审批事项的“非国资委管理国有企业工资总额审批”调整为政府内部审批事项。

薪酬水平有了显著提升，有力地调动了国有企业负责人的积极性。

2009 年 9 月 16 日，经国务院同意，人力资源和社会保障部等六部门下发了《关于进一步规范中央企业负责人薪酬管理的指导意见》（人社部发〔2009〕105 号，以下简称《指导意见》），提出了社会主义市场经济下规范中央企业负责人薪酬分配的基本原则，明确了负责人薪酬分配的结构和水平，确定了相关部门的监管职责。《指导意见》实施后，人力资源和社会保障部加强指导协调，财政部、国资委等各薪酬审核部门不断改进业绩考核，包括中央企业在内的国有企业认真执行有关政策规定，国有企业高管薪酬管理工作取得了积极成效。

2014 年 11 月 5 日，中共中央、国务院印发《关于深化中央管理企业负责人薪酬制度改革的意见》（中发〔2014〕12 号），对中央企业负责人薪酬制度进行改革，并要求地方所属国有企业负责人薪酬制度改革参照 12 号文精神，积极稳妥推进。总体来看，2015 年国有企业高管薪酬水平增幅放缓，结构趋于合理。中共中央办公厅、国务院办公厅《国有企业领导人员廉洁从业若干规定》（中办发〔2009〕26 号），国务院国资委《中央企业负责人职务消费管理暂行规定》（国资发分配〔2011〕159 号）等有关文件，对国有企业高管的廉洁从业、职务消费等进行了初步规范。随着改革的推进，近年来，部分国有企业市场选聘高中层管理人员（职业经理人）已开始实施谈判工资制（协议工资制）等市场化薪酬分配机制，对市场化选聘的职业经理人实施股权激励等中长期激励机制，同时建立严格业绩考核机制和退出机制。

（三）持续平衡企业效率与社会公平的国有企业薪酬制度改革的逻辑主线逐步确立

概括来说，改革开放以来，我国国有企业工资制度演进的总体趋势是：政府持续简政放权，企业越来越全面地行使内部薪酬分配权；分配机制日趋市场化，以持续完善市场化薪酬分配机制从而提高企业效率为主线。

但是，国有企业是我国国民经济的重要支柱，长期以来一直承担着经济发展战略引领和促进社会公平的双重责任，因此，总体而言，改革开放以来国有企业薪酬制度改革的逻辑主线是持续平衡企业效率与社会公平。特别是，近年来，国有企业薪酬改革在仍然强调企业效率的同时，更多地突出了促进社会公平的政策导向。

三　当前国有企业薪酬制度改革面临的主要问题

当前，我国国有企业薪酬制度改革面临的突出问题主要有以下几点。

（一）国有企业内部薪酬分配中的市场化导向仍须强化

由于受长期计划经济体制的束缚，部分国有企业职工思想观念比较保守，市场意识、危机意识、风险意识和竞争意识淡薄，普通员工同高中层管理人员、核心技术骨干等关键岗位职工在薪酬收入方面片面攀比的现象依然存在，薪酬分配中的平均主义观念仍较突出，还不适应市场经济机制运行的需要。比如，国有企业中相对低端岗位（如小车司机、简单体力劳动岗位等）的薪酬水平通常远高于同期劳动力市场价位，而部分关键管理、专业技术等岗位人员的薪酬水平则低于劳动力市场价位，形成所谓“高岗低薪、低岗高薪”现象，明显背离了劳动力市场价值规律，不利于建立充分、有效激励约束的国有企业薪酬分配机制。

（二）国有企业工资总额管理方式亟须改进完善

截至目前，国有企业工资总额管理方式大致可分为两种：一是工资总额预算管理，二是工效挂钩。现行工资总额管理存在的主要问题包括：一是部分垄断性因素较明显或效益较好的国有企业，其工资快速增长的需求难以得到满足，而效益较差的国有企业的工资总额由于受到政府有关部门维护稳定、保持就业等政策的影响，存在刚性难以降低；二是无论是工资总额预算管理还是工效挂钩，由于信息不充分客观存在，政府部门与国有企业之间的讨价还价始终存在，行政审批色彩相对浓厚，与当前政府机关简政放权的要求有一定冲突，工资分配政府干预过多与国企分配秩序失控并存。为此，迫切需要从顶层设计角度出发，改进、完善现有工资总额管控方式，既充分体现国有出资者的利益，又更符合市场机制要求。

（三）国有企业职业经理人市场化薪酬分配机制建设亟须加快推进

2015 年 1 月 1 日开始，通过贯彻落实《关于深化中央管理企业负责人薪酬制度改革的意见》（中发〔2014〕12 号，以下简称《意见》），国有企业特别是中央企业负责人的薪酬制度进一步规范优化，国有企业负责人中组织任命者的激励约束机制建立健全。通过规范国有企业收入分配秩序，对不合理的偏高、过高收入进行调整，组织任命负责人初步构建了以薪酬激励、政治责任和社会责任激励相结合的激励约束机制。《意见》同时明确规定，建立与中央企业负责人选任方式相匹配、与企业功能性质相适应的差异化薪酬分配办法，中央企业市场化选聘的职业经理人实行市场化薪酬分配机制。就机制设计角度而言，《意见》实际上试图形成“组织任命国企负责人负责国家利益——国企职业经理人负责商业利益”的利益协同机制、“组织任命国企负责人以薪酬激励、政治责任和社会责任统筹激励，以政治责任和社会责任为主，国企职业经理人以薪酬激励为主”的激励约束机制，保障国家利益、商业利益和股东利益的共同优化。目前存在的突出问题：一是国有企业职业经理人制度建设相对滞后，国有企业职业经理人制度建设需要通过试点积累经验从而逐步推开，这需要一个过程，需要尽快找到一条可行、高效的职业经理人制度改革路径；二是如何有效协调平衡组织任命负责人与职业经理人之间客观上将存在的薪酬差距，从而在组织任命负责人与职业经理人两者事实形成的“双轨制”中充分调动两个群体的积极性。

（四）提高国有企业效率与兼顾社会公平的“两难”挑战依然严峻

国有企业薪酬制度的建立健全，根本目的是持续提升国有企业的效率，同时通过促进就业、优化收入分配格局等来促进社会公平。但是，效率与公平本身存在一定程度的不相容，要提高效率就可能牺牲公平，促进公平可能就会影响效率。目前这个方面存在的主要问题是垄断因素带来的国有企业偏高工资水平加剧了整个社会的分配失衡，既影响了效率又导致了社会不公，提高国有企业效率与兼顾社会公平的“两难”挑战依然严峻。就市场竞争和社会公平角度而言，所有制类型差异不应当成为不同性质企业职工收入水平差异的主要决定因素。同等素质的劳动力如果仅仅因体制差异就产生收入上的显著差距，明显违背了劳动力市场公平原则，从而导致社会不平等和市场机会的不公。但是，截至目前，国有企业特别是垄断因素较明显的国有企业薪酬水平相对偏高的问题仍较突出，拉大了收入差距，加剧了整个社会的分配失衡。贾康等的研究表明，2004 年以后，国有企业的人均“劳动报酬”超过并越来越高于私营企业和非国有企业，差距为 30% ~60%①。

---

① 贾康主编《收入分配与政策优化、制度变革》，经济科学出版社，2012。

四　深化国有企业薪酬制度改革的政策建议

（一）进一步强化国有企业市场化薪酬分配导向，健全反映劳动力市场供求关系和企业经济效益的工资决定及正常增长机制

认真贯彻落实《意见》的要求，深化中央企业内部管理人员能上能下、员工能进能出、收入能增能减的制度改革，规范企业内部分配行为，合理拉开内部工资分配差距。对部分收入过高的企业，要严格实行工资总额和工资水平双重调控。

以现行各级政府部门发布的工资指导线、劳动力市场价位为基础，构建以充分反映劳动力市场价格为主要内容，以工资集体协商为核心的科学、合理的国有企业工资正常增长机制。通过建立健全科学、合理的国有企业工资正常增长机制，来确保国有企业工资分配过程、分配结果的科学、合理以及社会公平。

（二）结合国有企业的功能定位和分类，进一步改进、完善国有企业工资总额管理方式

以人工成本利润率、行业工资利润率等行业数据（比如，国务院国资委每年发布的国有企业全行业、分行业及分地区的大类、中类、小类的“企业绩效评价标准值”，以及国外部分行业机构公布的相关数据等）为基准，改进、完善国有企业工资总额挂钩方式，从而体现与行业经济效益指标对标，充分体现市场机制在工资分配中发挥主要作用的政策导向，通过科学合理地工资总额管理努力实现提高国有企业效率和促进社会公平的政策目标。

（三）以“双轨制”推进国有企业负责人薪酬制度改革，促进职业经理人队伍建设

按照国家积极发展混合所有制以及国有企业分类管理、差异化薪酬管理等政策，建立与国有企业负责人选任方式相匹配、与企业功能性质相适应的

差异化薪酬分配办法。推进国有企业负责人薪酬管理“双轨制”，严格规范组织任命的国有企业负责人薪酬分配，同时对国有企业市场化选聘的职业经理人实行市场化薪酬分配机制。探索完善中长期激励机制，促进职业经理人队伍建设。

同时，按照十八届三中全会提出的“允许混合所有制经济实行企业员工持股，形成资本所有者和劳动者利益共同体”的决策部署，对部分具备条件国有企业实行员工持股，加大国有企业薪酬分配中的市场化导向和中长期激励力度。

（四）以国有企业分类改革为基础，实施差异化战略，应对提高国有企业效率与兼顾社会公平的“两难”挑战

应对提高国有企业效率与兼顾社会公平的“两难”挑战，要伴随整个国有企业改革进程逐步推进。在可选择的政策措施中，综合考虑适应当前国情与国际环境、降低执行难度、扩大落实效果等因素，以国有企业分类改革为基础，实施差异化战略，对商业类、公益类国有企业分别主要赋予经济效率、社会公平职责具有现实合理性和可操作性。国务院国资委、财政部、国家发改委联合印发了《关于国有企业功能界定与分类的指导意见》，将国有企业界定为商业类和公益类。根据商业类、公益类的功能界定差异，对其工资收入分配制度的改革方案，可分别主要赋予其经济效率、社会公平的职责，设计实施有针对性、差异化的政策措施，以应对提高国有企业效率与兼顾社会公平的“两难”挑战①。

参考文献

贾康主编《收入分配与政策化的制度变革》，经济科学出版社，2012。

金碚、刘戒骄、刘吉超、卢文波著《中国国有企业发展道路》，经济管理出版社，

① 2015 年 12 月 7 日印发的《关于国有企业功能界定与分类的指导意见》明确提出：“有关方面在研究制定国有企业业绩考核、领导人员管理、工资收入分配制度改革等具体方案时，要根据国有企业功能界定与分类，提出有针对性、差异化的政策措施。”

2013。

林毅夫、蔡昉、李周：《充分信息与国有企业改革》，格致出版社、上海三联书店、上海人民出版社，2014。

苏海南等著《合理调整工资收入分配关系》，中国劳动社会保障出版社，2013。

杨春学、杨新铭：《“十三五”时期国有企业改革重点思路》，社会科学文献出版社，2016。

社会保障篇

Reports on Social Security

B.16

2015年中国社会保险发展状况

王 梅*

摘 要： 社会保险制度是国家依法建立，由国家、单位、个人共同筹资形成基金，向符合资格条件的受益人提供保险待遇的制度。本报告介绍了目前我国社会保险制度的总体情况，梳理了2015年社会保险领域的重大改革进展，总结了社会保险制度存在的主要问题，并提出建议。

关键词： 社会保险 改革 政策建议

十八届五中全会提出，要建立公平、可持续的社会保障制度，实施全民参保计划，划转部分国有资本充实社保基金，全面实施城乡居民大病保险制度。过去一年来，我国社会保险制度改革成效显著，制度覆盖面、社保基金规模持

* 王梅，博士，中国人事科学研究院助理研究员，研究方向为社会保障和收入分配。

续扩大，待遇水平、社保卡持有率持续提高，基本养老保险基金投资管理办法正式出台，城乡居民大病保险全面实施，失业保险、工伤保险、生育保险费率统一下调，社会保险制度的公平性和可持续性得到进一步体现。

一　总体情况

（一）制度覆盖面进一步扩大①

基本养老保险方面，参保总人数继续增加，城镇职工参保率进一步提高。2015年末，全国参加基本养老保险的总人数为85833万人，比上年末增加1.90%。其中，全国城镇职工基本养老保险参保人数为35361万人，比上年末增加3.63%；参加城乡居民基本养老保险的人数为50472万人，比上年末增加0.73%。

同时，全国有7.55万家企业建立了企业年金，比上年增长3.0%。参加职工人数为2316万人，比上年增长1.0%。

基本医疗保险方面，城镇基本医疗保险的参保人数进一步增加，城镇居民参保率明显提高。2015年末，全国参加城镇基本医疗保险人数为66582万人，比上年末增加11.44%。其中，全国参加城镇职工基本医疗保险的人数为28893万人，比上年末增加2.11%；参加城镇居民基本医疗保险的人数为37689万人，比上年末增加19.83%。

失业保险方面，参保总人数持续增加，农民工参保意愿增强。全国失业保险的参保人数为17326万人，比上年末增加1.66%。其中，农民工参加失业保险的人数为4219万人，比上年末增加3.64%。

工伤保险方面，参保总人数继续增加。2015年末，全国参加工伤保险人数21432万人，比上年末增加3.84%。其中，参加工伤保险的农民工人数为7489万人，比上年末增加1.73%。

生育保险方面，参保率进一步提高。2015年末，全国参加生育保险人数为17771万人，比上年末增加4.3%。

---

① 人力资源和社会保障部：《2015年度人力资源和社会保障事业发展统计公报》，2016。

（二）基金规模持续扩大[①]

全年五项社会保险（含城乡居民基本养老保险）基金总收入和总支出均呈现上涨趋势，总支出的增长速度高于总收入将近 3 个百分点。其中，基金总收入合计 46012 亿元，比上年增加 6184 亿元，增长 15.5%；基金总支出合计 38988 亿元，比上年增加 5985 亿元，增长 18.1%。

2015 年，基本养老保险基金总收入为 32195 亿元，总支出为 27929 亿元，分别比上年增加了 16.6% 和 19.7%，支出增长速度高于收入 3.1 个百分点（见图 1）。年末，全国基本养老保险基金累计结存 39937 亿元。

2015 年，城镇基本医疗保险基金总收入为 11193 亿元，比上年增长 15.5%；总支出为 9312 亿元，比上年增长了 14.5%（见图 1）。年末，全国城镇基本医疗保险统筹基金累计结存 8114 亿元，个人账户累计结存 4429 亿元。

失业保险基金收入 1368 亿元，比上年下降 0.9%；支出 736 亿元，比上年增长了 19.8%（见图 1）。2015 年末，全国失业保险基金累计结存 5083 亿元。

工伤保险基金收入 754 亿元，支出 599 亿元，分别比上年增长了 8.6% 和 6.8%（见图 1）。2015 年末，全国工伤保险基金累计结存 1285 亿元（包括储备金 209 亿元）。

生育保险基金收入 502 亿元，基金支出 411 亿元，分别比上年增长了 12.5% 和 11.8%（见图 1）。2015 年末，全国生育保险基金累计结存 684 亿元。

（三）社会保障卡普及率提高[②]

2015 年底，全国社会保障卡持卡人数达到 8.84 亿人，全年新增 1.7 亿人，普及率达到 64.6%。

目前，全国 30 个省份和新疆生产建设兵团已发行全国统一的社会保障卡，实际发卡地市（含省本级）达到 369 个，全国 80% 以上的社会保障卡已加载金融功能。

---

① 人力资源和社会保障部：《2015 年度人力资源和社会保障事业发展统计公报》，2016。

② 人力资源和社会保障部：《2015 年度人力资源和社会保障事业发展统计公报》，2016。

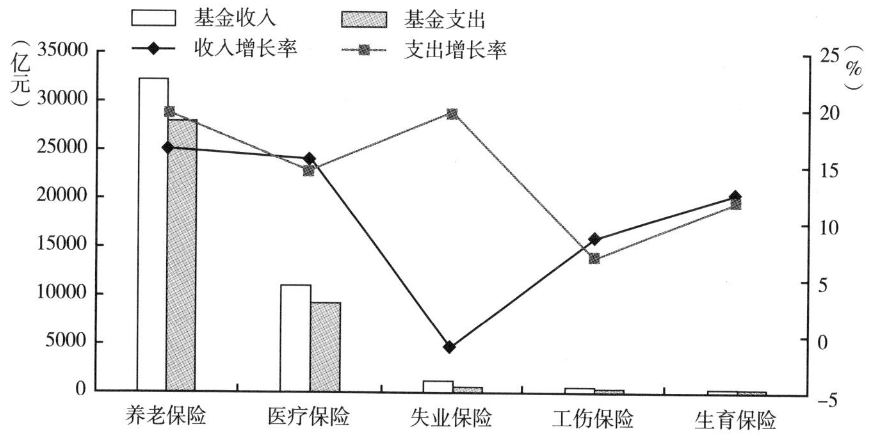

图 1　2015 年五大险种基金收支情况

注：图中医疗保险数据均为城镇基本医疗保险基金数据。

二　社会保险制度改革进展

（一）养老保险制度改革进展

1. 基本养老保险基金投资管理办法出台

2015 年 8 月 23 日，国务院颁布《基本养老保险基金投资管理办法》，该办法指出，养老基金投资应当秉持市场化、多元化、专业化的原则进行运营，以确保资产安全，实现基金保值增值。

在投资模式上，养老基金实行中央统一集中运营、市场化投资运作的方式，由省级政府将投资运营的养老基金归集到省级社会保障基金专户，统一委托给国务院授权的养老基金专业管理机构进行投资运营。

在管理模式上，为保证养老基金资产安全，明确了委托人、受托人、托管人和投资管理人的权利、责任，建立相互制衡的机制，要求管理机构建立健全养老基金投资管理内部控制制度，加强风险管控，维护委托人利益。同时，要求养老基金资产独立于委托人、受托人、托管人、投资管理人的固有财产和管理的其他财产。委托人、受托人、托管人、投资管理人不得将管理的养老基金资产纳入其固有财产。

在投资范围上，养老基金的投资范围大幅扩大，既包括银行存款、央行票据、国债等流动性强、风险低、收益率低的金融产品，也包括上市流通的证券投资基金、股票、期货等高风险、高收益产品。此外，养老基金可以参与国家重大工程和重大项目建设投资以及国有重点企业改制、上市，企业范围为中央企业及其一级子公司，以及具有核心竞争力的地方行业龙头企业。

在投资比例上，为控制养老基金的投资风险，对各类资产的投资比例进行了明确规定，银行、国债等低风险产品的总投资比例，不得低于养老基金资产净值的5%；股票、基金、期货等高风险产品的总投资比例，不得高于资产净值的30%等。

在管理费用上，投资管理机构、托管机构每年提取的费率不得高于所管理的养老基金资产净值的0.5%和0.05%。

此外，文件提出要加强养老基金投资运营中的信息披露和政府监管。受托机构、托管机构、投资管理机构应当按照规定，定期向主管部门提交养老基金投资运营报告，对报告内容的真实性、完整性负责，并定期向社会公众公开。各地政府部门要加强监管，养老基金委托投资的资金额度、划出和划回等重要事项要及时向人力资源和社会保障部、财政部报告。

基本养老保险基金投资管理政策的出台，有利于增强制度的吸引力，调动群众缴费积极性，有利于拓宽基金的投资渠道，增强养老基金的保值增值能力，有利于盘活存量资金，促进经济发展，应对经济下行压力。

2. 改革完善军人退役养老保险制度

2015年10月，《关于军人退役基本养老保险关系转移接续有关问题的通知》和《关于军人职业年金转移接续有关问题的通知》发布，对军人退役后所参加养老保险制度的管理模式、养老保险补助办法、待遇标准、经费来源等进行了规定。

管理机构方面，军队各级后勤机关财务部门负责军人退役基本养老保险关系的建立、转移，以及基本养老保险补助的计算、审核、划转工作。各级人社部门负责基本养老保险关系接续、补助资金接收和待遇落实等工作。

养老保险补助方面，军人退出现役后，基本养老保险补助由军人所在单位财务部门在军人退出现役时一次算清记实。对于军官、文职干部和士官，基本养老保险补助由本人服现役期间各年度月缴费工资20%加总得出；对义务兵和供给制学员，基本养老保险补助是本人退出现役当年下士月缴费工资起点标准的20%乘以服现役月数。

养老保险待遇方面，军人退出现役后参加基本养老保险，符合国家规定的待遇领取条件的，按照本人待遇领取地的有关规定享受基本养老保险待遇。

经费来源方面，军人服现役期间，缴纳的基本养老保险费（包括单位缴费和个人缴费）由中央财政承担，所需经费由年度军费预算安排。军人退出现役参加基本养老保险的，给予军人退役基本养老保险补助。

军人职业年金的管理机构、转移接续、经费来源与军人基本养老保险类似，缴费标准、待遇水平与机关事业单位职业年金制度基本相同。

3. 提高基本养老金标准

按照党中央和国务院部署，从2015年1月1日起，我国企业退休人员基本养老金提高10%，全国7974万名企业退休人员在本次调整中受益。至此，我国企业退休人员基本养老金从2004年开始实现“11连涨”，调整后基本养老金月人均超过2200元，与2004年的月均647元相比，增长了2倍多。其中，最高的北京市已超过3000元。

2015年1月14日，人社部、财政部发布《关于提高全国城乡居民基本养老保险基础养老金最低标准的通知》，从2014年7月1日起，提高城乡居民基本养老保险的基础养老金最低标准，从每人55元/月提高至每人70元/月，调整后，城乡居民基本养老金月人均超过110元。

（二）医疗保险制度改革进展

1. 全面实施城乡居民大病保险

2015年8月，国务院发布《关于全面实施城乡居民大病保险的意见》，部署加快推进城乡居民大病保险制度建设。目标是：2015年底前，大病保险制度覆盖所有参加基本医疗保险的城乡居民；到2017年，建立起较为完善的大病保险制度，有效减轻大病患者就医负担，城乡居民医疗保障的公平性得到显著提升。

筹资机制方面，从城乡居民基本医疗保险基金中划拨一定额度作为大病保险的资金来源，不需要参保人额外缴费。

统筹层次方面，原则上，大病保险实行市级统筹，鼓励省级统筹或全省统一政策、统一组织实施。

待遇水平方面，2015 年大病保险支付比例将为 50% 以上，进一步减轻个人医疗支出负担。

目前，城乡居民大病保险已全面实施，对减轻群众高额医疗费用负担发挥了重要作用。

2. 进城落户农民参加基本医疗保险办法出台

2015 年 9 月，人社部、国家发改委、财政部和卫计委联合出台《关于做好进城落户农民参加基本医疗保险和关系转移接续工作的办法》，要求把进城落户农民纳入城镇基本医疗保险制度体系的覆盖范围，进城前在农村参加的医疗保险可以并入城镇基本医疗保险，保障参保人能够连续享受基本医保待遇。

为保证进城落户农民和流动就业人员能够顺利转移医保关系、及时享受医疗保险待遇和服务，该文件规定，办理基本医疗保险关系转移接续前后，参保缴费中断不超过 3 个月且补缴中断期间医疗保险费的，可按参保地规定继续参保并享受相关待遇。进城落户农民参加新农合的参保缴费和权益记录等信息连续记入新参保地业务档案。流动就业人员在各地参加职工医保的缴费年限可累计，转出地的缴费年限计入转入地合并记录。参保人转移基本医疗保险关系时，个人账户的资金和权益记录一同转移。

（三）失业保险制度改革进展

2015 年 2 月，人社部、财政部发布《关于调整失业保险费率有关问题的通知》，将失业保险费率由 3% 统一降至 2%，单位和个人缴费的具体比例由各省（区、市）人民政府确定。初步预计，每年将减轻企业和员工负担 400 多亿元。

同时，全国失业保险金月人均发放水平由 2014 年的 852 元提高到 2015 年的 960 元[①]。

失业保险费率下调、待遇水平稳步提高，有利于减轻企业和个人负担、促进就业稳定，进而推动实体经济发展，也为建立健全失业保险费率动态调整机制、完善失业保险制度奠定了基础。

---

① 人力资源和社会保障部 2015 年第四季度新闻发布会，2016 年 1 月 22 日。

（四）工伤保险制度改革进展

2015年7月，人社部、财政部发布《关于调整工伤保险费率政策的通知》。从10月1日起，降低工伤保险费率，并根据行业的工伤风险程度，由低到高，将行业的工伤风险类别划分为一类至八类。

缴费水平方面，一类至八类行业的缴费标准为用人单位职工工资总额的0.2%～1.9%（基准费率）。具体来说，一类行业基准缴费费率为0.2%，行业内部分为三个档次，不同档次可适当上浮缴费费率，其他七个行业的基准费率逐步提高，均分为五个档次，可在基准费率的基础上适当上浮或下调费率。各统筹地区主管部门，可按照“以支定收、收支平衡”的原则，合理确定本地区的基准费率。

调整工伤保险费率是国家在经济新常态下，为适应新的经济社会发展需要、减轻企业缴费负担做出的决定。未来，工伤保险制度将依据行业风险分类、工伤保险费的支出等因素进行更加科学化和精细化的分类管理。

（五）生育保险制度改革进展

2015年7月，人社部、财政部发布《关于适当降低生育保险费率的通知》。自2015年10月1日起，在生育保险基金结余超过合理结存的地区降低生育保险费率。各地应当把生育保险基金结存量控制在6～9个月待遇支付额范围内。生育保险基金累计结余超过9个月的，应将缴费费率调整到用人单位职工工资总额的0.5%以内。基金累计结余低于3个月的，要向统筹地区主管部门报告，并制定预警方案。

降低生育保险费率是按照党的十八届三中全会精神，根据生育保险基金实际情况提出的调整办法。未来将通过提高统筹层次、规范生育保险待遇等方式，在基金平衡的基础上，尽量减轻用人单位负担，维护女职工合法权益。

（六）社会保障卡推广进展

2015年末，全国社会保障卡持卡人数达到8.84亿人，全国除西藏外，各省（区、市）已全面发行社会保障卡。预计到2017年底，持卡人数将超过10亿人，最终实现城乡居民人手一卡。

三　问题分析与对策建议

1. 全民参保登记工作亟须加强

十八大报告提出，要坚持全覆盖、保基本、多层次、可持续方针，全面建成覆盖城乡居民的社会保障体系。近年来，我国社会保障体系建设步伐加快，逐步构建了从职工到居民、从城镇到农村的社会保障制度体系，覆盖城乡居民的社保体系基本实现。全民参保登记工作是实现全民参保的重要前提，是社会保险经办工作规范化的必然要求，但是，在发展过程中，参保人员参保意识淡薄，对参保权益保护和登记工作的重要性认识不足；参保人员流动性强，居住分散，参保信息收集、整理、核对比较困难；社会保险经办机构人员不足、经费短缺、基础设施缺乏等因素都导致重复参保、漏保等现象时有发生，给社会保险经办管理带来难度，也不利于全民参保工作的顺利开展。

2014 年，《人力资源和社会保障部关于实施“全民参保登记计划”的通知》发布，文件提出，将于 2014～2017 年在全国范围内逐步实施“全民参保登记计划”，持续推进全民参保登记工作开展，截至目前，全国已在 50 个试点地区开展工作。下一步工作，应当加强信息采集、信息比对、数据库动态建设，采取以公共信息资源数据比对为主、以重点入户调查采集为辅的工作模式，建立单位参保登记信息库，与个人参保登记信息库结合共同发挥作用，构建统一的数据处理平台，统一数据格式，定期动态更新，利用先进的技术手段构建全面、详细、及时的社会保险信息系统，推动部门间基础信息共享，完成全民登记参保工作，从而保证人员跨统筹地区流动时顺利转移和接续相关社会保险权益。

2. 机关事业单位养老保险制度并轨后的问题有待解决

2015 年 1 月，国务院发布《关于机关事业单位工作人员养老保险制度改革的决定》，正式启动机关事业单位养老保险制度改革。在制度设计、基金管理、计发办法等方面，机关事业单位将与企业保持一致，从根本上解决“双轨制”问题，有利于构建公平、可持续的养老保险制度。

与此同时，机关事业单位养老保险制度并轨后，除部分试点地区和试点单位外，大多数单位都没有养老保险的缴费积累，存在个人账户空账、“中人”

视同缴费计算方法不一、职业年金管理不清、资金来源不明等方面的问题，这些问题都将影响机关事业单位养老保险制度改革的实施和开展。因此，亟待根据实际情况，逐步解决下一步实施中可能遇到的问题，确保机关事业单位养老保险改革落地，推动机关事业单位养老保险制度平稳过渡。

3. 基本养老保险基金投资管理配套政策亟待出台

党的十八届三中全会指出，要“加强社会保险基金投资管理和监督，推进基金市场化、多元化投资运营”。《基本养老保险基金投资管理办法》对国家基本养老保险基金的基本管理模式、投资运营机制进行了明确规定。但是，目前，关于养老基金投资管理的配套措施和具体办法尚未出台，养老保险基金投资的实际操作性和可行性尚有欠缺。

因此，应当抓紧制定基本养老保险基金投资管理配套政策。在管理制度方面，委托投资资金归集管理办法、托管机构和投资机构的选聘办法、信息披露和报告制度、财务会计核算细则等都是投资管理落地实施的重要配套措施。在投资策略方面，养老保险基金是长期投资项目，应当与短期投资行为有所区别，制定符合养老保险基金投资战略的目标和计划，明确风险管理政策，严格防范风险，确定相应的资产配置方案，稳步推进基金投资运营。

4. 失业保险制度有待进一步完善

在经济新常态下，我国经济发展进入中高速增长阶段，面临巨大的下行压力，失业保险制度是对因失业而暂时中断生活来源的劳动者提供物质帮助的制度，是社会保险制度的重要组成部分，具有保障生活和促进就业的双重功能，是经济发展的重要稳定器。近三年的统计数据显示①，我国失业保险基金收入增长幅度均小于支出的增长幅度。同时，我国失业保险制度存在覆盖面窄、统筹层次低、保障水平低、支出结构不合理等问题。

因此，失业保险制度应当从多方面加以完善。首先，扩大覆盖面，把非公企业职工和农民工等大批尚未参保的群体纳入。其次，适当提高失业保险金水平，切实发挥失业保险保障基本生活的功能。再次，提高失业保险统筹层次，

① 人力资源和社会保障部：《2013 年度人力资源和社会保障事业发展统计公报》《2014 年度人力资源和社会保障事业发展统计公报》《2015 年度人力资源和社会保障事业发展统计公报》。

促进人员流动以及失业保险基金的统一调配和使用。最后，加大失业保险金的监管力度，包括征缴管理、领取资格审查、资金监管和使用等。

5. 社会保险经办服务能力有待提高

社会保险经办服务能力是社会保险制度实施的重要基础和保障。近年来，我国社会保险事业发展迅速，社会保险经办机构的服务对象、服务方式、服务内容以及服务工作量都发生了巨大变化，对新时期的社会保险经办服务能力提出更高的要求。十八大报告明确提出，要健全社会保障经办的管理体制，建立更加便民快捷的服务体系。

因此，应当大力加强社会保险经办服务能力建设，科学设置社会保险经办机构，提升经办机构人员素质，推动不同险种的经办资源整合，完善社会保险信息管理系统，强化经办流程标准化建设，全面提高社会保险的经办服务能力。

参考文献

人力资源和社会保障部：《2015 年度人力资源和社会保障事业发展统计公报》，2016。

人力资源和社会保障部：《2014 年度人力资源和社会保障事业发展统计公报》，2016。

人力资源和社会保障部：《2013 年度人力资源和社会保障事业发展统计公报》，2016。

国家统计局：《2015 中国统计年鉴》。

黄华波：《把握全民参保计划的四个环节》，《中国医疗保险》2016 年第 1 期。

罗俊鑫：《提高社会保险经办管理服务能力的六点思考》，《中国社会保障》2013 年第 7 期。

李晓静：《浅析我国事业单位实施养老保险制度并轨所面临的主要问题》，《现代国企研究》2016 年第 1 期。

王韬：《推进全民参保登记建立稳定参保机制》，《中国医疗保险》2016 年第 1 期。

王东进：《整合城乡居民医保刻不容缓——学习党的十八大报告体会与思考之一》，《中国医疗保险》2013 年第 3 期。

B.17
2015年我国基本养老保险制度现状与发展

赵欣彤*

摘　要：过去一年，基本养老保险制度覆盖面进一步扩大，基金规模进一步增加，待遇水平进一步提高。基本养老保险制度改革取得阶段性成果：养老金并轨取得实质性进展，养老基金投资管理办法出台，职业年金基金管理暂行办法公开征求意见，退休人员基本养老金水平再次上调，养老保险缴费费率阶段性下调。目前，基本养老保险制度存在的问题有：基础养老金统筹层次有待提高，个人养老金账户政策有待完善，基金投资管理渠道有待扩展，养老保险经办管理有待细化。下一步改革应当研究制定养老保险顶层设计方案并完善个人账户，实现养老保险制度的公平、可持续发展。

关键词：基本养老保险　养老保险制度　养老基金投资

一　基本养老保险制度发展状况

（一）制度覆盖面进一步扩大

2015 年，我国基本养老保险制度覆盖面进一步扩大，至 2015 年底，全国参加城镇职工和城乡居民基本养老保险（以下简称“基本养老保险”）人数是

* 赵欣彤，清华大学公共管理学院博士生，研究方向为社会保障。

85833万人，比2014年末增加了1601万人，增长率为1.9%。根据2015年关于全国1%人口抽样调查相关数据，15岁以上符合参保条件的人口总数约为113203万人，基本养老保险总体覆盖率为76%左右。

2015年末，我国城镇职工基本养老保险参保人数为35361万人，比2014年末增加了1237万人，增长率为3.6%。其中，参保职工的数量是26219万人，参保离退休人员的数量是9142万人，比2014年末分别增加688万人（2.7%）和549万人（6.4%）。城镇职工基本养老保险农民工参保人数为5585万人，比2014年末增加了113万人，增长率为2.1%。城镇职工基本养老保险参保人数为33123万人，比上年末增加1177万人，增长率为3.7%。①

2015年末，城乡居民基本养老保险参保人数为50472万人，比上年末增加365万人，增长率为0.7%。其中实际领取待遇人数为14800万人。

（二）基金规模进一步增加

2015年全年基本养老保险基金收支规模进一步扩大。全年基本养老保险基金收入是32195亿元，比上年增长16.6%，过去三年平均增长率为13.7%；

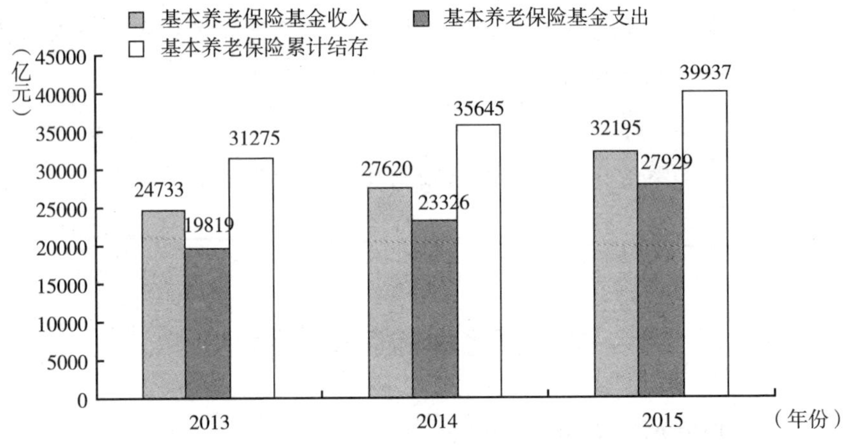

图1　近三年基本养老保险基金收入、支出、结存情况

资料来源：2013年、2014年、2015年各年度人力资源和社会保障事业发展统计公报。

① 人力资源和社会保障部：《2015年度人力资源和社会保障事业发展统计公报》，2016。

其中征缴收入23717亿元，比上年增长12.4%。基本养老保险基金支出27929亿元，比上年增长19.7%，过去三年平均增长率为18.7%。年末基本养老保险基金累计结存39937亿元，比上年增长12.0%。[①]

2015年全年，城镇职工基本养老保险基金总收入29341亿元，比上年增长15.9%，过去三年平均增长率为13.6%；其中征缴收入23016亿元，比上年增长12.6%。各级财政补贴基本养老保险基金4716亿元。基金总支出25813亿元，比上年增长18.7%，过去三年平均增长率为18.4%。年末城镇职工基本养老保险基金累计结存35345亿元，比上年增长11.1%。2015年全年，城乡居民基本养老保险基金收入2855亿元，比上年增长23.6%，其中个人缴费700亿元。基金支出2117亿元，比上年增长34.7%。基金累计结存4592亿元。[②]

（三）待遇水平进一步提高

2015年，企业退休人员基本养老金上调幅度为2014年企业退休人员月人均基本养老金的10%左右。本次调整待遇涉及全国7974万名企业退休人员；调整后月人均基本养老金超过2200元，月人均增加约210元。2015年首次提高城乡居民基本养老金待遇，将城乡居民基础养老金最低标准从每人每月55元提高至70元，涉及全国1.46亿城乡居民，月人均超过110元。

从2016年1月1日起，根据人社部、财政部《关于2016年调整退休人员基本养老金的通知》，机关事业单位与企业退休人员基本养老金待遇同步调整，总调整水平为上年度机关企事业单位退休人员月人均基本养老金的6.5%左右。此次待遇调整采取定额调整（体现社会公平）、挂钩调整（发挥多缴多得的激励机制）与适当倾斜（对高龄退休人员、艰苦边远地区企业退休人员等群体予以照顾）相结合的办法，共将惠及1亿多退休人员。[③] 此次调整是2014年10月1日机关事业单位养老保险制度改革以来第一次按照基本养老金

① 人力资源和社会保障部：《2015年度人力资源和社会保障事业发展统计公报》，2016。

② 人力资源和社会保障部：《2015年度人力资源和社会保障事业发展统计公报》，2016。

③ 人力资源和社会保障部、财政部：《关于2016年调整退休人员基本养老金的通知》，2015。

调整办法调整退休人员待遇，也是企业和机关事业单位退休人员第一次同步调整待遇，迈出了统筹各类退休人员待遇调整的第一步，是企业和机关事业单位养老保险制度并轨、增强公平性的直接体现。

二　基本养老保险制度改革成效

过去一年，基本养老保险制度改革取得阶段性成果：养老金并轨取得实质性进展，养老基金投资管理办法出台，职业年金基金管理暂行办法公开征求意见，退休人员基本养老金再次调整，养老保险费率阶段性下调。

（一）养老金并轨取得实质性进展

国务院于2015年1月14日发布《关于机关事业单位工作人员养老保险制度改革的决定》（以下简称《决定》），标志着我国机关事业单位养老保险“双轨制”改革取得了实质性进展。《决定》规定，对机关事业单位及其编制内的工作人员实行社会统筹与个人账户相结合的基本养老保险制度，单位与个人的缴费比例分别为本单位工资总额的20%和本人缴费工资的8%。个人账户储存额不得提前列支。免征利息税，并可依法继承。

在此基础上，为了确保并轨后机关事业单位工作人员养老金待遇，《决定》强调，机关事业单位应当为其工作人员建立职业年金，单位缴费和个人缴费比例分别为本单位工资总额的8%和本人缴费工资的4%，具体办法由人力资源和社会保障部、财政部制定。

（二）养老基金投资管理办法出台

国务院于2015年8月17日印发了《基本养老保险基金投资管理办法》（以下简称《办法》）。《办法》对基本养老基金投资运营模式、托管机构、投资方式、养老金投资范围等做了一系列规定。

1. 投资运营模式

《办法》指出，基本养老基金实行中央集中运营、市场化投资运作。可投资的养老基金由各省级政府先归集至省级社会保障专户，再统一委托给国务院授权的养老基金管理机构进行投资运营。[①] 基金的投资运营采取信托管理的模式，参与方包括委托人、受托机构、投资管理机构、托管机构。基本养老基金投资运作中账户管理的职责由委托人承担。

2. 托管机构

《办法》明确，基本养老基金的合格托管机构为接受基金受托机构委托、具备相关托管经验的商业银行，或具备良好基金托管业绩和社会信誉的商业银行。

3. 投资方式

《办法》指出，部分养老基金资产可以由基本养老保险基金受托机构进行直接投资；其他养老基金资产需要委托其他专业机构进行投资。

4. 养老基金投资范围

《办法》规定，养老基金可以通过适当方式参与投资国家重大工程和重大项目建设、国有重点企业改制及上市。《办法》还规定了养老基金投资各类资产的上限，其中，投资股票、股票基金、混合基金、股票型养老金产品按照公允价值计算的比例，合计不得高于养老基金资产净值的30%，参与股指期货、国债期货交易只能以套期保值为目的。[②]

《办法》的出台标志着我国基本养老保险基金的投资运营工作取得突破性进展，开辟了养老保险基金市场化、多元化投资的新渠道。目前，人社部、全国社保基金理事会正在起草养老保险基金运营管理细则，养老保险基金将作为长期战略投资者进入资本市场。

（三）职业年金基金管理暂行办法公开征求意见

2016年6月21日，人社部、财政部公开发布《职业年金基金管理暂行办法（征求意见稿）》（以下简称《征求意见稿》）。《征求意见稿》规定了职业年金基金的管理职责、基金投资范围、收益分配及费用、计划管理、信息披露与监督审查。《征求意见稿》指出，职业年金基金采取集中委托投资运营的方式进行管理，由国家机关事业单位养老保险管理中心和各省社会保险经办机构分别集中行使委托职责。《征求意见稿》还明确，职业年金的基金投资管理应当以安全

① 《基本养老保险基金投资管理办法》（国发〔2015〕48号），2015。
② 《基本养老保险基金投资管理办法》（国发〔2015〕48号），2015。

性、收益性和流动性为前提，根据谨慎和分散风险的原则实行专业管理。

职业年金是机关事业单位职员基本养老保险的重要补充，也是下一步完善我国多层次养老保险制度的重点发展方向。2015 年 10 月，党的十八届五中全会就曾指出，要“发展职业年金、企业年金、商业养老保险”；2016 年 3 月《国民经济和社会发展第十三个五年规划纲要》再次指出，“构建包括职业年金、企业年金和商业保险的多层次养老保险体系”。①《职业年金基金管理暂行办法（征求意见稿）》的出台促进了补充养老保险制度的发展，规范了职业年金基金的管理，维护了机关事业单位职员的合法权益。

（四）养老保险费率阶段性下调

为了减轻企业负担、增强企业活力、促进就业和增加职工现金收入，2016 年 4 月 13 日，国务院总理李克强主持召开的国务院常务会议决定，自 2016 年 5 月 1 日起的两年内，阶段性降低企业社保缴费费率和住房公积金缴存比例。调整后，企业职工基本养老保险单位缴费比例的上限为 20%。企业所在省份于 2015 年底基金累计结余可支付月数超过 9 个月的，将基本养老保险单位缴费比例由 20% 下调至 19%。由于企业 20% 的养老保险费率计入统筹账户，而统筹账户采取缴费基数乘以缴费年限的计算方法，因此，降费并不会影响个人养老金待遇。

三　基本养老保险制度问题分析

（一）基础养老金统筹层次有待提高

我国基础养老金实际统筹层次低，仅在少数省份实现了基本养老保险缴费基金收入、支出、核算、管理层级的省级统筹，而大多数省份和地区仍然停留在市县层次。各地区之间无法横向调剂，各自为政，加剧了中国社保碎片化程度，阻碍了降低社保费率的进程。从基金结余来看，虽然总体盈余，但部分地区基金出现赤字。2015 年当期基金结余为 39937 亿元，累计结余为 3.4 万亿元，支付能力达到 17 个月，但有的省份能够保证足额发放四五十个月，有的

① 《中华人民共和国国民经济和社会发展第十三个五年规划纲要》，2016。

省份仅能发放一两个月，当期有 7 个省份收不抵支，广西、海南、青海、吉林、辽宁、河北、西藏等省区当期结余不足 10 亿元。扣除财政补贴，20 多个省份的养老金当期呈赤字。

从管理层面来看，养老金统筹层级较低，造成不同地区间政策差异较大、征缴标准不一、转移手续复杂，致使转移接续工作通而不畅、耗时耗力，影响了劳动力的自由流动。2010 年 1 月，人社部和财政部制定的《城镇企业职工基本养老保险关系转移接续暂行办法》正式实施。该办法显著减少了养老保险退保人数，缓解了广东、浙江、福建等沿海地区出现的农民工“退保潮”，但养老金的转移接续依然较为困难。转移办法规定，转移时可全额转移个人账户资金结余，此外还可以转移统筹账户中 12% 的资金。目前，全国各地统筹账户缴费费率为 10% ~22% ，但并未统一。统筹账户 12% 的资金在转移过程中，费率高的省份从高往低转还有剩余，费率低的省份就需要“自掏腰包”进行倒贴，自然会导致部分省份缺乏积极性，进而设置复杂的养老保险转移手续。另外，由于我国的养老保险尚未实现全国统筹，劳动关系接续起来又十分复杂，劳动者异地流动的意愿比较低，即使流动也大多选择断保，不利于劳动力在全国范围内的优化配置。

（二）个人养老金账户政策有待完善

个人养老金账户是个人储蓄，其计算公式为退休时个人账户储蓄额除以计发月数，储蓄额按照缴费基数的 8% 划入，多缴多得。从制度设计来看，养老金设计时按照统账结合的模式，设置统筹账户强调社会互济和公平，设置个人账户形成了激励机制，强调个人的自我保障和效率。从政策执行来看，实际执行的养老金模式是混账管理，出口归一。缴纳时统筹账户和个人账户进入统一的账户进行管理。由于养老金制度建立前（1997 年以前）统筹账户没有基金积累，个人账户资金被用来弥补统筹账户的不足，用于支付统筹账户应支付的基础养老金。养老金支付时，按照统筹账户支付基础养老金、个人账户支付个人养老金的方式将二者合并。这种执行模式实质上是现收现付，个人账户的空账运行还增加了未来的支付风险。据人社部统计，2012 年城镇基本养老保险个人账户“空账”已经达到 2. 5 亿元。从保值增值来看，个人账户以一年期银行存款利率计息，并未起到激励参保人缴费的作用。

（三）基金投资管理渠道有待扩展

养老金的保值增值是对抗基金收支失衡风险、缓解未来支付压力的手段之一，但目前我国养老金投资管理渠道仍然有待拓展。在2015年8月《基本养老保险基金投资管理办法》出台以前，我国对于养老基金投资范围的规定一直沿用1997年出台的《国务院关于建立统一的企业职工基本养老保险制度的决定》，规定我国养老基金结余除预留2个月的支付费用外，只能用于购买国家债券和存入银行专户。银行存款、银行债券和国家债券是全国基本养老保险基金的主要投资产品。截至2014年底，我国基本养老保险资产规模约为3.56万亿元，年均名义投资收益率约为2%，除去同期通货膨胀率后的实际投资收益率为负，实际上处于贬值的状态。实质投资范围过小和专业管理机构缺乏使我国的基本养老保险保值增值较为困难。《基本养老保险基金投资管理办法》拓宽了养老基金的投资渠道，并委托全国社会保障基金理事会进行养老基金的投资运营。除社保基金理事会外，我国在2015年11月20日还成立了唯一专业养老金管理公司——建信养老金管理有限责任公司。

目前，全国社会保障基金、全国基本养老保险基金、企业年金都采取一定的渠道参与投资。全国社保基金可投资于经国务院批准的固定收益类、股票类和未上市股权类等资产，其基金规模已由设立时的200亿元发展到2015年12月底的15085.92亿元，年均投资收益率为8.82%，累计投资收益额为7133.34亿元。

（四）养老保险经办管理有待细化

健全社会保障经办管理体制，建立更加便民快捷的服务体系是十八大报告提出的要求。社保经办管理的水平切实影响社会保障服务的派送和参保人的切身利益。然而，目前养老保险经办管理仍然存在征缴分离、信息化建设滞后、部门责任重叠的问题。首先，我国目前仍然延续1991年《社会保险费征缴暂行条例》实行以来的征缴方式，征收单位由当地政府规定，形成了现有的17个省（区、市）的社保费由税务机关征收、17个省（区、市）的社保费由人社系统征缴的割裂格局。其次，虽然金保工程一期基本实现了社保信息网络的全覆盖，但信息共享层级较低、信息更新速度较慢、社保大数据管理能力有限，在一定程度上阻碍了基本养老保险全国统筹的实现。最后，在机关事业单位养老保险与企业职工养老保险制度并轨的过程中，各部门工作职责部分重叠、多龙治水，还未实现机关事业单位和企业的一体化管理和社保费统一征缴、一次性应收核定等，不利于公共服务均等化的实现和公共资源的合理配置，养老保险经办管理仍然有待细化。

四　对策建议

（一）研究制定养老保险顶层设计方案

制定养老保险顶层设计方案，在征缴及转移支付方面，夯实中央统筹基础养老金，加大养老保险扩面征缴，在基础养老金全国范围内统收统支的基础上，实现基础养老金全国统筹。按照社会保险大数法则，增强社保基金各地之间的调剂能力，在全国范围内调剂余缺、分散风险，同时完善国有资本划转充实社保基金机制。

养老保险金投资运营方面将养老保险基金财权上移，纳入顶层设计。养老保险基金监管难度大、管理成本高。应当提高统筹层次，发挥养老保险基金的规模化效应，归集地方资金，集中至省级管理，为基础养老金实现全国统筹做铺垫。

在经办管理方面，各地在现行养老保险经办机构和基层服务站所的基础上，前台不动后台动，加强县市级单位信息收集监管工作，进口、出口数据质量高的省份加入中央统筹。城乡居民养老保险信息管理系统纳入金保工程建设并实现省级信息共享；将信息向上集中，服务向下派送，实现省、市、县、乡镇（街道）实时联网。搭建全国统一的社保信息服务平台，在全国范围内实施信息资源共享，方便群众办理养老关系异地转移、异地支取、异地认证及缴存。

（二）完善个人账户

做大职业年金含企业年金，实账运营个人账户，加快建立以个人养老金账户为基础的第三支柱养老金体系，激励就业，改善劳资关系，积累养老资产。

探索与个人账户相匹配的投资运营机制，开放投资渠道，个人账户养老金委托受托人管理，更多地引入市场机制，通过市场化、专业化和多元化运营，利用个人账户积累购买金融产品、保险产品及其他理财产品，锁定账户，投资运营，实现保值增值，从而引导城乡居民踊跃参保、持续缴费、增加积累，保障参保人的合法权益，在不增加福利资源的条件下，使更多人受益，即实现帕累托改进和养老保险基金的可持续运营。此外，个人账户积累设置封顶线，由政府提供税收优惠，税前进行定额扣除。同时，人社、审计、财政、银监会、证监会、保监会等监管部门需要加强沟通、协同合作，防范监管真空和重复监管。

参考文献

人力资源和社会保障部：《2015 年度人力资源和社会保障事业发展统计公报》，2016。

人力资源和社会保障部、财政部：《关于 2016 年调整退休人员基本养老金的通知》，2015。

《基本养老保险基金投资管理办法》（国发〔2015〕48 号），2015。

《中华人民共和国国民经济和社会发展第十三个五年规划纲要》，2016。

《关于机关事业单位工作人员养老保险制度改革的决定》（国发〔2015〕2 号），2015。

人力资源和社会保障部、财政部：《职业年金基金管理暂行办法（征求意见稿）》，2016。

B.18
2015年中国医疗保险制度的成就、问题与改革建议

徐文英　涂爱仙*

摘　要：　我国基本医疗保险制度经过多年的改革与发展，社会化功能逐步增强，个人负担逐步下降，保障力度逐步加大。城乡居民医保与新农合两个保险制度合并，使我国社会保险碎片化状况得到改善，服务监管能力得到提高，保险可携带性得到增强。但伴随着我国老龄化进程加快，医保基金赤字风险增加，承载过重，监管能力不高，谈判能力有待加强等问题凸显。因此，为适应我国人口结构变化和医疗技术进步，应尽快建立老年护理保险，依靠信息化提升医保基金监理能力，推进支付方式改革，完善医－患－保三方治理机制，支撑我国卫生事业可持续发展。

关键词：　基本医疗保险　人口结构　医疗技术　医－患－保三方治理

一　基本医疗保险取得的成绩

（一）基本医疗保险覆盖率现状

1. 基本医疗保险覆盖面扩大

1994年，我国开始社会统筹与个人账户相结合的基本医疗保险制度试点改革，经过20多年的改革与发展，逐步建立了城镇职工医疗保险、新型农村

* 徐文英，博士，海南医学院管理学院副教授，主要研究方向为卫生政策、医疗保险支付；涂爱仙，南京大学博士生，海南医学院管理学院讲师，主要研究方向为养老服务、医疗保障。

合作医疗保险、城镇居民医疗保险，对低保、五保户等困难群众建立了城市医疗救助制度和农村居民的大病保险。到 2014 年底，医疗保险覆盖城乡 13 亿以上人口，基本形成不受投保人就业状况及居住地限制，在机制上互相衔接、互为补充的覆盖城乡居民的多层次医疗保障体系[①]（见表 1）。2014 年 2 月，国家将新农保和城居保两项保障制度合并实施后，2015 年又将新农合与城镇居民医保合并，社会基本医疗保险的社会化功能进一步增强。

表 1　2008 年以来我国三大基本医疗保险覆盖人群情况

单位：亿人，%

年份	职工基本医疗保险	城镇居民医疗保险	新农合	参保总人口	全国总人口	总参保率
2008	2.00	1.18	8.15	11.33	13.28	85.33
2009	2.19	1.82	8.33	12.34	13.35	92.50
2010	2.37	1.95	8.36	12.69	13.41	94.61
2011	2.52	2.21	8.32	13.05	13.47	96.89
2012	2.65	2.72	8.05	13.41	13.54	99.07
2013	2.74	2.81 *	8.02	13.57	13.61	99.71
2014	2.83	3.14	7.36	13.33	13.68	97.44

注：* 为去掉重复参保的人数。随着我国城镇化和农村人口向城市流动，一部分农民既参加了新农合，又参加了城镇居民医疗保险，为计算参保率，将城镇居民的参保人数在统计基础上减少 5%。

资料来源：2014 年《中国统计年鉴》。

2. 个人支付比例进一步下降

我国的基本医疗保险制度始于 1998 年，通过对计划经济时期的劳保医疗改革，建立了城镇职工基本医疗保险，并随着新型农村合作医疗和城镇居民基本医疗保险建立而逐渐完善。从保险基金的筹资渠道来看，基本医疗保险金由个人、企业和政府共同筹资，实行责任对等和风险分担的原则。目前，医保对患者约束较强，个人就医时需按起付线、共付线、封顶线来承担自付的费用。对提供方的行为影响较少，按项目付费鼓励医生多提供服务，出现诱导需求。患者及其家庭发生灾难性支出的概率增加，因病致贫、因病返贫的现象时有发生。为缓解“看病贵”的问题，2006 年以来，各地相继开展了大病保险试点，特别是对新农合大病保险和城镇居民保险进行了有益探索，涌现了很多典型的大病保

① 胡晓义：《加快完善覆盖城乡居民的社会保障体系》，《行政管理改革》2013 年第 11 期。

险模式。大病保险在完善我国医疗保障制度、提高重特大疾病保障水平方面起到了举足轻重的作用。2012 年国家六部委正式出台了《开展大病保险指导意见》①。各地制定了相应的大病保险实施方案，推进大病保险的试点工作。截至 2014 年底，29 个省份共约 130 个城市开展了试点工作，覆盖人群达 7 亿人，大病保险已累计支出金额 6.3 亿元。从卫生总费用构成来看，个人支付比例也由 2003 年的 55% 下降到 2014 年 33.9%②，有效减轻了群众看病负担。

3. 社会基本医疗保险保障力度加大

2015 年，民政部要求各地扩大医疗救助人群，各级政府根据自己的实际情况扩大救助范围。在救助范围上，不仅开展重大疾病的住院救助，还增加了门诊常见慢性病、重大疾病的救助。对于救助标准，要求经基本医疗保险、城乡居民大病保险及各类补充医疗保险、商业保险报销后的个人负担费用，在年度救助限额内不低于 70%。

（二）基本医疗保险碎片化改善

1. 城乡居民医保与新农合合并

我国是一个由计划经济向市场经济转型的国家，社会的变迁带来流动人口数量激增。据国家统计局调查，2010 年，我国农村外出务工人员已达 2.61 亿人，而 2000 年为 1.44 亿人，10 年间增长 81.3%。我国流动人口不仅数量大，而且增长速度也较快。这些从农村流出的农民在农村参加了新农合，到城市后又参加了城镇居民医保，造成新农合和城镇居民医保重复参保。不仅加重了农民工的个人缴费负担，而且增加了公共财政配套资金以及经办机构和信息系统重复建设。鉴于新农合和城镇居民医保在保障对象、筹资主体以及保障水平等方面都非常接近，制度合并成本较低。国务院下发《国务院关于整合城乡居民基本医疗保险制度的意见》（国发〔2016〕3 号），就整合后的城乡居民医保在统一筹资、统一待遇、统一目录、统一管理方面做了全面部署。统一后的城乡居民医保不仅在缩小城乡差距、建立全国统一劳动力市场方面起到积极作用，而且对社会基本医疗保险统筹层次低、抗风险能力弱的问题进行了一定程度的纠正。

2. 城市与农村医疗救助整合

我国将在 2015 年底前，整合城市医疗救助制度和农村医疗救助制度，合

① 中华人民共和国人力资源与社会保障部官网，http：//www. mohrss. gov. cn/。

② 国家卫生和计划生育委员会编《中国卫生和计划生育统计年鉴》，中国协和医科大学出版社。

并原来在社会保障基金财政专户中分设的“城市医疗救助基金专账”和“农村医疗救助基金专账”，统一为城乡医疗救助基金，在政策目标、资金筹集、对象范围、救助标准、救助程序等方面加快推进城乡统筹步伐。

（三）医疗服务监管能力提高

1. 放宽医保定点机构事前审查

取消医疗保险经办机构实行的“基本医疗保险定点医疗机构资格审查”和“基本医疗保险定点零售药店资格审查”（以下简称“两定资格审查”）。人力资源和社会保障部按照《国务院关于第一批取消62项中央指定地方实施行政审批事项的决定》（国发〔2015〕57号）文件要求，全面取消社会保险行政部门实施的两定资格审查项目，将过去经办机构与医药机构的行政化的管理改为两类机构地位平等的协议管理。

2. 加强医疗服务过程的监督

2015年，全国在50%的统筹地区开展智能监控工作，人力资源和社会保障部准备用两年左右时间，在全国所有统筹地区普遍开展智能监控工作基础上，逐步实现对门诊、住院、购药等各类医疗服务行为的全面、及时、高效监控。依据病症诊疗指南，对用药合理性等方面开展事中监控。结合医保政策、用药处方集等提示性信息，向定点医疗机构和零售药店前端传递，实现事前违规提醒。

（四）医疗保险可携带性增加

1. 落实异地参保

2015年，人力资源和社会保障部按照《关于做好进城落户农民参加基本医疗保险和关系转移接续工作的办法》的要求，提出在城镇单位就业并有稳定劳动关系的流动人口，按规定参加所在单位职工基本医疗保险（以下简称“职工医保”）；非全日制、临时性工作等灵活形式就业的人员，既可以选择参加就业地职工医保，也可以选择参加户籍所在地城镇（城乡）居民基本医疗保险（以下简称“居民医保”）。并出台具体操作办法，保证这些流动人员的医疗保险关系不因工作变动而中断。

2. 推进异地报销

异地就医的大部分人是退休人员，其次是患疑难杂症需要转外就医人员，这些人员要么患有慢性病，需要长期治疗；要么病情重，费用高。这些人就医往往需要预先垫付所有医疗费用。但在报销环节上，由于参保地的医保能力和监管不到位等，异地就医报销难、烦、长、贵，增加患者就医负担①。为解决异地就医问题，各地区出台了一些异地就医管理办法和原则，一方面，通过提高统筹层次，比如上海、南京、深圳、重庆、江苏、黑龙江、海南等地的新农合实现省级统筹，减少异地就医发生机会。另一方面，通过异地委托、定点医院协议管理、预付管理等模式，解决异地就医报销难的问题。从趋势来看，到2020年，随着我国医保政策的逐步统一和全国医保信息结算平台的建立，患者将手持医保卡在全国范围内看病，从根本上解决异地医保问题②。

二　基本医疗保险运行中出现的问题

（一）基本医疗保险基金赤字风险加大

我国基本医疗保险实行“在职缴费、退休不缴费”政策。2001～2014年，虽然参保职工数量逐年增加，退休人数也逐年增加，在在职职工与退休职工的赡养比无明显下降的情况下，职工医保中收入比支出的节余比例却在逐年缩小，社会基本医疗保险支出增长高于收入增长（见表2）。

表2　我国城镇职工医疗保险收入与支出情况

单位：亿元

年份	基金收入	基金支出	收入支出比
2003	889.96	653.87	1.36
2004	1141.0	862.0	1.32
2005	1405.3	1078.7	1.30
2006	1747.1	1276.7	1.37
2007	2214.2	1551.7	1.43
2008	2885.5	2019.7	1.43
2009	3420.3	2630.1	1.30

① 戴伟、龚勋、王淼淼、张亮：《医疗保险异地就医管理模式研究述评》，《医院管理论坛》2009年第23期。

② 周全林、胡敏洁：《我国老年人异地医保的困境与对策》，《江西财经大学学报》2009年第2期。

续表

年份	基金收入	基金支出	收入支出比
2010	3955.4	3271.6	1.21
2011	4945.0	4018.3	1.23
2012	6061.9	4868.5	1.24
2013	7061.6	5829.9	1.21
2014	8037.9	6696.6	1.20

资料来源：《中国人力资源和社会保障年鉴（2014）》。

（二）出现农村居民补贴城镇居民现象

我国新农合和城镇居民医疗保险的整合步伐加快，以及今后在筹资水平、保障标准、支付范围、就医平台等方面做到“六统一”，将为消除城乡二元结构、促进社会公平做出实质性贡献，但医疗服务利用不公平的现象并没有随着保险制度的整合而消失。城市医疗资源集中，城乡居民收入较高（城镇居民人均可支配收入是农村居民人均可支配收入的2.75倍），合并后的城居保将更多地用于城镇居民的医疗费用报销，农村居民健康并不会得到根本改善。

（三）基本医疗保险监管能力有待提高

我国的基本医疗保险虽有强制性特点，但也不能避免医疗服务利用上的道德风险，即参保者因不直接支付全部费用而过度利用①。为防止医患道德风险，一方面对参保者就医设计了共付等措施，抑制投保人不合理的需求；另一方面从诊疗项目和用药目录上约束提供者（医生）的行为。但这种约束因付费方和提供方之间的信息不对称而失去作用。目前，医保信息系统只能通过患者用药、耗材及各项服务的费用信息，进行事后监管。缺乏治疗过程及治疗结果信息，医保支付只能采取总额控制来补偿提供方的服务成本，既不利于支付方和提供方之间的协调和合作，也不能有效引导提供方提供有成本收益的服务。

（四）基本医疗保险谈判能力有待增强

谈判是利益相关者就共同关心的问题在平等自愿的基础上互相磋商、交换意

① 郭有德：《医疗保险中道德风险的经济学分析》，《复旦学报》（社会科学版）2011年第1期。

见、寻求解决途径、达成协议的过程。医疗服务领域存在交易三方（患者、医生、保险方），医疗费用的合理补偿因信息不对称而支付不会自然产生。医疗服务存在多种代理关系。投保人缴纳一定的保费，将自己的疾病损失风险委托给保险方。患病时由于不承担全部费用，但期望得到价格高的服务。而医生为满足自己对新技术的追求，愿意为患者提供服务新、价格高的项目。医患结盟又使医保面临赤字风险。因此，医保支付方更关注医疗费用高低，而医疗服务提供方不考虑服务成本。在医保基金给定的情况下，医疗保险支付方和提供方出现零和博弈，合作成为不可逾越的鸿沟。但掌握着医疗保险基金，代表投保人的利益，可以利用金融和管理手段，打破这种僵局，可以提高医保基金的使用效率，建立医保机构与医疗机构的谈判协商机制，提高医保基金分配的透明度，促进医院与医保经办从对抗走向合作。通过公开协商、求同存异，共同化解我国“看病贵”的问题。

（五）基本医疗保险承载过重

根据2007年1月全国老龄办发布的《中国人口老龄化发展趋势预测研究报告》，预计2020年我国老龄人口将达到2.48亿人，到2050年老龄人口总量将超过4亿人。老年人口平均每年净增长800万~1200万人，医疗、护理、康复服务的需求在迅速增加，给我国的养老、医疗带来了巨大挑战。医疗费用快速增长也使医保基金面临巨大压力，多个省份医保统筹基金结存出现了“满足6~9个月支付需求”的红线。

目前，我国的城镇职工医疗保险基金基本保持平衡，但华中科技大学此前发布的《中国医疗卫生事业发展报告2014》预测，2017年，城镇职工基本医疗保险基金将出现当期收不抵支，到2024年将会出现基金累计亏空7353亿元的严重赤字。从统计数据来看，我国医疗保险基金支出以10个以上百分点的速度递增。其中扣除物价上涨、医疗保险支付范围扩大及支付比例提高等因素外，老年总人口增加和高龄老人增多是不可忽视的因素。

2011年，我国已处于老龄社会中期，65岁及以上人口占比为9.67%，其医疗费用占当年医疗费用的30%以上，占GDP的0.62%。2015年末，我国65周岁及以上人口为14386万人，占总人口的10.5%。据调查，65岁以上人口的人均医疗费用是65岁以下人口的4~8倍。老龄化意味着老年人口占社会总人口的比重增加，而老年人的健康状况比年轻人差，老年人的医疗服务需求较高，并成为医疗资源消耗的主要人群。65 岁以上老年人口慢性病患病率高于其他年龄组，老年痴呆症患者逐年增加。65 岁以上老年人的医疗费用占个人一生医疗费用的 70%，老年人口对医疗费用增长的贡献不容忽视①。

我国社会基本医疗保险基金实施的现收现付制模式易受参保者人口结构、经济结构、年龄结构等因素的影响，人口老龄化将给医保可持续发展带来极大挑战。

三　基本医疗保险今后改革方向

（一）尽快建立适应老龄化社会需要的护理保险

医疗费用的上涨以及老年人数的增加，使护理保险需求增加。截至 2015 年末，中国老年总人口为 2.14 亿人，其中失能老年人达 4000 万人，占老年人口的 19.5%。受我国城市化、老龄化以及医疗技术进步等因素影响，医疗费用上涨有其必然趋势。现行的基本医疗保险目标是保基本医疗服务，只覆盖住院和部分门诊服务，其在保险内容、范围和投保人群方面存在很大的局限性。而老年是疾病多发阶段，医疗费用支出剧增，很多老人正经历“要看病就没生活”的尴尬境况，长期与慢性病相处，如果没有一个老年人护理保险，其晚年生活质量势必下降。

为巩固社会保障体系，基本医疗保险除了控制医疗费用增长、加强医保基金监管等措施外，还应发展多种形式的补充医疗保险，使长期护理保险成为继养老、医疗、失业、工伤、生育之后的“第六大保险”。从长远来看，应建立独立的长期护理保险，把失能、半失能老人的医疗护理和生活照料纳入保障范围②。

老年人失能是一个渐进的过程，干预及时会大大延缓老年人失能进程，提高其晚年生活质量，而专业的护理机构、护理人员和可支付得起的护理价格是失能老人晚年生活的依靠。唯有建立长期护理保险才能减轻政府的压力、家庭的负担，促进整个社会的和谐。

（二）依靠信息化提升医保监管能力

信息是每个利益主体决策的基础。在医疗服务领域，医生通过把了解患者

---

① 胡乃军：《中国人口老龄化与老年人口医疗费用研究》，http：//www.hanspub.org。

② 周延：《我国长期护理保险瓶颈分析及险种的改进探究》，《江西财经大学学报》2014 年第 2 期。

的各种异常体征信息，结合循证医学证据，提出有效的治疗方案（循证医学）。而医保付费也需要全面掌握病人费用发生及发生的合理性，特别是在药品费用占医疗费用40%以上的情况下，控制药品及药品用量成为医保控费的主要措施。1992年，我国正式着手国家基本药物的遴选工作，1996年颁布第一版国家基本药物目录，目录内的药物品种数占现有药物品种的40%～50%[①]。虽然基本药物目录原则上每三年调整一次，由于缺乏基本药物遴选数据库，目录更新遇到了障碍，而且基本药物政策不统一，缺乏连续性，基本药物可及性偏低[②]。在费用结算上，医保按发生后的费用进行支付，这种后付制的控费能力非常弱。因此，医保如何对提供方进行补偿，不仅关系到基金平衡，而且影响提供方式和提供行为（合理性）。至于补偿多少，医保需要比较同一病种在不同人群、不同机构之间的费用差异，通过大数据分析形成公开、公平、透明的支付标准。医保依靠信息化手段，提升监管能力，支撑医疗卫生事业健康可持续发展。

（三）完善支付方式改革

医疗费用的控制不能靠约束患者和依赖医生的职业道德来实现。在按项目付费下，虽然医疗保险支付方完全地对医疗服务提供方给予补偿，医疗服务提供方愿意多提供服务。对有垄断力的医疗机构，医生会利用信息优势诱导患者，不利于费用控制。而为了控制费用上涨，采取总额控制，病情严重的病人会遭到推诿。无论采用按项目的后付制还是按病种付费的预付制，没有打破医疗机构的垄断地位，医保支付方都会因提供者降低服务质量，而使控费目标无法实现。

医疗服务不仅有住院服务还有门诊服务，医疗机构不仅提供初级保健，还提供综合专科。医保付费方不仅要考虑当期的基金使用，还要考虑慢性病累进性消耗而对基金长期平衡产生的影响。医疗服务的差异性增加了控费的难度，需要通过完善医疗服务市场，依靠竞争将服务成本显示出来。对住院病人采取按疾病诊断组的预付制，使医院之间产生有成本约束的竞争。对门诊服务在按项目付费的基础上，采取按人头付费，鼓励医生多提供服务，减少慢性病人使

① 王迪飞、张新平、吕景睿：《对我国基本药物目录制定与遴选原则的分析》，《医学与社会》2009年第6期。

② 王莉、袁强、成岚、李幼平：《我国基本药物目录遴选与评价方法的问题与反思》，《中国药房》2010年第16期。

用价格昂贵的住院服务，节约的费用应奖励医生。混合性的支付方式才能在治疗与预防、专业与初级保健之间找到平衡，实现医疗资源有效利用。

随着我国社会经济发展，我国的人口结构已从“高出生率、高死亡率”向“低出生率、低死亡率”模式转变①。在急性传染性疾病发病率下降的同时，慢性非传染性疾病患病率逐年增加，并成为主要疾病负担。只有通过支付方式改革，迫使医疗服务提供方做出适应性地改变，从疾病治疗到疾病管理，再到健康维护，医疗服务系统才能在医疗保险支付方式改革下发生巨大转变②（见表3）。人群健康水平提高和死亡率进一步下降已经不能仅靠满足生活和卫生基本条件所发挥的粗放作用，而是需要建立与社会发展特别是患者需求相适应的高效的医疗服务系统。

表3 不同疾病谱的医疗服务支付及供给特点

分类	疾病治疗	疾病管理	健康促进
疾病模式	生物	生物－行为	生物－行为－社会
目标	消除或减轻症状	预防疾病发生，延缓疾病发展	延长预期寿命，提高生命质量
支付方式	按项目支付（FFS）	预付制（按人头、DRGs等）	按疾病周期付费
支付原则	服务数量	服务结果	服务价值
组织间关系	横向扩大	兼并	合作
服务体系	碎片化	垂直整合	“以病人为中心”的全方位合作

（四）建立医－患－保三方的治理机制

治理机制是指建立既保护各方利益，又约束有优势的一方侵害其他方利益的管理规则。治理的本质是利益相关者在动态博弈中达到利益均衡。医疗服务存在三方（患者、保险方、提供方）交易，并且三方拥有的信息不同，利益诉求各异。在医疗服务中，医生既是诊疗信息的研发者和执行者，也是与诊疗相关的财务信息的知情者和控制者。虽然保险方可以利用支付方式控制医疗费用上涨，但对有信息优势的医生，都会产生各种支付方式所致的外部性转移，导致控费失

① 郑晓瑛、宋新明：《中国人口转变、经济发展与慢性病增长》，《中国高校社会科学》2014年第4期。

② 徐文英：《美国支付方式改革对中国医改的启示》，第16届中国制度经济学会议论文，2016。

败，损害患者的利益。因此，代表患者利益的保险支付方，不能只考虑基金数量上的安全，不顾患者的利益诉求，迫使提供者对满足基金平衡的需要而降低服务质量。因此，为实现医疗服务成本和质量均衡，应在尊重各方利益的前提下，协商合作，激励提供方提供有成本收益的服务，这样医保基金在保障患者利益的情况下，通过提供方提供高质量服务而实现基金的可持续发展。

参考文献

胡晓义：《加快完善覆盖城乡居民的社会保障体系》，《行政管理改革》2013年第11期。

中华人民共和国人力资源与社会保障部官网，http：//www. mohrss. gov. cn/。

国家卫生和计划生育委员会编《中国卫生和计划生育统计年鉴》，中国协和医科大学出版社。

戴伟、龚勋、王淼淼、张亮：《医疗保险异地就医管理模式研究述评》，《医院管理论坛》2009年第23期。

周全林、胡敏洁：《我国老年人异地医保的困境与对策》，《江西财经大学学报》2009年第2期。

郭有德：《医疗保险中道德风险的经济学分析》，《复旦学报》（社会科学版）2011年第1期。

胡乃军：《中国人口老龄化与老年人口医疗费用研究》，http：//www. hanspub. org。

周延：《我国长期护理保险瓶颈分析及险种的改进探究》，《江西财经大学学报》2014年第2期。

王迪飞、张新平、吕景睿：《对我国基本药物目录制定与遴选原则的分析》，《医学与社会》2009年第6期。

王莉、袁强、成岚、李幼平：《我国基本药物目录遴选与评价方法的问题与反思》，《中国药房》2010年第16期。

郑晓瑛、宋新明：《中国人口转变、经济发展与慢性病增长》，《中国高校社会科学》2014年第4期。

徐文英：《美国支付方式改革对中国医改的启示》，第16届中国制度经济学会议论文，2016。

人力资源服务业篇

Reports on Human Resources Service Industry

B.19
我国人力资源服务业发展状况与趋势分析

田永坡　王晓辉*

摘　要：2015 年，我国人力资源服务业应对多种困难与挑战，抓住机遇，积极进取，延续了高速发展趋势。产业规模进一步扩大，招聘、薪酬服务、猎头等业态发展势头强劲，产业链条逐步完善；人力资源服务产业园建设进展顺利，在产业集聚、服务发展、优化人力资源配置方面发挥了重要作用；市场监管制度体系进一步完善，监管方式更加科学；人力资源服务重大活动频繁，有力地推动了人力资源服务行业的交流和社会宣传。在全面分析人力资源服务产业发展的基础上，本文结合经济、政策、技术以及人力资源等变化，对人力资源服务业的发展趋势进行了预判和分析。

* 田永坡，博士，中国人事科学研究院人力资源市场研究室主任，副研究员；王晓辉，博士，中国人事科学研究院助理研究员。

关键词： 人力资源服务业 发展环境

2015 年，我国人力资源服务业发展的基础依然良好，经济发展新动能聚集，产业稳步增长，劳动者就业创业活力和流动需求激发，人力资源服务业保持了高速增长。

一 我国人力资源服务业发展状况

（一）人力资源服务规模

近年来，在党和政府高度重视下，人力资源服务市场活力不断被激发，人力资源服务业发展较为迅速，人力资源服务机构规模持续扩大，行业产值持续快速提高。截至 2015 年底，全国各类人力资源服务机构达 2.71 万家，全行业营业总收入从 2011 年的 2303 亿元扩大到 2015 年的 9680 亿元，2015 年是 2011 年的 4.2 倍。

人力资源市场作为人力资源配置的主渠道作用进一步凸显，在满足人员流动和用人单位人力资源需求方面发挥了重要作用，2015 年，我国人力资源服务市场流动配置能力进一步提高。据人力资源和社会保障部（简称“人社部”）统计数据，2015 年，全国各类人力资源服务机构共服务各类人员 6.02 亿人次，比 2014 年增长 23.1%；登记求职和要求提供流动服务的人员达 2.93 亿人次，比 2014 年增长 19.3%；为 2432 万家次用人单位提供了人力资源服务，比 2014 年增长 10.0%。实现就业和流动人数增长速度大大高于 2014 年。2015 年全国各类人力资源服务机构共帮助 1.5 亿人次实现就业和流动，比 2014 年增长 28.8%，而 2014 年同比增速为 14.6%。

（二）人力资源服务业态发展

2015 年，人力资源服务主要业态呈现如下特点：现场招聘会和网络招聘仍然发挥着人力资源配置主渠道的作用，但现场招聘会萎缩而网络招聘加速发展；劳务派遣服务有所减少，人力资源外包服务有一定增长；档案管理服务持续增长；人力资源管理咨询、人力资源培训、高级人才寻访等服务发展保持良好增长势头。

1. 招聘服务

从现场招聘会举办情况来看，受其他招聘渠道的影响，招聘会总数减少，针对重点人群的招聘会总场次略有减少，参会人数和招聘岗位也出现不同程度的减少。人社部统计数据显示，2015 年，全国各类人力资源服务机构共举办现场招聘会 22.5 万场次，比 2014 年减少 1.1 万场次，下降 4.7%。其中，高校毕业生专场交流会 6.7 万场次，农民工专场交流会 6.2 万场次，分别比 2014 年下降 1.5% 与 3.1%。参会求职人员 1.13 亿人次，比 2014 年减少 6.3%；参会单位 705 万家次，比 2014 年减少 2.4%；提供招聘岗位信息 1.04 亿条，比上年减少 6.4%。

网络招聘服务具有快速、便捷等优点，为更多求职者和用人单位所采用。2015 年网络招聘岗位和求职信息发布量有较快增长。据人社部统计，2015 年全国各类人力资源服务机构通过网络发布岗位招聘信息 2.46 亿条，比 2014 年增加 19.6%；发布求职信息 4.9 亿条，比 2014 年增加 18.0%。

2. 劳务派遣服务与人力资源外包服务

受到《劳务派遣暂行规定》过渡期满的影响，用人单位通过将派遣用工转为本单位职工、调整相关业务规模以及采取人力资源外包等形式减少了劳务派遣用工需求，人力资源服务企业也开始谋求转型升级，劳务派遣业务明显下降。受劳务派遣用工转型的影响，人力资源外包服务出现了一定增加。人社部统计数据显示，2015 年，全国各类人力资源服务机构为 28.3 万家用人单位提供了劳务派遣服务，比 2014 年减少 4.3 万家，下降了 13.0%；派遣人员 868 万人，比 2014 年减少 65 万人，下降了 7.0%；登记要求派遣人员 547 万人，比 2014 年减少 67 万人，下降了 11.0%。2015 年全国各类人力资源服务机构为 51 万家用人单位提供人力资源外包服务，比上年增长 4.6%。

3. 档案管理服务

随着流动人员人事档案管理收费制度改革推进以及受劳动者流动加速等因素的影响，档案管理服务出现了较快增长。据人社部统计，2015 年依托档案提供工资调整、档案查阅、开具相关证明等服务 4300 万人次，比 2014 年增长 17.6%。

4. 人力资源培训等服务

受企业经营环境的复杂多变，人力资源管理部门地位和职能的变化，工作岗位和人员素质不匹配以及高端人才稀缺等因素影响，人力资源管理咨询服务、人力资源培训和高级人才服务等需求有所增长。人社部统计数据显示，2015 年，全国各类人力资源服务机构为 212 万家用人单位提供人力资源管理咨询服务，比 2014 年增长 13.8%；举办培训班 26 万次，比 2014 年增加 2.6%；培训人员 1112 万人，比 2014 年增长 6.0%。高级人才寻访（猎头）服务成功推荐选聘各类高级人才 103 万人，比 2014 年增长 18.0%。

（三）人力资源服务产业园

人力资源服务产业园是指由国家部委或地方人民政府批准，在城市规划区域内设立的专门为吸引人力资源服务企业、促进人力资源服务业发展，并在其中实施特定优惠政策和管理手段的特定功能性区域或者借助互联网等现代信息技术搭建的虚拟服务平台，对改善地方发展环境、促进经济发展转型和产业结构升级等发挥着积极作用。《关于加快发展人力资源服务业的意见》（人社部发〔2014〕104 号）提出，科学规划和培育创新发展、符合市场需求的人力资源服务产业园。从人力资源服务产业园建设进展情况来看，据不完全统计，截至 2016 年 6 月，已建和在建的人力资源服务产业园 40 多家，其中，国家级人力资源服务产业园 8 家（分别为上海、河南、重庆、苏州、福建、杭州、烟台和成都），省级人力资源产业园 15 家。一些地区依托本地产业基础，发布了人力资源服务业发展的意见或者产业园区的规划来推动本地人力资源服务产业园区建设，比如北京、广州、西安、昆明等地。

人力资源服务产业园在营业收入、税收收入、租金收入、物业收入和个人收入等方面直接创造经济效益。根据相关调查，2014 年，上海人力资源服务产业园全年营业总收入约 200 亿元，税收达 6.66 亿元，分别比 2011 年增长了 400% 和 260%。2011 ~ 2014 年，上海人力资源服务产业园的营业总收入和税收收入逐年增长，年均增长率分别达 75.0 和 58.2%①。

① 莫荣、杨洋：《对上海人力资源产业园建设发展的初步评估》，中国劳动保障网，http://www.clssn.com/html/node/148621 - 1.htm。

（四）人力资源服务规范化建设

人力资源市场的良好运行离不开规范的市场秩序，最近一年人力资源市场规范工作有两大进展。

第一，人力资源服务标准化建设又向前迈进一大步。2015 年 7 月 1 日，《现场招聘会服务规范》《人才测评服务业务规范》两项国家标准经国家质检总局、国家标准化管理委员会正式实施，这两项标准将有利于规范招聘会服务和人才测评服务、提高服务水平等。同时，全国人力资源服务标准化技术委员会研制的《人力资源服务术语》《人力资源外包服务规范》《人力资源网站服务规范》三项标准的草案已拟定，并向有关单位征求意见。

第二，对人力资源市场事中事后监管开创了新模式、新方法。为有效规范市场秩序、激发市场活力，人社部发布了《人力资源和社会保障部关于“先照后证”改革后加强人力资源市场事中事后监管的意见》（人社部发〔2016〕49 号），对“先照后证”改革后加强人力资源市场事中事后监管，从以下几个方面提出了意见：依法规范实施人力资源市场行政许可、创新事中事后监管方式、强化日常监督检查、加强市场监管基础建设、积极推进社会协同共治。

（五）人力资源服务重大活动频频举办

人力资源服务业发展得到各地政府、研究机构、协会、服务机构等多方的关注，2015 年全国各地区、各类机构就人力资源服务业发展的政策、载体建设、业务发展创新等议题举办了一系列活动。

2015 年的全国人力资源市场建设工作座谈会，提出加快人力资源市场整合，健全人力资源服务业发展政策体系，加强市场监管，推进人力资源服务诚信体系建设，构建多层次、多元化的人力资源服务机构集群，推动行业集聚发展，推进管理创新、服务创新和产品创新。

2015 年 2 月，中国人事科学研究院、中国上海人力资源服务产业园区联席会议办公室、博尔捷人力资源集团合作举办了“中国人力资源服务产业园建设发展研讨会”，这是一次以人力资源服务产业园建设发展为主题的高端研讨会，来自全国十几个省市的人力资源和社会保障部门、人力资源服务产业园、知名企业、行业协会以及专家学者代表从人力资源服务产业园发展状况、建设和管理经验、人力资源服务业发展、人力资源服务机构建设等方面做了深入研讨。

“2015 亚太人力资源开发与服务博览会”首次进入“第十三届中国国际人才交流大会”，为人力资源服务机构提升品牌、展示产品、推广服务、呈现技术、深度交流、促成合作提供了国际性交流平台，海内外 400 余家知名人力资源服务机构和 2000 余名人力资源服务业人士参加了博览会。展会设有中国人力资源服务产业园、人力资源信息技术、亚太知名人力资源服务机构、亚太人力资源培训与咨询机构、人力资源福利与健康产品 5 个主题展示区，并以“创新商业模式、促进产业发展”为主题举办了“第十一届中国人力资源服务业高峰论坛”。

“2015 中国（浙江）人力资源服务博览会”吸引了近 200 家企业参加会议，博览会着眼于搭建综合型、高规格、经验和智慧互动分享平台，设置了人力资源服务及相关衍生产品展示、人力资源服务产业园形象展示和服务洽谈、高等院校人才服务展示、人力资源高峰论坛等活动板块。

“2015HRoot 中国人力资源服务展”在北京、深圳、上海、成都、广州等地举办，400 多家国内外知名人力资源服务企业和 3 万余名企业人力资源经理人、专家及采购者参加了会展。本届展会包括现场展示、产品发布、演讲、研讨、现场折扣店等形式，为了解行业最新动态和未来趋势、人力资源服务供需对接、行业专家交流研讨等提供了平台。

二　我国人力资源服务业发展环境变化

当前，我国人力资源服务业发展环境发生了新变化：经济转型升级逐步深化，对外开放度逐渐提高，行业发展政策环境进一步宽松，新一代信息技术影响逐步加深，劳动年龄人口总量占比逐年下滑，人力资源流动性加大，劳动力用工成本逐年提高。

（一）经济环境

经济新常态下中国经济增长开始进入增速换挡期，将在较长时期处于中高速增长的态势。近年来中国经济总量逐步扩大，2015 年 GDP 达到 67.67 万元。

在总量增长的同时，增速自2010年以来开始放缓，从2010年的10.6%下降到2015年的6.9%。

随着我国经济结构调整和产业转型提速，生产结构中的第一产业和第二产业比重逐步下降，服务业比重明显上升。据国家统计局数据，2012年，我国第三产业（服务业）增加值占GDP比重为45.5%，首次超过第二产业；2015年，我国第三产业增加值占GDP比重首次突破50%，上升到50.5%。除了三次产业调整，中国还在推行以供给侧改革为主要内容的结构调整，“去产能、去库存、去杠杆、降成本、补短板”将是今后一个时期供给侧改革的重要任务。“三去一降一补”的实质是促进“结构性改革”和“结构性补短”。产业转型升级、化解产能过剩、淘汰落后产能等措施的实施，会带来工作岗位的调整，结构性失业和人才短缺将并存，给经济和社会和谐发展带来一定压力，也为人力资源服务产业创造了发展空间。

为了适应经济增速和发展环境的变化，国家实施创新驱动战略，经济发展将从要素驱动、投资驱动转向创新驱动，将更多地依靠人力资本质量和技术进步。创新驱动发展战略持续推进，“大众创业、万众创新”蓬勃发展，经济发展新动能逐渐充足。根据国家统计局数据，2015年全年新登记注册企业同比增长21.6%，平均每天新增1.2万家。

我国坚持改革开放，特别是我国“一带一路”战略的实施，使我国与世界的经济贸易往来不断加深。比如，据国家统计局数据，2013年，我国对外直接投资流量首次突破1000亿美元，比2008年增长近1倍，而2014年全年非金融领域对外直接投资额为6321亿元，按美元计价为1029亿美元，比上年增长14.1%，连续三年保持世界第三。

（二）政策环境

党和国家高度重视现代服务业发展、就业社保、创新创业工作，这为人力资源服务业发展也带来了新机遇。

一是促进人力资源服务业发展的专项政策相继出台。2014年12月，《关于加快人力资源服务业的意见》（人社部发〔2014〕104号），首次就发展人力资源服务业在全国范围内进行了全面专题的部署，提出了行业发展的主要目标，八项重点任务和六大政策措施。各省市也制定了有关促进人力资源服务业发展的政策措施。比如，截至 2015 年 12 月，已有江苏、浙江、山东、辽宁、天津、北京、河北、云南、青海、安徽、山西等省市出台了促进人力资源服务业发展的意见。

二是国家继续出台与人力资源服务业相关的产业和财税政策，为人力资源服务业发展注入新的政策红利。2015 年 1 月，国务院印发了《关于促进服务外包产业加快发展的意见》（国发〔2014〕67 号），这是首次从国家层面对促进服务外包产业加快发展做全面部署，提出了要统筹好国内、国外两个市场进一步扩大服务外包市场空间，这为人力资源外包服务提供了良好的发展机遇。2016 年 4 月 30 日，财政部、国家税务总局发布了《关于进一步明确全面推开营改增试点有关劳务派遣服务、收费公路通行费抵扣等政策的通知》（财税〔2016〕47 号），明确了劳务派遣服务营改增的税收优惠政策。

三是国家出台深化改革的相关政策，为行业发展提供潜在空间和动力。《中共中央国务院关于深化体制机制改革加快实施创新驱动发展战略的若干意见》为破除人才流动的体制机制障碍、促进产学研深度融合，提出了针对科研人员柔性流动和创新创业的新政策。国务院出台的《关于发展众创空间推进大众创新创业的指导意见》（国办发〔2015〕9 号）、《关于大力推进大众创业万众创新若干政策措施的意见》（国发〔2015〕32 号）等政策措施，进一步激发了全社会创业创新的热情和潜力。《关于进一步做好新形势下就业创业工作的意见》（国发〔2015〕23 号），开创了中国特色积极就业政策的 4.0 版。《国务院关于机关事业单位工作人员养老保险制度改革的决定》（国发〔2015〕2 号）发布，决定自 2014 年 10 月 1 日起，改革机关事业单位工作人员养老保险制度。这标志着我国养老保险“双轨制”终结，为社会保险服务业务开拓了新市场。

（三）技术环境

互联网、移动终端、大数据、云计算、O2O 等信息技术和网络技术的快速发展，将使互联网在生产要素配置中的优化和集成作用充分发挥，人力资源服务开始进入“互联网 +”时代。2015 年 3 月，李克强总理在政府工作报告中首次提出“互联网 +”行动计划，以促进新一代信息技术与现代制造业、生产性服务业等的融合创新发展。

互联网快速发展为人力资源服务业发展既提供了机遇，也带来了挑战。根据中国人事科学研究院2015年实施的问卷调查结果，56.14%的人力资源服务机构认为互联网为业务转型升级提供了好机会；而33.31%的机构认为互联网使市场竞争更加激烈，加大机构发展难度；也有极少数机构（占3.54%）悲观地认为，人力资源服务业将逐渐消亡。

（四）人力资源变化

近年来，我国人力资源发展状况呈现如下特点。

第一，我国劳动年龄人口呈现总量和占比双下降趋势，人口老龄化趋势短期内还不会逆转。尽管我国现全面实行了“二孩”政策，但由于人力资源供给存在滞后性，因此，人口结构的这种变化趋势短期不会逆转。2015年，中国劳动年龄人口（16~59岁）为91096万人，比2012年末减少2631万人，占总人口的66.3%，比2012年末下降2.9个百分点。与此相伴的是，老龄人口逐年上升。2015年，60周岁及以上人口为22200万人，比2012年增加2810万人，占总人口的比例为14.9%，比2012年增加1.8个百分点。

第二，劳动者素质逐步提升。从人口受教育状况来看，普通高等教育毕业生人数逐年提高，从2012年的680万人增加到2015年的749万人，大大改善了劳动力受教育结构。人均受教育水平也比以前有所提高，据中山大学发布的《中国劳动力动态调查：2015年报告》，2014年，我国劳动力平均受教育年限为9.28年。

第三，劳动力市场流动性不断提高。比如，近年来我国流动人口和外出农民工增多。我国流动人口从2012年的2.36亿人增加到2015年的2.47亿人，增长了4.7%；外出农民工从2012年的1.63亿人增加到2015年的1.69亿人，增长了3.7%。

三　我国人力资源服务业的发展趋势

新形势下我国人力资源服务业将呈现新的发展趋势：人力资源服务业将集约精细化发展；民营人力资源服务企业的活力将加速释放；人力资源服务将深度融合新一代信息技术；开放度提高将促进人力资源服务国际化。

（一）人力资源服务业将集约精细化发展

随着企业成本约束趋紧和年轻劳动者需求多样化，人力资源服务市场环境日益复杂多变，客户需求也更为多样和挑剔。之前以价格战为手段的市场扩面模式已不能适应人力资源服务业的进一步发展。人力资源服务业增长模式需要从粗放增长，转向以市场细分、服务结构优化、提高效率和为客户提供更多增值服务为主要特点的集约内涵式增长，需要在对服务对象进行细分的基础上，提供个性化、私人定制式、专精深的人力资源服务。

（二）民营人力资源服务企业的活力将加速释放

随着我国全面深化改革的推进，政府与市场的关系进一步理顺，包括工商登记、财政支持、金融信贷、税收减免等，在小额贷款、就业资金扶持、社保补贴、岗位补贴等方面扶持政策的落实，将进一步激发人力资源服务市场的活力。当前，我国民营人力资源服务企业已成为人力资源服务业的中坚力量，无论在数量上还是在营业总收入上都占绝对优势。随着我国大众创业万众创新、包括工商登记制度改革在内的简政放权等的深入推进，民营人力资源服务企业将呈现欣欣向荣的发展态势。

（三）人力资源服务将深度融合新一代信息技术

我国互联网强国战略的实施，“互联网+”行动计划的推行，为新一代信息技术与现代制造业、生产性服务业等的融合创新增添了新动力。“互联网+”时代，人力资源服务水平提高和业务拓展将更多地依赖与信息技术的融合。通过与新一代信息技术的高度融合，不断创新人力资源服务工具和商业模式，比如，不断创新人力资源服务移动APP、线上线下招聘、私人定制化人力资源服务、依托大数据的人力资源咨询服务、大数据信息挖掘服务、虚拟人力资源服务产业园区、虚拟人力资源市场等。

（四）开放度提高将促进人力资源服务国际化

随着我国对外开放度的不断提高，近年来以德科、万宝盛华、任仕达等为代表的国际知名跨国人力资源企业，通过并购、投资、入股等方式纷纷进入我

国市场。国外人力资源服务机构进入我国，有利于我国人力资源服务机构从国际合作中提高市场竞争力，但也对我国人力资源服务业产生较大冲击。同时，我国对外开放度进一步提高，“一带一路”战略推进实施，我国企业“走出去”参与国际竞争的势头强劲，我国企业海外经营对跨国人力资源的需求将不断扩大，人力资源服务需要同步跟进，这将加快我国人力资源服务的国际化进程。

参考文献

王克良主编《中国人力资源服务业发展报告（2014）》，中国人事出版社，2014。

余兴安、陈力：《中国人力资源发展报告（2015）》，社会科学文献出版社，2015。

余兴安、陈力：《中国人力资源发展报告（2014）》，社会科学文献出版社，2014。

吴江、刘燕斌、陈力：《中国人力资源发展报告（2013）》，社会科学文献出版社，2013。

莫荣、杨洋：《对上海人力资源产业园建设发展的初步评估》，中国劳动保障网，http：//www. clssn. com/html/node/148621 - 1. htm。

王凌：《人力资源服务产业集聚建设的影响因素及其突破》，《江西社会科学》2016年第7期。

B.20

2015年人力资源服务企业经营状况调查分析

樊进生　林彤*

摘　要：　为了解、掌握所属会员单位2015年经营状况，并对人力资源服务产业现状和发展趋势进行深入探讨，中国对外服务工作行业协会对部分人力资源服务企业2015年经营情况进行了调查统计。本报告依据统计结果，对协会所属会员单位的总体经营情况及各主要业态的发展现状进行了梳理和总结，在此基础上，对当前人力资源服务产业存在的问题进行了分析，对发展趋势进行了展望。

关键词：　行业统计情况　人力资源　服务企业

一　前言

2014年以来，我国经济运行总体平稳，步入经济发展的新常态，经济增长从过去的高速增长转向中高速增长。经济结构调整、产业转型升级、创新驱动成为未来一个时期的发展主旋律。

人力资源服务是生产性服务业的内容之一，处于整个产业链条的下游，容易受到整体经济形势特别是上游产业波动的影响。处在经济新常态下的人力资

* 樊进生，经济学学士，中国对外服务工作行业协会秘书长，政工师，研究方向为人力资源服务产业发展现状与趋势；林彤，经济学学士，中国对外服务工作行业协会研究室主任，国际商务师，研究方向为人力资源服务产业发展现状与趋势。

源服务业在新的形势、新的任务面前，挑战与机遇并存。2015 年，人力资源服务企业在经营活动中注重“稳增长、调结构”，在保持基础业务、主营业务稳定增长的同时，积极开拓新的业务形态和商业模式，创新意识和创新能力不断提升。中国人力资源服务产业的总体规模依然保持了稳中有进的趋势，总体形势符合行业预期。

为了了解、研究人力资源服务企业在 2015 年的经营状况，本报告依据中国对外服务工作行业协会（以下简称“外服协会”）对所属部分会员单位 2015 年经营情况的调查统计结果，从总体情况、各主要业态、存在的问题等角度对 2015 年人力资源服务企业的经营情况进行了分析和总结，并对未来人力资源服务业的发展趋势进行了展望。

外服协会成立于 1989 年，是全国经营性人力资源服务机构自发成立的行业性组织，目前，在全国拥有 150 家会员单位，包括大型国有企业、新兴民营企业以及知名外资企业。多数会员单位为全国或本地区人力资源服务行业中的领军企业。

自 1999 年起，外服协会一直坚持开展对所属会员单位年度经营情况的数据统计工作，到 2016 年已经有 17 年。通过这样的年度数据统计工作，外服协会对会员单位的总体经营情况、利润水平、各会员单位的发展状况、行业的发展趋势以及存在的问题等进行了连续跟踪和比较。多年来，数据统计工作发挥了重要的作用，为会员单位和政府部门制定企业发展战略、研究相关产业政策提供了很多参考依据。

2016 年 3 月 1 日至 4 月 30 日，外服协会针对 2015 年度协会所属会员单位的整体经营情况进行了数据统计工作。此项工作得到会员单位的大力支持，共有 95 家会员单位提交了翔实的统计报表，其中副会长单位 11 家、常务理事单位 28 家、理事单位 56 家。由于部分会员单位由集团总部统一填报数据，因此，本次调查统计覆盖的范围应大于上述会员单位的数量，实际参与率达 70%。根据近年来外服协会的统计结果，对比每年由人力资源和社会保障部发布的有关全国人力资源服务市场的各项数据，外服协会所属会员单位的总体经营规模约占中国人力资源服务产业总值的 1/4。而会员单位的主体基本上都是典型的人力资源服务企业，其业务特点和经营状况在人力资源服务行业具有一定的代表性。因此，本报告对了解 2015 年我国人力资源服务企业的经营情况具有较高的参考价值。

二 总体情况

根据本次统计的反馈，参加统计的会员单位总计实现营业收入23358116万元，同比增长平均值为15.65%；实现利润172643万元，同比增长平均值为14.78%；总计服务客户189705家；总计为6481789名员工提供了不同类型的人力资源服务。体现经营情况的大部分业务指标均实现了同比增长。

2015年，人力资源服务企业跨地区经营的趋势更加明显。为了满足开展异地劳务派遣以及异地人事代理服务业务的需要，很多人力资源服务企业通过并购、重组、整合或新建等方式，在国内不同地区建立了分支机构，以此实现“一地签约、全国服务”的人力资源服务整体解决方案。2015年统计情况显示，参加统计的会员单位在全国各地共建立了691家分支机构。

与人力资源服务业整体增长的态势趋同，大部分参加调查的会员单位实现了营业收入和利润的双增长。但也有22家会员单位出现了营业收入或利润的同比降低。3家会员单位出现了营业收入和利润的同步下降。

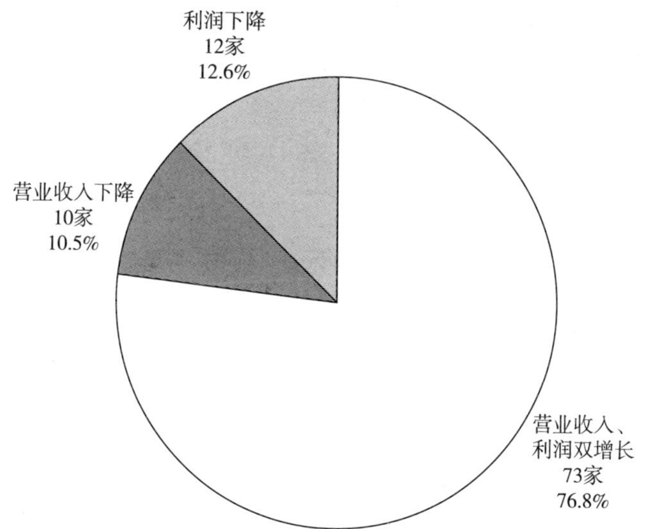

图1 会员单位营业收入、利润的增长与下降情况对比

三　主要业态经营情况的分析与解读

目前，人力资源服务企业开展的业务主要有以下几类：人事代理服务、招聘（含高端人才寻访和招聘流程外包）、劳务派遣、外包、人力资源咨询服务、培训服务、人才测评服务、对外劳务合作。此外，一些人力资源服务企业还开展了境内外商务咨询、外籍人服务、财税服务、会展服务等其他业务。相比而言，人事代理服务、劳务派遣、招聘、外包四大业务类型构成了当前绝大多数传统人力资源服务企业的主营业态，形成了人力资源服务企业稳定的业务收入。

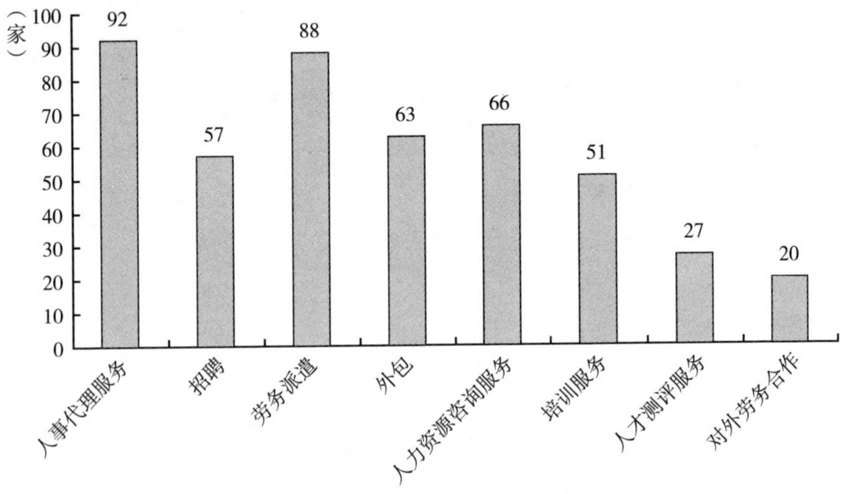

图2　开展各类业务的会员单位数量

（一）人事代理服务

人事代理服务即人力资源服务企业应客户公司的要求为客户公司的员工提供的基础人事福利流程外包服务，其主要服务内容包括员工入离职管理服务、员工在职人事管理服务、员工户籍管理服务、社会保险代缴及管理服务、住房公积金代缴及管理服务以及代发工资等。

2015 年，参加调查统计的会员单位总计为 5381694 名员工提供了人事代理服务，同比增长 16.84%。

多年来，人事代理服务一直是人力资源服务企业的核心业务，构成了人力资源服务企业最重要的业务收入。此类服务的业务流程涉及繁杂的人事手续，需要与多个行政管理部门对接（如社保中心、公积金中心、街道等），再加上各地人社部门在社保手续、就业保障、操作流程等方面的规定不尽相同，因此，尽管很多企业都拥有自己内部的人事管理部门，但多数情况下，这些单位更愿意将这类相对复杂的事务性工作外包，交由专业的人力资源服务企业来处理，而企业内部的人力资源管理则将主要功能聚焦在培训、绩效考核、薪酬管理或招聘等模块上。

（二）劳务派遣

2015 年，劳务派遣员工人数和营业规模仍处于下行通道，但总体趋势有所缓和。参加调查统计的会员单位在 2015 年为用工单位提供的劳务派遣员工总数为 712402 人，平均增长率为 -5.74%。与 2014 年（-22.83%）相比，下降趋势明显放缓。

作为劳动合同法明确的一种辅助用工方式，劳务派遣在满足用工单位的各种灵活用工需求、带动就业方面确实发挥了重要的作用。然而，问题与争议也一直伴随着其发展过程。最主要的问题集中体现在劳务派遣曾一度被使用过多、过滥，部分劳务派遣员工无法实现同工同酬的待遇等。为了保护被派遣劳动者的利益，防止劳务派遣演变成主流用工方式，2013 年 7 月 1 日实施的《劳动合同法修正案》，特别是 2014 年 3 月 1 日实施的《劳务派遣暂行规定》（以下简称《暂行规定》），都对用工单位使用劳务派遣工进行了明确的限制。依据《暂行规定》，用工单位应当严格控制劳务派遣用工数量，使用的被派遣劳动者数量不得超过其用工总量的 10%。《暂行规定》还明确要求用工单位只能在临时性、辅助性或者替代性的工作岗位上使用被派遣劳动者。由于这些限制，近年来人力资源服务企业劳务派遣业务量持续下降。

据了解，《暂行规定》实施后，在 2014 年 3 月 1 日至 2016 年 2 月 29 日两年的过渡期内，全国各地的大多数用工单位都能贯彻落实规定，通过将劳务派遣员工转为正式合同用工、继续留用少量派遣员工、将原来由劳务派遣员工承担的工作外包出去、退回派遣员工四种方式，将本单位劳务派遣员工的使用降至规定比例。目前，国内劳务派遣用工使用比较多的行业如金融、电信、电力、石油已纷纷调整用工比例。例如，中国银行全行派遣员工占比已由2013年的20%下降到目前的2%。同时。参加调查的全体会员单位积极配合用工单位，梳理用工方式，降低劳务派遣用工比例，尽到了良好的社会责任。

受上述政策法规的影响，人力资源服务企业的劳务派遣业务自2013年开始出现了较大幅度的下降。根据外服协会的年度经营情况，2013年、2014年，会员单位劳务派遣员工数量的降幅都在20%以上。2016年，随着《劳务派遣暂行规定》要求的为期两年的过渡期结束，下行趋势开始变缓。预计劳务派遣员工的数量在未来一段时间将保持基本稳定。

尽管《暂行规定》明确了劳务派遣的用工比例，但是，一部分行业，如制造业、建筑业、部分服务业（餐饮、加油站等）确实存在大量的临时性、季节性灵活用工需求，如果不用劳务派遣工而是招用短期合同工，不仅增加人力资源管理工作量，增加支付招聘和录用的成本，而且需要到处寻找劳动力来源，因此，很多用工单位并不愿意使用针对长期正式员工的人力资源管理模式来管理灵活用工。此外，劳务派遣用工比例（10%）是固定数字，而实际灵活用工的状况却是动态的。在全年的某一个时期，灵活用工的比例可能会高于或低于10%。因此，规制劳务派遣应充分考虑到市场需求处于不断变化的实际情况，不宜统得过死。结合不同行业灵活用工的特点，对当前劳务派遣用工使用较多的几个主要行业门类，有针对性地确定劳务派遣用工比例，应该成为未来相关政策调整的方向。

还需要看到的是，2013年，全国派遣员工人数为1080万人①，以2013年末全国7.69亿就业人口为基数计算②，反映一个国家劳务派遣市场相对成熟度的指标——渗透率（Penetration Rate）③为1.4%，低于国际上很多国家和地区2%~3%的水平（日本2%、美国2.1%、欧盟1.7%、全球平均1.6%）④。

---

① 王克良主编《中国人力资源服务业发展报告（2014）》，中国人事出版社，2014。

② 人力资源和社会保障部：《2013年人力资源和社会保障事业发展统计公报》。

③ 派遣用工在全部就业人口中所占的比例——全球临时用工专业术语词典（Staffing Industry Analysts 编纂）。

④ 援引 CIETT《2015年全球经济报告》。

因此，从用工规模来讲，以劳务派遣为代表的灵活用工市场未来还有较大的发展空间。

（三）招聘

人力资源服务企业开展的招聘服务业务主要包括高端人才寻访（猎头）和招聘流程外包（RPO）两大类。而招聘流程外包除覆盖一些中低端职位外，人力资源服务企业还将此类服务扩展到校园招聘、批量招聘、项目类招聘等业务类型。

2015 年，参加统计调查的会员单位通过猎头或 RPO 方式，成功实现上岗的人数为 50749 人，同比增长 31.76%。

与人事代理服务和劳务派遣相比，招聘服务对从业人员的技能要求更高，招聘顾问必须熟悉所服务客户所属的行业领域，同时兼具优秀的沟通技能。此外，招聘业务特别是猎头服务成单慢、收费周期长，这些都是多年来招聘和猎头业务体量不大的主要原因。但是，招聘是整个人力资源服务产业链的先导。在业务实践中，人力资源服务企业规模化开展劳务派遣、外包等业务，都需要具备有一定人才储备的数据库，也离不开招聘团队的支撑。因此，很多人力资源服务企业近年来都加强了对招聘团队建设的投入。

我国劳动力资源的结构性矛盾多年来一直存在。一方面是每年 700 万以上走入社会的大学毕业生就业难；另一方面是熟练技术工人以及具备相关行业经验的专业人才的短缺。很多企业感到招聘难、用工难，希望借助于人力资源服务机构的渠道和专业优势，为自己找到合适的人才，这样的需求为招聘业务的发展提供了市场动力。据统计，目前，国内有 1.5 万家左右的猎头公司，招聘顾问 20 万名。从总体形势来看，招聘市场需求旺盛，招聘业务近年来一直保持平稳增长的趋势。

从行业细分来看，金融、房地产等行业对人才的需求保持了稳定增长，而生产类、消费品类行业对人才的需求却呈下降趋势。从客户细分来看，经过多年的市场培育，民营企业、中小型企业已经开始接受猎头等有偿招聘服务，需求相对较多。而由于高端人才的短缺，很多大公司则尝试建立自己的人才库，直接招聘所需人才。此外，一些垂直招聘平台（如招聘网站、互联网社交平台）也挤压了传统的猎头公司的市场空间。总之，新的形势也对人力资源服务企业的招聘业务提出了更高的要求，即招聘方式应更加灵活，招聘能力要不断增强，招聘效率需要不断提升。

（四）外包

2015 年，参加调查统计的会员单位中共有 63 家单位开展了不同类型的外包业务。外包业务在岗人员 278318 人，业务收入同比平均增长率为 68.52%。

《暂行规定》实施后，由于面临劳务派遣用工比例方面的限制，很多用工单位便将一些非核心业务、过去由劳务派遣员工承担的工作外包，交给擅长这一领域的公司进行管理，以便专注自身运营效率的提升，更好地做自己最为核心的事务。在上述因素的作用下，一些人力资源服务企业发挥了自身在人员配置和管理上的优势，承揽了这部分工作，开展了外包服务。在业务流程中，通过加强环节管理，提高人工效率，帮助客户降低了成本，使外包业务逐步形成规模。

参加 2015 年经营情况调查统计的会员单位中，有 59 家人力资源服务企业开展了岗位外包业务。目前，人力资源服务企业开展的外包业务可分为以下几大类，即生产外包、财务外包、岗位外包、业务流程外包（BPO）以及其他一些形式的外包服务。2015 年，有多家会员单位的外包业务同比实现 100% 以上增长。

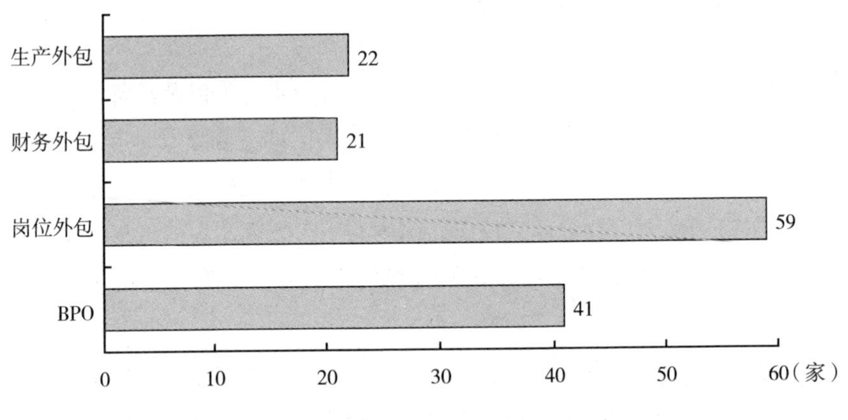

图 3　开展各类外包业务的会员单位数量

目前，生产外包主要集中在苏州工业区及长三角地区。以英格玛公司、苏州汇思公司、博尔捷集团等民营企业为代表的人力资源服务机构近年来开展了大量的生产外包业务。作为新兴的制造业基地，苏州及长三角地区云集了大量的制造类企业，为开展生产外包提供了大量的市场资源。以英格玛公司为例，近年来，该公司实行“单品战略”，将全部精力集中于生产外包，连续三年实现了业务收入的100%增长。2014年12月，英格玛还与日本的一家企业合资在苏州成立了一家生产制造外包服务公司——苏州英特科制造外包有限公司。这家公司发布了中国制造外包行业第一个服务标准《制造外包服务标准1.0版》，希望能够帮助和引导其他制造外包服务企业，依法合规地提供高水平的制造外包服务。

业务流程外包也是人力资源服务企业开展较多的外包业务。其商业模式为：人力资源服务企业以业务承包的方式，承揽了客户单位业务流程中的某个或多个环节。如上海合杰人才服务有限公司开展了银行后台单据的扫描、核对、录入业务外包，新疆才特好人才服务有限公司承揽了石化企业在新疆各地加油站的加油业务，安徽外国企业服务公司承揽的呼叫中心业务等。

为了满足用工单位对灵活用工岗位的需求，一些人力资源服务企业开发了以岗位为核心的外包业务。如北京FESCO承接的中国工商银行大堂引导员项目、东莞信鸿公司开展的企业保安外包服务项目以及北京科锐国际公司的办公室临聘人员外包项目等。

此外，一些人力资源服务企业还依托自身优势，开展了其他特定类型的外包服务。例如，北京FESCO与中瑞岳华公司合作，成立了中瑞方胜金融外包服务有限公司，为客户提供薪酬发放、报税、账务管理等财税外包服务。

近年来，由于多种因素的聚合效应，人力资源服务企业的外包业务取得了较快的发展，未来还有较大的发展空间。但是，毋庸讳言，人力资源服务企业开展外包业务最初很重要的原因在于劳务派遣用工受限，倒逼人力资源服务企业进行劳务派遣的转型。通过图3能够发现，岗位外包、业务流程外包是会员单位开展最多的两种外包业务，这两类业务都是在原劳务派遣业务受限后，利用惯性转型而来的，且容易受到相关政策再度变化的影响。2016年4月30日，财政部、国家税务总局联合下发了《关于进一步明确全面推开营改增试点有关劳务派遣服务、收费公路通行费抵扣等政策的通知》（财税〔2016〕47号）。该通知引起了人力资源服务行业的广泛关注。47号文件明确规定了劳务派遣和人力资源外包服务（人事代理服务）可差额纳税，人力资源服务企业代用工单位支付给员工的工资、社保公积金部分不计入应税销售额，但是，该通知并未对人力资源服务企业开展跨界外包业务如何缴纳增值税予以明确说明。以往，在征收营业税时期，一些省份的财税部门出具了地方规定，外包业务的征税方法与劳务派遣相同。营改增后，外包业务能否继续享受与劳务派遣相同的差额纳税办法将极大地影响外包业务的发展走势。

当前，人力资源服务企业开展跨界服务外包业务面临着规则不清、外部市场不成熟的问题，需要一个逐渐发展的过程。同时，劳务外包行业是处在一个市场充分竞争的环境里，人力资源服务行业要面临来自其他行业的跨界竞争，这就要求企业有更快的决策速度、更灵敏的市场反应机制和研发机制。而人力资源服务业的核心优势还是体现在人岗匹配和实现人力资源市场的合理化配置上。因此，建议行业主管部门理性看待人力资源服务机构开展各类跨界外包业务，并为人力资源服务业未来业务的发展指明方向。

（五）其他业态

2015 年，外服协会参加调查统计的会员单位还提供了人力资源咨询服务 3271 次，举办各类培训 866 场，为 35718 名各类人员提供了测评服务。但是，这些业务基本上是围绕主营业态来开展的，难以形成长期、稳定、成规模的业务收入。2015 年，会员单位对外劳务输出人员 22908 人。20 世纪 90 年代至 21 世纪初，对外劳务合作一度给开展此类业务的人力资源服务企业带来了较高的收入，然而，随着近年来我国劳动力成本的快速上涨，与我国开展对外劳务合作的主要国家，如日本、新加坡等，对中国劳务人员的需求都出现了较大幅度的下滑。

四　问题与展望

（一）当前人力资源服务业发展中的主要问题

我国人力资源服务业经过 30 多年的发展，已经从单一的人事服务逐渐发展为以人事委托代理服务为主，劳务派遣、招聘、外包、咨询、培训、测评等多业态并存的局面。但目前我国人力资源服务产业仍然处于粗放式发展阶段，很多人力资源服务企业的主要业务仍然以事务性服务为主。以五险一金的代缴及代发工资为主要内容的人事委托代理服务构成了企业的主要业务板块，是营业收入的主要来源，而招聘、管理咨询、职能外包等中高端服务还比较薄弱，产业结构、产品结构亟待转型升级。图 4 反映了外服协会会员单位 2015 年各业务门类收入的对比情况，人事委托代理服务、劳务派遣、外包是大部分人力资源服务企业最重要的业务。“保增长、调结构”依然是人力资源服务企业未来一个时期最主要的任务。

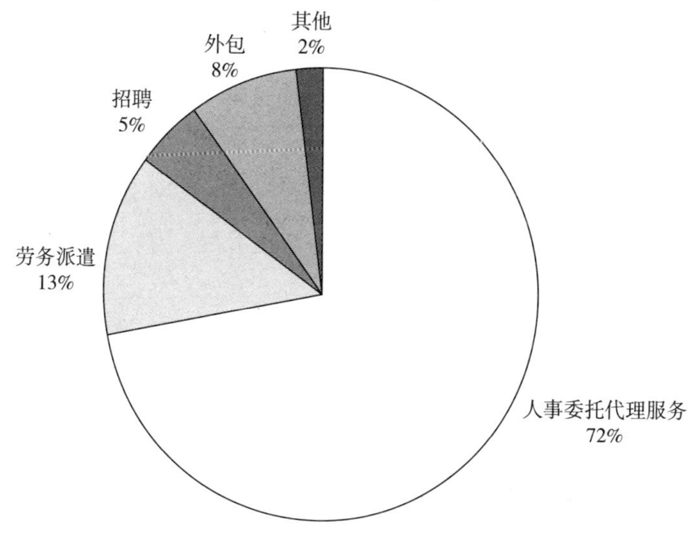

图 4　各业态收入对比

还需要引起注意的是，近年来，人力资源服务产业虽然保持了总体增长，但营业收入，特别是利润的增长呈现趋缓的走势。在人力资源服务产业的发展初期，也就是 20 世纪 80 ~ 90 年代，由于经营人力资源服务业务的机构相对较少，因此，人力资源服务的收费高、附加值大，企业的利润水平自然也高。随着越来越多人力资源服务企业的出现，产品和服务同质化现象逐渐严重，企业之间通过相互压价争夺客户，一些不正规的企业甚至以不合规的人力资源服务去获取竞争优势。同时，一些企业过分追求规模等因素也压缩了人力资源服务业的利润水平。而近年来崛起的一些以互联网技术为依托的招聘平台、社保平台、测聘平台、垂直招聘网站也给传统的人力资源服务机构带来了不小的挑战。

（二）人力资源服务企业发展展望

1. 新技术在人力资源服务企业的应用将越来越广泛

随着人力资源市场的不断完善，客户对人力资源服务的要求也不断提高，他们需要更加精准、更加便捷的人力资源服务解决方案。新的市场环境要求人力资源服务企业必须与时俱进，通过不断创新提升服务效能，进而寻找新的业务增长点。在“互联网+”的时代背景下，一些人力资源服务企业已经通过开发新的运行管理系统、线上服务平台、手机移动客户端APP等方式进行服务手段创新，将专业的人力资源服务与互联网技术深度融合，极大地提高了员工的工作效率，提升了客户体验，取得了良好的效果，直接带动了服务员工人数的增加，其中比较具有代表性的有上海外服的“外服云”平台和北京FESCO的“HELO”平台。可以预见，各种新技术在人力资源服务企业的使用将日益广泛。

2. 人力资源服务企业将积极开展跨界融合方面的尝试

在盈利水平不断下降的趋势下，人力资源服务行业未来的盈利模式成为近年来人力资源服务企业普遍关注的话题。随着互联网技术在人力资源服务行业的应用，各种以人为核心的大数据随之产生。一些人力资源服务企业看到了大数据中蕴藏的商机，尝试利用大数据、云平台等新技术，打造聚合性的社会平台，有效利用多年来累积下来的丰富的客户资源和具备消费能力的雇员群体，跨界开发弹性福利、网购平台、金融保险理财、旅游服务、生活服务等衍生产品，实现业务数据增值，形成基于大数据的有效经营，从中寻找新的价值增长点。例如，中国四达达帮网通过与中信银行的战略合作，开展联名卡、互联网金融服务、电子商务平台、数据共享、在线支付等业务；中智公司开发的一站式员工弹性福利平台“关爱通”以及湖北外服的电商福利平台“心福利”等，其核心都是人力资源服务企业希望通过盘活手中的服务员工的数据，将其他跨界商业服务提供给这些员工，从而实现边际利润。尽管以这样的商业模式实现利润的规模化增长还需要走很长一段路，还需要相当庞大的数据资源作为支撑，但为业界所认可的是，人力资源基础服务与信息化金融服务的跨界融合已成为人力资源服务业重要的探索方向。

3. 人力资源服务企业将在共享经济领域进行拓展

放眼全球，随着劳动者就业观念的改变，劳动力市场正经历新的变化，越来越多的自由职业者通过在线平台，利用互联网和移动技术快速匹配实现就业，国外将这种现象称作“零工经济”。据麦肯锡全球研究院发布的报告，到2025年，各种在线人才平台有望贡献约2%的世界国内生产总值，并创造7200万个就业岗位。

在我国，近年来就业市场中结构性矛盾突出，企业中基层员工（常年和季节性）用工荒普遍存在，就业群体短工化趋势明显。企业的传统人力资源架构难以适应新形势，大量启用兼职用工成为不可逆的行业新趋势。一些人力资源服务企业也希望通过探索开发零工经济（在国内通常被称作共享经济）平台，盘活工作时间以外的劳动力资源，解决用工单位的灵活用工需求。其中具有代表性的企业包括斗米兼职以及东方慧博公司研发的“微工网”等。

随着经济发展进入新常态，人力资源行业面临的发展环境有了很大的变化。人力资源服务企业要顺应时势，不断地适应时代要求，能够在应对外部环境变化过程中不断地应对时代带来的挑战，不断去寻找时代的大趋势，同时，求本务实，注重发挥人力资源服务在人才配置上的核心优势，实现企业突破性的成长。

参考文献

王克良：《中国人力资源服务业发展报告（2014）》。

人社部：《2013年度人力资源和社会保障事业发展统计公报》。

全球临时用工专业术语词典（Lexicon of Global Contingent Workforce-Related Terms），Staffing Industry Analysts 编印。

CIETT：《2015年全球经济报告》。

综　合　篇

Reports on Overall Reviews

B.21

我国劳动关系发展

——2015年情况综述

肖鹏燕*

摘　要：　2015 年，我国劳动关系总体稳定。劳动争议较往年有所增加；农民工权益保护取得成效但仍存不足；劳动争议仲裁工作量增大但效率提升；劳动法制建设与现实需求仍有差距；劳动力市场的安全性和灵活性有待平衡；集体劳动关系建设需要进一步推进，工会的角色和作用期待进一步明确和提升。

关键词：　劳动关系　劳动争议　劳动力市场

2015 年，中国国内生产总值增长速度降为 6.9%，最为重要的经济政策是

* 肖鹏燕，博士，中国人事科学研究院助理研究员，主要研究方向为大学生就业、人才培养。

调结构、促改革、稳增长，政府继续推进简政放权、从严治党、司法体制改革纵深突破。中国整体经济形势、经济政策和行政体制改革的推进对中国整体的劳动关系有着深远的影响。整体来看，无论是劳动关系工作，还是中国整体的劳动关系状况均保持平稳发展的态势。

一　2015年劳动关系的形势

（一）经济增长进入25年以来的最低点，就业压力持续加大

劳动关系与就业紧密相连。一般来讲，经济增长在一定程度上决定了劳动力需求总量的情况。2015 年，我国国内生产总值增长速度放缓至 6.9%，比 2014 年降低 0.5 个百分点，比 2010 年降低 3.7 个百分点，如图 1 所示。与此同时，城镇新增劳动力人口并未有太大变化。2015 年，城镇新成长的劳动力大约有 1500 万人[①]。受这两方面因素的影响，2015 年中国的就业压力仍然不小。

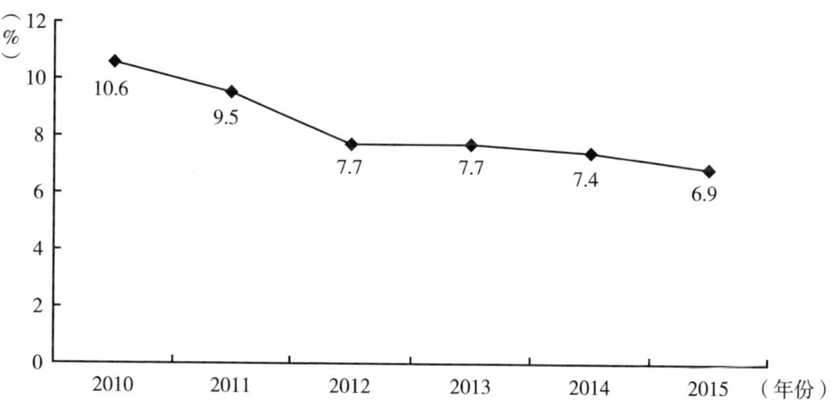

图 1　2010 ~ 2015 年我国国内生产总值增长速度

资料来源：2010 ~ 2014 年数据来自《中国统计年鉴 2015》，2015 年数据来自《2015 年国民经济和社会发展统计公报》。

---

① 《2015 年中国就业形势更严峻》，中国日报网，2015 年 6 月 18 日，http://www.cssn.cn/zt/zt_xkzt/gxzt/byjzjy/jyxstp/201506/t20150618_2040716.shtml。

（二）可控的失业率水平为平稳的劳动关系奠定了基础

2015 年，我国就业形势尽管严峻，但受经济结构调整和积极就业政策的影响，2015 年末的城镇登记失业率并没有大幅度的提高。如图 2 所示，相较 2014 年，我国 2015 年的城镇登记失业率水平不但没有升高反而下降了 0.04 个百分点。由此可看出，由于多方发力，我国形成了较为平稳的就业态势，为稳定劳动关系奠定了基础。

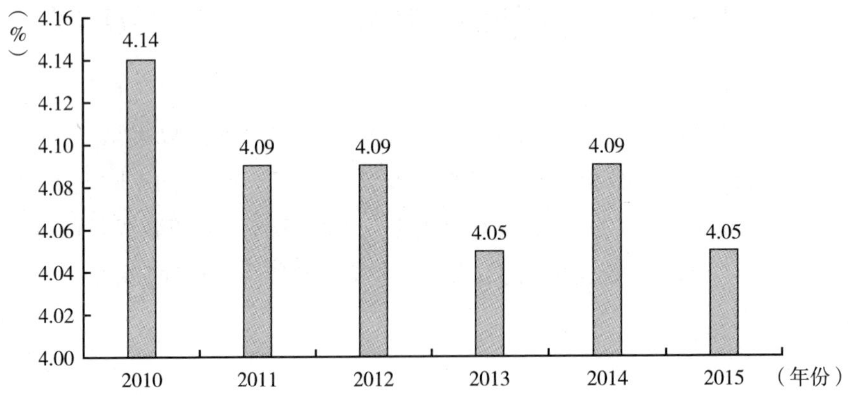

图 2　2010～2015 年我国城镇登记失业率

资料来源：2010～2014 年数据来自《中国统计年鉴 2015》，2015 年数据来自《2015 年国民经济和社会发展统计公报》。

（三）劳动合同签订率进一步提升

2015 年，劳动合同制度继续全面推行，全国劳动合同签订率达到 90%①，比 2014 年提升 2 个百分点。同时，2015 年是“集体合同”年，在政府和各方努力下，集体合同签订数量有较大提升。如图 3 所示，2015 年签订的集体合同数量达到 266.5 万份，比 2014 年增加了 56.8%，这一增长率是近四年年增长率的最高数值。

① 《2015 年查处劳动保障违法案 38.9 万件追发 421.2 亿元》，中国新闻网，2016 年 1 月 22 日，http://news.ifeng.com/a/20160122/47185650_0.shtml。

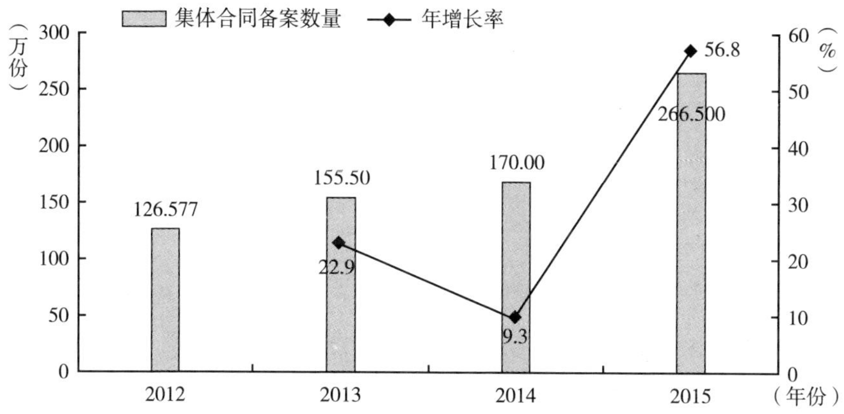

图3　2012～2015年集体合同备案数量和年增长情况

资料来源：2012～2014年数据来自相应年份的《人力资源和社会保障事业发展统计公报》，2015年的数据摘自中国新闻网，详见 http：//news. ifeng. com/a/20160122/47185650_0. shtml。

（四）劳动争议数量增幅较大

1. 劳动争议立案案件数量较上年增幅较大

如图4所示，从劳动争议案件的立案案件受理数量来看，2015年的立案

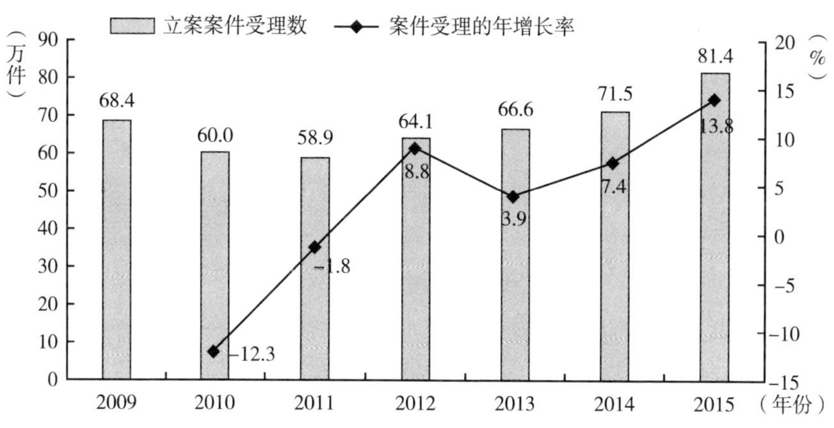

图4　2009～2015年劳动争议案件及案件数量年增长

资料来源：2009～2013年的数据来自《中国统计年鉴2014》，2014年、2015年的数据来自《2014年人力资源社会保障快报》《2015年人力资源社会保障快报》。

案件数量比2014年增加了近10万件，从71.5万件增加到81.4万件，增长幅度达到13.8%，比2013～2014年的年增长率高出6.4个百分点，比2012～2013年的年增长率高出近10个百分点。

在一些劳动争议频发的地区，2015年的劳动争议案件的立案数量也同样大幅度增加。以深圳为例，如图5所示，深圳2015年前三个季度的劳动争议立案数量比2014年同期增长的幅度均超过12%。第一季度，其劳动争议立案的数量同比增长了24.66%，尽管后两季度的增长幅度逐渐降低，但案件数量仍在增加。这也反映了，由于经济下滑等各方面因素的影响，我国2015年的劳动关系虽然大体上仍然维持平稳，但争议案件数量的增加量较大。

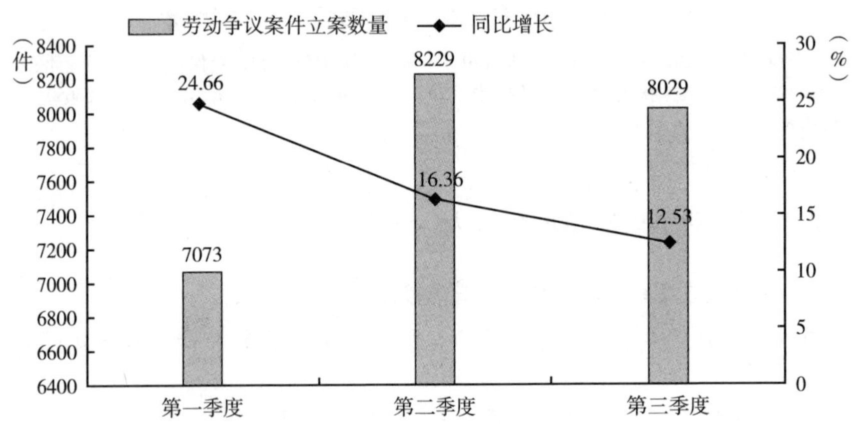

图5　深圳2015年前三季度的劳动争议立案数量及同比增长率

资料来源：深圳市人力资源和社会保障局，http：//www.szhrss.gov.cn/xxgk/tjsj/zxtj/201511/t20151123_3365074.htm。

2. 劳动争议案件涉及人数范围更广

如图6所示，2015年的劳动争议案件涉案人数首次突破百万人，达到116万人，比2014年增加了16.2%。2014～2015年涉案人数的年增长率比2013～2014年的增长率高出近4个百分点，2015是近6年来涉案人数增长最快的一年。

（五）集体劳动争议案件有增加的态势

2011～2013年，我国集体劳动争议案件数量都比2010年低很多，2014年

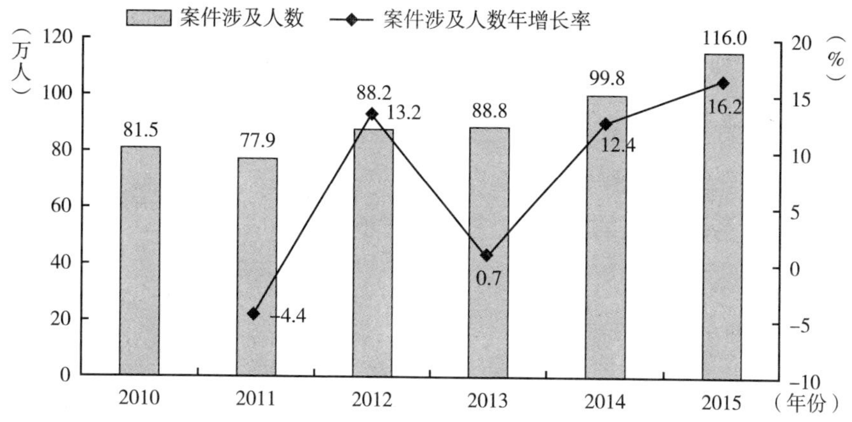

图 6　2010～2015 年劳动争议涉案人数及数量年增长

资料来源：2010～2014 年的数据来自《中国统计年鉴 2015》，2015 年的数据来自《2015 年人力资源社会保障快报》。

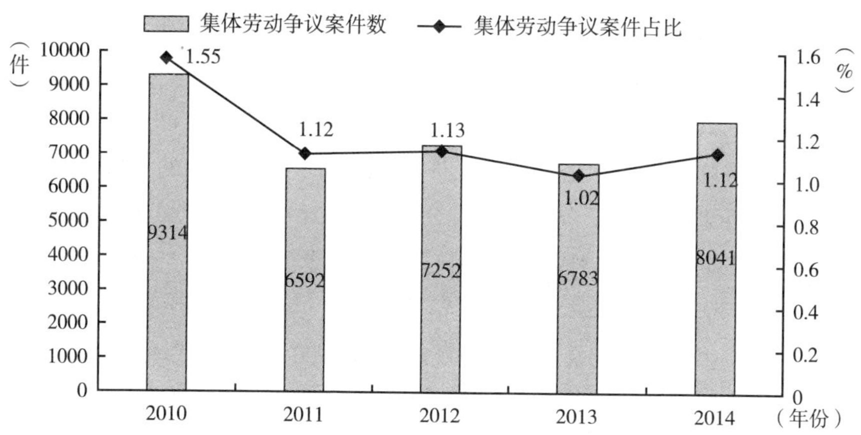

图 7　2010～2014 年全国集体劳动争议案件数量及占比变化

资料来源：根据《中国统计年鉴 2015》整理而得。

受制于经济环境，集体劳动争议案件数量有所增加。如图 7 所示，2014 年集体劳动争议案件数量达到 8041 件，比 2013 年增加 1258 件，占当期受理的劳动争议案件数量的 1.12%，占比数据比 2013 年增加 0.1 个百分点。

尽管没有全国性数据，但一些地方性的数据尤其是劳动争议频发的一些地区的数据也可反映部分情况。例如，江苏省镇江市 2015 年 1～9 月的数据显示，10 人以上的集体劳动争议案件比 2014 年同期增长 112%，涉及的人数比 2013 年同期增长 201%，而且案件更为复杂。[①] 深圳罗湖区公布的数据显示，2015 年 1 ~ 10 月，深圳罗湖区受理的集体劳动争议案件同比增长 35.14%[②]。

（六）劳动争议的特点与往年大同小异

1. 争议主体多元化

争议主体多元化主要表现在两方面，一是代表劳动争议资方的范围进一步扩大。以往劳动争议的资方主要以民营企业为主，现在劳动争议的资方涉及国有企业、事业单位等的有所增加。例如，2015 年江苏省法院审理的劳动争议案件中，政府服务与公共管理行业内的劳动争议案件数量排在第五位。二是代表劳动争议的劳动者主体更为多元，比如原来认为是资方代表的企业高管、经理等都成为劳动争议的劳方主体。根据江苏省法院受理的劳动争议案件，无论是 2014 年还是 2015 年，企业高管作为诉讼主体的案件比例有所提升。2014 年江苏公开的劳动争议案件中，将近 1% 的案件是高管与企业发生的劳动争议，而这一数据在 2015 年提升到 1.29%。又如，2010 ~ 2014 年，北京海淀区法院审理的劳动争议案件中，企业高管人员和高级技术人员所占的比例由 2010 年的 12.4% 上升到 27.9%；朝阳区法院公布的 2011 ~ 2015 年度劳动争议审判白皮书显示，法院受理的涉外企业、外籍劳动者的案子也占一定比例，但外籍劳动者近七成系企业高管。

另外，一些在法律上未进行明确规定的、新型的就业状态人员也成为劳动争议的主体，如出租车司机、企业返聘人员、实习期内人员等。

2. 劳动者利益诉求日益复杂化

如图 8 所示，近 5 年来，劳动者的利益诉求由原有单一的劳动报酬向多样化转变。其中，社会保险类和解除、终止劳动合同的诉求呈上升趋势。

---

① 《2015 年 1 ~ 9 月镇江市劳动人事争议处理统计分析》，http://hrss.zhenjiang.gov.cn/xxgk/sjfx/201510/t20151023_1592300.htm。

② 深圳市罗湖区：《罗湖区劳动人事争议仲裁院 2015 年工作总结》，2015 年 12 月 7 日，http://www.szlh.gov.cn/main/a/2015/l07/a316647_1344598.shtml。

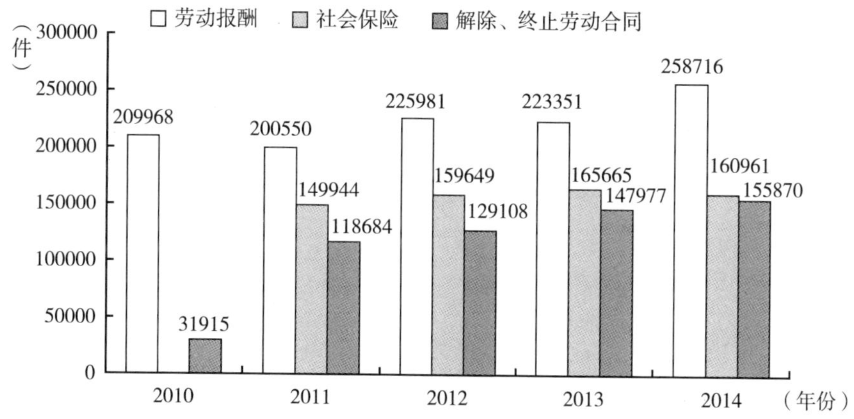

图 8　2010～2014 年劳动争议诉求的种类变化

资料来源：根据《中国统计年鉴 2015》整理而得。

另外，来自一些劳动争议频发的地区的数据在一定程度上可反映 2015 年劳动争议纠纷的一些新特点。例如，在江苏省 2014 年 1 月 1 日至 2015 年 11 月 30 日的劳动人事争议判决书中，除了传统的劳动报酬、经济补偿金、工伤保险等方面的纠纷外，竞业禁止、同工同酬、服务期、人事争议等新类型案件数量也明显增加，而且审理的难度明显增大。①

（七）农民工权益改善与恶化并存

根据国家统计局发布的 2015 年全国农民工监测报告，2015 年外出农民工的权益有改善的地方，也有恶化的地方，改善的地方主要表现在月从业时间与日从业时间缩短，超时劳动情况有改善。日均从业时间超过 8 小时的农民工比例比 2014 年下降 1.7 个百分点，周从业时间超过 44 小时的农民工比例同比下降 0.4 个百分点。但是，签订合同的比重低、拖欠工资方面比上年有所恶化。以被拖欠工资的农民工比重为指标，2015 年被拖欠工资的农民工比例上升为 1%，比上年提高 0.2 个百分点，这一问题在建筑业表现得尤为突出，建筑业农民工被拖欠工资的比重比上年提高 0.6 个百分点。从人均被拖欠工资方面来

① 聂彩莲、奚冬冬：《2015 年江苏省劳动争议案件情况概述》，http：//www.aiweibang.com/yuedu/72020786.html。

看，2015 年被拖欠工资的农民工人均被拖欠工资 9788 元，比 2014 年增加 277 元，增长幅度为 2.9%。①

二　2015年政府劳动关系工作的进展

（一）法律法规的出台

1. 中共中央、国务院关于构建和谐劳动关系的意见

2015 年 3 月 21 日，中共中央、国务院出台《关于构建和谐劳动关系的意见》，意见肯定了构建和谐劳动关系的重要性，并系统地提出了构建和谐劳动关系的目标、原则和推进和谐劳动关系建设的制度、机制建设。

2. 关于加强专业性劳动争议调解工作的意见

2015 年 6 月 3 日，人力资源和社会保障部、中央综治办颁发《关于加强专业性劳动争议调解工作的意见》（人社部发〔2015〕53 号）（简称《调解工作意见》）。《调解工作意见》主要是为了更好地贯彻落实《关于构建和谐劳动关系的意见》的要求，主要着眼于提升专业性劳动争议调解工作能力。《调解工作意见》就劳动争议调解组织的建设、调解制度的建设、劳动争议调解的基础保障以及劳动争议调解工作的组织领导等方面提出指导性意见。

3. 关于加强农民工尘肺病防治工作的意见

国家发展改革委、国家卫生计生委、科技部、工业和信息化部、民政部、财政部、人力资源和社会保障部、国务院国资委、安全监管总局和全国总工会联合制定了《关于加强农民工尘肺病防治工作的意见》。该政策对加强农民工尘肺病防治工作提出了具体的指导措施，并明确政府在此方面应加强责任。

4. 职业病危害因素分类目录

2015 年 11 月 17 日，国家卫生计生委、国家安全监管总局、人力资源和社

① 国家统计局：《2015 年农民工监测调查报告》，http://www.stats.gov.cn/tjsj/zxfb/201604/t20160428_1349713.html。

会保障部、中华全国总工会联合发布了新版的《职业病危害因素分类目录》，对职业中各类危害因素做了更为详细的划分。

5. 中华全国总工会关于贯彻落实党的十八届四中全会精神，大力推进工会工作法治化建设的实施意见

全国总工会出台此政策的主要目的是贯彻落实《中共中央关于全面推进依法治国若干重大问题的决定》，对总工会如何依法办事、依法建设工会组织、增强依法办事能力等方面提出指导意见。

6. 人力资源和社会保障部关于执行《工伤保险条例》若干问题的意见

2016 年 3 月 28 日，人力资源和社会保障部出台《关于执行〈工伤保险条例〉若干问题的意见（二）》。这项政策明确了退休人员返聘期间受到事故伤害等，用人单位仍然担负工伤保险责任。除此之外，此意见还明确了，职工参加用人单位组织或者受用人单位指派参加其他单位组织的活动而受到事故伤害的，应当视为工作原因，用人单位担负工伤保险责任。新增的条款对一些新出现的就业关系的界定给出了明确的衡量标准，对这部分劳动者的权益起到了很好的保护作用。

7. 其他一些政策的讨论稿和征求意见稿

2014 年 12 月 31 日，人力资源和社会保障部公布了《2015 企业裁减人员规定（征求意见稿）》。目前，征求意见阶段已经结束，但具体出台时间还未定。征求意见稿对企业裁减人员的范围进一步扩大，新增了两类企业不能裁减的人员，即从事接触职业病危害作业的劳动者未进行离岗前职业健康检查，或者疑似职业病病人在诊断或者医学观察期间的；在本单位连续工作 15 年，且距法定退休年龄不足 5 年的人员。

此外，人力资源和社会保障部发布了《关于贯彻实施〈中华人民共和国劳动合同法〉若干意见》的讨论稿，主要对劳动合同法的适用范围、企业规章制度的法律效力以及劳动合同的订立和废止做了详细的规定。该讨论稿在 6 月进行了讨论修改，但发布时间未定。

最高人民法院于 2015 年 3 月还公布了《最高人民法院关于审理劳动争议案件适用法律若干问题的解释（五）》征求意见稿第一稿，其规定条款之详细、条目之多是该司法解释的最大亮点。司法解释主要分七个部分，共 150 条。

（二）劳动争议调解仲裁工作

在我国，劳动争议调解仲裁工作主要由政府相关部门负责。近两年来，我国劳动争议仲裁案件均有所增加，劳动争议调解仲裁工作量也有所增加。如图9显示，无论是处理案子的效率方面，还是处理案子的数量方面都大幅增加。2015年，我国各地劳动争议调解仲裁结案的案件数量达812000件，比上年增加1万多件。而从结案率来看，2015年的结案率也比上年高。2014年的结案率为95.19%，2015年的结案率为95.54%。

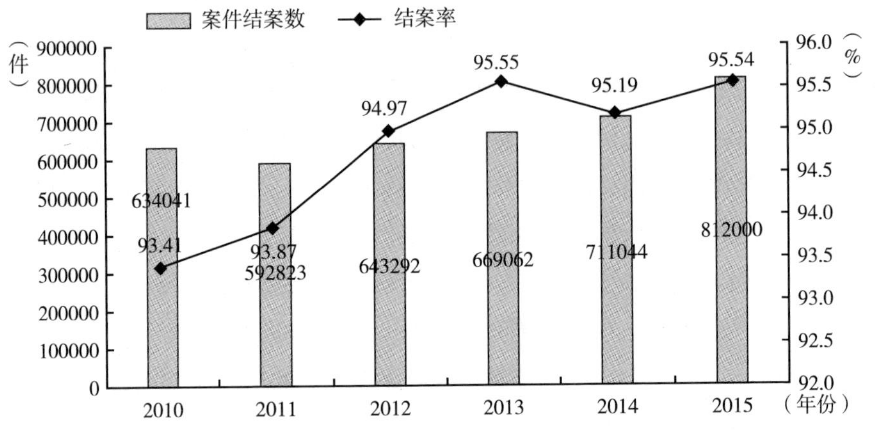

图9　2010～2015年劳动争议调解仲裁的案件结案数和结案率

资料来源：2010～2014年的数据来自《中国统计年鉴2014》，2015年案件结案数的数据来自《2015年人力资源和社会保障快报》，2015年结案率数据根据2014年的案件结案数、受理数以及2015年的案件结案数计算而来。

（三）劳动监察工作

如表1所示，除“追发工资等待遇金额”在2015年有所增加外，劳动监察的其他方面工作量均有所减少。劳动保障监察案件结案数量比上年减少4.27%，主动监察用人单位户数减少2.79%，督促补签劳动合同的人数比上年降低25.02%，督促缴纳社会保险金额比上年减少23.72%。

表1　2013～2015年劳动监察工作情况

项　目	2013年	2014年	2015年	增长情况（2013～2014年）（%）	增长情况（2014～2015年）（%）
劳动保障监察案件结案数（万件）	41.9	40.6	38.9	-3.02	-4.27
主动监察用人单位户数（万户）	202.0	198.0	192.5	-1.98	-2.79
督促补签劳动合同（万人）	511.7	409.5	307.1	-19.97	-25.02
追发工资等待遇金额（亿元）	268.5	345.5	421.2	28.68	21.90
督促缴纳社会保险费金额（亿元）	34.8	27.9	21.3	-19.83	-23.72

资料来源：根据各年度的《人力资源和社会保障快报》数据整理而得。

三　中国劳动关系存在的问题与展望

（一）存在的问题

在当前经济形势下，我国劳动关系出现了一些新的特征，还存在一些亟须解决的问题，主要表现在以下几方面。

1. 劳动法制的建设与现实仍有差距

2015年，《中华人民共和国劳动法》实施20周年，《中华人民共和国劳动合同法》颁布七年。随着劳动法的颁布，20年间，我国为适应市场化的劳动关系陆陆续续出台了系列法律法规。这些法律法规构建了我国法治化的劳动关系基础。

然而，随着改革开放的进一步推进，劳动力市场的不断发展，我国劳动关系领域的新问题层出不穷。20年前的经济形势与今天的经济形势存在巨大差异，尽管为解决具体劳动关系领域问题，一些新的法律、法规或者政策陆续出台，然而，作为劳动关系领域基础性的、统领性的劳动法已不能满足有效调整和规范当前劳动关系的需要，这也是工会界委员在全国政协十二届三次会议提

出的议案要求修订劳动法的原因[①]。

除劳动法律体系基础法律与现实需求有差距外，当前部分劳动力市场已经完全与过去的“强资本、弱劳力”的局面不相同，其市场需求远远大于供给，原劳动法律关系中预设的劳动者处于弱势地位的情况发生了变化，资本与劳动同等地位的特点显现，而且在未来，这种形态的劳动关系将长期存在。因此，在劳动法律体系中，如何统筹且兼顾两种截然不同的劳动关系还有很多工作要做。

此外，关于劳动关系法律体系本身需要完善的方面，有关专家认为，“劳动法律体系还存在空白和薄弱环节，如至今还没有出台‘劳动基准法’‘集体协商法’‘企业民主管理法’等法律，新旧法律法规杂糅，国家立法与地方立法不尽统一等问题都需要加以解决”。[②]

2. 劳动力市场的安全与灵活性的动态平衡不佳

有关专家认为：我国劳资双方已经初步形成了“共享式”理念。经济周期的变化必然导致劳动力市场的供求态势发生变化。劳动的法律体系或者说一国调控劳动关系的政策应当考虑经济周期的变化，使资本和劳动共享、共赢的局面不但在利好经济形势下存在，也在经济形势不利的局面下存在。因此，如何强调资方的基本责任，以及赋予劳方基本的权利，以保障劳资双方基本的权益，找到劳方和资方在任何经济形态下共赢的弹性路径也是未来我国劳动力市场建设长期探索的方面。

3. 工会的作用发挥不充分

调节劳动关系的最终目的是维持劳资双方的共赢，是维护社会劳动关系的稳定，保护弱势群体利益，在公平与效率间寻求平衡。国外发达国家的劳动关系调整发起于集体协商，工会以集体力量弥补个体劳动者的弱势者地位，形成与雇用者同等力量、相互制衡的双方。我国是社会主义市场经济国家，中国共产党是唯一执政党，但同时共产党也是代表最广大人民群众的利益的政党，我国工会是政党、政府的重要组成部分，而不单纯是劳动者的团体。从理论上来讲，我国工会尽管在组织形式、组织隶属方面与国外有所区别，但其政府属性

---

① 陈晓燕、沈刚：《“20 岁”的〈劳动法〉，该修改了》，《中国职工教育》2015 年第 4 期。

② 郭军：《梳理 2015 期待 2016——中国劳动关系再出发》，《中国工人》2016 年第 1 期。

以及我国政党代表广大人民群众利益的属性，保证了工会维护劳资双方共赢、平衡公平与效率的理论可能性和合理性。

我国劳动关系的发展路径与国外不一样，所以无论是学界还是我国政府，都一直强调构建中国特色的和谐劳动关系。而特色之一是我国工会的特殊性。如何在未来推进集体性劳动关系的发展，让政府角色占主导地位的个体劳动关系调整向市场化的集体性劳动关系调整转变，增加劳动关系调整的灵活性，工会的力量不可或缺且大有可为。但就目前的作用发挥来看，如果仍然维持工会现有的组织属性和形态，工会的角色和作用仍需要大力开发。

（二）未来展望

未来的几年内，劳动关系领域最重大的变化将会是劳动法制建设领域。2016 年乃至接下来几年内，部分劳动关系方面的法律将会不断更新，部分新的劳动法律将会出台。而且，为规避法律可能存在相互冲突问题，对劳动法律体系本身系统性的梳理也势在必行。

同时，随着集体协商制度的推进，政府为了保障劳动者基本权益和维护社会稳定，要把更多的努力放在劳方和资方的力量平衡方面，注重营造集体谈判、集体协商的氛围，使市场力量在劳动关系中更多地发挥作用，从而保证劳资双方应对经济形势变化有足够的灵活性和自主性。

另外，随着集体性劳动关系的发展，三方机制的应用，工会的作用应该得到大力发展，以便在促进集体性劳动关系有序发展中发挥更有益的作用。

参考文献

《2015 年中国就业形势更严峻》，中国日报网，2015 年 6 月 18 日，http：//www. cssn. cn/zt/zt_ xkzt/gxzt/byjzjy/jyxstp/201506/t20150618_ 2040716. shtml。

《2015 年查处劳动保障违法案 38. 9 万件追发 421. 2 亿元》，2016 年 1 月 22 日，http：//news. ifeng. com/a/20160122/47185650_ 0. shtml。

镇江市人力资源和社会保障局：《2015 年 1 ~ 9 月镇江市劳动人事争议处理统计分析》，2015 年 10 月 23 日，http：//hrss. zhenjiang. gov. cn/xxgk/sjfx/201510/t20151023_ 1592300. htm。

深圳市罗湖区：《罗湖区劳动人事争议仲裁院 2015 年工作总结》，2015 年 12 月 7

日，http：//www. szlh. gov. cn/main/a/2015/l07/a316647_ 1344598. shtml。

聂彩莲、奚冬冬：《2015 年江苏省劳动争议案件情况概述》，2015 年 12 月 9 日，http：//www. aiweibang. com/yuedu/72020786. html。

国家统计局：《2015 年农民工监测调查报告》，2016 年 4 月 28 日，http：//www. stats. gov. cn/tjsj/zxfb/201604/t20160428_ 1349713. html。

郭军：《梳理 2015 期待 2016——中国劳动关系再出发》，《中国工人》2016 年第 1 期。

陈晓燕、沈刚：《“20 岁”的〈劳动法〉，该修改了》，《中国职工教育》2015 年第 4 期。

B.22 人力资源和社会保障法制建设状况

南连伟*

摘　要： 党的十八大以来，特别是十八届四中全会以来，国家法治建设进入全面发展的新时期，法治政府建设开启了新征程，立法制度建设取得了新进展。但“十三五”期间，我国立法工作仍任重道远。本报告在分析人力资源和社会保障法制建设面临的新形势及近期新动态的基础上，提出了对未来人力资源和社会保障法制建设发展趋势的预判。

关键词： 人力资源　社会保障　法制建设

一　人力资源和社会保障法制建设面临的新形势

（一）法治政府建设开启新征程

法治政府基本建成是党的十八大提出的全面建成小康社会的重要目标之一。为了加强法治政府建设，中央印发了《法治政府建设实施纲要（2015～2020年）》，对法治政府建设的目标、任务、举措做出了部署和安排，是未来一个时期指导我们深入推进依法行政、加快建设法治政府的纲领性文件。

《法治政府建设实施纲要（2015～2020年）》明确了法治政府建设的目标，提出到“十三五”期末基本建成职能科学、权责法定、执法严明、公开公正、廉洁高效、守法诚信的法治政府，确定了法治政府基本建成的衡量标准，包括

* 南连伟，人力资源和社会保障部规划财务司发展规划处。

政府职能依法全面履行等七个方面。这些目标和衡量标准适用于包括人力资源和社会保障部在内的每一个政府部门，对我们推进人力资源和社会保障法制建设具有普遍性的指导意义。

《法治政府建设实施纲要（2015～2020年）》提出依法全面履行政府职能，强调要强化政府促进就业、调节收入分配和完善社会保障的职能，加快形成政府主导、覆盖城乡、可持续的基本公共服务体系，实现基本公共服务标准化、均等化、法定化。这实质上明确了人力资源和社会保障法制建设的重点领域和方向。人力资源和社会保障部门要全面履行政府职能，特别是促进就业创业、完善社会保障制度、调节工资收入分配等方面的职能，需要依托健全的法制体系。从目前来看，这几个方面的法律法规体系尚不健全，尤其是工资收入分配方面的法制建设比较滞后，需要加快推进。

《法治政府建设实施纲要（2015～2020年）》提出完善依法行政制度体系，强调要加快推进保障公民权利和改善民生等领域的政府立法。人力资源和社会保障部门是重要的民生部门，也是社会公平正义的重要维护者。加强人力资源和社会保障法制建设，完善就业创业、社会保障等领域的法律法规，事关国计民生和亿万人民群众的切身利益，事关法治政府基本建成目标的实现，意义重大。

《法治政府建设实施纲要（2015～2020年）》的发布实施，标志着法治政府建设开启了新征程，人力资源和社会保障法制建设也面临一系列新要求、新机遇和新挑战。当前和今后一个时期，必须紧紧围绕党的十八大提出的法治政府基本建成目标，全面贯彻落实《法治政府建设实施纲要（2015～2020年）》提出的各项目标要求，紧密结合人力资源和社会保障事业发展实际，抓住重点，协调推进，不断健全人力资源和社会保障法律规范体系。

（二）立法制度建设取得新进展

立法法是关于国家立法制度的重要法律，是立法活动的基本依据。自2000年立法法颁布实施以来，对指导立法工作、规范立法活动、提升立法质量、推进立法的科学化和民主化发挥了重要作用。但随着经济社会发展形势不断变化，立法工作的实践基础和实践需求也在不断变化，立法法的一些规定已经不能完全适应当前的实践需要。特别是党的十八大和十八届三中、四中全会对关于完善立法体制、深入推进科学立法和民主立法提出了一系列新要求，必须贯彻落实到立法工作中。在这种背景下，2015 年 3 月，全国人大通过了《关于修改〈中华人民共和国立法法〉的决定》，对立法法进行了比较系统的修改。

修改后的立法法关于部门规章和地方政府规章的制定权限有了新的规定。第八十条第 2 款规定："没有法律或者国务院的行政法规、决定、命令的依据，部门规章不得设定减损公民、法人和其他组织权利或者增加其义务的规范，不得增加本部门的权力或者减少本部门的法定职责。"① 关于地方政府规章，立法法也做出了类似的规定。上述修改对于人力资源和社会保障领域的立法工作具有重要的指导意义。人力资源和社会保障工作事关民生，立法活动与群众切身利益密切相关，各级人力资源和社会保障部门在制定部门规章或地方政府规章时，应当严格遵循立法法规定，保障公民的合法权益。

与此同时，修改后的立法法关于完善立法体制、发挥人大在立法工作中的指导作用、深入推进科学立法和民主立法、完善行政法规制定程序、加强备案审查等问题都有新规定。可以说，本次修改立法法是对我国立法制度的一次重要完善，对于立法工作具有重要而普遍的指导意义。新时期推进人力资源和社会保障法制建设，应当认真贯彻落实立法法修订精神，不断提升立法质量，充分发挥立法对于事业发展的引领和保障作用。

（三）立法工作面临新任务

2014 年 12 月，全国人大常委会公布了《2015 年立法工作计划》，对 2015 年度全国人大常委会立法工作进行了部署，其中拟于 2015 年度进行初次审议的法律案中包括国家勋章和国家荣誉称号法。2015 年 9 月，国务院办公厅印发了《国务院 2015 年立法工作计划》，对 2015 年度国务院立法工作进行了部署。立法计划将立法项目分为四类：全面深化改革和全面依法治国急需的项目、力争年内完成的项目、预备项目和研究项目。其中，多个立法项目是由人力资源和社会保障部门承担的，是 2015 年度应当努力完成的立法工作任务。一是在力争 2015 年内完成的项目中提出制定全国社会保障基金条例。二是在

① 《中华人民共和国立法法》。

预备项目中提出制定外国人在中国工作管理条例，修订失业保险条例。

全国人大常委会和国务院公布的2015年立法工作计划，对人力资源和社会保障法制工作提出了新任务。由人力资源和社会保障部门承担或参与的立法项目中，有些已经完成，比如，国家勋章和国家荣誉称号法由第十二届全国人大常务委员会第十八次会议于2015年12月27日通过，自2016年1月1日起施行；全国社会保障基金条例由国务院第122次常务会议于2016年2月3日通过，自2016年5月1日起施行。有些仍在推进过程中，比如，制定外国人在中国工作管理条例，修订失业保险条例。总体来看，法律制定推进较快，行政法规制定进程有所滞后，需要加大工作力度，尽快推动出台。

二　人力资源和社会保障法制建设的发展动态

（一）人社法治建设出台综合性指导文件

十八届四中全会召开后，人力资源和社会保障部门法治建设也迎来新的发展机遇。为更好地推进部门法治建设，为事业发展提供法治保障，2015年7月，人社部制定出台了《关于全面推进人力资源社会保障部门法治建设的指导意见》（以下简称《指导意见》），明确了人力资源社会保障部门法治建设的总体要求和基本原则，从四个方面对人社法治建设进行了部署和安排：一是加强立法工作，推进法律规范体系建设；二是坚持依法行政，健全法治实施体系；三是完善法治监督体系；四是强化法治保障体系。

《指导意见》强调要加强立法工作。要求各级人社部门按照人力资源社会保障立法体系构想，积极推进六大业务板块法律规范体系建设。第一，对已经列入国家立法规划和计划的立法项目，例如，外国人在中国工作管理条例、人力资源市场条例等，要配合有关部门按时完成。第二，要加强立法调研和论证工作，推动人才开发、职业技能建设、劳动标准、社保基金管理等领域的立法工作。第三，地方人社部门要充分利用立法权限，积极进行立法实践探索，为国家法治建设积累经验。

《指导意见》要求健全人社法治实施、监督和保障体系。关于法治实施，强调要依法全面履行政府职能，建立权力清单和责任清单制度，健全重大行政决策机制，完善行政执法体制机制。关于法治监督，强调要自觉接受人大及其常委会、人民法院和人民检察院、审计部门的监督，健全行政复议工作制度，全面推进政务公开。关于法治保障，强调要提高全系统干部职工的法治思维能力，健全社会矛盾纠纷预防化解机制，营造人社法治的良好氛围，加大经费保障力度。

《指导意见》是当前和今后一个时期指导人社法治建设的综合性文件，对统筹推进各项法治工作具有重要意义。其中提出的一些立法项目，是我们今后一个时期推进人力资源和社会保障立法工作的重点，应当集中资源和力量，加快推进立法工作进程，不断健全人力资源和社会保障法律规范体系，以“良法”保证“善治”，为实现人力资源和社会保障法治化创造条件。

（二）国家勋章和荣誉称号的设立和授予实现法制化

2015 年 12 月，《中华人民共和国国家勋章和国家荣誉称号法》（以下简称《国家勋章和国家荣誉称号法》）获得全国人大常委会表决通过，向社会公开发布。《国家勋章和国家荣誉称号法》共有 23 条，对国家勋章和国家荣誉称号的性质种类、设立主体和程序、授予主体和程序、授予对象和标准、管理和撤销等问题进行了规范。

国家荣誉制度是指国家或者有关组织依据一定的程序，对某特定主体为国家发展、社会进步、人类发展所做突出贡献给予承认而授予最高权威性的荣誉称号的制度安排。建立国家荣誉制度意义重大。首先，中国特色社会主义建设要求建立国家荣誉制度，国家荣誉制度一直体现在党和国家的政策和法律要求中。其次，建立国家荣誉制度是尊重人才平等发展权利的重要途径，体现了整个社会对人才最大限度地尊重。最后，建立国家荣誉制度是社会进入工业化发展阶段的迫切要求，是人才评价激励制度建设的迫切要求，是承载和引领中国精神的殷切要求。

《国家勋章和国家荣誉称号法》制定出台后，国家勋章和国家荣誉称号的设立和授予等工作实现了法制化，对建立完善国家荣誉制度，实现该项制度的规范化、制度化、常态化运行具有重要意义。

（三）社会保险基金管理出台行政法规

2016 年 3 月，《全国社会保障基金条例》（以下简称《全国社保基金

条例》）由国务院常务会议通过，向社会公开发布。《全国社保基金条例》包括五章30条，五章为：一是总则，二是全国社会保障基金的管理运营，三是全国社会保障基金的监督，四是法律责任，五是附则。《全国社保基金条例》颁布实施后，取代2001年财政部、劳动和社会保障部制定的《全国社会保障基金投资管理暂行办法》，成为规范全国社会保障基金管理运营的基本法律文件。

《全国社保基金条例》明确了社会保障基金的来源，根据条例第2条规定，社保基金的来源包括四部分：一是中央财政预算拨款，二是国有资本划转，三是基金投资收益，四是以国务院批准的其他方式筹集的资金。此外，基金安全是社保基金管理的基本目标。为了确保基金安全，条例第6条规定了基金投资运营的三个原则：一是安全性原则，二是收益性原则，三是长期性原则。同时，条例规定社保基金必须合理配置资产，范围包括国务院批准的固定收益类、股票类和未上市股权类等资产种类，还要控制在一定比例幅度内。条例第18条规定："任何单位和个人不得侵占、挪用或者违规投资运营全国社会保障基金。"①

全国社会保障基金是2000年国务院为了应对老龄化带来的养老金支付缺口而设立的，由全国社保基金理事会负责管理运营。基金设立十几年来，规模不断扩大，管理运营也趋于规范。与此同时，随着人口老龄化不断加剧，全国社会保障基金面临的保值增值压力增大，管理运营中也暴露了一些问题。在这种背景下，《全国社保基金条例》的制定出台可谓正当其时，对更好地规范基金管理运营、加强基金监督、实现基金保值增值具有重要意义。

（四）部门规章立改废工作有序进行

2016年，人力资源和社会保障部加强了规范性文件清理工作，在有序推进部门规章制定和修改的同时，废止了部分已经不适应实践需要的部门规章，进一步完善了人力资源和社会保障部门规章体系。

在规章制定方面。一是为了规范继续教育活动，保障专业技术人员权益，不断提高专业技术人员素质，人力资源和社会保障部制定出台了《专业技术

① 《全国社会保障基金条例》第18条。

人员继续教育规定》，包括五章31条，对专业技术人员继续教育的内容和方式、组织管理和公共服务、法律责任等问题进行了规范，同时取代了原人事部1995年发布的《全国专业技术人员继续教育暂行规定》。二是为了规范工伤保险辅助器具配置管理，维护工伤职工的合法权益，人力资源和社会保障部、民政部、卫生计生委共同制定出台了《工伤保险辅助器具配置管理办法》，包括五章31条，对工伤保险辅助器具配置的确认与配置程序、管理与监督、法律责任等问题进行了规范。

在规章修订方面，为了更好地适应行政审批制度改革和注册资本登记制度改革需要，2015年4月，人力资源和社会保障部出台了《人力资源社会保障部关于修改部分规章的决定》，对《人才市场管理规定》《中外合资人才中介机构管理暂行规定》《就业服务与就业管理规定》《中外合资中外合作职业介绍机构设立管理暂行规定》《中外合作职业技能培训办学管理办法》《企业年金基金管理机构资格认定暂行办法》《企业年金基金管理办法》七件部门规章进行了修订。

在规章废止方面，人力资源和社会保障部根据国务院要求对现行有效规章进行了全面清理。出台了《人力资源社会保障部关于废止部分规章的决定》，决定对《女职工禁忌劳动范围的规定》《全民所有制事业单位专业技术人员和管理人员辞职暂行规定》《国家机关、事业单位工资基金管理暂行办法》等15件主要内容已被新的法规所替代或因客观情况发生变化已不适用等情形的部门规章予以废止。

（五）地方法制建设积极推进

2016年，地方人力资源和社会保障法制建设也在积极推进。湖南省人社厅出台了《关于全面推进全省法治人社建设的实施意见》，提出到2020年基本建成法治人社的新格局："以权责统一为基础的责任人社、以高效便捷为重点的效能人社、以公开透明为要求的阳光人社、以公平正义为核心的公正人社、以诚实守信为准则的诚信人社、以廉洁从政为保障的清廉人社。"① 江西省人社厅对规范性文件进行了全面清理，决定废止以厅名义发布实施的规范性文件139件，宣布失效59件，进行修改20件。浙江省制定出台了《浙江省劳

① 湖南省人力资源和社会保障厅：《关于全面推进全省法治人社建设的实施意见》，2016。

动人事争议调解仲裁条例》，这是全国首部劳动人事争议处理地方性法规。地方人社法制建设的积极推进，不仅为本地区人社事业改革发展创造了良好的法治环境，也为国家层面推进人社法治建设积累了实践经验。

三　人力资源和社会保障法制建设的发展趋势

（一）全面推进法治人社建设

2016年是“十三五”开局之年，全面建成小康社会的冲锋号已经吹响，人力资源和社会保障事业改革发展面临的形势更加复杂，推进改革发展任务艰巨繁重，必须有坚强有力的法治保障。国务院印发的《法治政府建设实施纲要》已经描绘了未来一个时期法治政府建设的蓝图，明确了法治政府基本建成的判断标准，是我们推进人力资源和社会保障法制建设的基本遵循。人力资源和社会保障部门应当紧紧围绕党的十八大提出的法治政府基本建成目标，努力完成《法治政府建设实施纲要》提出的各项目标任务，全面推进人力资源和社会保障法治建设。

人力资源和社会保障部制定的《人力资源和社会保障事业发展“十三五”规划纲要》提出，“十三五”时期要推进法治人社建设，并对人力资源和社会保障部门依法行政工作进行了部署和安排，明确了未来五年人力资源和社会保障法治建设的基本方向。与此同时，为了更好地贯彻落实《法治政府建设实施纲要》，人力资源和社会保障部已制定《全面推进人力资源和社会保障法治建设纲要（2015～2020年）》，这部综合性文件的出台，明确了未来五年法治人社建设的时间表、路线图、任务书，对推进人力资源和社会保障法治建设将产生重要的指导作用。

可以肯定的是，在全面建成小康社会和全面依法治国的大背景下，未来一个时期将成为人力资源和社会保障法治建设全面推进的时期，也必将成为人力资源和社会保障法治化取得重大进展的时期。

（二）不断健全人力资源和社会保障法律规范体系

2016年4月，国务院办公厅印发了《国务院2016年立法工作计划》，明确了本年度国务院立法工作重点："紧紧围绕党中央、国务院2016年的中心工作，把贯彻落实《中共中央关于全面深化改革若干重大问题的决定》、《中共中央关于全面推进依法治国若干重大问题的决定》、《中华人民共和国国民经济和社会发展第十三个五年规划纲要》和《政府工作报告》确定的任务作为重中之重，及时完成有关适应经济发展新常态要求、保障和改善民生、促进文化发展、着力改善生态环境、维护国家安全、加强政府自身建设等方面的立法项目。"①

《国务院2016年立法工作计划》中提出的立法项目包括全面深化改革急需的项目、力争年内完成的项目、预备项目和研究项目四类，其中多个立法项目是由人力资源和社会保障部承担和参与的。一是全面深化改革急需的项目中，包括制定人力资源市场条例，修订失业保险条例。二是预备项目中，包括制定外国人在中国工作管理条例、国务院表彰奖励工作条例。从目前来看，这些立法项目进展不一，有些立法项目需要加快工作进度，争取尽快出台。

除了《国务院2016年立法工作计划》中提出的立法项目外，人力资源和社会保障部门需要推进的立法任务还有很多，人社工作六大业务板块中，有些工作缺少明确的法律法规依据，有些法律法规依据已经明显滞后，需要修订。各级人力资源和社会保障部门应当着眼人社事业发展的长远和现实需要，立足工作实际，积极开展立法工作，全面落实《全面推进人力资源和社会保障法治建设纲要（2015~2020年）》提出的各项立法工作任务，不断健全人力资源和社会保障法律规范体系。

（三）着力提升立法工作能力和水平

新时期人力资源和社会保障法制建设面临的任务繁重，对立法工作能力和水平也提出了更高的要求。应当按照党的十八届四中全会提出的推进科学立法、民主立法要求，不断完善立法工作体制机制、健全立法工作程序、提升立法工作人员业务能力，在加快立法工作进度的同时，确保立法质量，确保制定出台的法都是"良法"。

一方面，要完善科学民主立法程序。立法的科学化和民主化是现代立法工

---

① 《国务院2016年立法工作计划》。

作的必然要求，要提升立法质量，确保制定出的法律法规体现人民意志、维护人民利益、符合工作实际，必须坚定不移地推进科学立法和民主立法。按照十八届四中全会和法治政府建设的要求，要不断完善立法机制和工作程序，在立法过程中应当广泛听取民意，创造条件让公众参与立法过程，对涉及群众切身利益的重大民生问题，要开展咨询论证和评估。

另一方面，要坚持立法与改革协调推进。改革是当今时代最响亮的主旋律之一，随着各项改革举措深入推进，在法律层面遇到的问题会越来越多。必须科学认识改革与法治的关系，善于运用法治思维和法治方式深化改革，善于用法治为改革提供保障。在全面深化改革的进程中，人社部门承担的任务是比较重的，许多改革措施关系到亿万老百姓的切身利益，这实际上对立法工作提出了更高的要求。必须坚持立法与改革协调推进，以改革推进法治建设，以法治保障改革深化。

人力资源和社会保障事业是民生事业，各项工作都与人民群众切身利益密切相关。加强人力资源和社会保障法制建设，既是贯彻落实全面依法治国战略部署的重要举措，也是提升社会治理能力和治理水平、保障和改善民生、实现共享发展的必然要求，必须坚持不懈地扎实推进，不断健全人力资源和社会保障法制体系，为人力资源和社会保障事业全面协调可持续发展提供坚强保障。

参考文献

《中华人民共和国立法法》。

《中共中央关于全面推进依法治国若干重大问题的决定》。

《法治政府建设实施纲要（2015～2020年）》。

《人力资源和社会保障事业发展“十三五”规划纲要》。

《关于全面推进人力资源社会保障部门法治建设的指导意见》。

B.23
2015年度企业人才管理与人力资源管理现状报告

苏永华*

摘　要：　在中国经济新常态背景下，中国人力资源也出现了一些新变化和新特征，其中，人力资源的多样性、人才的高流动性、潜力成为人才最重要的资本，是三种最显著的特征。首先，人力资源的多样性包括知识性员工占比越来越大、新生代员工进入职场以及国际化员工管理成为常态。为了满足多样性员工的需求，企业在进行人才管理时需要适度规范化和个性化。其次，人才的高流动性包括社会改革及经济政策导致的人才流动加剧、产业的起落和兴衰加剧造成的人才流动增强以及个体自我意识的增强造成的流动主动性的增强。人才的高流动性要求企业人才管理（评价体系和培养体系）能够短期见效，并为企业长期发展提供持续的人才保障。最后，潜力成为人才最重要的资本，要求企业重视潜力人才的选拔和培养发展，并进行组织体系调整和组织氛围重塑。

关键词：　企业人才管理　人力资源

中国企业人才管理与人力资源管理出路何在？原有经验、模式显然不管用了，而一些在西方国家企业管理中成熟的理论方法在中国也显得不适应了。所以，我们需要一种新的视角、新的思维、新的理念和新的方法来指引我们广大

---

* 苏永华，诺姆四达集团董事长兼总裁，管理学博士。

的企业管理者去面对和解决人力资源的管理问题。

为此，诺姆四达研究院联合北京人力资源服务行业协会、上海人才服务行业协会、上海市心理学会开展了“2015 年度企业人才管理与人力资源管理现状调研”，希望借此了解目前企业在人才管理与人力资源管理中的困惑和解决途径，同时细致地比较不同企业的管理理念，以期帮助企业适应快速变化的环境。

一　参与调查的企业的基本情况

本次调查共抽取了 888 家企业，其中，以华北（41.89%）、华东（33.78%）、华南（10.81%）地区企业为主，超过一半的企业为民营企业（51.80%），来自 IT/互联网/通信/电子行业的企业数量最多，达到 21.17%。参与调查企业规模多为大中型企业，其中 100～500 人（28.83%）规模的企业数量最多，其次是 1000～3000 人（14.41%）和 500～1000 人（13.51%）规模的企业。受访对象主要为不同级别的企业人力资源部员工，其中以 HR 经理、主管为主（见图 1～图 5）。

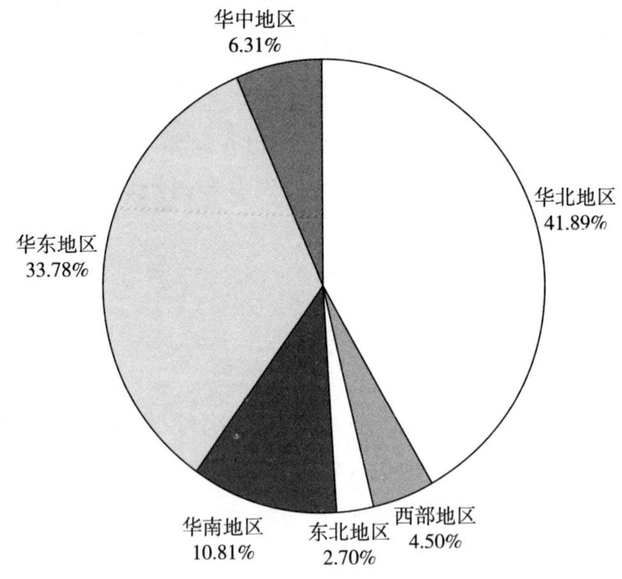

图 1　企业所在区域

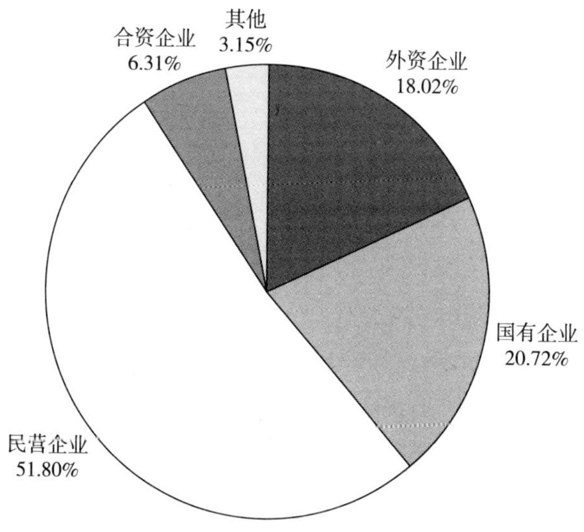

图2　参与企业属性占比情况

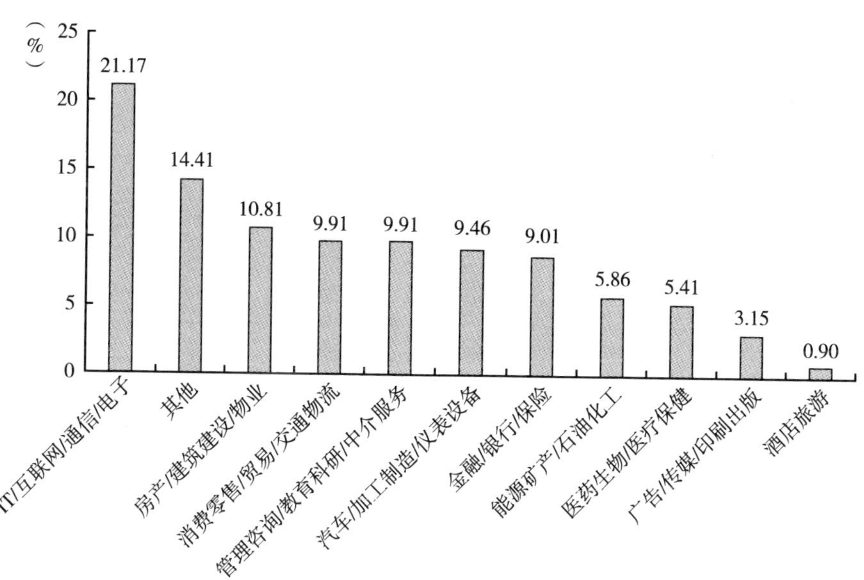

图3　企业所属行业占比情况

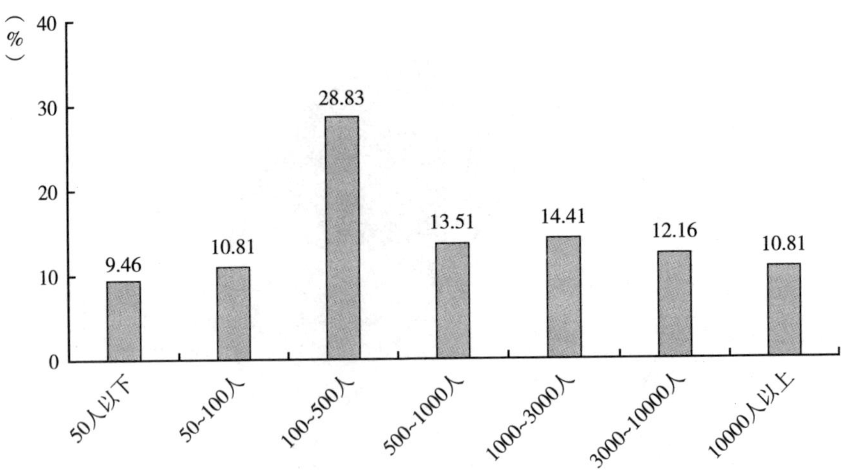

图 4　企业规模占比情况

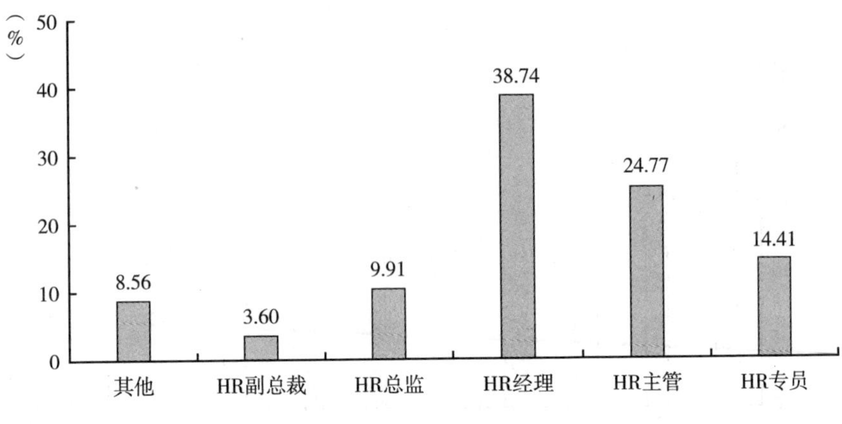

图 5　调查对象占比情况

二　管理理念

从传统人事管理到现代人力资源管理，表面上看是管理职能发生了变化，从简单地完成事务性工作到人力资源管理六大模块划分，本质上其实是管理理念的变化。人事管理的管理理念是将员工看作成本，通过员工的进出管理来降低企业用工成本，而人力资源管理的管理理念则是将员工作为企业发展的资源，通过不断地开发资源来提升企业竞争能力。在中国经济新常态下，人力资源也呈现新的特征，这些新变化是否对企业人力资源管理的理念带来了冲击？本报告将从企业人才观、人才管理观和人才测评观三个角度来展现目前企业人力资源管理的管理理念。

（一）企业人才观

参与调查企业基本都认可推动企业发展的核心资源是人力资源（80.63%），当然这也与被调查人员主要为HR相关工作人员有关，但也体现了人力资源在企业发展中的重要作用。

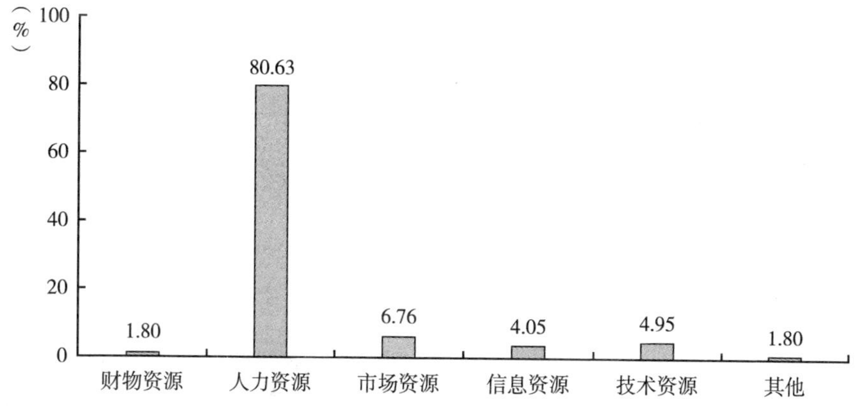

图6　企业发展核心资源的占比情况

被调查企业最看重的四类人才是关键岗位人员（58.11%）、高潜质人才（53.60%）、专业技术骨干（53.15%）和领导与管理人员（52.25%）。

不同性质的企业对人才的定义标准有所差异，其中，外资企业和合资企业最看重的是关键岗位人员，而国有企业最关注的是专业技术骨干。同时发现，绝大多数企业已经不再简单地以背景好、学历高的“精英”来定义人才。

企业对人才的需求主要体现在以下几个方面：支撑企业发展（71.62%）、创造优秀绩效（69.37%）、认同企业文化（64.41%）、符合企业要求（48.65%）；而人

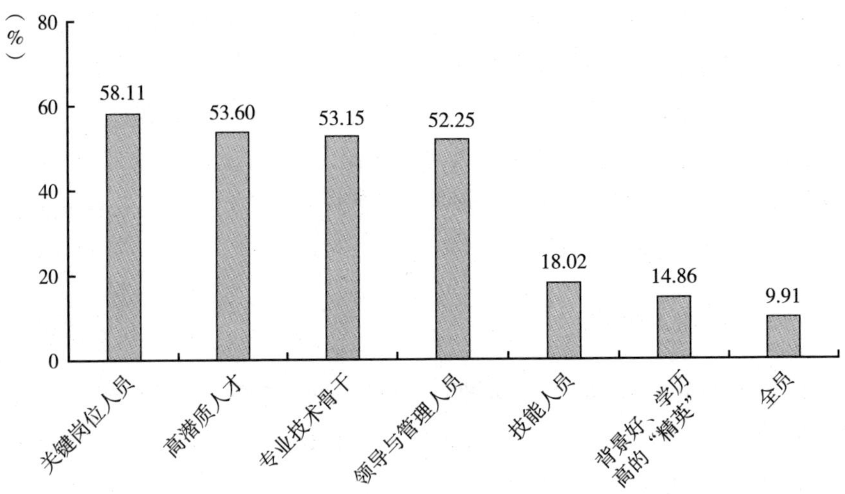

图7　企业看重的人才分布情况

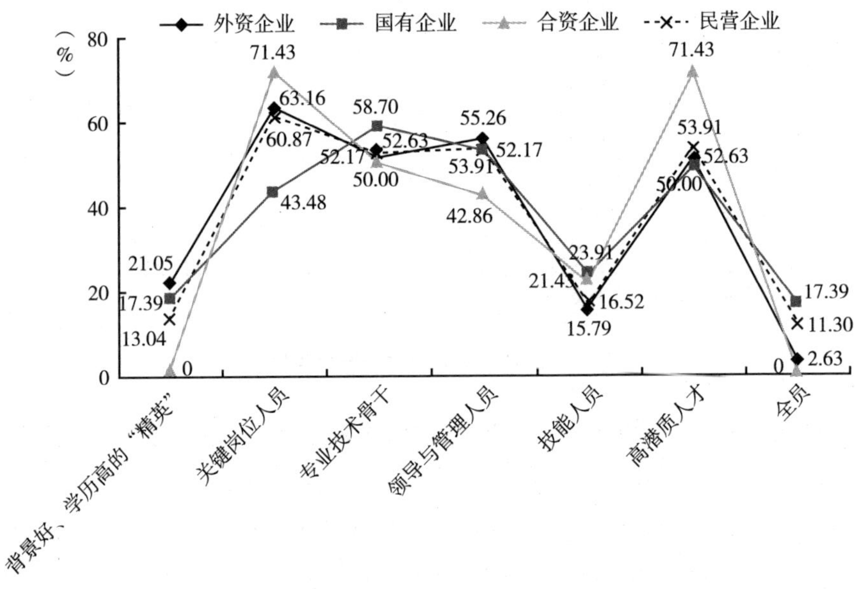

图8　人才定义（按企业属性分）

才对企业的需求排序为提供事业发展平台（88.74%）、合理的薪酬待遇（65.77%）、获得组织认可（60.81%）和良好的组织氛围（59.01%）。可见，企业和人才都非常注重自身发展，企业的发展需要依托人才得以实现，而人才的发展也需要企业给予支持，这是循环经济理念下，企业管理需要落实的重要准则。

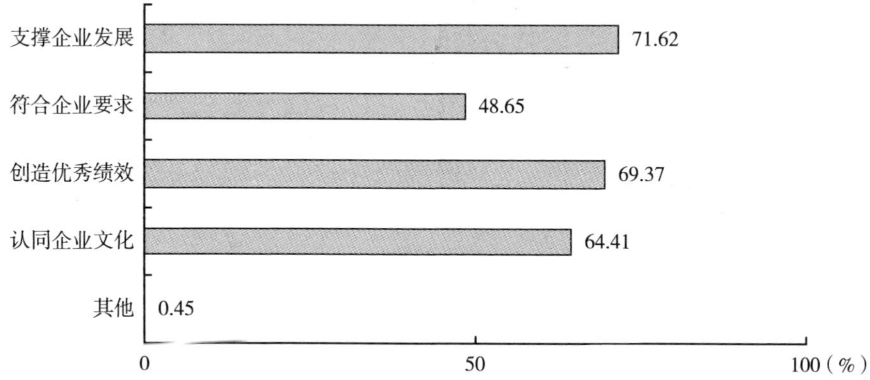

图9　企业对人才的需求

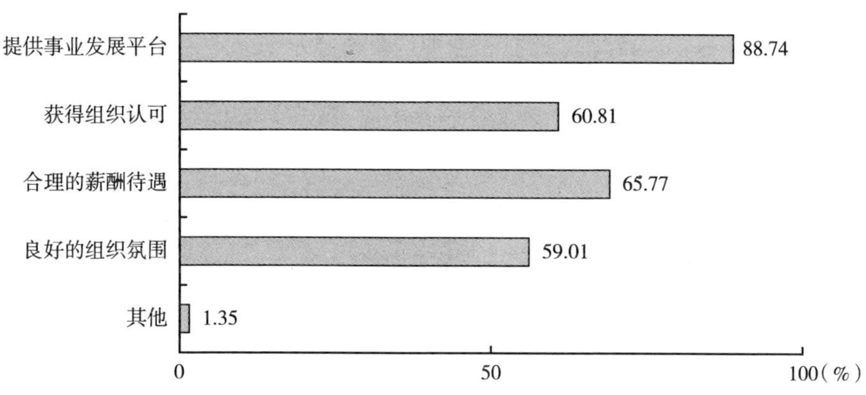

图10　人才对企业的需求

（二）人才管理观

随着国际化、市场化、信息化的不断推进，目前，企业管理模式也不断受到冲击，而受访企业HR都普遍认为社会变革、科技革新和互联网浪潮对企业人力资源管理理念的影响非常大（53.60%），认为影响比较大的占37.84%，认为影响小的不到5%。

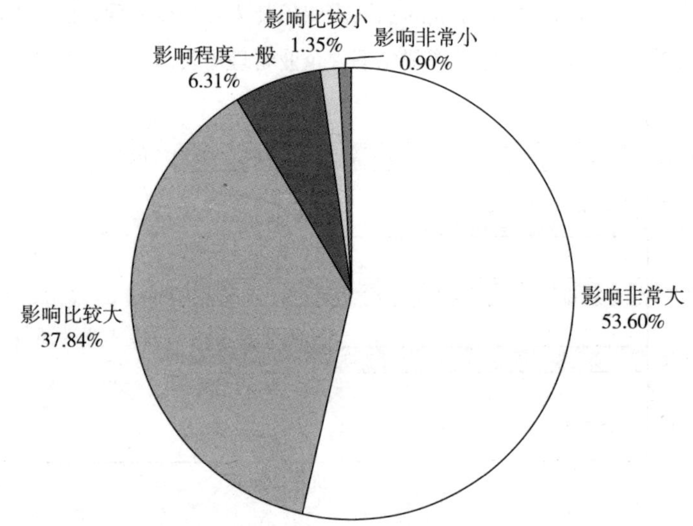

图 11　社会变革、科技革新和互联网浪潮对企业人力资源管理理念的影响

大部分企业 HR 认为人力资源管理的价值是平衡企业和个人双方的需求（66.22%），也有 25.23% 的企业 HR 认为满足企业对人才的需求是人力资源管理的价值，认为仅仅满足个人对企业的需求的不到一成（8.56%）。

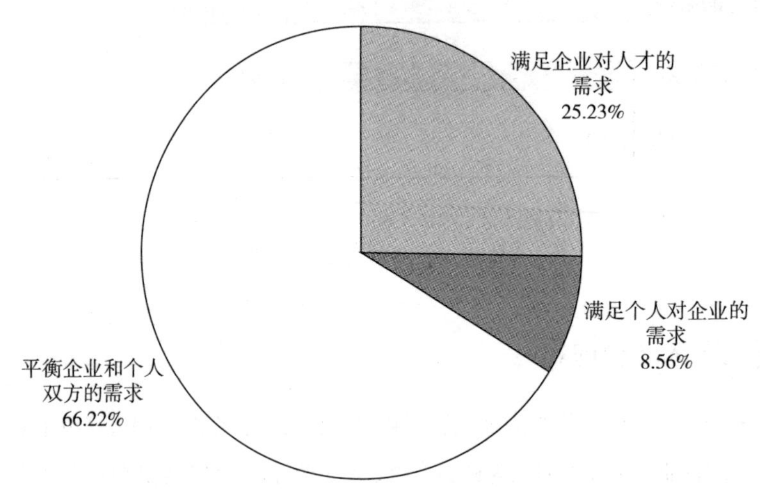

图 12　人力资源管理的价值

针对企业对人力资源管理的定位，55. 86% 的受访 HR 认为其是企业组织战略和业务的组成部分，40. 09% 的 HR 将人力资源管理的定位为“为企业发展提供支持”，只有不到 5% 的受访者将其定位为“为业务部门提供服务”。不同企业对人力资源管理的定位也存在差异，其中，外资企业更看重人力资源管理为企业发展提供支持，而其他企业都倾向于把人力资源管理定位于“组织战略和业务的组成部分”。说明人力资源管理工作对企业发展起到越来越大的作用，而不仅仅是对业务部门提供服务。

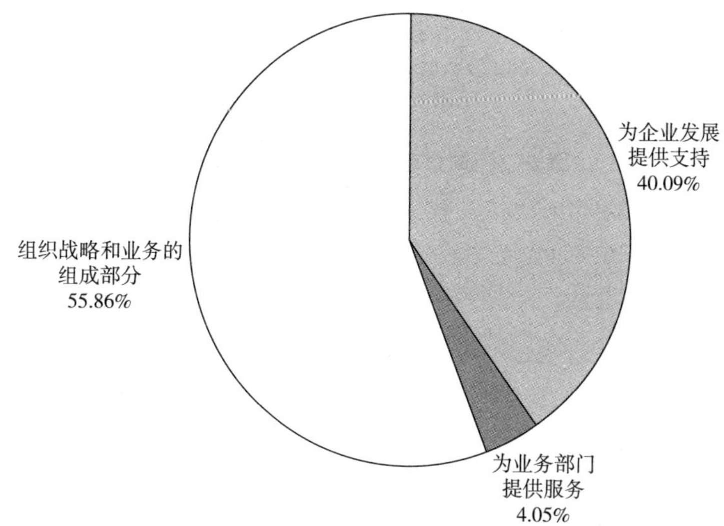

图 13　企业对人力资源管理的定位

（三）人才测评观

现代人才测评是根据一定的目的，综合运用定量与定性的多种方法，对人才的德、智、能、绩、勤、体等进行客观、准确评价的一种社会活动。随着企业管理的科学化、规范化，越来越多的 HR 意识到人才测评技术在未来企业人才管理中所起的作用，其中，64. 86% 的 HR 相信人才测评将全面贯穿于人力资源管理的各个环节，认为人才测评会在原有的基础上逐步扩展到人力资源管理的其他领域的占 22. 52%，仍有 12. 16% 的 HR 预计人才测评仍然集中应用在招聘和选拔等个别领域。

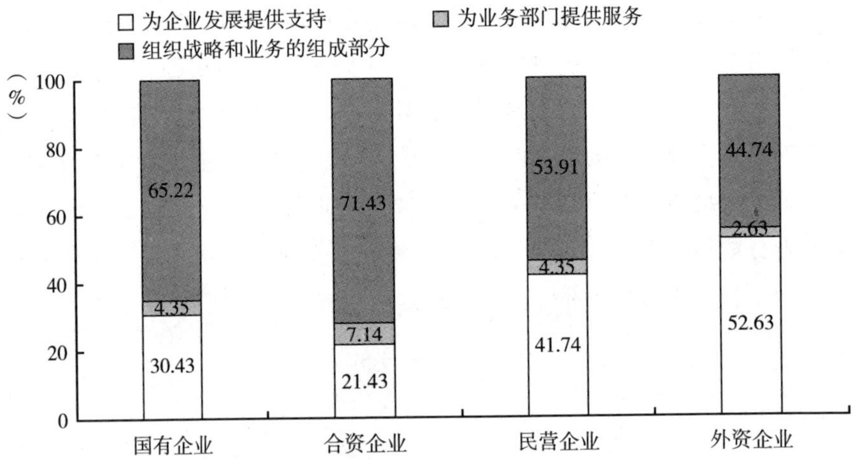

图 14　不同企业对人力资源管理的定位

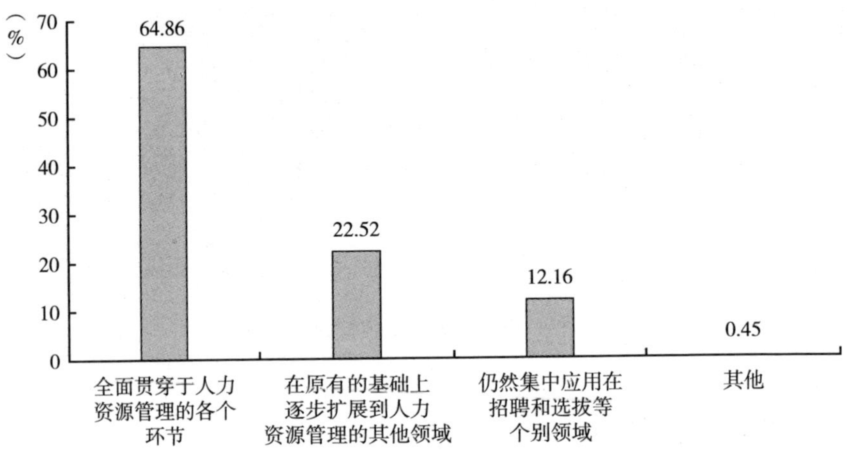

图 15　人才测评的应用

虽然中国人才测评起步晚，但随着应用市场的需求极度增长，人才测评行业也在快速发展，对于人才测评行业的发展趋势，超过六成的企业认为人才测评的工具将越来越丰富，技术和产品越来越成熟；将近一半的企业认为业务链条将从单一环节走向全流程，测评应用价值开始凸显（49.55%）；认为人才测评将成为企业战略管理的重要工具，成为不可或缺的环节的占 43.24%。

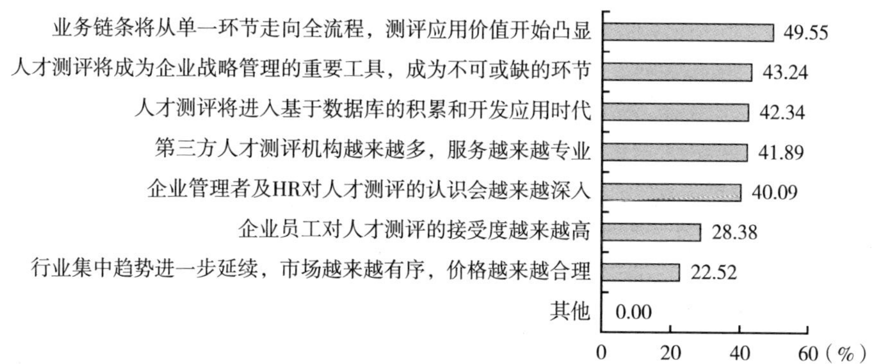

图 16　人才测评的应用

三　管理困惑

为了全面了解企业在人力资源管理中遇到的困惑，此次调查依据人力资源管理的六大模块设计了相应内容去分析企业存在的管理困惑。调查结果显示，被访企业在人力资源管理中最常见的几个问题依次为人力资源缺乏总体规划，无法对战略实施形成有效支撑（54.05%）；人才吸引力低，招聘渠道有限，不能及时获取合适的人才（39.64%）；人才发展体系不完善，人才的培养发展存在问题（32.43%）；岗位体系管理和岗位界定不明晰（31.53%）。

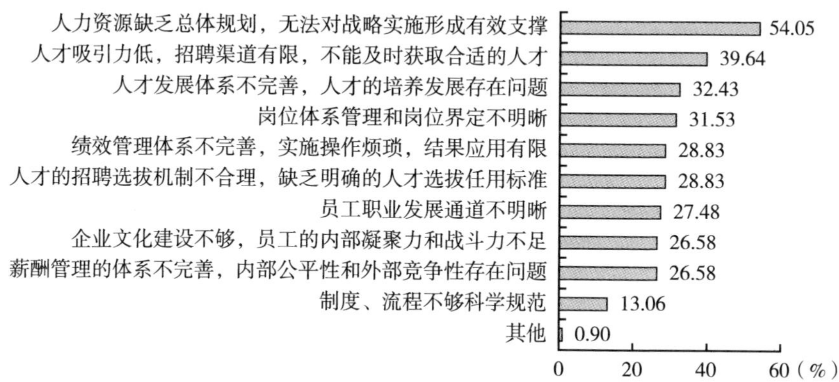

图 17　人力资源管理常见问题

在企业人才管理方面，建立人才标准（45.50%）、人才梯队建设（44.59%）、人才激励（39.64%）等都是企业常见的管理难题。

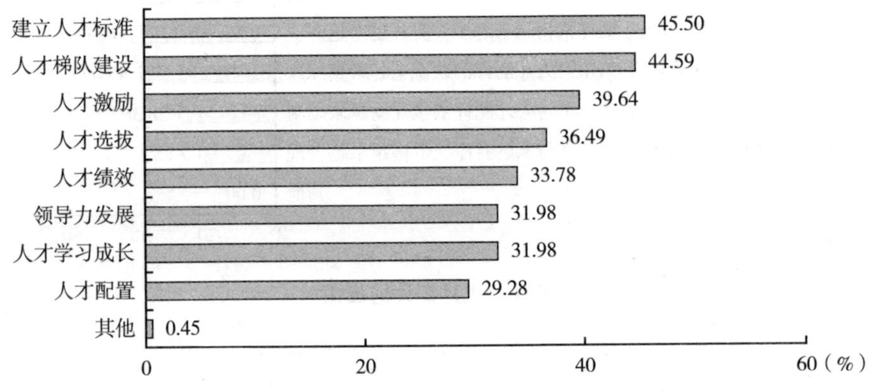

图18　企业人才管理常见的难题

（一）人力资源规划困惑

人力资源规划是企业从战略规划和发展目标出发，根据其内外部环境变化，预测企业未来发展对人力资源的需求，以及为满足这种需要所提供人力资源的活动过程。因此，人力资源规划是一切人力资源工作的方向盘，但企业有时很难清晰地认识到规划的重要性，常常容易对其产生疑问，下面列举了几个

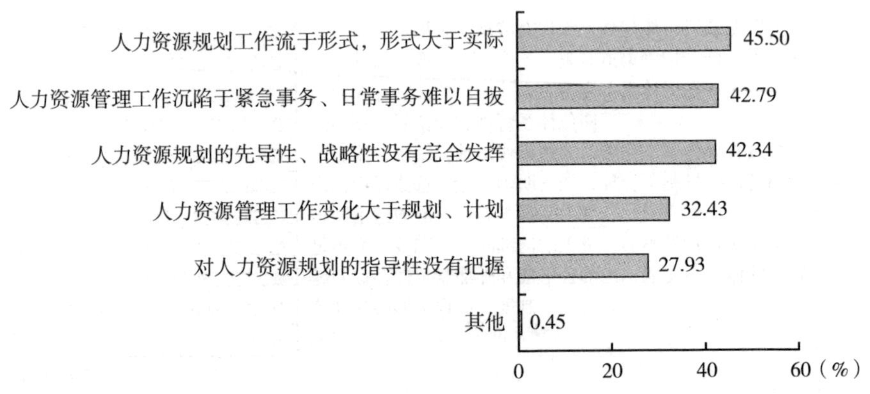

图19　人力资源规划困惑

被访企业最常见的困惑：人力资源规划工作流于形式，形式大于实际（45.50%）；人力资源管理工作沉陷于紧急事务、日常事务难以自拔（42.79%）；人力资源规划的先导性、战略性没有完全发挥（42.34%）。

（二）组织设计困惑

在组织设计方面，被访企业最常见的困惑依次为：组织出现办事效率低下，通过其他手段调整无法获取预期效果（45.50%）；原有组织架构无法满足战略发展需要（33.78%）；组织发生重大业务调整，原有架构无法有效匹配（32.43%）。

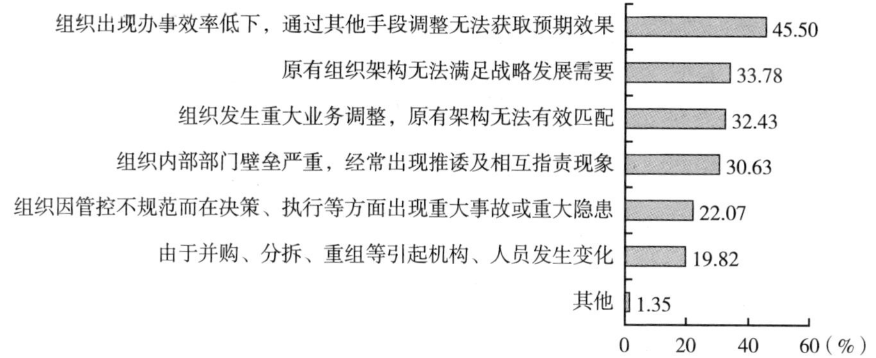

图 20　组织设计困惑

（三）选人用人困惑

人才选用讲求的是人岗匹配，适岗适人。找到合适的人却放到了不合适的岗位与没有找到合适的人一样会令招聘工作失去意义。招聘合适的人才并把人才分配到合适的地方才能算完成了一次有效的招聘。在选人用人机制方面，被访企业最常见的困惑依次为：缺乏科学有效的工具（48.65%），缺乏选用的标准或标准不统一（47.30%），选拔流程不够科学严谨（38.29%）。

在任职资格方面，被访企业最常见的困惑依次为：企业选拔人才标准主观性强（53.60%）；组织未来存在变革可能，现在建的任职资格体系未来怎么使用（45.50%）；任职资格体系如何与薪酬、绩效体系挂钩（45.05%）。

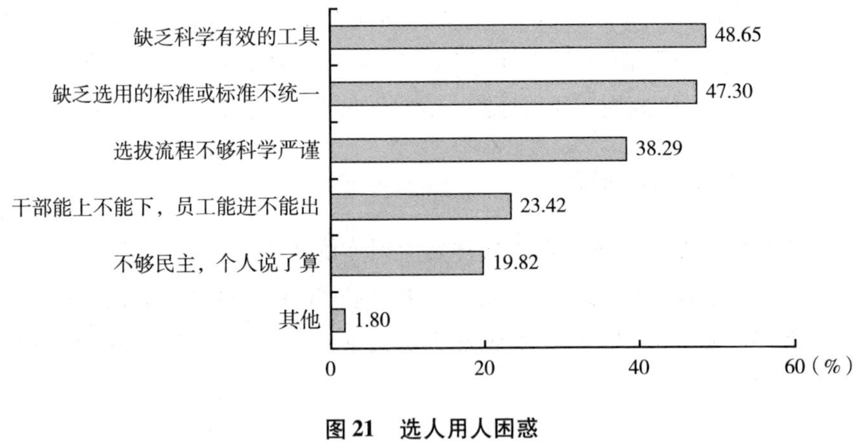

缺乏科学有效的工具
48.65
缺乏选用的标准或标准不统一
47.30
选拔流程不够科学严谨
38.29
干部能上不能下，员工能进不能出
23.42
不够民主，个人说了算
19.82
其他
1.80
0
20
40
60（%）

图 21　选人用人困惑

企业选拔人才标准主观性强
53.60
组织未来存在变革可能，现在建的任职资格体系未来怎么使用
45.50
任职资格体系如何与薪酬、绩效体系挂钩
45.05
选拔结果不服众
13.51
其他
0.90
0
20
40
60（%）

图 22　任职资格困惑

（四）人才培训与发展困惑

人才培训与发展直接决定了人才给公司创造的效益，企业组织有效培训，以最大限度地开发员工的潜能，既能帮助企业发展，同时也能满足人才自身的发展，但如何进行有效的培训和人才发展一直是企业管理者头疼的事情。此次调查发现，45.95%的企业 HR 认为培训流于形式，培训效果不明显是他们最主要的问题，而没有完善的培训体系（42.79%）、培训需求分析不科学（34.23%）、培训效果无法评估（32.88%）等都是其在人才培训中常遇到的问题。

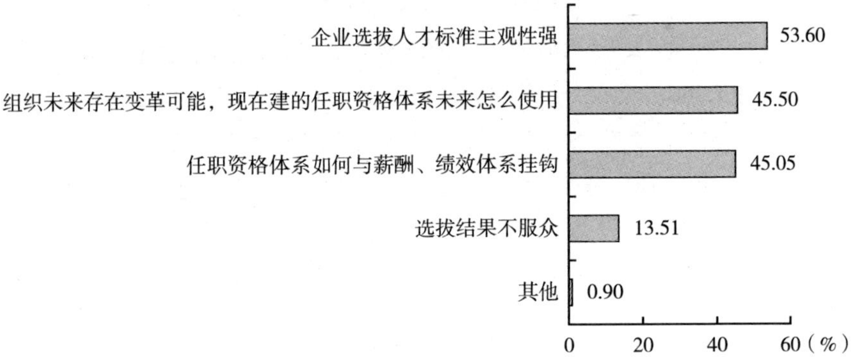

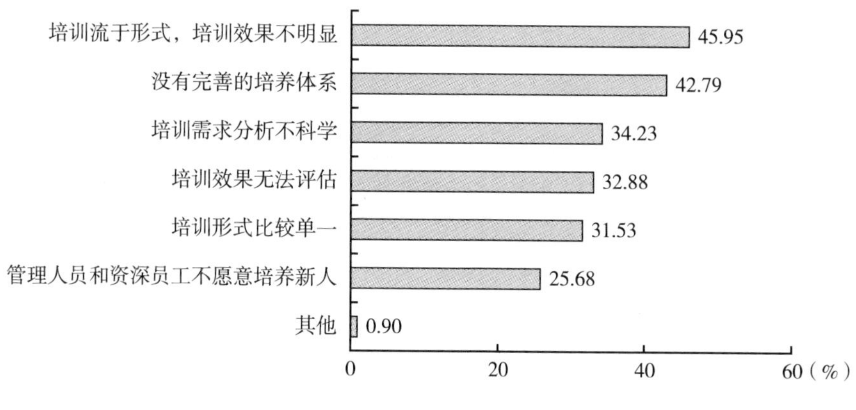

图 23　培训体系困惑

在职业发展通道方面，被访企业最常见的困惑依次为：发展通道单一，要想晋升只能走管理通道（45.50%）；员工纵向流动，横向交流的标准不清晰（43.69%）；员工不清楚职业努力的方向、发展机会的大小（42.79%）；岗位序列之间缺乏横向流动（34.86%）。

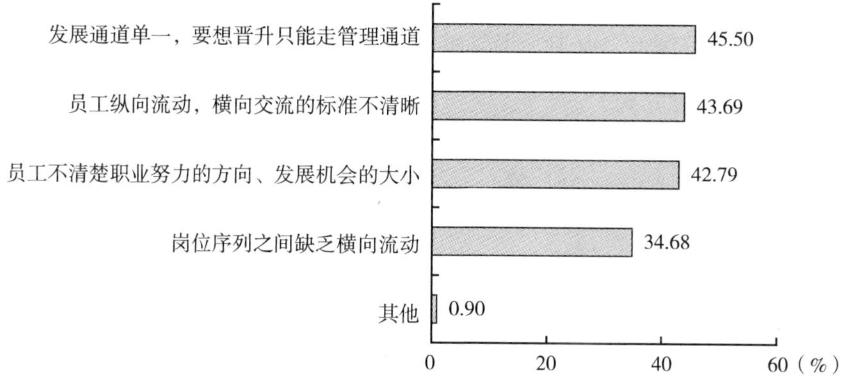

图 24　职业发展通道困惑

（五）绩效管理困惑

在绩效管理方面，被访企业最常见的困惑是绩效目标如何分解，指标如何确定（49.55%），而部门、班子之间成员之间分数无法比较（33.78%），平均主义、轮流坐庄（30.63%），评价人不敢说真话（30.18%）等都是企业常面临的绩效管理难题。

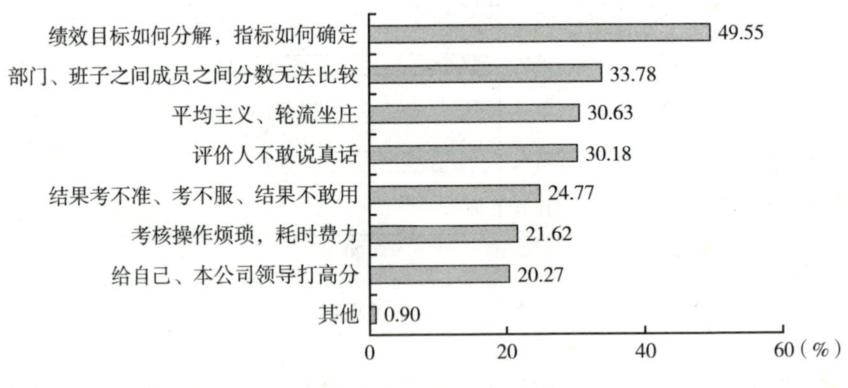

图 25　绩效管理困惑

（六）薪酬管理困惑

如何根据公司的管理难度、经营业绩等，设计兼具公平性和激励性的薪酬体系是企业在薪酬管理中常遇到的难题（55.41%）；有46.85%的企业则对如何为职能类岗位设计公平合理的薪酬体系，解决激励、晋升问题感到棘手。

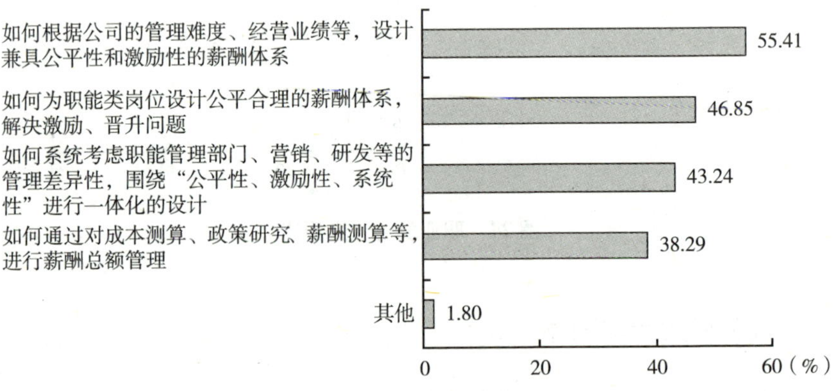

图 26　薪酬管理困惑

四　解决方案

（一）人力资源咨询服务

针对企业在人力资源管理中的常见困惑，54.95%的被访企业依旧选择依靠内部力量自己解决，也有40.99%的企业会选择聘请外部咨询机构提供解决方案，还有少数会选择其他途径。

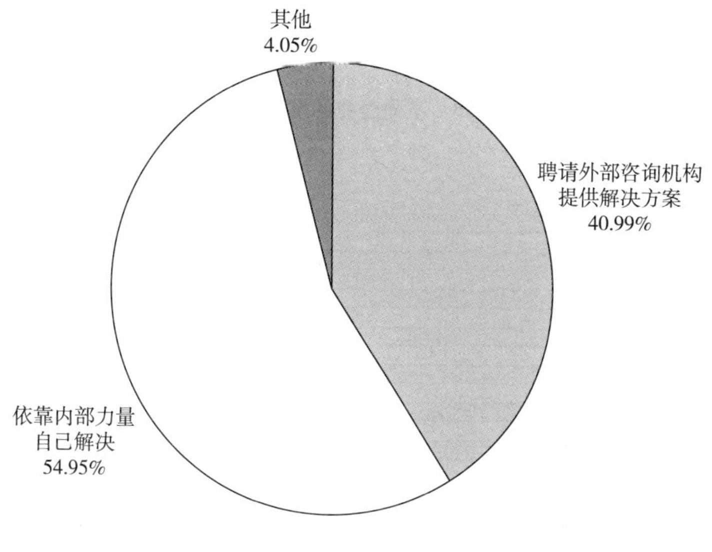

图27　解决途径

而按企业属性划分显示，外资企业（68.42%）和民营企业（53.91%）更多地依靠内部力量自己解决，国有企业则倾向于聘请外部咨询机构提供解决方案（52.17%）。

企业对人力资源管理领域的咨询需求排在前三位的依次为：人力资源战略规划（36.49%）、绩效考核机制（36.04%）、组织及岗位体系完善（33.33%）。

企业筛选咨询公司依据的标准主要包括：客户口碑（47.75%）、品牌知名度（44.59%）、专业积淀（43.24%）。

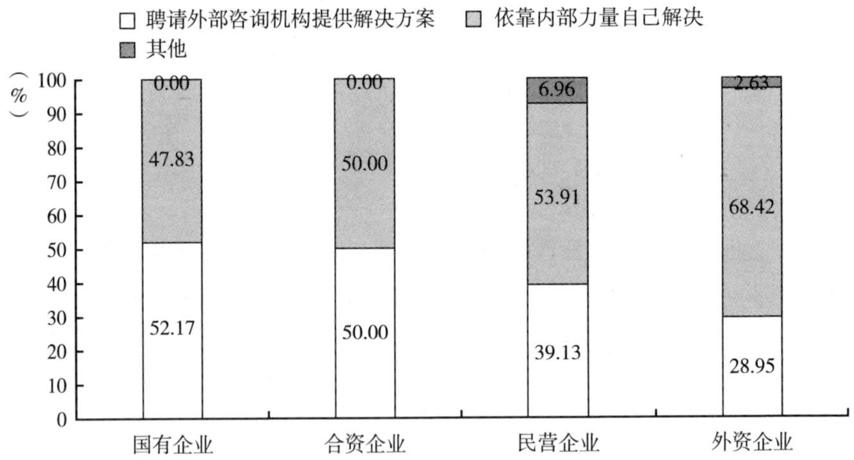

图 28　不同企业的解决途径

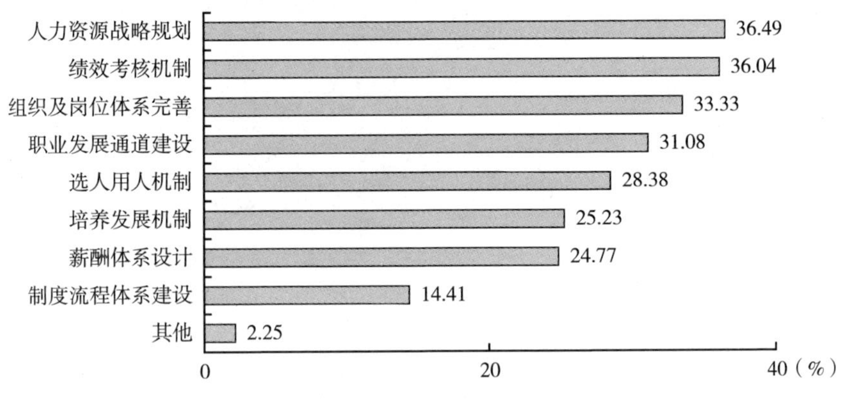

图 29　企业咨询需求

将近八成的企业在寻求外部咨询机构提供解决方案时更倾向于考虑国内咨询公司（77.03%），而不同企业之间内部比较显示，外资企业更倾向于使用国外咨询公司（52.63%），而其他企业选择国内咨询公司的比例较高。

企业选择国内咨询公司最主要的几个理由：了解中国企业组织特点（63.74%），能够根据企业特点提供针对性方案（45.03%），沟通更加顺畅（34.50%），性价比高（33.92%），所提供的方案容易落地（33.33%）。选择国外咨询公司理由排在前三位的依次为：有成熟的方法论和技术（47.17%），

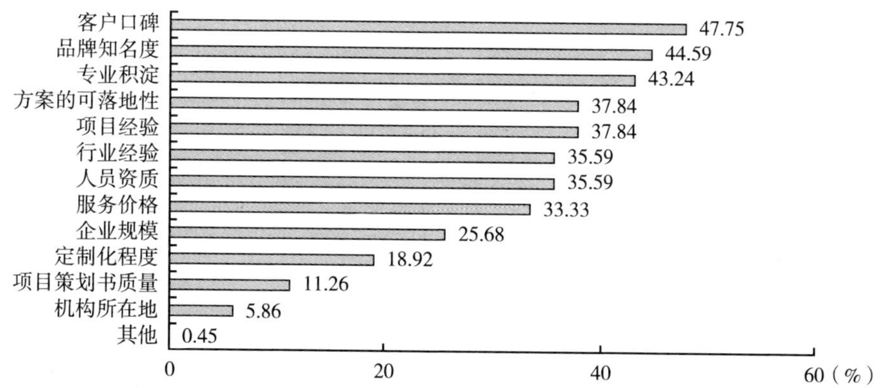

图 30 咨询公司选择标准

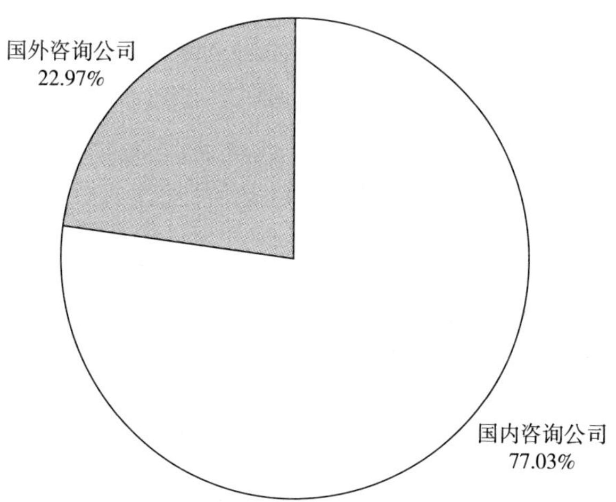

图 31 企业选择国内、国外咨询公司的倾向

实施顾问经验丰富（37.74%），品牌知名度高（30.19%）。

企业 2015 年对人力资源管理咨询项目的预算区间在 20 万元以下的最多（49.10%），其次是 20 万～50 万元（28.83%）。

被访企业中有 82.88% 的企业进行过外部咨询项目，进一步进行项目满意度调查显示，有 9.01% 的企业对项目非常满意，较为满意的有 28.38%，对项目满意度为尚可的占 33.78%。

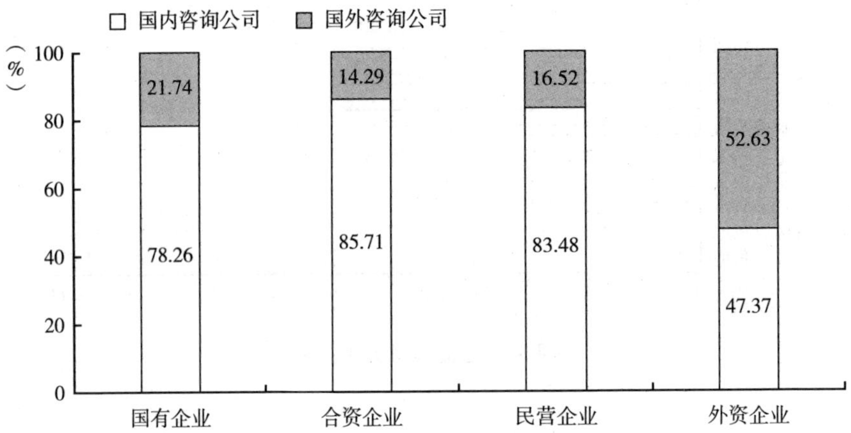

图 32　不同企业对咨询公司的选择

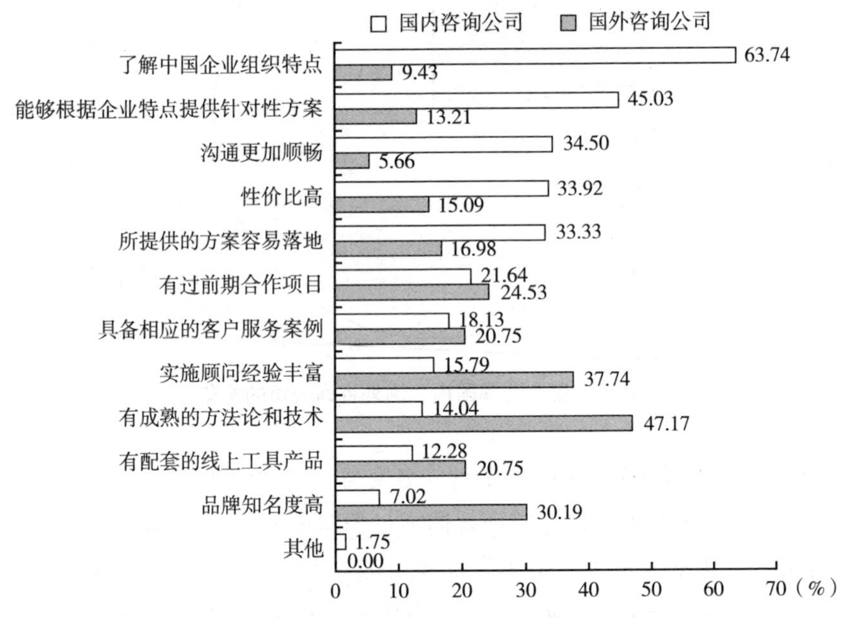

图 33　国内、国外咨询公司优势对比

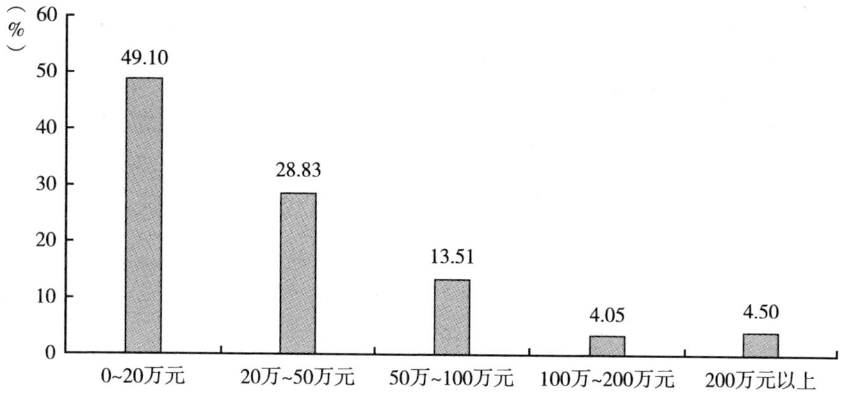

图 34　咨询项目预算

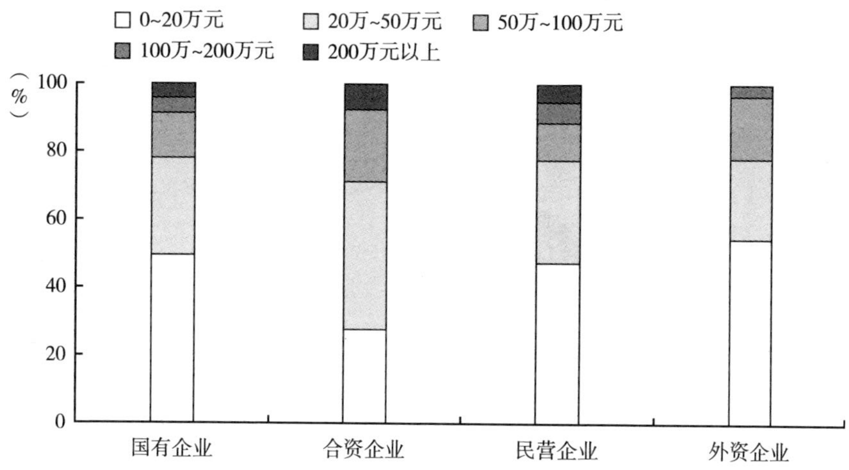

图 35　不同企业咨询项目预算

（二）人才测评服务

参与调查的企业中有 38.74% 的企业使用过专业人才测评，目前没使用过的企业超过六成（61.26%），但有 39.19% 的企业正在计划使用，这显示企业对专业人才测评的需求还很大。

在参与调查的企业中，2015 年人才测评资金投入集中在 50 万元以下

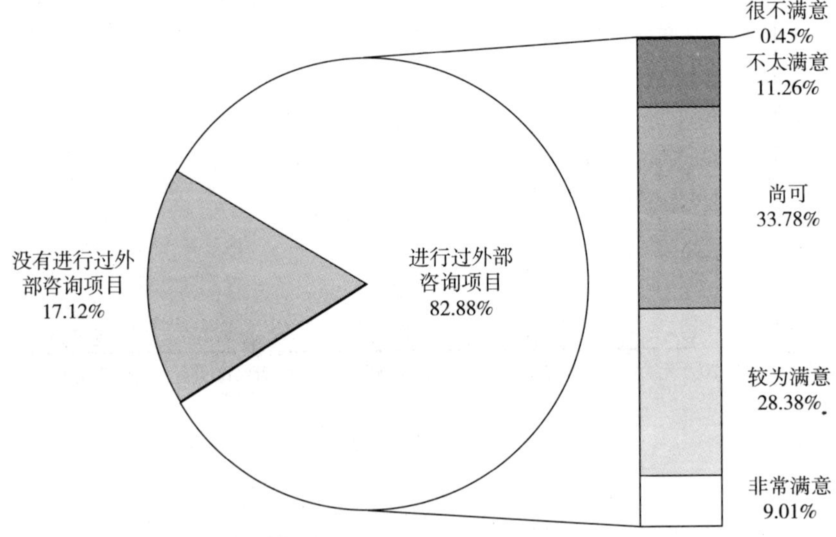

图 36 外部咨询项目满意度

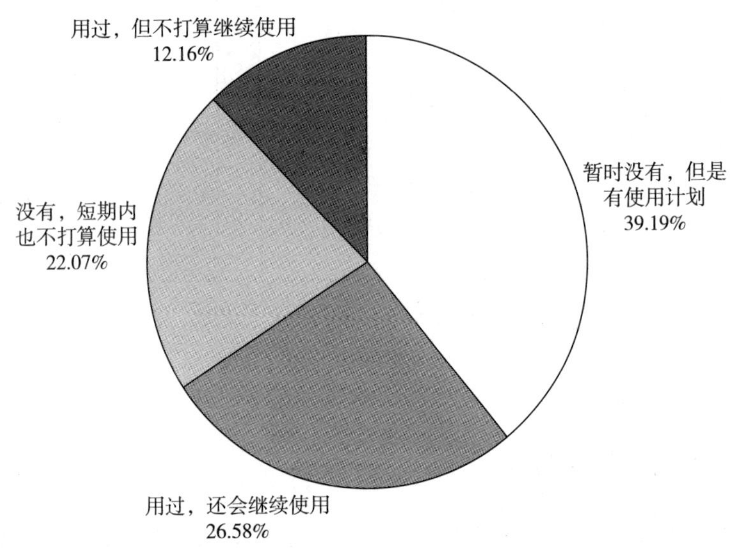

图 37 专业人才测评使用情况

(87.21%)，其中10万元以下的有50%，相比2014年，投入基本没有太大变化。

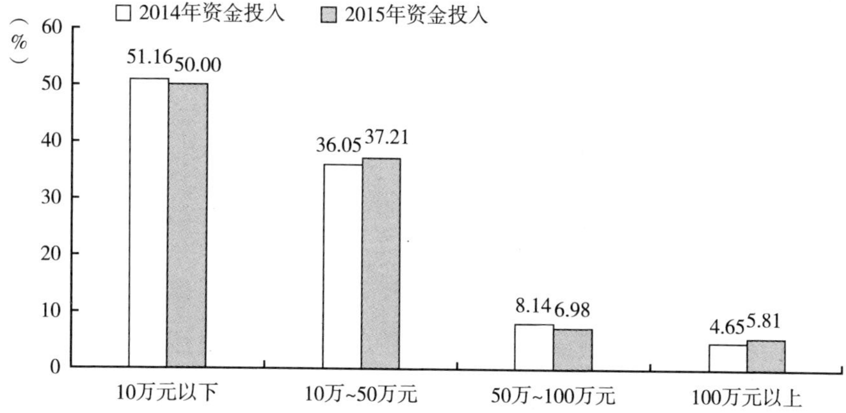

图38　2014～2015年人才测评资金投入

企业2014年人才测评运用最多的三个领域是：社会招聘（56.98%）、校园招聘（47.67%）和内部晋升竞聘（44.19%）。

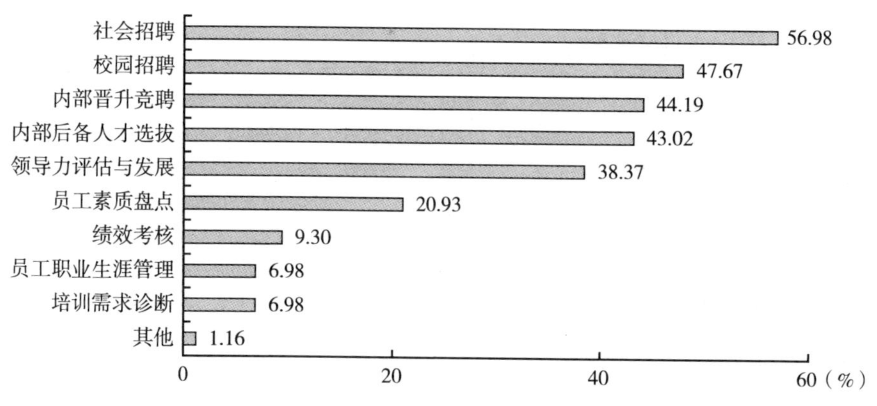

图39　人才测评运用范围

企业2014年对员工进行测评的过程中主要关注的内容为：潜能（74.42%）、技能（55.81%）和价值观（54.65%），这表明企业更看重人才的潜能，希望人才测评能筛选出具备发展潜能的员工。

结构化面试（70.93%）、评价中心（47.67%）和笔试（45.35%）是企业进行人才测评运用最多的方法/工具。

企业对人才测评取得的效果反馈结果显示，超过三成的企业认为人才测评

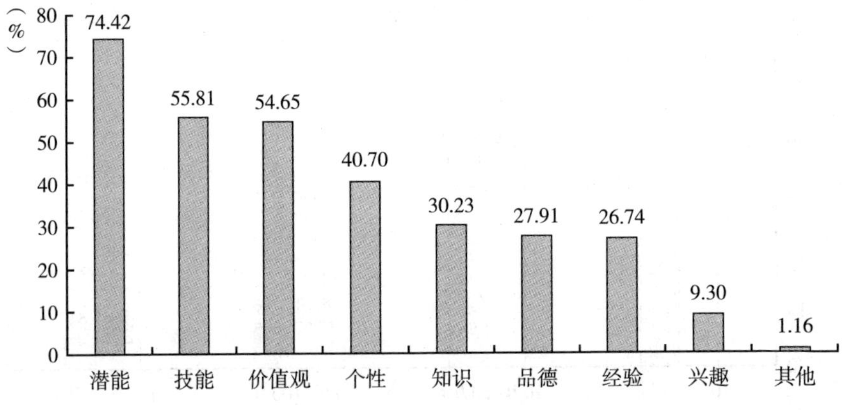

图 40　人才测评关注内容

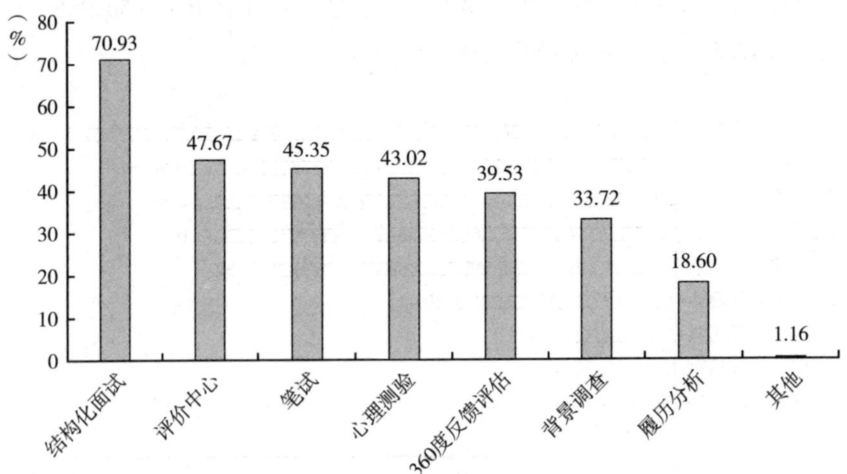

图 41　人才测评方法选择

可以提高外部招聘的效果（36. 05%），使内部人才选拔更为科学、公平（34. 88%），提高了后备人才队伍建设的规范性（33. 72%），进一步明确和规范企业的选人标准（32. 56%）等。企业反馈结果充分表明人才测评在人才招聘和配置过程中发挥的积极作用，同时也强调了企业对人才测评专业性的要求在不断提高。

提高外部招聘的效果 36.05
使内部人才选拔更为科学、公平 34.88
提高了后备人才队伍建设的规范性 33.72
进一步明确和规范企业的选人标准 32.56
提高了企业内部的人岗匹配度 31.40
帮助HR部门摸清了公司的人才素质特点 25.58
帮助直线领导更好地了解员工的能力和素质特点 24.42
为员工的职业生涯发展提供了指导 17.44
有效提高了培训工作的针对性 16.28
帮助员工更为准确地了解自身的优缺点 16.28
提高了绩效评估工作的全面性和有效性 9.30
其他 3.49
0
20
40（%）

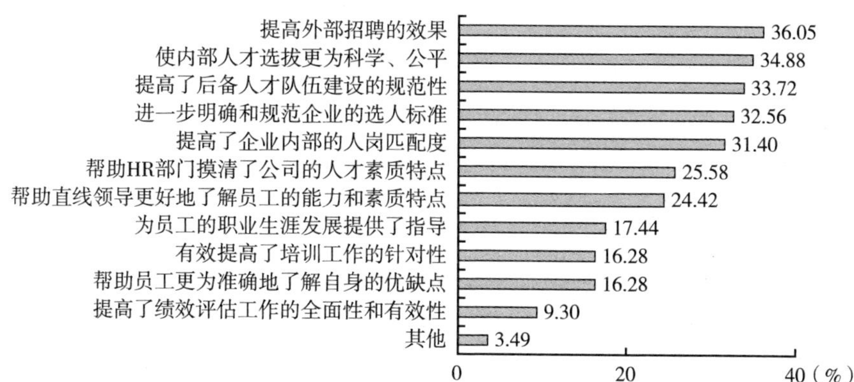

图 42　人才测评效果

Abstract

The year 2015 is a transitional year of great importance, as it symbolizes the end of the "12th Five-Year Plan", and the beginning of the "13th Five-Year Plan". Under the leadership of the CPC's Central Committee and State Council, based on the principle of "people's livelihood oriented and talent first", the human resources and social security development overcame various obstacles, witnessed progress and maintained stability at the end of the "12th Five-Year Plan". A variety of goals and tasks were effectively accomplished , with some of the outcomes better than expected, actively contributing to the economic and social development.

The "13th Five-Year Plan" period is a decisive phase to construct the overall well-off society. In accordance with the overall plan for promoting all-round economic, political, cultural, social, and ecological progress, led by the philosophy of innovative, coordinative, green, open, and shared development philosophies, and driven by innovation, the reform and development of human resources and social security demonstrates new features and new trends.

Annual Report on the Development of China's Human Resources (*2016*) , as the Blue Book of Human Resources, is based on the overall development of human resources in the year 2015, while reviewing major policies and events during the whole "12th Five-Year Plan" period. More than 30 scholars from China contributed their hard work to the Blue Book, which presents the overall development and latest research achievements in the last year. The book consists of one general report and eight chapters. The general report *A Review on Current Situation and Development of China's Human Resources: the Year 2015* introduced progress and new measures regarding to human resources development, talent management, the reform of personnel system of public institutions, the development of employment and entrepreneurship, the reform of income distribution system, social security development, labour relations and labour interests protection, and the development of human resources service industry. The eight chapters consist of reports on human resources, talent management, personnel system of public institutions, employment and entrepreneurship, income distribution, social security, human resources service industry and overall reviews. These reports illustrate new situations, changes and dynamics of reforms taken place in various field of human resources and social security, from perspectives of overall reviews, challenges facing and future trends.

The Chapter of *Reports on Human Resources* presents the overall review of human resources in China, with the focus on human resources in the field of technology and science, medical professionals and tourism professionals. As a newly added chapter for 2015 Blue Book, the Chapter of *Reports on Talent Management* analyses new achievements, new policies and new trends of current talent management, from perspectives of talent-prioritized strategy in the "13th Five-Year Plan" period, talent policy innovation and talent projects implementation. The Chapter of *Reports on Personnel System of Public Sector* introduced the progress, new situation and new trends of civil service management, as well as challenges facing personnel system reform of public institutions. The Chapter of *Employment and Entrepreneurship* reviews and analyses the overall employment and development strategy in 2015, latest entrepreneurial policies, development trend and typical features. The reports also provide latest research findings regarding to social practices, employability and employment quality of college students. The Chapter of *Reports on Income Distribution* reviews major policies and reforms of income distribution in China from 2015 to 2016, and payment system reform of state-owned enterprises. The Chapter of *Reports on Social Security* comprehensively introduced the development of social insurance and basic pension scheme in China in 2015. The Chapter also analyses the achievements and problems of China's medical insurance system, and proposes reform advices. The Chapter of *Report on Human Resources* systematically presents the current situation and trend of human resources service industry development. Based on the survey of the operation of human resources service enterprises in 2015, the Chapter also analyses current problems and development trends of human resources service industry. The Chapter of *Reports on Overall Reviews* introduces the development of labour relations, legal framework building of human resources and social security and Survey on the Current Status of Talent Management and Human Resource Management in Enterprises (2015). The Chapter also discusses problems and solutions in human resources and talent management in Chinese enterprises.

Centering on deepened reform and innovative development, the Blue Book represents an annual report from the angle of social science. Built on the task framework of the human resources and social security development, this book uses brand new data, landmark facts and representative policy instruments under the "new normal", to conduct a thorough, systematical and deepened analysis of the human resources and social security development in China, from perspectives of current development, development demand, development strategies and future trends. The Blue Book presents a comprehensive and explicit review of human resources and social security development in China, providing necessary references for related researches and government decision-making.

Contents

I General Report

Abstract: In 2015, China's reforms and development in the field of human resources and social security achieved new progress. The total amount of human resources remained stable and the human resources development system and mechanism were innovated. The education level of human resources kept improving, and employment situation remained stable. The structure of human resources industry underwent future improvement, and social security was enhanced. Human resources service industry also witnessed new progress. This report introduces new development and measures regarding to human resources and social security, from the perspectives of basic situation of human resources and social security, talent work, personnel system reform, employment and entrepreneurship, income and distribution, social security, labor relations, and human resources service industry. Based on new situation facing the development of human resources and social security, and the strategic plan of deepening reform during the "13th Five Year Plan", the report briefly analyses the trend of human resources and social security development in China.

Keywords: The Year 2015; Human Resources; Social Security

Ⅱ Reports on Human Resources

Abstract: In 2015, the human resources development in China was on good tracks. The total amount remained stable, the employment kept increasing, the industrial structure continued to be optimized and the education level and coverage rate were continuously improved. Remarkable progress has been achieved in the field human resources management and development, with human resources service enhanced. Personnel system reform was advanced and talent building was strengthened. Great efforts were made in introduction of overseas high-level talents. The building of legal framework of human resources exerted positive impacts.

Keywords: Human Resources; Management and Development; Personnel System

Abstract: During the "12th Five-Year Plan", talents in the field of science and technology were systematically distributed, the institutional and mechanism reform of talent were deepened, and the environment of talents was continuously optimized. With the coordinated development of key talent projects, talents building achieved prosperous progress. The total amount of research and development personnel increased rapidly. Entering the new era of the "13th Five-Year Plan", with the full implementation of *Opinions on Deepening the Reform of Institutions and Mechanisms for Talent Development*, talents in the field of science and technology will soon begin the new journey of further development.

Keywords: Talents in the Field of Science and Technology; Talents; Development Environment

Abstract: Based on a thorough analysis of the current situation and challenges of the development of medical professionals, this report introduces the exploration of central and local government in terms of talent construction, innovation of talent institutions and mechanism building. Related policy suggestions on current and future development strategies of medical personnel are proposed, taking new trend and requirement into consideration. This report also provides theoretical support to strengthening medical personnel construction, and promoting scientific level of medical personnel.

Keywords: Medical Professionals; Personnel Construction; Development Strategies

Abstract: As one of the new driving force of the economic development in

China under new normal, tourism gradually gained strategic importance in economic and social development of China. In an era of "Internet + " and "Tourism +", it becomes a prioritized goal to cultivate quality tourism professionals to promote the transformation, upgrading and rapid development of tourism in China. This report analyses major problems emerging from talent management and cultivation, and summarizes good practices and experiences in local tourism professionals development, based on the field research and survey conducted in 20 cities of 7 provinces. This report also proposed related suggestions and solutions to strengthen the cultivation of tourism professionals in China, in response to the task of building China into a country with strong tourism industry required by the "13th Five-Year Plan"

Keywords: Reinvigorating China through Talent; Tourism Talent ; Tourism

Ⅲ Reports on Talent Management

Abstract: While the 13th Five-Year Plan set up the talent-prioritized strategy, the 13th Five-Year Plan of Human Resources and Social Security identifies specific tasks to implement the talent-prioritized strategy. Led by the talent-prioritized strategy, with the 13th Five-Year Plan and the 13th Five-Year Plan of Human Resources and Social Security as carrier, local governments begin to make strategic plans for talents development, focusing on talent development system reform, policy innovation, and developing a talent system with international competitiveness. Based on the texts of 13th Five-Year Plan at national and local levels as well as the 13th Five-Year Plan of Human Resources and Social Security, the report aims to elaborate major measures taken at national and local levels to implement the talent-prioritized strategy, and to analyze the trend of talent-prioritized strategy development in 13th Five-Year Plan at national and local levels.

Keywords: 13th Five -Year Plan; Talent Development; Strategy

B. 7 Innovation and Development of China's Talent Policy

Miao Yuexia / 118

Abstract: Since the 18th CPC National Congress, the talent policy innovation of China has been continuously promoted. Policies encouraging innovation and entrepreneurship are strengthened. The openness of talent policies keeps being enhanced. The deepened reform of talent development mechanism and institutions are becoming priorities. Talent policy innovations greatly enhanced the talent management. Meanwhile, problems still exist in the formulation and implementation of talent policies in China, including the efficiency and equity of policies, the coordination and integration of policies, and relations between the dominance of government and the role of market. During the period of "13th Five-Year Plan", it is necessary for China to further improve policy innovation and entrepreneurship policies. It is of great importance to build a modernized policy development governance system and to strengthen the legal framework of talent management, so as to provide institutional guarantee to better manage talent.

Keywords: Policy Innovation; Innovation and Entrepreneurship; Mechanism and Institution Reform of Talent Development

B. 8 Current Condition and Future Trend of Talent Projects in China

Sun Yiping / 129

Abstract: Talent projects are important channels to attract and cultivate outstanding talents. In 1990s, to address problems of talent gap and shortage of high-level talent, and to fully participate in international competition, China launched several talent projects. In "12th Five-Year Plan", the talent projects generally developed into a comprehensive system. Led by 12 national talent projects, local governments and related departments began to set up talent projects with local characteristics. Talent projects at all levels meet various demands, focus on innovation and aim at practicality. With their pioneering influence as new models, these projects play supportive roles in fully promoting the strategy of invigorating China through talent, and constructing China into an innovative nation. During the "13th Five-Year Plan", the talent projects will indicate new trends regarding to their distributions, goals and management measures.

Keywords: Talent Projects; Current Implementation; Invigorating China Through Talent

Ⅳ Reports on Personnel System of Public Sector

B.9 New Development, New Situation and New Trend of Civil Service Management *Hao Yuming* / 140

Abstract: Through years of exploration and practices, the civil service management in China has achieved great progress. From 2015 to 2016, the Chinese government carried out a series of policy instruments concerning civil service management, promoting the development of civil service management. Meanwhile, against the new situation and requirements of economic system reform, political and administrative reform, and personnel system reform, the civil service management will inevitably focus on the scientific planning and development, strengthening classification management, innovating selection mechanism, enhancing examination and monitoring, reinforcing training and monitoring and promoting incentives.

Keywords: Civil Service Management; Classification Management

B.10 Personnel System Reform in Public Institutions: Development, Obstacles and Trend *Ding Jingjing* / 150

Abstract: Under the background of strategies of "Mass Entrepreneurship and Innovation", featuring innovation-driven development and innovation-driven entrepreneurship, the personnel system of public institutions is facing policy restructuring, including further delegating the power of personnel management, reforming staffing management, supporting full-time entrepreneurial activities, strengthening talent incentives and innovating talent evaluation system. At the same time, there are still many obstacles to be overcome, including contradictions between autonomy of staffing and control the size of personnel supported by central budget, between canceling control of staffing and reinforcement of staffing management, between staffing regulations and full-time entrepreneurial activities, between income distribution incentives and the control of total income, and between scientific talent evaluation and its formalization. Therefore, the strategy of "Mass Entrepreneurship and Innovation" needs to be cautiously promoted. More efforts need to be done to ensure the autonomy of personnel management and to balance the relation between authorization and supervision.

Keywords: The Strategy of "Mass Entrepreneurship and Innovation"; Public Institutions; Personnel System

V Reports on Employment and Entrepreneurship

B.11 Analysis of the Employment Status in China (2015)

Feng Ying / 163

Abstract: In 2015, the employment status in China remains generally stable. Job rate continues to rise, the employment structure continues to improve, the correlation between economic development and employment keeps at a higher rate, and positive effect of mass entrepreneurship on employment has been further enhanced. Meanwhile, new progresses have been made in terms of employment development. A positive employment policy system is gradually taking shape, employment promotion of university graduates and migrant workers has been pushed forward, more efforts have been made to strengthen the effectiveness of job increase triggered by mass entrepreneurship, and employment related public service has made new breakthroughs. Under the "new normal", China's employment development is facing both huge opportunities as well as challenges. The government should thus make more efforts on strengthening the job increase capacity of the economy, optimizing the employment structure, and improving the quality of employment.

Keywords: Employment Development; Employment Structural Conflict; Employment and Entrepreneurship

B. 12 Analysis of China's State Policies on Entrepreneurship Since 2014

Li Zhigeng, *Wang Ya* / 179

Abstract: Since 2014, a series of policies on promoting entrepreneurship have been released by the CPC Central Committee, State Council, relevant ministries and commissions, and subordinating organizations. These policies cover various areas including releasing opportunities for entrepreneurship, improving the capacity for entrepreneurship, providing more resources for entrepreneurship, reducing the burden for start-ups, optimizing entrepreneurship related services, strengthening regulation, and creating a better environment for entrepreneurship, etc. By discussing issues such as the distribution, contents and features of state policies on entrepreneurship, this paper provides a thorough analysis of their general development trend and features.

Keywords: State Policies on Entrepreneurship; Policy Analysis; Policy Features

B. 13 Report on University Students' Social Practice and Employment

Feng Ying, *Li Zhigeng* / 193

Abstract: This report provides an analysis of social practice, employment capacity and employment quality of university undergraduates who graduated during 2010 – 2014 based on survey. Survey shows that most graduates hold a positive attitude towards social practice during undergraduate study. Internship, part-time job and social research projects are main ways of their social practice, among which internship and social research projects are often closely related to their majors. On the whole, social practice has a positive influence on enhancing employment capacity. Survey also shows that most graduates are employed within half a year after graduation. A large proportion of the graduates are employed by enterprises, and most of them are satisfied with their first job, and their jobs are relatively stable. However, problems still exist, such as social research projects done by university undergraduates lack depth and detail, some of the employers lack standardized management system for interns, and university undergraduates' lack of awareness for protecting their own rights and interests.

Keywords: Social Practice of University Undergraduates; Employment Capacity; Employment Quality

Ⅵ Reports on Income Distribution

Abstract: 2015 -2016 is a critical year for reform of income distribution in China. The orientation of the reform of micro-income distribution has been specified in the "13th Five Year Plan". While the approach to reform of income distribution has been stipulated in the 13th Five Year Plan for National Human Resources and Social Security Development, deepening reform on income distribution has been accelerated. With regard to reform of income distribution in public service units, a number of reform policies were launched within a short time, including implementing reform of old-age insurance of employees of public service units, adjusting basic salary in public service units by establishing a rational salary increase mechanism, realizing posts and ranks parallel system for civil servants below county level, carrying out subsidy policy for township and town level civil servants, introducing management regulations for professional technical and administrative law enforcement personnel. In terms of reform of income distribution in enterprises, the reform plan of salary system of high level officials at state-owned enterprises has been carried out. In some provinces, guidelines for salary standards have been released, and in some regions, minimum salary standard has been released, and basic pension of retired people has seen a consecutive increase for 12 years.

Keywords: Income Distribution; Reform; Policy

B. 15 Reform of Salary System in SOEs: a Balance Between Enterprise Efficiency and Social Fairness

Chang Fenglin / 224

Abstract: Before Reform and Opening-up in 1978, income distribution in China's SOEs featured an equalitarianism based "low salary" system for a long time. After 1978, the general trend of reform of salary system in SOEs is marketization, where the main task was to continue to improve a market-oriented salary distribution mechanism in order to improve enterprise efficiency. However, as SOEs have long undertaken the dual role of leading national economic development strategy and promoting social fairness, in recent years, while the reform of salary system in SOEs stressed enterprise efficiency, the policy orientation of attaching more importance to promoting social fairness was also highlighted. The general trend of reform of salary system in SOEs is striking a balance between enterprise efficiency and social fairness. For the "13th Five Year Plan" and years to come, how to strike such a balance would still be a challenge for reform of salary system in SOEs.

Keywords: SOE; Salary System; Enterprise Efficiency; Social Fairness

Ⅶ Reports on Social Security

B. 16 Review of the Development of Social Insurance System in China (2015)

Wang Mei / 238

Abstract: Established by the central government according to law, social insurance is a system where the nation, employers and individuals raise funds and offer insurances to eligible beneficiaries. In this report, the general situation of social insurance system in China is introduced. The important reform of the social insurance system in 2015 is reviewed, existing problems are analyzed, and relevant policy recommendations are given.

Keywords: Social Insurance; Reform; Policy Recommendation

Abstract: Over the past year, the coverage of basic old-age insurance in China was further expanded, the scale and amount of the insurance fund also increased. Reform of basic old-age insurance has seen progressive results: pension system unification made substantial progress, regulation of old-age fund investment management was launched, Interim Measures for Occupational Annuity Fund Management was soliciting public opinions, basic pension of retired people increased again, premium rate of old-age insurance went down. Currently, problems concerning basic old-age insurance system in China include: policy on individual pension account needs to be improved, channels for fund investment management need to be expanded, and old-age insurance processing management needs to be specified. For reform at the next stage, research should focus on top-down design of old-age insurance and improvement of individual accounts, so as to achieve the fairness and sustainable development of old-age insurance system in China.

Keywords: Basic Old-age Insurance; Old-age Insurance System; Old-age Fund Investment

Abstract: After years of reform and development, basic medical insurance system features stronger social functions, lower burden for individuals, and higher insurance amounts. The unification of urban residence medical insurance and new rural cooperative medical insurance systems eased the fragmentation problem of social insurance, helped service and regulation capabilities to improve and made the insurances more portable. But along with population aging in China, problems such as higher deficit risk of medical insurance funds, heavy load, low supervision and regulation capabilities and negotiation capabilities. Therefore, in order to adapt to changes in demographic structure and advancement of medical technologies, old-age care insurance should be established, medical insurance fund supervision should be enhanced by information-based approaches, reform of payment channels should be pushed forward, the hospital-patient-insurance three party management mechanism should be improved in order to support the sustainable development of health care undertakings in China.

Keywords: Social Basic Medical Insurance; Demographic Structure; Medical Technology; Hospital-Patient-Insurance Three Party Management Mechanism

Ⅷ Reports on Human Resources Service Industry

B. 19 Current Situation and Development Trend of Human Resource Service Industry in China

Abstract: In 2015, the human resource service industry in China faced many difficulties and challenges. However, opportunities were seized and rapid development was realized. The scale of the human resource service industry continued to expand, industries such as hiring, salary service and job hunting experienced strong development, and the industrial chain was gradually improved. Furthermore, smooth progress of the establishment of human resource service industrial parks contributed to industrial agglomeration, service improvement and optimization of human resource allocation. Meanwhile, market supervision and regulation mechanism was further enhanced with the introduction of more scientific approaches. Major events in the field of human resource service contributed to information exchange and publicity. On the basis of providing a comprehensive review of the development of the human resource service industry, this paper also provides prediction and analysis on the development of the human resource service industry from the perspective of new progresses in economy, policy, technology and human resources.

Keywords: Human Resource Service Industry; Development Environment

Abstract: In order to learn about the operation of its membership units in 2015, the current situation and development trend of human resource service industry, China Association of Foreign Service Trades (CAFST) conducted a survey on the operation of a number of human resource service enterprises in 2015. Based on survey results, the overall operation of CAFST membership units and the current development of the human resource service industry was summarized. Existing problems and future prospects were also analyzed and discussed.

Keywords: Industrial Statistics; Human Resoures; Service Enterprises

Ⅸ Reports on Overall Reviews

Abstract: In 2015, labour relations remained stable on the whole. Cases of labour disputes increased compared with previous years; progress has been made in terms of protecting the rights and interests of migrant workers, but much is still left to be done; while there are more cases of labour disputes, handling efficiency was enhanced; there is still a gap between labour law making at the current stage and actual demand; the security and flexibility of the labour market still needs to be balanced; the construction of collective labour relations needs further promotion; the role and influence of labour unions need to be further specified and enhanced.

Keywords: Labour Relations; Labour Disputes; Labour Market

B. 22 Overall Situation of Legislation in the Field of Human Resources and Social Security

Nan Lianwei / 309

Abstract: Since the 18th CPC National Congress, especially since the 4th Plenary Session of the CPC Central Committee, legislation in China has entered a new stage, where the construction of law-based administration was pushed forward, and law making system was further improved. However, during the "13th Five Year Plan", legislation in China is still a daunting task. On the basis of analyzing new situations and latest trends of legislation in the field of human resources and social security, this paper proposes a prediction for the future development in the field.

Keywords: Human Resources; Social Security; Legislation

B. 23 Overall Situation of Talent Management and Human Resource Management in Enterprises (2015)

Su Yonghua / 319

Abstract: Under the "new normal", human resources in China has seen new changes and features, known as the "new normal" of human resources in China, among which dynamic human resources, high mobility of talents, and high potential of talents were among the most distinctive features. First of all, as an exemplification of dynamic human resources, the proportion of knowledge staff increased. Young employees and international staff management have become more common. To meet the need of various staff, standardized and personalized talent management shall be advocated in enterprises. Secondly, the high mobility of talents include increasing flow of talents caused by social reform or economic policies, increasing flow of talents caused by ups and downs of certain industries, and increasing flow of talents caused by the strong self awareness of talents. This requires an effective talent management system (including appraisal and cultivation) in enterprises, so as to provide sustainable talent supply for enterprises. Lastly, potential is an important asset of talent, which requires enterprises to attach more importance to the selection and cultivation of promising talents, while keeping up with organizational adjustments and building of organizational environment.

Keywords: Talent Management in Enterprises; Human Resource

皮书起源

“皮书”起源于十七、十八世纪的英国，主要指官方或社会组织正式发表的重要文件或报告，多以“白皮书”命名。在中国，“皮书”这一概念被社会广泛接受，并被成功运作、发展成为一种全新的出版形态，则源于中国社会科学院社会科学文献出版社。

皮书定义

皮书是对中国与世界发展状况和热点问题进行年度监测，以专业的角度、专家的视野和实证研究方法，针对某一领域或区域现状与发展态势展开分析和预测，具备原创性、实证性、专业性、连续性、前沿性、时效性等特点的公开出版物，由一系列权威研究报告组成。

皮书作者

皮书系列的作者以中国社会科学院、著名高校、地方社会科学院的研究人员为主，多为国内一流研究机构的权威专家学者，他们的看法和观点代表了学界对中国与世界的现实和未来最高水平的解读与分析。

皮书荣誉

皮书系列已成为社会科学文献出版社的著名图书品牌和中国社会科学院的知名学术品牌。2011 年，皮书系列正式列入“十二五”国家重点出版规划项目；2012~2015 年，重点皮书列入中国社会科学院承担的国家哲学社会科学创新工程项目；2016 年，46 种院外皮书使用“中国社会科学院创新工程学术出版项目”标识。

权威报告·热点资讯·特色资源

皮书数据库

ANNUAL REPORT(YEARBOOK) DATABASE

当代中国与世界发展高端智库平台

WWW.PISHU.COM.CN

皮书俱乐部会员服务指南

1. 谁能成为皮书俱乐部成员？

- 皮书作者自动成为俱乐部会员
- 购买了皮书产品（纸质书/电子书）的个人用户

2. 会员可以享受的增值服务

- 免费获赠皮书数据库100元充值卡
- 加入皮书俱乐部，免费获赠该纸质图书的电子书
- 免费定期获赠皮书电子期刊
- 优先参与各类皮书学术活动
- 优先享受皮书产品的最新优惠

3. 如何享受增值服务？

（1）免费获赠100元皮书数据库体验卡

第1步 刮开附赠充值的涂层（右下）；

第2步 登录皮书数据库网站（www.pishu.com.cn），注册账号；

第3步 登录并进入"会员中心"—"在线充值"—"充值卡充值"，充值成功后即可使用。

（2）加入皮书俱乐部，凭数据库体验卡获赠该书的电子书

第1步 登录社会科学文献出版社官网（www.ssap.com.cn），注册账号；

第2步 登录并进入"会员中心"—"皮书俱乐部"，提交加入皮书俱乐部申请；

第3步 审核通过后，再次进入皮书俱乐部，填写页面所需图书、体验卡信息即可自动兑换相应电子书。

4. 声明

解释权归社会科学文献出版社所有

皮书俱乐部会员可享受社会科学文献出版社其他相关免费增值服务，有任何疑问，均可与我们联系。

图书销售热线：010-59367070/7028
图书服务QQ：800045692
图书服务邮箱：duzhe@ssap.cn

数据库服务热线：400-008-6695
数据库服务QQ：2475522410
数据库服务邮箱：database@ssap.cn

欢迎登录社会科学文献出版社官网（www.ssap.com.cn）和中国皮书网（www.pishu.cn）了解更多信息

社会科学文献出版社 SOCIAL SCIENCES ACADEMIC PRESS (CHINA) 皮书系列

卡号：7467901860233124

密码：

S 子库介绍
Sub-Database Introduction

中国经济发展数据库

涵盖宏观经济、农业经济、工业经济、产业经济、财政金融、交通旅游、商业贸易、劳动经济、企业经济、房地产经济、城市经济、区域经济等领域，为用户实时了解经济运行态势、把握经济发展规律、洞察经济形势、做出经济决策提供参考和依据。

中国社会发展数据库

全面整合国内外有关中国社会发展的统计数据、深度分析报告、专家解读和热点资讯构建而成的专业学术数据库。涉及宗教、社会、人口、政治、外交、法律、文化、教育、体育、文学艺术、医药卫生、资源环境等多个领域。

中国行业发展数据库

以中国国民经济行业分类为依据，跟踪分析国民经济各行业市场运行状况和政策导向，提供行业发展最前沿的资讯，为用户投资、从业及各种经济决策提供理论基础和实践指导。内容涵盖农业，能源与矿产业，交通运输业，制造业，金融业，房地产业，租赁和商务服务业，科学研究，环境和公共设施管理，居民服务业，教育，卫生和社会保障，文化、体育和娱乐业等 100 余个行业。

中国区域发展数据库

以特定区域内的经济、社会、文化、法治、资源环境等领域的现状与发展情况进行分析和预测。涵盖中部、西部、东北、西北等地区，长三角、珠三角、黄三角、京津冀、环渤海、合肥经济圈、长株潭城市群、关中—天水经济区、海峡经济区等区域经济体和城市圈，北京、上海、浙江、河南、陕西等 34 个省份及中国台湾地区。

中国文化传媒数据库

包括文化事业、文化产业、宗教、群众文化、图书馆事业、博物馆事业、档案事业、语言文字、文学、历史地理、新闻传播、广播电视、出版事业、艺术、电影、娱乐等多个子库。

世界经济与国际政治数据库

以皮书系列中涉及世界经济与国际政治的研究成果为基础，全面整合国内外有关世界经济与国际政治的统计数据、深度分析报告、专家解读和热点资讯构建而成的专业学术数据库。包括世界经济、世界政治、世界文化、国际社会、国际关系、国际组织、区域发展、国别发展等多个子库。